ALLE UNS

Simon Dickel, Rebecca Racine Ramershoven (Hg.)
ALLE UNS
Differenz, Identität, Repräsentation

1. Auflage
ISBN: 978-3-96042-130-6

Postfach 27 46 | D-48041 Münster
info@edition-assemblage.de | www.edition-assemblage.de

Buchgestaltung: Denise Kynd, Köln
Satz: Simon Dickel, Denise Kynd und Rebecca Racine Ramershoven
Schrift: Valentyn Tkachenko (MAK)
Druck: Interpress | Printed in Hungary 2022

Die Deutsche Bibliothek verzeichnet diese Publikation in der Deutschen Nationalbibliografie; detaillierte bibliografische Daten sind im Internet über http://dnb.ddb.de abrufbar.

ALLE UNS

Differenz, Identität, Repräsentation

Simon Dickel, Rebecca Racine Ramershoven (Hg.)

edition assemblage

INHALT

8 Simon Dickel und Rebecca Racine Ramershoven
Einleitung

16 Paola De Martin
Les fleurs du bien: Wenn Differenz Gestalt annimmt

35 Kenny Fries
Körper aus Wasser

41 Evangelia Kindinger
Von Krankheit zu Schönheit: Der dicke Körper, Fat Studies und Fat Aktivismus

64 Jakob Schnetz
Beharrliche Apparate: Eine rassismuskritische Untersuchung *weißer* Normen in fotografischer Technologie und ihrer algorithmischen Nutzung

94 Anne Potjans
More than a Feeling: Schwarze feministische Wut und die „postrassistische" Gesellschaft

117 Alexandra Hartmann
Nothing Ever Ends: Critical Race Theory, Schwarzer Humanismus und *Watchmen*

136 Marius Henderson
An „Ungedachtes" rühren: Anti-Blackness, Afropessimismus und zeitgenössische Kunst und Literatur

164 Henriette Gunkel
Alien Time

189 Rebecca Brückmann
Die historisch verzweigten Wurzeln von #MeToo und der Schwarzen Befreiungsbewegung

212 Sina Arnold
Across Lines of Color: Das Verhältnis Schwarzer und jüdischer Communities in den USA

234 Ina Holev und Miriam Yosef
Include Jews in Your Activism: Über (Un)Sichtbarkeiten jüdischer Perspektiven

243 Francis Seeck
Trans und nicht-binäre Für_Sorge: Geschlecht und Prekarität umsorgen

256 Richard Dyer
Zur Verteidigung von Disco
mit einer persönlichen Einführung von Hans Nieswandt
& Simon Dickel im Gespräch mit Richard Dyer

279 Natascha Frankenberg
Ehe, Tod und queeres Kino

297 Jasco Viefhues
Rettet das Feuer: Simon Dickel im Gespräch mit Jasco Viefhues

305 Hannes Hacke
Sexualität ausstellen: Die Erotik der Dinge

326 Martin Dannecker
Die Zeit von AIDS
& Simon Dickel im Gespräch mit Martin Dannecker

346 **Biografien**

EIN LEIT UNG

Unser heutiges Verständnis davon, dass Kunst, Medien und Populärkultur ästhetisch, ideologisch und sozial bedeutsam sind, ist maßgeblich von den Cultural Studies beeinflusst. Das betont Richard Dyer in dem Interview, das wir mit ihm für dieses Buch geführt haben. Kulturproduktion und -rezeption geschehen nicht in einem neutralen Raum, sondern in einer Gesellschaft, die massiv von normativen Vorstellungen geprägt ist und diese Normen immer wieder durchsetzt und vermeintlich legitimiert. Die häufig unmarkierten Normierungen betreffen alle Lebensbereiche und zeigen sich immer dann besonders deutlich, wenn Menschen aufgrund bestimmter Zuschreibungen stigmatisiert werden, sei es in Bezug auf Geschlecht, Sexualität, *Race*, Herkunft, Behinderung oder zahlreiche andere Differenzkategorien. Die Beiträge in unserem Buch machen solche Normierungen und ihre Konsequenzen sichtbar, fragen nach dem Zusammenhang von gesellschaftlichen Machtverhältnissen und kultureller Repräsentation und zeigen Handlungsmöglichkeiten auf, um damit umzugehen.

Seit dem Sommersemester 2018 organisieren wir am Fachbereich Gestaltung der Folkwang Universität der Künste Essen regelmäßig die Vortragsreihe „Differenz_Gestalten". Sie bietet Studierenden, Lehrenden und allen Interessierten Raum für Diskussionen über die politischen

Dimensionen von Gestaltung. Für Menschen, die in den Fächern Fotografie, Kommunikationsdesign und Industriedesign arbeiten, ist eine Reflexion über unvermeidliche eigene Verstrickungen in gesellschaftliche Machtverhältnisse schon allein deshalb bedeutsam, weil diese sich häufig in Kunst und Gestaltung fortschreiben. Im besten Fall kann „Differenz_Gestalten" Gestaltende dazu motivieren, sich kritisch zu den verhandelten Themen zu positionieren und die Kritik in ihrer Arbeit produktiv zu wenden. Alle hier versammelten Autor*innen waren in der Reihe „Differenz_Gestalten" zu Gast.

Mit *Alle Uns* verlassen wir nun bewusst den Bezugsrahmen der Folkwang Universität der Künste und veröffentlichen Beiträge, die thematisch weit über Fragen der Gestaltung hinausgehen und für uns alle relevant sind. Daher verweist der Buchtitel *Alle Uns* auf ein kollektives Politikverständnis, das alle im Blick hat und die Einzelperson nicht vergisst. Er zielt auf die Anerkennung von Unterschieden und auf ein Bewusstsein ihrer wechselseitigen Durchdringung. Die Wendung *Alle Uns* zeugt von der Bereitschaft zu einem kreativen Umgang mit grammatikalischen Regeln, die ja eine der Grundvoraussetzungen für das Aushandeln geschlechtersensibler Sprache ist. Möglicherweise ruft der Titel bei einigen eine Assoziation an zugeschriebene und selbst gewählte Pronomen hervor und verweist so ganz direkt auf die Auswirkungen binärer Geschlechterkonstruktionen. Wie Luka Staab vom Verlag edition assemblage anmerkte, erinnert der Titel nicht zuletzt an den anarchistischen Slogan „Alles für alle" und deutet damit in eine utopische Zukunft, in der die Verhältnisse anders werden als sie sind.

Allen Beiträgen in unserem Band ist gemeinsam, dass sie Normierungen hinterfragen und künstlerische, populärkulturelle und narrative Formen der Auseinandersetzung mit Differenzkategorien und Identitätskonstruktionen als Felder der Kritik und Aushandlung von Repräsentationspolitiken betrachten. Dass diese Felder ästhetisch, ideologisch und sozial bedeutsam sind, ist für die Beitragenden nicht bloß eine theoretische Einsicht, sondern ein Wissen, das sich aus der Reflexion über die eigene soziale Positionierung ergibt. Auf der Grundlage dieser geteilten Haltung thematisieren die Beiträge verschiedene Differenzkategorien und damit verbundene Machtverhältnisse, Normierungen und Stigmatisierungen: *Race*, Geschlecht, Sexualität,

Klasse, Behinderung, Krankheit. Beiträge, die sich aus kulturwissenschaftlicher Perspektive mit Differenz und Identität auseinandersetzen, werden durch autobiografische Texte, Interviews und Beiträge ergänzt, die die Praxis in den Bereichen Film, Fotografie, Bildungsarbeit, Kuratieren und anthropologischer Forschung reflektieren.

Paola De Martins Beitrag „Les fleurs du bien: Wenn Differenz Gestalt annimmt“ verbindet die drei Ebenen Theorie, Autobiografie und Praxis und steht deshalb am Anfang. Der Text ist eine theoretische Reflexion der Wirkmächtigkeit der Kategorie Klasse im Designfeld der eigenen beruflichen Praxis als Gestalterin und Sozialforscherin. Zugleich ist „Les fleurs du bien“ ein berührender autobiografischer Text über die Bedeutsamkeit der familiären Migrationsgeschichte. Der autobiografische Text „Körper aus Wasser“ des amerikanischen Autors und Disability-Rights-Aktivisten **Kenny Fries** führt uns in ein Schwimmbad und erzählt die Gedanken, die sich der Erzähler beim Schwimmen über das Verhältnis von Behinderung, Körpernormen und schwuler Identität macht. **Evangelia Kindingers** Beitrag „Von Krankheit zu Schönheit: Der dicke Körper, Fat Studies und Fat Aktivismus“ schließt an diese Reflexion über Schönheitsideale und normierte Vorstellungen über Körper an und gibt einen Überblick über die Entwicklung der jungen Disziplin der Fat Studies. Der Beitrag zeigt, wie die aus den USA stammenden Fat Studies im deutschen Sprachraum rezipiert werden und ist damit ein Beispiel dafür, wie einflussreich angloamerikanische theoretische und politische Debatten im deutschen Sprachraum sind. Dieser Einfluss ist auch vielen der anderen Beiträge anzumerken, und dafür gibt es einen historischen Grund. Seit den 1960er Jahren bestand ein Ziel der sozialen Bewegungen in den USA darin, eigene Fachbereiche an den Universitäten zu etablieren. Von dort gehen immer wieder neue Impulse für international geführte Debatten in den Gender Studies, Queer Studies, Disability Studies oder der Critical Race Theory aus. Aber auch auf politischer Ebene waren die sozialen Bewegungen in den USA seit 1968 häufig ein Vorbild für hiesige Bewegungen, man denke dabei nur an die Frauen- Lesbenbewegung, die Schwulenbewegung, die Independent-Living-Bewegung, ACT UP und aktuell an Black Lives Matter und #MeToo.

Ein Schwerpunkt unseres Buchs liegt auf der Auseinandersetzung mit *Race* und Rassismus. Den Auftakt dazu macht der Beitrag von **Jakob Schnetz**. Sein auf Theorie und eigene fotografische Praxis aufbauender Text „Beharrliche Apparate: Eine rassismuskritische Untersuchung *weißer* Normen in fotografischer Technologie und ihrer algorithmischen Nutzung" verdeutlicht das Ausmaß davon, wie Rassismus in technologische Apparate eingeschrieben ist, ein Sachverhalt, der *weißen* Nutzer*innen von analoger und digitaler Fototechnik häufig nicht bewusst ist. Die nachfolgenden vier Beiträge zeigen, wie stark die akademische Diskussion innerhalb der Critical Race Theory von Ansätzen geprägt ist, die häufig unter dem Begriff „Afropessimismus" zusammengefasst werden. In ihrem Beitrag „More than a Feeling: Schwarze feministische Wut und die ‚postrassistische' Gesellschaft" zeigt **Anne Potjans**, wie Schwarze feministische Autorinnen die Themen *Anger* und *Rage* verhandeln und weist eindrucksvoll nach, dass Schwarze feministische Wut das Potenzial hat, Erkenntnisse zu befördern, die im Widerspruch zu *weißen* hegemonialen Vorstellungen des liberalen Humanismus stehen. Anhand der HBO-Serie *Watchmen* stellt **Alexandra Hartmann** in ihrem Beitrag „Nothing Ever Ends: Critical Race Theory, Schwarzer Humanismus und *Watchmen*" drei Ansätze kritisch gegenüber, die derzeit innerhalb von Critical Race Theory diskutiert werden: Afropessimismus, Post-*Race*-Diskurse und Schwarzer Humanismus. **Marius Hendersons** Beitrag „An ‚Ungedachtes' rühren: Anti-Blackness, Afropessimismus und zeitgenössische Kunst und Literatur" bietet eine für den deutschen Sprachraum wegweisende Einführung in die Theorieansätze des Afropessimismus. Hendersons Strategie, afropessimistische Gedanken im eigenen Sprachgebrauch produktiv zu wenden, verweist auf den Zusammenhang von Sprache und Rassismus. Der Beitrag „Alien Time" von **Henriette Gunkel** analysiert ebenfalls mit Bezug zu afropessimistischen Theorien literarische und künstlerische Verhandlungen der Folgen des transatlantischen Versklavungshandels, insbesondere Octavia E. Butlers Roman *Kindred* und die Installationen der Johannesburger Künstlerin Kitso Lynn Lelliott.

Die drei darauffolgenden Beiträge setzen sich kritisch mit politischer Bewegungsgeschichte und aktueller politischer Praxis auseinander. In ihrem Text „Die historisch verzweigten Wurzeln von #MeToo und der Schwarzen Befreiungsbewegung" legt **Rebecca Brückmann** dar, dass die beiden im Titel genannten Bewegungen und vielschichtigen Debatten über das Verhältnis von *Race* und Geschlecht historisch weit zurückreichen. **Sina Arnold** zeigt in ihrem Beitrag „Across Lines of Color: Das Verhältnis Schwarzer und jüdischer Communities in den USA" anhand vieler aktueller und historischer Beispiele, dass die häufige Annahme eines Antagonismus von Schwarzen und jüdischen Communities zu kurz greift. Die Gründerinnen der Bildungsinitiative Jüdisch und Intersektional **Ina Holev** und **Miriam Yosef** erläutern in ihrem Beitrag „Include Jews in your Activism: Über (Un)sichtbarkeiten jüdischer Perspektiven" die intersektionalen Grundlagen und praktischen Formen ihrer Bildungsarbeit. **Francis Seecks** Beitrag „Trans und nicht-binäre Für_Sorge: Geschlecht und Prekarität umsorgen" baut auf selbst geführten Interviews mit sorgenden Transpersonen auf und plädiert für ein Verständnis von Sorgearbeit, in dem den Kategorien Geschlecht und Klasse zentrale Bedeutung beigemessen wird.

Wir freuen uns sehr, dass wir **Richard Dyers** einflussreichen Text „Zur Verteidigung von Disco" aus dem Jahr 1979 erstmals in deutscher Übersetzung zugänglich machen dürfen. Zur Kontextualisierung haben wir den DJ **Hans Nieswandt** um eine Einleitung gebeten, die Dyers Text unter dem Titel „Disco als Avantgarde gesellschaftlicher Utopien: Eine persönliche Einführung zu Richard Dyers ‚Zur Verteidung von Disco'" vorangestellt ist. „Zur Verteidigung von Disco" wird durch das eingangs erwähnte Interview komplementiert. Darin erzählt Richard Dyer vom Anlass für seinen Text: Bei der Organisation alternativer Discoabende der *Gay Liberation Front* geriet er wegen seines Musikgeschmacks immer wieder in die Kritik. Als Reaktion veröffentlichte er seine kurzweilige Verteidigung von Disco in der Bewegungszeitschrift *Gay Left*. Hier sind die zentralen Gedanken, die in den 1970er und 80er Jahren am Birmingham Center for Cultural Studies diskutiert und bis heute das Grundverständnis der Cultural Studies prägen, bereits ausgearbeitet.

Die Zeitschrift *Gay Left* ist heute Teil des queeren kulturellen Gedächtnisses und lässt sich in queeren Archiven einsehen. Seit dem sogenannten „Archival Turn" hat die Auseinandersetzung mit dem Archiv an Bedeutung gewonnen. Daher beschäftigen sich die drei folgenden Beiträge mit dem Zusammenhang von Archiven, Sammlungen und queerer Geschichte und Kunst. Zunächst diskutiert **Natascha Frankenberg** in ihrem Beitrag „Ehe, Tod und queeres Kino" am Beispiel des Dokumentarfilms *Edie and Thea: A very long Engagement* von Gréta Ólafsdóttir und Susan Muska aktuelle Debatten über Zeitlichkeiten. Dabei geht sie auch auf die Strategien ein, mit denen das private Fotoarchiv der beiden Protagonistinnen im Film gezeigt wird. Die Bedeutung des Archivs für queere Geschichtsschreibung und seine filmische Inszenierung wird dann aus praktischer Perspektive in dem Interview mit dem Berliner Regisseur **Jasco Viefhues** deutlich, mit dem wir über seinen Film *Rettet das Feuer* sprachen. Der Film ist ein Porträt des Berliner Fotografen Jürgen Baldiga, der bis zu seinem Tode im Jahr 1993 ein wichtiger und kompromissloser Chronist der AIDS-Krise war. Sein Nachlass ist im Archiv des Schwulen Museums in Berlin zu finden, das im Film eine zentrale Rolle spielt. Im Jahr 2018 war **Hannes Hacke** als Kurator maßgeblich an der Ausstellung „Die Erotik der Dinge" im Werkbundarchiv – Museum der Dinge in Berlin beteiligt. In seinem Beitrag „Sexualität ausstellen: Die Erotik der Dinge" gibt er einen theoretisch fundierten Überblick über die verschiedenen Bereiche dieser Ausstellung, die sich den Sammlungspraktiken, der Klassifizierung und der Wahrnehmung von erotischen Dingen widmete und erläutert die kuratorischen Entscheidungen. **Martin Danneckers** Text „Die Zeit von Aids" bewegt sich ebenfalls im Rahmen des Ausstellens von Begehren, denn er erschien zuerst als Einleitung zum Katalog zur Ausstellung „Love, Aids, Riot, Sex", die in den Jahren 2013 und 2014 in zwei Teilen in den Ausstellungsräumen der Neuen Gesellschaft für Bildende Kunst in Berlin gezeigt wurde. Er bietet einen Überblick über medizinische, soziale und kulturelle Wandlungen, die HIV/Aids seit dem Bekanntwerden in den USA im Jahr 1981 genommen hat. Aktualisiert wird sein Beitrag durch ein Interview, das wir während der Covid-19-Pandemie geführt haben.

Das Buchcover symbolisiert die Vielschichtigkeit der versammelten Beiträge und verweist auf einige unserer theoretischen und politischen Grundannahmen. Einerseits wird mit den Überschneidungen der verschiedenen Stränge die intersektionale Ausrichtung der Beiträge in unserem Buch visualisiert, andererseits signalisiert ihre lockere Verbundenheit die Notwendigkeit von Bündnispolitiken verschiedener

Gruppen. Die Dynamik im Bild zeigt, dass solche Bündnisse zeitlich begrenzt sind und immer wieder anders gestaltet werden können. In diesem Sinne lädt die Zusammenstellung der Beiträge auch dazu ein, Bezüge zwischen den Themen herzustellen, die vielleicht erst auf den zweiten Blick erkennbar werden.

Bei der Gestaltung des Buchcovers und beim Layout des Buchs haben wir eng mit der Künstlerin Denise Kynd aus Köln kooperiert. Sie hatte auch die Idee für den Titel *Alle Uns*. Dafür und für die schöne Zusammenarbeit bedanken wir uns herzlich. Ebenso herzlich bedanken wir uns bei Egilde Dickel und Winfried Dickel für das zuverlässige Korrektorat. Für die finanzielle Unterstützung bedanken wir uns bei der Gleichstellungsbeauftragten der Folkwang Universität der Künste sowie beim Fachbereich Gestaltung der FUdK.

Simon Dickel und Rebecca Racine Ramershoven
Essen, im Juli 2022

Paola De Martin

Les fleurs du bien

Wenn Differenz Gestalt annimmt

> Auf allen Bildungsstufen haben Studierende aus Arbeiterklassenverhältnissen Angst, den Kontakt zu ihrer Peergroup zu verlieren. Und genau diese Angst führt häufig zur Selbstsabotage. Um in dieses unproduktive Muster einzugreifen, brauchen wir mehr Erfahrungsberichte – sowohl mündlich, wie auch schriftlich überliefert, wie die Arbeiterklasse und die armen Leute mit ihrer Herkunftsgemeinschaft verbunden bleiben können, selbst wenn sie daran arbeiten, ihr wirtschaftliches Schicksal zu verbessern.
>
> (bell hooks 165)

Einleitung: Geh, geh!

Als ich im Juni 2018 nach Essen an die Folkwang Universität der Künste fuhr, um meinen Vortrag „Vom Arbeiterkind zur Designer*in – Thesen zur wissenschaftlichen Erforschung nicht-traditioneller Karrieren" zu halten, war ein Monat zuvor in Italien mein Vater im Alter von knapp 80 Jahren verstorben. Ich war erschüttert von diesem Verlust, nicht zuletzt deswegen, weil mein Vater nur wenige Monate vor seinem Tod zum ersten Mal im Leben mit mir über seine Rassismus- und Klassismuserfahrungen gesprochen hatte. Ein Dialog war in Gang gekommen, der wahrscheinlich nur dank meiner Auseinandersetzung mit meinem eigenen, mehrfach ambivalenten Aufstieg vom migrantischen Arbeiterkind zur gefeierten Textildesignerin Zürichs ermöglicht worden war. Diese Auseinandersetzung war Teil des Forschungsprozesses meiner Dissertation, die ich zwei Jahre später abschliessen würde (De Martin). Ich setze mich darin mit sozialer Mobilität auseinander, mit Klassismus und anderen Formen der Diskriminierung in der Züricher Designszene während der neoliberalen Ära. Damals 2018 schien mir der Abschluss meiner Doktorarbeit auf eine bedrohliche Weise noch unmöglich. Ich kämpfte mit alten Geistern, die mir sagten, das sei nicht mein Platz, „dort oben" in der Akademia. Der Reflexionsraum über diese Geister, den ich mit meiner Forschung eröffnete, hatte mir und meinem Vater tatsächlich und ganz konkret geholfen, den konfliktgeladenen Klassenspalt zwischen ihm, dem alten Arbeiter, und mir, seiner intellektuellen Tochter, die eine akademische Laufbahn einschlägt, *wie von selbst* zu überwinden. Wir konnten sein, wie wir sein mussten, um an unserem jeweiligen diversen Ort gut zu leben – und einander doch in unserer Eigenart anzuerkennen. Es war ein ermutigender, ein Trost spendender Neuanfang einer vertrackten Vater-Tochter-Beziehung, die auch eine intergenerationelle, vergeschlechtlichte Arbeiter-Intellektuellen-Beziehung war – und dann war er schon, für immer, vorbei. Ich war traurig, dass wir nie mehr miteinander darüber reden würden, was uns während Jahrzehnten des Neoliberalismus in der Schweiz, als meine Eltern noch hier lebten, auseinandergetrieben hatte.

Ich wollte den Vortrag absagen, spürte aber die Stimme meines Vaters, die mich – auch ein Paradox – immer ermutigt hatte, weiterzugehen: *Vai, vai!* Geh, geh, Paola! Und ich ging. Der Abend an der Folkwang Uni, die interessierten Kolleg*innen aus den Künsten in einer fremden Stadt, die freundschaftliche Einführung meines Vortrags in der Reihe „Differenz_Gestalten" durch Simon Dickel und unser Gespräch danach beim Abendessen unter freiem Himmel über die ähnliche Qualität von sehr diversen Differenzerfahrungen – das alles ist mir in lebendiger Erinnerung geblieben als einer der schönsten Ausnahmemomente meiner äußeren und inneren Forschungsreise durch die Geschichte und Gegenwart von diversen Klassen und Milieus, *Races* und Geschlechtern im Feld der Künste. Konnte diese Ausnahme nicht die Regel sein, fragte ich mich. Etwas sehr Merkwürdiges stand dem im Weg. Auf der Rückreise nach Zürich skizzierte ich zum ersten Mal meine Gedanken zu dem, was ich das „Diversitätsdilemma" bezeichne. Ich erkannte die Funktionsweise dieses Dilemmas in einer vertrackten und doch gewohnheitsmäßigen Art, Künste hermetisch vor der Erkenntnis über ihre eigene Rolle in einer Sozialgeschichte der mehrfachen Ungleichheit zu verschließen. Ich sah förmlich einen Schlüssel, der den Zugang zu dieser Geschichte öffnen könnte mittels einer Sprache, die autobiografische und kollektive, empirische und theoretische, literarische und wissenschaftliche Zugänge auf eine Weise kombiniert, dass es klick macht. Ich dachte, *c'est le ton qui fait la musique* – und wünschte mir, durch die richtige Kombination dieser Elemente den richtigen Dreh im Schloss zu finden.

Im Folgenden beschreibe ich zunächst anhand einiger Beispiele das Diversitätsdilemma, in welchem engagierte Kulturschaffende in den heutigen Zentren des globalen Kapitalismus gefangen sind. Ich bin mir sehr bewusst, welche Verantwortung damit verbunden ist, wenn ich zunächst ein grundlegendes Dilemma beschreibe, das jeden Widerstand aus den diversen Rändern gegen die Gewalt des Kapitals eben nicht erstickt, sondern filtert, aufsaugt und so vernichtet. Die Beschreibung dieser Dynamik ist so ernüchternd, dass sie den Eindruck vermitteln könnte, dass wir in einer labyrinthischen Ohnmacht gefangen sind, aus der es kein Entrinnen gibt. Es geht mir dabei nicht so sehr um die groben, die eindeutigen, die sehr kruden Formen der Diskriminierung, die wir immer wieder überwinden können, auch wenn die Kämpfe hart sind. Es geht um den strukturell anfallenden Rest an feinen, spontanen und scheinbar auch harmlosen Abwertungen beim *Othering* innerhalb der Künste, die es eigentlich gut meinen mit ihren „Anderen". Mit *Othering* ist ein erlernter Reflex gemeint, gewisse Menschen als bedrohlich abweichend von einer natürlich verstandenen Norm wahrzunehmen – einer Norm, die in Wahrheit jedoch gesellschaftlich konstruiert ist. Dieser Rest der „Anderen" ist Teil der Dynamik des Kapitals, er ist – wie der Hermann-Teig beim Backen – die kleine Portion Triebmittel für neue Diskriminierung – und neuen Widerstand – und neue Siege – und neue Diskriminierung. Was geschieht hier eigentlich immer wieder von Neuem? Ich möchte in einem zweiten Schritt versuchen, die Dynamik dieses Dilemmas aus der historischen Makroperspektive zu erhellen. Und schließlich skizziere ich einige Gedanken, wie wir aus der Sackgasse herausfinden können. Fangen wir mit den Beispielen an.

Diversitätsdilemma – Praxisbeispiele

Das erste Beispiel stammt von einer Studentin des Industrial Design an der Zürcher Hochschule der Künste (im Folgenden: ZHdK) – Vater Schweizer, steigt aus kleinbürgerlichen Verhältnissen im Zuge der New Economy in die gehobene Mittelschicht auf, Mutter aus sehr prekären Milieus Marokkos, migriert in die Schweiz, heiratet diesen Mann und gründet mit ihm eine Familie. Diese Studentin berichtete mir von ihrer Scham, im Studium als Marokkanerin erkannt zu werden. Diese Scham befiel sie regelmäßig wie aus dem Hinterhalt, wenn sie ihre Arbeiten präsentieren sollte. Sie wusste nicht, was ihr in diesen Momenten geschah. Ein Lachen der Gruppe über eine ihrer Formulierungen genügte, um sie aus der Fassung zu bringen. Sie zensierte ihre raumgreifenden Gesten, sie fuhr die Lautstärke ihrer Stimme herunter, sie kontrollierte ihren Reflex, heiter zu sein. Sie verbat sich selbst, eine bestimmte, sagen wir, „Marokkanità", spontan zu artikulieren. Als sie mir das erzählte, schloss sie mit dem Fazit ab, dass sie das nicht verstehe, denn Differenz sei eigentlich kein Problem an der Hochschule. Tatsächlich wird auf der Homepage der ZHdK Diversität ausdrücklich bejaht:

> Die Zürcher Hochschule der Künste versteht sich als Institution, in der die individuellen und kulturellen Unterschiede ihrer Angehörigen wahrgenommen und geschätzt werden. Das Erreichen von Gleichstellung im Sinne einer Gleichheit in der Vielfalt umschließt die gleichberechtigte Teilhabe aller Beschäftigten an Verantwortung, Information, Wertschätzung der eigenen Arbeit und beruflichen Weiterbildung. Die Angehörigen der ZHdK sollen unabhängig von Geschlecht, Alter, Herkunft, Religion oder Weltanschauung, Behinderung, sexueller Orientierung Anerkennung und Gleichbehandlung erfahren. (ZHdK „Fachstelle Gleichstellung und Diversity")

Das Dilemma dieser Studentin besteht im Auseinanderklaffen zwischen ihrer Erfahrung der sozialen Scham, die mit der Herkunft ihrer Mutter zusammenhängt, und der offiziellen Gleichstellungspolitik der Hochschule. Ihre Differenz ist eine, die „keinen Namen" hat, wie Audre Lorde es in den Archivaufnahmen des Films *Audre Lorde: Die Berliner Jahre 1984-1992* formuliert. Das führt dazu, dass ihre Differenzerfahrung unter den Radar einer offiziellen Diversitätspolitik der Institution fällt. Wie sie mir anvertraut hat, löst diese Erfahrung ein abgründiges Gefühl der Isolation aus, der erstickenden Sprachlosigkeit ihres Bewusstseins, der individuellen Ohnmacht innerhalb einer strukturellen Ohnmacht, aus der sie sich eigentlich emanzipieren will.

Ein weiteres Beispiel: Ich wurde neulich angefragt, ob ich als Jurorin eines Wettbewerbs zum Thema des 50-jährigen Jubiläums zur Einführung des Frauenstimmrechts in der Schweiz teilnehmen möchte. Die Wettbewerbseingaben beschränkten sich auf ein Produkt: Foulards, wie man Seidentücher in der Schweiz gerne bezeichnet. Der Wettbewerb wurde von der Architektinnenvereinigung Les Créatrices ausgerufen, und in der Jury sollten eine pensionierte Leiterin der ehemaligen Textilfachklasse der Kunstgewerbeschule Zürich (heute: ZHdK) und ich, eine promovierte Historikerin, vertreten sein. Die Anfrage erreichte mich über Umwege von einer mir seit Jugendjahren bekannten Architektin aus gutbürgerlichem Haus. Sie war auf mich gekommen, weil eine gemeinsame Kollegin ihr von meiner klassismuskritischen Forschung berichtet hatte. Nachdem ich das Wettbewerbsdossier studiert hatte, gab ich ihr mein Ja – mit Vorbehalt. Ich gab zu bedenken, dass ich das Foulard in diesem diskursiven Kontext als bildungsbürgerliches Accessoire erachte, welches Frauen aus anderen Milieus von vornherein subtil ausschließe. Aus meiner Perspektive sei es nicht angebracht, von Frauen im Allgemeinen zu sprechen, wenn man eine Ästhetik bediene, die nur von einem bestimmten Milieu spontan als selbstverständlicher Teil des Lebensstils aufgefasst wird. Stattdessen schlug ich ein anderes Produkt vor: Socken. Nach dem Motto: Frauen machen sich auf die Socken. Die Replik kam postwendend. Die Architektin schrieb mir, dass sie das nicht so sehe, weil ein Foulard kein bildungsbürgerliches Accessoire sei. Um mich von ihrem Urteil zu überzeugen, schickte sie mir Visuals des Wettbewerbs, Fotos, die meinen ersten Eindruck jedoch bestätigten. Nach diesem Austausch dachte ich, dass wir niemals dieselbe Perspektive teilen können, zu unterschiedlich waren unsere Erfahrungshorizonte. Das ist ein Problem, das ich akzeptieren kann. Die Welt ist ungleich, und wir sind mit unserer Wahrnehmung ungleich in ihr verortet. Ich werde aber niemals akzeptieren, dass unsere unterschiedlichen Erfahrungshorizonte von der sozialen Position der Architektin nicht anerkannt werden. Ein Foulard ist ein Foulard ist ein Foulard? Ist es eben nicht. Das Dilemma besteht darin, dass ich als Expertin für Klassismus in den Künsten zu einem Wettbewerb eingeladen werde, um gleich darauf nach der Pfeife jener zu tanzen, die ihre Klassenzugehörigkeit scheinbar gar nicht reflektieren müssen. In ihrem Buch *Sprache und Sein* (2020) bezeichnet Kübra Gümüşay sie als „die Unbenannten". Es gibt eine objektive soziale Differenz, die zu systematischen Urteilen über die Welt führt, eine Differenz, die innerhalb der Kulturszene – theoretisch und praktisch – noch kaum repräsentiert werden kann. Nichtsdestotrotz sind die Repräsentant*innen einer *gewissen* Klasse aufgefordert, als Subjekte Differenz zu repräsentieren. Tokenismus wird diese entlastende Strategie genannt. Interessant sind im oben erwähnten Beispiel die *feinen* Unterschiede: Die einen Frauen greifen auf die anderen Frauen innerhalb eines riesigen Spektrums dieses Feigenblatt-Phänomens zurück.

Ein letztes Beispiel. Es stammt aus einem laufenden ethnografisch-künstlerischen Langzeitprojekt, das eine alternative Erinnerung bezüglich Rassismus in der Schweiz aufarbeitet. Ich bin im künstlerischen Leitungsteam dieses Projekts und fühle mich verantwortlich, dass Begriffe wie „ethnografisch-künstlerisch" auch von jenen Teilnehmer*innen verstanden werden, die keinen professionellen ethnografisch-künstlerischen Background haben. Es ist ein Spagat und ein Salto, die sozial diversen Akteur*innen aus Gewerkschaft, Politik, Wissenschaft, Theater, Film, Design und bildender Kunst in einen fruchtbaren Dialog zu bringen. Die bisherigen Auseinandersetzungen, wie diese neue Erinnerungsarbeit denn aussehen soll, ganz konkret (visuelle Gestaltung der Webseite, Art der Dokumentation des Erinnerungsprozesses, Verwendung bestimmter abstrakter Analysebegriffe, öffentliche Vermittlung der Ergebnisse im offiziellen Theaterkontext) finden entweder auf einer Ebene statt, die Migrant*innen aus Arbeitermilieus langweilt und einschläfert, oder auf einer Ebene, die Kulturschaffende und Wissenschaftler*innen langweilt und abstößt.

Der Unterschied ist, dass letztere sich sehr rasch und lautstark wehren, während erstere ihren Unmut nur unter vorgehaltener Hand – manchmal mir, zum Glück, immerhin – anvertrauen. Auf unserer Projekt-Webseite sieht man zum Beispiel keinen feinen Strich unter den Hyperlinks. Man könnte denken, da sei unserer Grafikabteilung ein Fehler unterlaufen, den man schnell korrigiert hat – das kann passieren, keine große Sache. Wie ich aus anderen Designkontexten jedoch erinnere, steckt vielmehr Absicht dahinter, das grafische Element „Unterstrich" entspricht nicht den Normen des guten Geschmacks der Grafikprofis, deshalb wurde er aufwändig wegretuschiert. Hyperlinks erkennt man nur daran, dass ein Händchen erscheint, wenn man zufällig mit dem Curser über die Begriffe fährt. Das irritiert viele Projektbeteiligte. Verständlich, denn sie müssen nach Hyperlinks suchen. Ich habe dies intern weitergeleitet, indem ich die Perspektive der Nutzer*innen ins Spiel brachte, die keinen künstlerischen Beruf ausüben, und weit vom ästhetischen Insider- und Diskurswissen entfernt leben. Für diese User hat die Praxistauglichkeit Priorität –

vor einer modernistischen Ästhetik. Meine Bemühungen, ihrer Perspektive Anerkennung zu verschaffen, waren vergeblich. Auch das erinnerte mich an Erfahrungen aus anderen Kontexten, bei denen mir, durchaus nett und etwas von oben herab, die Welt der coolen Styles erklärt worden war, die ich einfach noch nicht richtig verstanden hätte. Ich nenne diese Art der Erklärung *Classplaining*, in Anlehnung an *Mansplaining*. Wünsche von bildungssystemfernen Kund*innen werden von den Dienstleister*innen der visuellen Kommunikation systematisch aberkannt, wenn sie nicht ihrem fixen Bild eines diversen Begehrens entsprechen. Das Dilemma in diesem Beispiel: Es gehört explizit zum guten Ton, dass Kulturschaffende für die Unterprivilegierten, die Ausgeschlossenen, die Uncoolen eine zeitgemäße coole Differenz gestalten, aber implizit grenzen sie wortgewandt jene „Anderen" von ihrem ästhetischen Lebensstil wieder aus. Auch dieser exklusive Lifestyle ist „unbenannt". Benennbar und daher in negativem Sinn divers sind jene, die sich den exklusiven normativen Vorstellungen von Gut und Schlecht nicht anpassen.

Last und Lust der Geschichte

„Differenz ohne Namen", „Tokenismus als Spektrum", „unbenanntes Classplaining" sind heute Phänomene *innerhalb* eines bejahenden Differenzdispositivs der Künste. Das ist die Schwierigkeit. Ich könnte noch viele weitere Aspekte dieses Diversitätsdilemmas anfügen – und in meiner Doktorarbeit habe ich sie auch einer extensiven, intersektionalen Analyse unterzogen. Worauf ich hier hinauswill ist, dass diese Dinge in den allermeisten Fällen ohne jegliche Böswilligkeit der beteiligten Akteur*innen geschehen. Es sind vielmehr historische und strukturelle Gründe, welche die professionellen Kulturschaffenden immer wieder *wie von selbst* in die Rolle der *Supremacists* schlüpfen lässt. Man spricht heute viel von den intersektionalen Überschneidungen der diversen Diskriminierungen entlang der Achsen Klasse, *Race* und Gender, und das ist gut, denn es schärft den Blick für das ganze Spektrum der Positionen. Das Spannende ist, dass nicht nur Diskriminierung, sondern auch Privilegien intersektional aufgefächert werden können, wie meine Beispiele demonstrieren. Und auch die einzelnen Subfelder der Künste befinden sich innerhalb dieses Spektrums in einer relativen Macht- und Ohnmachtsposition zu anderen Subfeldern (man denke an die subtilen symbolischen Kämpfe zwischen dem reinen, hehren Statusstreben der Architektur, der Oper und des Balletts und den schmutzigen, niedrigen Statusobjekten des Designs mit seinen verräterischen Preisetiketten). Zuletzt kann auch das Feld der Künste intersektional relativ zu allen anderen Feldern der Macht verortet werden (man denke an das feine, weiblich konnotierte, symbolische Kapital der Kunst und die harte, ungeschminkte, bare, die männlich konnotierte Währung der Ökonomie).

Was geschieht nun in diesem großen, vorstrukturierten, intersektionalen Spektrum im Feld der Künste, wenn ein ernstzunehmender kritischer Impuls von den Rändern auf das Zentrum der Kulturproduktion zukommt? Kritik wird zunächst abgewehrt, ihre Ästhetik wird aus der sicheren Distanz genau studiert, und dann werden ihre Manifestationen gesammelt, sortiert – und schließlich wird ein Spalt zwischen die einen und die anderen „Anderen“ getrieben. Ein bestimmter Anteil der vom Zentrum zunächst als abartig wahrgenommenen Handschriften und Subjektivtäten an den Rändern, ein Anteil ihrer Authentizität, ihres Spaßes, ihrer Kritik und ja, ihrer Diversität wird von den mächtigen Institutionen und Akteur*innen der Künste aufgesogen und bereinigt. In dieser sublimierten Form dient Kritik letztlich der Belebung der kulturellen Macht. Der Kultursoziologe Franz Schulheis formuliert diesen Vorgang wie folgt:

> Der Kapitalismus erweist sich in dieser Sicht der Dinge nicht nur als überaus vital, sondern obendrein noch höchst lernfähig und bereit, historische Erfahrungen zu absorbieren und sie reflexiv zu wenden. Er lässt Kritik und Widerstand nicht einfach an sich abprallen oder unterdrückt sie, wie man lange versucht war zu glauben, sondern öffnet sich ihr, assimiliert und akkommodiert, um es mit der Piaget'schen Lerntheorie auszudrücken, die aufgesogenen Wissensbestände und Erfahrungswerte, wird klüger und reflexiver, steigert seine Effizienz, stärkt sich und wird dabei immer unausweichlicher. (19)

Was ist das Problem? Wenn ein System unausweichlich ist, gibt es keine Ausgeschlossenen mehr. Aber so ist es nicht. Ein bestimmter Anteil der kritischen „Anderen“ fällt regelmäßig der absoluten Verachtung und Herabsetzung zum Opfer – dieser Anteil wird abgesondert und ausgeschlossen. Er wird sozusagen „weggestaltet“. Das sind tiefsitzende Reflexe der Wahrnehmung, so meine historische Diagnose, ich möchte das betonen. Aber als Reflexe sind sie nicht unbedeutend und harmlos, sie sind weder natürlich, noch sind sie sakrosankt. Meine Diagnose ist deshalb auch nicht der Endpunkt, sondern der Ausgangspunkt für einen zeitgemäßen Aktivismus, der darauf fokussiert, tiefsitzende *Reflexe* zu transformieren.

Mich interessiert als Historikerin aber auch: Was ist eigentlich der Unterschied zwischen den integrierbaren und den nicht integrierbaren „Anderen“? Das ist besonders heute eine spannende Frage, da die Förderung der Diversität mittlerweile zum Programm aller Kulturinstitutionen und ihrer informellen Szenen gehört. Was macht den Unterschied zwischen einer anerkannten Art, marokkanisch zu sein und einer nicht anerkannten, die Scham auslöst, wenn sie manifest wird, weil sie vergeblich auf jenes Wohlwollen hofft, das offiziell in Aussicht gestellt wurde. Was macht den Unterschied zwischen einer hegemonialen normativen Perspektive, die für sich beansprucht, im Namen aller Frauen über die Bedeutung eines Foulards zu sprechen, und einer davon abweichenden Perspektive, die immer schon von ihrem partikularen, sozialen Ort wusste. Und was macht den Unterschied zwischen einem illegitimen, störenden, falschen und problematischen Extra-Wunsch, auf ein Zeichen zu bestehen – ein hilfreicher Strich unter einem Hyperlink – und einem „unbenannten“ sauberen und daher selbstverständlich legitimen Wunsch-Befehl, eben dieses Zeichen zu löschen, weil seine einfache Funktionalität als Störfaktor eines Looks gilt, der doch von sich behauptet, sich einfach nur der Funktionalität verschrieben zu haben. Wie trickreich diese feinen Unterschiede sind! Was genau ist denn so abnorm, so falsch, so peinlich, so störend an einem ganz bestimmten Bedürfnis nach Wohlwollen, an einer ganz bestimmten Partikularität und Einfachheit?

Ich habe lange gebraucht, um diese Frage ernsthaft zu stellen und noch länger, um auch eine ernstzunehmende Antwort zu formulieren. Mit dem Ernst ist die Lust, einer präzisen Antwort näherzukommen – zu meinem Erstaunen – nicht kleiner, sondern größer geworden.

Während meiner Forschung habe ich viele Interviews mit sozialen

Aufsteiger*innen aufgenommen und gewisse Stellen mit geschlossenen Augen immer und immer wieder gehört. Ich konnte mit der Zeit vor dem inneren Auge sehen, wie diese Akteur*innen mit unsichtbaren gesellschaftlichen Strukturen kämpfen wie mit Geistern. Ich konnte sehen, für wen die intersektionalen Gleichungen im Leben wann und wie aufgehen, und für wen nicht, *at the end of the day*. Es ist den ein- und ausgeschlossenen Diversen auf eine physische Art ganz und gar klar, was in der Summe den Unterschied zwischen Ein- und Ausschluss macht. Wenn ich dieses Körperwissen in eine wissenschaftliche Sprache übersetze, so lautet das Fazit: Es ist die Last der Geschichte von sozialen Demütigungen, die in alten Kämpfen auf dem Feld der Künste durch symbolische Waffen erlitten wurden, die den Unterschied macht. Die Last der Geschichte kann einerseits erdrückend sein für die „Anderen“, „a burden of representation“, wie der Kunsthistoriker Kobena Mercer sie bezeichnet (Zit. in: Micossé-Aikins 472, FN23). Zugleich scheint gerade der Widerstand gegen diese Last die vitale Ressource, der Drive der Ambition, der im neoliberalen Spätkapitalismus wie eine symbolische Energiequelle ausgeschöpft wird.

Es gibt Subjekte, die über einen gemeinsamen Habitus mit der Schwere der Demütigung und den Flügeln, welche der Stolz verleiht, mit der Geschichte verbunden bleiben und das in ihnen gespeicherte Gedächtnis daran nicht löschen können. Was in den Künsten stört, ist der gedemütigte Teil einer „leibhaft gewordenen Geschichte“ (69), wie Pierre Bourdieu sie nennt, weil er uns am deutlichsten daran erinnert, dass die Künste in der langen Geschichte der kapitalistischen Diskriminierung und Privilegierung nicht unschuldig sind. Die Künste nahmen von jenen Diversen, die sie als integrierbar erachten, schon immer „everything but the burden“, wie Greg Tate es in Bezug auf *Race* auf den Punkt bringt. *Whitewashing*? Durchaus. In guter Gesellschaft mit *Greenwashing*, *Femwashing*, *Classwashing*.

Unschuld ist eines der wichtigsten diskursiven Leitmotive der Künste seit dem 18. Jahrhundert. Sehen, als ob man nicht wüsste, was man sieht: das große Begehren der Designreform, der Arts&Crafts-Bewegung und des Impressionismus während der Hochphase des Freihandelsimperialismus. Gestalten, als ob man die Welt immer wieder ganz frisch für sich entdecken würde: das große Begehren im

Bauhaus-Modernismus vor dem Zweiten Weltkrieg und im Ulmer Modernismus danach. Designen, als ob Nachhaltigkeit im 21. Jahrhundert die endgültige Erlösung vom ästhetischen Antrieb einer alles andere als nachhaltigen Entwicklung sei, während Fast Fashion, Fast Food, Fast Tourism, Fast Digitization, Fast Art nicht zu bremsen sind. Die Künste haben über die Jahrhunderte eine reale Schuld angehäuft, die erdrückend ist. Sie sind die symbolischen Komplizen der Herrschaft des Kapitals. Wenn man beginnt, darüber nachzudenken, will man am liebsten sofort vergessen. Deshalb ist unser geschichtsvergessener Hunger nach Unschuld so groß. Mit Stuart Halls Worten: „Die Postmoderne versucht, die Vergangenheit zu versiegeln, indem sie sagt, die Geschichte ist zu Ende, deshalb müssen wir nicht mehr zu ihr zurück“ (60). Aber nicht alle können gleichermaßen vergessen. Wer die Bürde der Geschichte im Körper gespeichert hat, kann sie schwerlich ganz aus dem Körper löschen. Diese Akteur*innen können den Institutionen und Szenen der Künste das gute Zeugnis der Unschuld unmöglich glaubhaft ausstellen. Sie tragen die Bürde der Geschichte unter der Maske der Diversität, oder sie lassen die Maske fallen – und fallen selbst aus der Leaky Pipeline. Entweder, oder – gibt es wirklich keine Alternative?

Les fleures du bien

An einem Waldfest Mitte der 80er Jahre (Abb. 1) sagte einmal eine Freundin meiner Eltern zu mir: „*Vai al ginnasio, vero?* Du gehst aufs Gymnasium, ja?, das ist außergewöhnlich für unsereins, vergiss niemals, woher du kommst!“ Ich antwortete ihr: „Nein, bestimmt nicht, ich bin stolz auf meine Leute!“ Aber ich spürte noch etwas anderes und fügte nach einer Pause an: „Was mich im Moment umtreibt, ist nicht so sehr woher ich komme, sondern dass ich nicht weiß, wohin ich nach dem Abitur gehen soll“. Das hatte ich meinen Eltern nie gesagt, ich dachte, das könne ich ihnen nicht antun, nach allem, was sie für mich getan hatten. Und nun? Ich sah vor lauter Möglichkeiten und Abzweigungen, die sich mir eröffneten, den Wald nicht mehr. Ich war damals, ein jugendliches Arbeitermädchen auf der Schwelle zum Erwachsenenalter, sehr fasziniert von den Obdachlosen in Zürich, ihre Lebensweise zog mich magisch an. Die Freundin meiner Eltern schwieg und legte sanft ihre Hand auf meinen Arm. Und ganz unvermittelt war eine andere Magie im Spiel. Ich sog die wohltuenden Sonnenstrahlen der Waldlichtung auf und wie mir schien, war in diesem Moment *alles klar*. Es war ein Augenblick der Nähe, bei dem wir uns gegenseitig begegneten, erkannten und anerkannten, wir waren einen Augenblick lang divers auf eine Art, die uns unvergleichbar und untrennbar machte. Hier war sie plötzlich, die Lichtung: ein seltener, heller Berührungs- und Kreuzungspunkt.

Abb. 1. Lichtung an einem Waldfest, d.V. auf dem untersten Foto links im weißen Kleid, diverse Freund*innen ihrer Eltern, Nähe Zürich, 1982. Privates Fotoarchiv d.V., © Paola De Martin.

Heute würde ich sagen: Diversität offenbarte in diesem Augenblick ihre Allgegenwärtigkeit – ohne Zwang. Das war das Besondere daran, diese Zwanglosigkeit, ein Hauch Bejahung in jedem Atemzug der lebendigen gegenseitigen Anerkennung, *les fleurs du bien*, die Blumen des Guten. Anders als bei Baudelaire trieb hier die Lust zu sein, ihre Blüten, nicht die Lust nach dem Nichts, nicht versinken, sondern sich setzen. Kein Trübsinn, Klarsinn. Diversität war schlicht das immer vorhandene gute Leben, mitten drin, im Falschen: einer zwanghaften

Normalität. Jeffrey Eugenides beschreibt eine ähnliche Erkenntnis bezüglich sogenannt abweichender Genderidentitäten in *Middlesex*. Ich liebe aus diesem Grund diese Stelle, so sehr, dass ich sie auswendig gelernt habe:

> ...ganz allmählich bekam ich einen Begriff von Normalität. Normalität war nicht normal. Das ging gar nicht. Wenn Normalität normal wäre, dann könnte jeder damit leben. Jeder könnte sich zurücklehnen und darauf warten, dass Normalität sich manifestiert. Doch die Menschen – und vor allem die Ärzte – hatten in Bezug auf Normalität ihre Zweifel. Sie waren sich nicht sicher, ob die Normalität ihrer Aufgabe gewachsen war. Und daher halfen sie ein wenig nach. (621)

Abweichende Norm, normative Abweichung. Wir befinden uns an einem spannenden historischen Punkt des reflexiven Kapitalismus und der neoliberalen Globalisierung. Diverse soziale Bewegungen rütteln am unschuldigen Selbstverständnis der Kulturinstitutionen und Szenen, die immer schon Diversität als Inspirationsquelle genutzt haben, ohne sie mit diesem Begriff zu benennen, ausgenutzt gar, als ob sie eine unerschöpfliche natürliche Ressource wäre. Mit Eugenides könnte man nun sagen: Das etablierte Feld der Künste ist im reflexiven Kapitalismus nicht sicher, ob die „Anderen" noch ihrer Aufgabe gewachsen sind, ohne den Bezug zur Sozialgeschichte auszukommen, und darum helfen die professionellen Gestalter*innen ein wenig nach, wie Ärzte der Wahrnehmung. Sie locken die Diversen, nennen sie eine Bereicherung, attestieren ihnen eine USP, eine Unique Selling Proposition. Diese normale Diversität ist das postmoderne neue Siegel der Geschichte. Und es wird spannend sein zu erleben, ob die normative Diversität das gleiche Schicksal wie die normative Normalität ereilt, oder ob es die sozialen Bewegungen der Gegenwart schaffen, aus ihrem Widerstand Forderungen abzuleiten, Forderungen nach einer historischen Aufarbeitung der vielfältigen gewaltsamen Verstrickungender Künste in Kolonial- und Postkolonialrassismus, „Rassenhygiene", sexualisierte strukturelle Gewalt und Klassendünkel. Es gibt hofnungsvolle Zeichen, etwa der offene Brief vom 9. Juni 2020 von Artists of Color nach den BLM-Demos verfasst und an Schweizer Kulturinstitutionen gerichtet. Er beginnt wie folgt: „Wie werden Sie aktiv Strukturen der White Supremacy und die damit einhergehenden rassistischen Attribute innerhalb Ihrer Institution abbauen?“ (Black Artists).

Innerhalb der Institutionen, ja. Schaffen wir es, das postmoderne Siegel der Geschichte zu öffnen, das gerade um einen neuen, einen „diversen“ Dreh ergänzt wurde? Man spürt in den sozialen Bewegungen eine berechtigte Ungeduld, die das Potential der Gewalt hat, sie ist befreiend oder zerstörerisch. Mich beschäftigt die Frage: Wie können wir gut versiegelte, abgeschottete, gepanzerte Geschichten über symbolische Gewalt der Künste erzählen, ohne Gewalt zu perpetuieren?

Schluss: Sich zurücklehnen, pendeln

Was geschieht eigentlich in diesen seltenen Augenblicken, wo der Schlüssel greift? Kann man das verallgemeinern? Halten wir uns noch einmal kurz auf der Waldlichtung auf, nehmen wir uns die Zeit, in diesem hellen Augenblick zu verweilen, an dem sich zwei divergierende Frauenschicksale kreuzen, und sich in ihrer Eigenart, ihren Impulsen, Zweifeln und Hoffnungen gegenseitig anerkennen, eine befreundete Arbeiterin im besten Alter und eine junge Arbeitertochter, die irgendwann später Textildesignerin wird und dann, viel später, in Designgeschichte promoviert, ohne zu vergessen, woher sie kommt – und wohin sie geht. Kehren wir zum Anlass zurück, aus dem dieser Text hervorgegangen ist: die Einladung, einen Vortrag über Klassismus an der Folkwang Uni zu halten, ein Verlust und die Trauer, die weit über das Persönliche hinausging. Ja, ich wollte zuerst absagen, und dann spürte ich die Ermutigung meines Vaters wie ein Echo aus einer anderen Zeit: Geh, geh! Ich war gleichzeitig ganz in der Materie und außer mir, irgendwie lag eine Schönheit in diesem Augenblick, wie ich sie einmal in einer Formulierung von Herta Müller gelesen hatte, Schönheit, die immer hin- und herspringt „zwischen dem, was man hat und dem was man nicht hat“ (296). Ich spürte, da wollte ich schon immer hin, weil das richtig gute Arbeit ist. Hin- und herpendeln zwischen Haben und Nicht-Haben ist die einzige Möglichkeit, niemals zu vergessen, woher alles Neue kommt – von den Rändern, von unten – und dennoch nicht unterzugehen und randständig zu werden. Die einzige Möglichkeit, sich immerzu zu vergegenwärtigen, wohin alles Neue strebt – in die Mitte, nach oben – ohne egozentrisch und herablassend zu werden. Wider jegliche gesellschaftliche Erwartung sich selbst in den neuen „Anderen“ wiederzuerkennen, die ganz bestimmt kommen werden, sie sind schon da, und diese immer wieder miteinzubeziehen, von innen heraus. Und sich dabei zu verlieren. Selbst immer wieder dazugehören wollen und nicht dazugehören können – und umgekehrt. Grenzen zwischen der überlieferten Norm und ihrer Abweichung aufweichen und ausweiten, bis selbst die Grenze ein großes, weites Land wird. Spielen, wagen, einmal an der Grenze zwischen dem, was man hat und dem, was man nicht hat, alles machen, was man kann, damit die Grenze für uns alle zu einem Zuhause werden kann – und dann sich zurücklehnen, spielend träumen, ruhig schlafen. Bis zum nächsten Tag, zum nächsten Aufbruch in die *glückliche* Sisyphusarbeit, wie Albert Camus gute Arbeit umschrieben hat. Augenblicke erinnern, in denen wir unvergleichbar und untrennbar sein konnten und diese wiederherstellen und dehnen – an einer Diversität außer Konkurrenz weiterarbeiten. Kompromisse werden dadurch aufregend, anstatt langweilig. Extreme werden oft und rasch erblühen und verblühen, statt auf Dauer faule Versprechungen zu machen, die sie permanent verraten. Ich sehe was, was Du nicht siehst, und das *ist* normal: Diversität.

Diese Diversität zu gestalten braucht unsere soziale Tiefenmuskulatur, einen pumpenden empathischen Atem, einen ruhigen Puls und ein emanzipatorisches Ziel. Es braucht den Dialog, der an der Grenze hin- und herspringt. Spielend wagen: Klappe auf, Klappe zu. „Die Erkenntnis, dass Schweigen durchaus politisch sein kann, ist lehrreich, wenn es darum geht, unerhörte Geschichten überhaupt erst einmal zur Kenntnis zu nehmen. Das Klappehalten aus Feig- oder Faulheit hingegen ist weit weniger produktiv – zumal, wenn sich der Unmut hinter vorgehaltener Hand umso heftiger Luft verschafft“, so der Kurator und Dramaturg Florian Malzacher (58). Zwischen Sprechen und Schweigen liegt das Stottern, man sollte es ebenso kultivieren, wie das Stolpern – auch dafür plädiert Malzacher (62-63). Ich kenne einen stotternden Schauspieler aus Bern, der auf der Bühne lupenreines Bühnendeutsch spricht. „Weshalb redest Du nicht immer ‚richtig‘“, fragte ich ihn. Er: „Wenn ich nicht stottere, spiele ich jemanden anderes“. Viele Jahre später sah ich den Schauspieler Einar Schleef, der sein Stottern in seine Kunst integriert. Ich brauchte damals Mut, den Schauspieler aus Bern anzusprechen. Unser kleines Gespräch ist deshalb genauso wichtig wie sein großer Inhalt, es ist schön, dass es überhaupt stattgefunden hat. Ich kann es weitererzählen wie alle anderen Geschichten in diesem Aufsatz. Wie gehen, wie stolpern, wie stottern sie weiter?

Nachdem die marokkanisch-schweizerische Studentin mir von ihrer beschämenden Erfahrung erzählt hatte, entdeckte sie den Stolz *innerhalb* ihrer Verwundbarkeit und baute darauf weiter, ganz so wie sie ist, mit allem, was sie ist. Die Architektin brachte meine Idee, das Foulard durch Socken zu ersetzen in den Wettbewerbsausschuss. Wer weiß, was noch daraus *wird*? Der unsichtbare Hyperlink ohne Unterstrich wurde nach mehreren E-Mails, die zwischen mir und der Grafikabteilung ausgetauscht wurden, schließlich von ihnen mit einer fein leuchtenden Farbe hervorgehoben, man bekommt sofort Lust, darauf zu klicken, und siehe da, der Link *geht auf*. Sich zurücklehnen und pendeln. Äußerst anspruchsvoll und äußerst bescheiden sein und alles dazwischen. Im richtigen Moment deutlich und laut für sich sprechen und im richtigen Moment anderen „Anderen" lange zuhören. Diskriminierungserfahrungen anerkennen, die größer sind als die eigenen, macht uns frei. Es ist ein kollektiver Prozess.

Das Siegel der Geschichte öffnet sich nicht *von selbst*, es braucht unser Hin und Her, dann aber öffnet es sich spielend *wie* von selbst, und Diversität nimmt spielend alle Gestalten ihrer Zeit an. Ihre Geschichte und Zukunft, die mich zum Suchen und Forschen motivieren, werden in diesen Augenblicken lebendig. Wenn ich über diese Dinge schreibe, spüre ich die Nähe meines Vaters. Als ob er mir über die Schultern guckte und sagte: „Ich verstehe nicht, was Du schreibst, ich kann zu wenig Deutsch, aber es gefällt mir, wie du schreibst, Musik in meinen Ohren". Ich trage, vielleicht deshalb, seit meiner Fahrt nach Essen an die Folkwang Uni bei öffentlichen Auftritten den letzten Maurerbleistift mit, der noch in seiner Arbeitshose steckte (Abb. 2). Wenn ich wieder zuhause bin, lege ich ihn da zurück, damit er sich aufladen kann – mit neuem Mut und altem Glück. Ich bin verbunden mit meiner Klasse, wenn ich schreibend daran arbeite, mein Schicksal zu verbessern.

Abb. 2. Glücksbringer, Mutgeber: der letzte Maurerbleistift vom Vater d.V., der auf Vortragsreisen mit ihr hin- und herpendelt. Zürich, 2021. Privates Fotoarchiv d.V. © Paola De Martin.

Bibliografie

Audre Lorde: Die Berliner Jahre 1984-1992. Regie: Dagmar Schultz. Berlin: Salzgeber, 2012. DVD.

Black Artists and Cultural Workers in Switzerland. „Offener Brief". 09.06.2020. https://blackartistsinswitzerland.noblogs.org. Zugriff am 27.02.2021.

Bourdieu, Pierre. „Sozialer Raum und ‚Klassen'". *Leçon sur la leçon*: Zwei Vorlesungen. Übersetzt von Bernd Schwibs. Frankfurt a.M.: Suhrkamp, 1985.

De Martin, Paola. *Give us a break! Arbeitermilieu und Designszene im Aufbruch*. Zürich: Diaphanes, 2022.

Eugenides, Jeffrey. *Middlesex*. Reinbek: Rowohlt, 2004.

Gümüşay, Kübra. *Sprache und Sein*. Berlin: Hanser, 2020.

Hall, Stuart. *Cultural Studies. Ein politisches Theorieprojekt*. Ausgewählte Schriften 3. Berlin: Argument, 2000.

hooks, bell. *Die Bedeutung von Klasse*. Münster: Unrast, 2020.

Malzacher, Florian. *Gesellschaftsspiele: Politisches Theater heute*. Berlin: Alexander, 2020.

Micossé-Aikins, Sandrine. „Kunst". *Wie Rassismus aus Wörtern spricht. (K)erben des Kolonialismus im Wissensarchiv der deutschen Sprache. Ein kritisches Nachschlagewerk*. Hrsg. Arndt, Susan und Nadja Ofuatey-Alazard. Münster: Unrast, 2015. 420-430.

Müller, Herta. „Schönheit war damals politisch". *Ein Hauch von Lippenstift für die Würde: Weiblichkeit in Zeiten grosser Not*. Hrsg. Schroeder, Henriette. München: Elisabeth Sandmann, 2014. 284-298.

Schultheis, Franz. „Soziologische Einleitung, Das Feld der Kreativarbeit: Geschichte, Strukturen, Akteur_innen, Praxen". *Kreativität als Beruf: Soziologisch-philosophische Erkundungen in der Welt der Künste*. Hrsg. Schultheis, Franz, Christoph Henning und Dieter Thomä. Bielefeld: Transcript, 2019. 4-27.

Tate, Greg. *Everything but the Burden*. New York: Broadway Books, 2003.

ZHdK, „Fachstelle Gleichstellung und Diversity", 2020: https://www.zhdk.ch/ueberuns/gleichstellung. Zugriff am 05.06.2021.

Kenny Fries

Körper aus Wasser

Am Rande meines örtlichen YMCA-Pools sitzend, denke ich an die Worte des Dichters Gerard Manley Hopkins: *Gott sei gerühmt für das Getüpfelte —*

Vorhin, man hatte mich zu einem mir unbekannten Arzt geschickt, um meine Sozialversicherungsleistungen für Behinderte neu zu bestätigen — ich bin tatsächlich immer noch behindert —, begann ich, Hopkins' Worte zu hören und seine Frage, wie sich jeder von uns wandelt, *mit rascher Art, träg; sauer, süß; trüb, grell … zickig, fleckig (wer weiß wie?)*

Ich wippe hin und her, spüre, wie der raue, verputzte Zement an meinen Oberschenkeln reibt.

Im Gegensatz zum Pool in der Lansman's Bungalow Colony in den Catskills im Bundesstaat New York, wo meine Familie dreizehn Sommer meiner Kindheit verbrachte, gibt es hier keine bequemen Stufen, die ins Wasser führen, sondern nur zwei übereinander liegende silbergraue Metallgriffe — nicht einmal eine Leiter — auf jeder Seite des flachen Endes des Pools. Es gibt keine Möglichkeit, sich ganz langsam, Körperteil um Körperteil, in das Wasser zu begeben, wie ich es immer getan habe, seit ich schwimmen gelernt habe.

Ich schließe die Augen und stelle mir vor, ich schwimme wie der einzige andere Schwimmer im Becken an diesem Morgen. Ich stelle mir vor, wie das Wasser an seinem Körper vorbeigleitet, Hand über Kopf, Hand über Kopf, ein Zug nach dem anderen, bis er das andere Ende des Beckens erreicht. Schwimmen, mit gestrecktem Rücken, ohne Druck auf den Beinen, das Wasser neutralisiert das Gewicht, ist für mich leichter als laufen.

Mit meinen Handflächen verteile ich Wasser auf meinen Schenkeln. Die Finger meiner linken Hand kneten sanft meinen linken Oberschenkel. Wann hat dieser Oberschenkel so viele Muskeln entwickelt? Ich beuge mein Knie, strecke mein linkes Bein in seiner gesamten Länge von sechsundfünfzig Zentimetern aus und bemerke wie zum ersten Mal, dass das Band, das an der Außenseite meines Beins zwischen Knie und Oberschenkel verläuft, sich nicht vollständig strecken lässt.

Dieser Text ist die Übersetzung des Kapitels „Bodies of Water" aus Kenny Fries' Buch *The History of My Shoes and the Evolution of Darwin's Theory*. New York: Carroll & Graf, 2007. 21-25.

Mein linkes Bein ist siebeneinhalb Zentimeter länger als mein rechtes, hat aber nie die Möglichkeit, seine potenzielle Dehnung zu erreichen.

Ich strecke mein linkes Bein über das flache Ende des Beckens und beginne, mit meiner Hand von der Fußsohle bis zur Hüfte über die gesamte Länge meines Beins zu fahren. Der einsame Schwimmer, der seine Runden beendet hat, greift nach einer Metallsprosse und hebt sich aus dem Becken. Ich beobachte, wie das Wasser von seiner durchtrainierten Brust, seinem Waschbrettbauch und seinen wohlgeformten Oberschenkeln tropft und eine große Pfütze auf dem Boden bildet.

Oberhalb der Hüften könnte man meinen Körper genauso beschreiben wie den von allen anderen. *Dein Körper — okay, zumindest der obere Teil — kann so aussehen wie seiner.*

Der Vergleich mit dem nun verschwundenen Schwimmer wirkt, und mit einer Bewegung gleite ich über die Wasseroberfläche und bahne mir einen Weg durch das Becken. Aber während ich meinen Körper durch das Wasser bewege, werde ich daran erinnert, dass ich nicht richtig schwimme. Aus Angst, das Chlor könnte meine allergischen Augen stechen, weiß ich nicht, wie ich richtig atmen soll, halte den Atem an, wenn ich unter Wasser bin, und lasse ihn wieder los, wenn ich über Wasser bin, und halte beim Schwimmen den Kopf aus dem Wasser. Meine Füße, seit Jahren stark genug, um alltägliche Aufgaben zu erledigen und sich fortzubewegen, haben beim Schwimmen keinen Vortrieb, so dass der Großteil der Wasserarbeit meines Körpers auf meine Arme und meinen Oberkörper entfällt.

Runde 20. Ich denke über die Idee der Normalität in Bezug auf den durchtrainierten Schwimmer nach, der sich jetzt, nachdem er geduscht hat, in der Umkleidekabine befindet und seinen nackten Körper abtrocknet. Wenn ich mir diesen nackten Mann vorstelle, stelle ich mir auch vor, dass ich zu den Männern in der Umkleidekabine gehöre, die heimlich, manche offener, die Schönheit dieses Mannes betrachten. Und durch einen solchen wertenden Blick bezeichnen wir, Behinderte und Nichtbehinderte, uns selbst als *andere*, den schönen Mann als die *Norm*, wenn nicht gar als ein unerreichbares griechisches Ideal. Einige von uns verbringen ihr ganzes Leben als Betrachter, als derjenige, der schaut, und versuchen, diese abstrakte, letztlich fiktive Vorstellung von dem, was wir sein sollten, für uns zu erreichen, ein Ideal, das eine Projektion ist — *wenn, wenn, wenn nur* — und das verdampft, als wäre es das Wasser, aus dem unsere Körper und die Welt, in der unsere Körper leben, größtenteils bestehen.

Runde 30. Noch eine Runde und mein Schwimmen ist vorbei. Ich benutze nicht die Metallsprossen am Beckenrand. Ich hebe mich aus dem Wasser und lege meine Handflächen flach auf die Oberfläche, auf der ich noch vor einer Stunde am Beckenrand saß.

Auf dem Weg vom Pool in die Dusche denke ich über meine Reisen nach, über meine persönliche Geschichte in Bezug auf die Fantasie des Ideals, die Realität, die niemals die Norm sein kann. Mit all diesen Gedanken, die mir durch den Kopf rasen, ist es, als ob ich immer noch schwerelos wäre.

Als ich in meinen frühen Zwanzigern war, als ich in New York studierte und in den ersten Jahren nach dem Studium in San Francisco lebte, hatte ich Erfolg bei der Suche nach Sexualpartnern in Bars. Als ich anfing, in Bars zu gehen, setzte ich mich an einen Tisch oder auf einen Hocker an der Bar und blieb so lange wie möglich am selben Ort. Wenn ich jemanden sah, den ich kennen lernen wollte, blieb ich an Ort und Stelle, so wie ich heute Morgen am Betonrand des YMCA-Pools festgewachsen war. Selbst als ich auf die Toilette musste, schob ich es so lange wie möglich hinaus, um meine Behinderung nicht durch Aufstehen und Herumlaufen an der Bar bemerkbar zu machen. Indem ich mich entschied, am Ort zu bleiben, machte ich mich in meinen Augen nicht behindert. Sobald ich mich bewegte, hatte ich das Gefühl, dass ich behindert würde.

Nur einmal in den Jahren, in denen ich in Bars ging, beschloss ein Mann, nicht mit mir nach Hause zu gehen, nachdem er meine Beine bemerkt hatte. Dieses eine Mal, nachdem ich mich den größten Teil des Abends mit diesem Mann unterhalten hatte, lange nachdem es offensichtlich geworden war, dass wir die Bar zusammen verlassen und dorthin zurückgehen würden, wo einer von uns wohnte, als ich aufstand und er sah, dass ich knapp über 1,50 m groß war, beschloss er sofort, die Bar nicht mit mir zu verlassen. Als ich aufstand, wurde der Mann, der kurz zuvor noch mit dem Finger an meinem Arm auf und ab gefahren war, nervös und ging, ohne ein Wort zu sagen, auf die andere Seite der Bar. Soweit ich weiß, waren meine Beine nur dieses eine Mal in den Jahren, in denen ich in Bars ging, tatsächlich eine Behinderung. Und was mich zu einem Behinderten machte, war nicht meine körperliche Beeinträchtigung, sondern dieser Mann, der beschloss, meinen Körper zu behindern, indem er sich — aus welchen Gründen auch immer — entschied, in dieser Nacht keinen Sex mit mir zu haben. Ist es nicht so, dass ein dunkelhaariger Mann, der von einem potenziellen Partner, der sich nur zu Blondhaarigen hingezogen fühlt, zurückgewiesen wird, in dieser Situation durch die Vorlieben des anderen behindert ist und nicht durch seine Haarfarbe?

Entscheidend für dieses Verständnis ist: Was ist eine Behinderung? Wer ist behindert? Wer entscheidet darüber? Manchmal, wie ich es bei dem Mann in der Bar erlebt habe, wird die Entscheidung von jemandem getroffen, der die Definitionsmacht an sich reißt. Und zu anderen Zeiten, das muss ich zugeben, war derjenige, der mich behindert hat, niemand anderes als ich selbst.

Da ich keinen Alkohol mehr trinke, allergisch auf verrauchte Orte reagiere und nicht mehr daran interessiert bin, auf diese Weise Männer kennenzulernen, habe ich aufgehört, in Bars zu gehen. Als ich nach Northampton zog, stellte ich fest, dass mein Cholesterinspiegel viel zu hoch war, und mein Arzt empfahl mir Schwimmen als Herz-Kreislauf-Training. Also trat ich dem YMCA bei, der ein gutes Schwimmbad hatte und in der Nähe meiner Wohnung lag.

Am späten Vormittag und frühen Nachmittag ist das YMCA fast leer. Die meisten, die zu dieser Zeit die Einrichtungen nutzen, sind ältere osteuropäische Männer. In der Umkleidekabine und den Duschen wird eine lange nicht mehr gesprochene hybride Sprache aus der jüngsten Vergangenheit geflüstert.

Als ich mit meiner Cholesterinsenkungskur begann, fielen mir ein paar Männer meines Alters auf, die jeden zweiten Tag zur selben Zeit wie ich schwammen. Nach meinem fast einstündigen Schwimmen, in den Duschen oder in der Umkleidekabine, war ich überrascht, dass viele dieser Männer ein offensichtlich sexuelles Interesse an mir hatten. Warum blieb ich in Bars, in denen ich vollständig bekleidet war, normalerweise unbemerkt, aber wenn ich in den Duschen des YMCA meinen nackten Unterkörper entblößte, wurde ich ständig von Männern angesprochen? Waren meine Erwartungen, wie Männer auf meine Behinderung reagieren, so abwegig? Hatte ich all die negativen Körperbilder, die Stereotypen und die Angst vor Behinderungen so verinnerlicht, dass ich nicht mehr klar über die Auswirkungen der

Andersartigkeit meines Körpers auf die Welt nachdenken konnte?

Als ich die Duschen erreiche, ist der Schwimmer, mit dem ich mich verglichen habe, verschwunden. Durch das spritzende Wasser hindurch höre ich die Frage von Gerard Manley Hopkins — *zickig, fleckig, (wer weiß wie?)* — und wenn ich auf meine Füße hinunterschaue, kehrt meine Kindheitsfrage zurück — warum wurde ich ohne Knochen in meinen beiden Beinen geboren? Warum war es für mich so schwierig zu erkennen, dass ich in dieser offenkundig körperlichen Welt erfolgreich sein, ja sogar überleben kann? Warum gibt jeder von uns so viele seiner Ressourcen dafür aus, sein Aussehen zu verändern, zu ändern, wer er ist? Und wie als Antwort spreche ich die Worte von Hopkins: *All unsere Schönheit sollte ohne Wandel sein.*

Aus dem amerikanischen Englisch übertragen von Hannes Koberg.

Bibliografie

Hopkins, Gerald Manley. „Gescheckte Schönheit". *Geliebtes Kind der Sprache.* Übersetzung Dorothea Grünzweig. Önneköp und Hörby: Edition Rugerup, 2009. 53.

Evangelia Kindinger

Von Krankheit zu Schönheit

Der dicke Körper, Fat Studies und Fat Aktivismus

Einführung

Im März 2021, als die Welt schon ein Jahr mit COVID-19 und den Auswirkungen des Virus lebte, begrüßte die Chefredakteurin des Print-Magazins *petra*, Sabine Bartels, ihre Leser*innen mit einer offenen und zuversichtlichen Haltung, passend zur Frühlingszeit: „Also, ich bin so was von bereit. Für den Frühling. Für Frische. Für Wärme. Für Vogelzwitschern. Für Sonne und ganz viele gute Neuigkeiten! Von meiner Waage zum Beispiel – dass meine Bemühungen, langsam, aber sicher die Corona-Pfündchen wieder loszuwerden, endlich von Erfolg gekrönt werden" (3). Trotz Verniedlichung deklariert Bartels die „Corona-Pfündchen" als Problem: Das Gewicht muss weg. Die Umstände dieses Gewichts, eine globale Pandemie mit katastrophalen Folgen, begleitet von Veränderungen im Alltag, Home-Office, Lockdown und den damit einhergehenden Existenz- und Überlebensängsten, werden hier nicht erwähnt. Was deutlich wird: Sogar während einer Pandemie ist (Mehr-)Gewicht ein Problem, das beseitigt oder zumindest bekämpft werden muss. Dies ist das Ergebnis von historisch etablierter „Dicken-Feindlichkeit", die auch als „Fatismus" (Rose und Schorb 8) oder *fatphobia* bezeichnet wird.

Eine Zeitschrift wie *petra*, die primär an Frauen gerichtet ist und Mode- sowie Lifestyletipps in Umlauf bringt, nimmt an diesem Fatismus teil, durch kleine Beiträge, die „Corona-Pfündchen" bedauern, durch Vorschläge zur (Selbst-)Optimierung des Body-Mass-Index (vgl. April 2021), durch Beiträge über fettarme Ernährung oder Beilagen wie „Schön in Shape: Mein erster Winter ohne Plus-Pfunde" (vgl. Februar 2021). Leser*innen werden in einen permanenten Zustand der Instabilität versetzt, und ihr Konsum von Mode, Beauty-Produkten und/oder Produkten zur Gewichtsreduzierung wird gefördert. Wie Naomi Wolf schon 1990 über den „Mythos Schönheit" schrieb: „[U]nder the myth, women's bodies are not our own but society's. […] A cultural fixation on female thinness is not an obsession about female beauty but an obsession about female obedience" (187). Der weibliche Gehorsam, der laut Wolf durch das Diäthalten und die vielfältigen Methoden der Gewichtsreduzierung verursacht wird, wirke wie ein politisches Sedativ und behindere Frauen dabei, für Gerechtigkeit zu kämpfen. Weibliches Fett, wie Wolf es nennt, führt zu Schuldgefühlen. Diese sind gesteuert von neoliberalen Diskursen des persönlichen Versagens und der fehlenden Selbstregulierung. Die „Corona-Pfündchen" zeigen, dass der (hier als weiblich gelesene) Körper während der Pandemie nicht ausreichend kontrolliert wurde. Die Zunahme von Gewicht ist ein Zeichen des Versagens, dem nur das Sinken der Zahlen auf der Waage entgegengesetzt werden kann.

In den Fat Studies und im Fat Aktivismus wird Gewichtsabnahme als „Lösung" für gewichtsabhängige Probleme abgelehnt. Eher sollen dicke Menschen in ihren Körpern existieren dürfen, ohne von der Gesellschaft beschämt, gemaßregelt oder diskriminiert zu werden. Dieser Forderung liegt das komplexe Bestreben zugrunde, Gewicht als Teil menschlicher Differenz zu etablieren.[1] Fat Studies und Fat Aktivismus, wie ich im Folgenden zeige, haben es sich zum Ziel gesetzt, fett- und dickenfeindliche Diskurse aufzudecken und ihnen kritisch entgegen zu treten, um ihre Ursprünge und sozio-kulturellen Funktionen sichtbar zu machen. Dies skizziere ich anhand von zwei Narrativen, die das Dicksein prägen: Krankheit und Schönheit. Medizinische Diskurse konzipieren den dicken Körper als krank und behandelbar. Diesem wird – zum Beispiel in der überaus beliebten Body Positivity Bewegung – entgegengesetzt, dass das Dicke auch schön sein kann. Schönheit soll hier den dicken Körper aufwerten. Wie ich zeige, versäumen es beide Zugänge, Dicksein als Diversität zuzulassen, sondern werfen weiterhin einen normativen Blick auf Körper und Gewicht. Nach einem kurzen Überblick zu Sprachgebrauch und den Politiken, die damit einhergehen, wenn sich jemand als „fett" bezeichnet, führe ich die Ursprünge von Fat Studies und Fat Aktivismus in den USA ein, bevor ich mich den beiden erwähnten Narrativen, Krankheit und Schönheit, widme. An diesen lassen sich gegenwärtige Diskussionen um das

1 Hier lässt sich deutlich der Einfluss der Disability Studies auf Fat Studies und Fat Aktivismus erkennen. Fat Aktivist*innen haben schon seit den 1970ern für körperliche Diversität argumentiert und dabei die Parallele von Dicksein und Behinderung herangezogen (vgl. Saguy). Das in den Disability Studies implementierte soziale Modell, nach dem Behinderung nicht als individueller „Defekt" verstanden wird, sondern als sozio-kulturelles Konstrukt, das Körper jenseits der Normativität behindert (vgl. Mollow) ist auch wichtig für die Konzipierung des dicken Körpers in den Fat Studies. Das soziale Modell kann dicke Menschen vor Diskriminierung schützen, zum Beispiel als Argument, das Einfluss auf Gesetzgebung nimmt (vgl. Gesellschaft gegen Gewichtsdiskriminierung e.V.). Es wird jedoch auch kritisiert, denn die Einstufung von Dicksein als Behinderung führe laut mancher Aktivist*innen und Autor*innen zur weiteren Pathologisierung des dicken Körpers. Einen Überblick über diese Debatten bietet April Herndon an.

Dicksein in Deutschland und in den USA skizzieren. Der Widerstand, der durch dicken Aktivismus geleistet werden kann, weist darauf hin, wie sich Konzipierungen des schönen oder kranken dicken Körpers in der Zukunft ändern können.

Fat, Fett oder Dick – Politiken der Sprache

Fat Studies und Fat Aktivismus stellen provokant das Wort *fat* in den Vordergrund, um die Wirkmacht von Sprache deutlich zu machen, und um dicke Körper von dickenfeindlichen Diskursen zu lösen. *Fat* fungiert hier als das andere „F-Wort", eine Anspielung auf die gängige Umschreibung des Wortes *fuck* in der englischen Sprache. In *Fat and Proud: The Politics of Size* (1998) schreibt Charlotte Cooper, dass ihr das Unbehagen, das das Wort *fat* auslöst, bekannt ist und stellt fest: „using it is about reclaiming a word which has been used to hurt" (9). Fat Studies haben es sich unter anderem zum Ziel gesetzt, das Wort *fat* als politische Identität und als neutrales Adjektiv zur Beschreibung menschlicher Körper und Konturen zu unterstreichen. Dies ist eine etablierte Strategie: stigmatisierende, abschätzige Wörter werden von denjenigen, an die sich diese richten, entmachtet, indem sie angeeignet und ins Positive gewendet werden. Ein bekanntes Beispiel ist das Wort *queer*, das mittlerweile als Selbstbezeichnung von LSBTI verwendet wird, wie auch in dem akademischen Feld Queer Theorie, oder das Wort *slut*, das als Protest gegen die Stigmatisierung von Opfern sexueller Gewalt in den sogenannten *Slutwalks* selbstbestimmt benutzt wird. Durch Sprache wird Widerstand geleistet. Fat Aktivistin Marilyn Wann ruft in ihrem fett-positiven Selbsthilfebuch *Fat! So? Because You Don't Have to Apologize for Your Size!* (1998) dazu auf, *fat* zurückzuerobern: „I firmly believe the F-word is your friend. [...] [I]t's time to take this powerful, awe-inspiring word back from the bullies! It's time to put fat into the hands of people who will use its power for good, not evil!" (18).

Im deutschsprachigen Raum ist die Lage durch die Präsenz des Adjektivs „dick", etwas komplizierter. Sowohl „fett" als auch „dick" werden als abwertend und beleidigend verwendet und verstanden. Umschreibungen in Bezug auf Kontext und Adressat*innen variieren und sollen diese verletzenden Wörter vermeiden: Es gibt den medizinischen Begriff „adipös", der den dicken Körper pathologisiert, es gibt die euphemistischen Wörter „übergewichtig", „füllig", „korpulent", „stämmig", „üppig", „rund", „vollleibig", „drall", „prall", „kurvig", „plump" oder „mollig". Was hier auffällt, ist, dass „fett" nicht nur körperlich, sondern auch sprachlich vermieden werden muss. Das ist kurios, denn Fett an sich ist ein Nährstoff, dem historisch schon immer andere Funktionen zugeschrieben wurden, wie Christopher E. Forth schreibt. Fett ist „at once tangible and intangible, physical as well as discursive, literal as well as figurative" (16). In westlichen Gesellschaften ist Fett schon immer widersprüchlich gewesen. Fett als Material, aber auch fett sein und fett werden wurden schon immer bewertet (vgl. Forth 56), negativ und positiv. Manche Begriffe sind deutlich an die Kategorie Geschlecht gebunden, wie zum Beispiel „kurvig" (oder *curvy*, vgl. Kindinger, „Curvy"). Durch die Implikation kurviger Brüste, die gleichzeitig als mütterlich und erotisierend konnotiert werden, wird „kurvig" als akzeptierte dicke Weiblichkeit gestattet, denn sie erfüllt die in patriarchalen Gesellschaften vorgeschriebenen Funktionen des weiblichen Körpers: Er ist mütterlich und sexuell. „Fett" hingegen ist gefährlich, weil es diese Vision der Weiblichkeit untergraben könnte.

Die bislang einzige deutschsprachige Publikation zum Forschungsfeld der Fat Studies, *Fat Studies in Deutschland: Hohes Körpergewicht zwischen Diskriminierung und Anerkennung* (2017), zeigt die Breite an Vokabeln und wie diese von Autor*innenschaft abhängig sind. „Dick" ist das im Sammelband gängigste Wort, zum Beispiel in Stephanie von Liebensteins Text über die 2005 von ihr gegründete Gesellschaft gegen Gewichtsdiskriminierung e.V. (GgG). Friedrich Schorb verwendet die Bezeichnung „hohes Körpergewicht" („Dick" 32) und bietet hiermit eine Alternative zum Begriff „Übergewicht". Dieser, so Aubrey Gordon in ihrer autoethnografischen Publikation *What We Don't Talk About When We Talk About Fat* (2020) sei problematisch, denn er suggeriere ein objektiv korrektes Gewicht für jeden Körper (11). Auch das Wort „fett" wird in diesem Sammelband verwendet, zum Beispiel von Fat Aktivistin und Autorin Kristina Kuličová, die „fett" einsetzt, um „die gesellschaftliche Situation und Position von fetten Menschen" durch sogenannte fette Kunst zu verhandeln (124).

Ich verwende in diesem Text hauptsächlich „dick", weil dies meine Selbstbezeichnung ist. Ich gebe zu, dass ich damit das Unbehagen von „fett“ vermeide, besonders weil ich die Aufmerksamkeit nichtdicker Zuhörer*innen und Leser*innen aufrechterhalten möchte. Das ist ein Zeichen von Konformität, die marginalisierte Gruppen oft leisten müssen, um Verletzung zu vermeiden. Der Typus *good fatty*, die dicke Person, die nicht immer auffallen möchte, die durch Diätsprache Besserung beteuert, die in der Öffentlichkeit nicht isst oder darauf achtet, was gegessen wird, inszeniert Konformität, auch um sich sicherer zu fühlen (vgl. Kindinger, „Health“). Meine Verwendung von „dick“ ist auch das Ergebnis meiner Erfahrung mit „fett“ und der Arten und Weisen wie es gegen mich verwendet wurde und wird. Interessanterweise verwende ich das englische *fat* viel unbesorgter, wenn ich in englischer Sprache rede oder schreibe; hier beeinflusst meine Biographie meine akademische Forschung und verwischt Grenzen, die in feministischer Arbeit selten aufrechterhalten werden können.

Fat Aktivismus und Fat Studies – Eine Einführung

Die Geschichte des Fat Aktivismus beginnt 1969 in den USA mit der Gründung der Gruppe *National Association to Aid Fat Americans* (heute: *National Association to Advance Fat Acceptance*). Dieser prägende Moment fetter Geschichte war von der afro-amerikanischen Bürgerrechtsbewegung, dem sogenannten *Second-Wave*-Feminismus und der Gay-Liberation-Bewegung derselben Dekade inspiriert. So sprachen sich im *Fat Underground*, einem Ableger der NAAFA, die Mitglieder Judy Freespirit und Aldebaran nicht nur für die Emanzipation dicker Menschen und die Solidarität mit anderen marginalisierten und unterdrückten Gruppen aus. In „Fat Liberation Manifesto“ (1973) heißt es in marxistischer Tradition: „FAT PEOPLE OF THE WORLD, UNITE! YOU HAVE *NOTHING* TO LOSE…“ (53). Sie betonen, dass Dicke nichts zu verlieren haben, wenn sie sich für ihre Rechte einsetzen, schon gar nicht Gewicht. Die Verfasser*innen listen ihre politischen Forderungen auf und erwarten: (1) Respekt und Anerkennung für dicke Menschen, (2) ein Ende der systematischen Ausbeutung dicker Menschen für kapitalistische und sexistische Zwecke (zum Beispiel durch den lukrativen Diät-Markt), (3) Solidarisierung mit anderen marginalisierten Gruppen, (4) gleiche Rechte wie alle

Bürger*innen und ein Ende der Diskriminierung in Beruf, Bildung, Gesundheitswesen und in öffentlichen Einrichtungen, (5) ein Ende der sogenannten Reduktionsindustrie (basierend auf der Reduktion von Körpergewicht), die weiterhin die Illusion verkauft, dass Programme zur Gewichtsreduktion langanhaltend sind, (6) eine Zurückweisung der Annahme, dass dicke Menschen nicht fit sind und letztlich (7) die Inbesitznahme des eigenen dicken Körpers (vgl. 52-53). Diese Protesthaltung und die Anforderungen, die hier gestellt wurden, haben in den 1980ern und 1990ern wichtige Ansätze der Fat Studies vorweggenommen, besonders in Gesundheitsberufen und der Medizin- und Ernährungswissenschaft. Erst seit Beginn des 21. Jahrhunderts sind Fat Studies das, was sie jetzt sind: interdisziplinär, mit einem immer größer werdenden Fokus auf Literatur, Kultur- und Medienwissenschaften, denn vor allem medial vermittelte Diskurse um Gesundheit und Schönheit kreieren die abwertenden Annahmen über das Dicksein.

Esther Rothblum, Herausgeberin des Journals *Fat Studies: An Interdisciplinary Journal of Body Weight and Society* und Mitherausgeberin von *The Fat Studies Reader* (2011), definiert Fat Studies als

> Forschungsrichtung, die sich kritisch mit gesellschaftlichen Einstellungen gegenüber dem Körpergewicht und dem äußeren Erscheinungsbild auseinandersetzt und im Hinblick auf den Körperumfang für eine Gleichbehandlung aller Menschen eintritt. Fat Studies streben die Überwindung der negativen Assoziationen an, die Dicksein und dicken Menschen in der Gesellschaft anhaften. Sie sehen Gewicht – genau wie Körpergröße – als menschliches Merkmal, das innerhalb jeder Population sehr stark variiert. (16)

Die negativen Assoziationen von Dicksein mit Faulheit, Völlerei, Gier, Unmoral, Dummheit, Hässlichkeit und Willensschwäche, wie Amy Erdman Farrell in *Fat Shame: Stigma and the Fat Body in American Culture* (2011) auflistet (vgl. 4), haben sich besonders durch Healthismus[2], dem Imperativ gesund zu sein, etabliert, sind aber auch

2 Healthismus ist ein Konzept das 1980 von Robert Crawford eingeführt wurde und ein neues Gesundheitsbewusstsein beschreibt, den moralischen Imperativ, gesund zu sein

als Hinweise auf soziale Missstände zu verstehen.[3] Gordon macht deutlich, dass dicke Körper in allen Bereichen ausgebeutet werden, „[i]n books, political cartoons, films, and TV shows, fat bodies make up the failings of America, capitalism, beauty standards, excess, and consumerism“ (2). Dies sei mittlerweile wie ein Naturgesetz (3); anti-fett Haltungen sind lange unsichtbar gewesen oder als erzieherische Methode, Gewicht zu verlieren und gesund zu leben als notwendig akzeptiert worden.

Fat Studies machen deutlich, dass fett-negative Narrative in westlichen Gesellschaften von Unbehagen um Gender, *race*, Klasse oder Sexualität geprägt sind. Dicksein wird als Markierung für das Andere verwendet, als Zeichen der Inferiorität. In den USA wurde Dicksein seit dem späten 19. Jahrhundert instrumentalisiert, um vermeintliche Unterschiede zwischen „white people and people of color, between native-born, white American citizens and new immigrants, between the wealthy and the poor, and between men and women“ (Farrell 19) sichtbar zu machen und Machtverhältnisse, die *weiße* Amerikaner*innen der Mittel- und Oberschicht an der Spitze platzierten, weiter zu manifestieren. Durch Industrialisierung und zahlreiche Immigrationsbewegungen war der dicke Körper nun nicht mehr Sinnbild von Reichtum und Privileg (vgl. Farrell, Forth); er wurde der Körper der Massen, der Arbeiter*innen, der Immigrant*innen, der People of Color, zumindest in der Vorstellung der *weißen* US-amerikanischen Gesellschaft und der Medien. Dies macht Sabrina Strings in *Fearing the Black Body: The Racial Origins of Fat Phobia* (2019) ganz deutlich, wenn sie über die Ursprünge des Stigmas von „fett“ und dessen Intersektion mit *race*, Ethnizität und Klasse in den USA schreibt. Im 19. Jahrhundert, so Strings, herrschte eine *weiße* Beunruhigung vor, dass Fremde, „foreign elements“ (284), die Nation und das nationale Weißsein „verunreinigen“ würden (vgl. 284). In ihrem Buch über die rassistischen Ursprünge von „fat phobia“ (18) zeigt sie deutlich, wie

oder zumindest Gesundheit anzustreben. Im Healthismus wird Gesundheit als individuelles, persönliches und dringendes Anliegen konzipiert. Das Individuum hat persönlich dafür zu sorgen, gesund zu sein. Das Versagen gesund zu sein wird demnach als persönliches Versagen und Kontrollverlust interpretiert (vgl. Crawford, Cheek). Soziostrukturelle Faktoren, die Gesundheit beeinflussen, werden nicht in Betracht gezogen (vgl. Harjunen, „Fatness“).

3 vgl. Fußnote 1.

der Gedanke eines überlegenen Weißseins auch körperlich spezifiziert war, nämlich durch Fantasien eines „tall, svelte Nordic/Aryan type" (285); „svelte" dient hier als Adjektiv für schlank und anmutig. Besonders in der *weißen* wohlhabenden Schicht strebte man nun nach dem schlanken, sichtbar kontrollierten Körper (vgl. Dyer), der körperliche Lust — sexueller und kulinarischer Art — ablehnte. Es war nun ein Privileg, sich dem Überfluss oder Überangebot von Essen zu verweigern. Der schlanke Körper wurde zum Statussymbol und zum Symbol von Moral, Intellekt und *weiß*-nationaler Zugehörigkeit. Schlanksein wurde zum Instrument der Amerikanisierung des Anderen und damit auch erstrebenswert für marginalisierte Gruppen, vor allem Immigrant*innen aus Ost- und Südeuropa, die ethnisch als *weiß* gelesen werden konnten.

Die historischen Entwicklungen der Bedeutung des dicken Körpers, wie sie unter anderen von Farrell, Forth und Strings nachgezeichnet wurden, unterstützen eine wichtige These der Fat Studies: Der menschliche Körper ist immer ein sich entwickelndes, instabiles Konzept. Er ist nicht inhärent schlank, sondern ist Idealen und bestimmten Ideologien ausgesetzt, auf die er reagiert. Ein gutes Beispiel ist der weibliche Körper und das Instrument der Diät. Den weiblich-mütterlich, vermeintlich weichen Körper, der in patriarchalen Gesellschaften mit Schwäche gleichgesetzt wurde, durch Diät zu „entweiblichen", wurde zum politischen und emanzipatorischen Akt *weißer* Frauen, die sich somit von den Einschränkungen des 19. Jahrhunderts lösten (vgl. Vester). Wie heute durch die globale Diät-Industrie deutlich wird, hat Diät nur noch wenig mit Emanzipation zu tun (vgl. Jovanovski, Tovar). Als das bis heute dominante körperliche Ideal in westlich-industrialisierten Gesellschaften braucht der schlanke Körper einen dicken Antagonisten, um an seiner Vormachtstellung festzuhalten. Unterstützt wird dieses antagonistische Verhältnis vor allem durch medizinisch-informierte Mediendiskurse, die den dicken Körper prinzipiell als erkrankt definieren und ihn somit als unbrauchbar oder verzichtbar stigmatisieren.

Der kranke, dicke Körper

Die Auseinandersetzung mit Krankheit und Gesundheit ist der herausforderndste Teil der Fat Studies, denn das Streben nach Gesundheit ist ein humanistisches Ideal, an dem festgehalten wird. Es ist schwer vorstellbar, dass ein dicker Körper gesund sein könnte, noch schwerer ist es, sich von der „gesund/krank"-Dichotomie zu lösen. Fat Studies und vor allem Fat Aktivismus streben genau das an. So setzt sich die Gesellschaft gegen Gewichtsdiskriminierung e.V. in Deutschland dafür ein, „die Erweiterung von § 1 des Allgemeinen Gleichbehandlungsgesetzes (AGG) um den Diskriminierungsbestand ‚Gewicht'" (Rosenke) zu erweitern, damit Menschen nicht mehr aufgrund ihres Gewichts diskriminiert werden können; hierbei handelt es sich um ein Gesetz, das Gewicht als Identitätsmerkmal adressiert und nicht nur hohes Gewicht inkludiert. Für dicke Menschen ist Diskriminierung, so wird in den Fat Studies argumentiert, genauso gesundheitsschädlich wie die Auswirkungen sogenannter „Fettleibigkeit": Ausgrenzung, Nachteile auf dem Arbeitsmarkt (vgl. Fischer, Schmitt und Rose, von Liebenstein „Gewichtsdiskriminierung"), prekäre Lebensverhältnisse (vgl. Ernsberger, Boero, Raisborogh) und fehlende medizinische Fürsorge. Besonders Aktivist*innen aus den USA beklagen die nachlässige Behandlung, die dicke Patientent*innen von ärztlichem Personal erhalten: „At every phase of their careers, healthcare providers of all stripes exhibit staggering levels of both overt and implicit bias against fat patients – and the fatter you are, the bigger the price you pay" (Gordon 148).

In den Fat Studies geht es primär darum, die Perspektive zu ändern und den oft voreingenommenen medizinischen Blick auf den (dicken) Körper selbst zum Gegenstand der Untersuchung zu machen. Am Topos des „Dicken" lassen sich die Folgen der hegemonialen Maßnahmen und der dominanten Rhetorik um Gesundheitsförderung und -prävention eindrucksvoll demonstrieren, vor allem durch das Narrativ der sogenannten *obesity epidemic* (Adipositas-Epidemie). Laut Rose und Schorb wird „seit mittlerweile zwei Jahrzehnten von einer regelrechten Epidemie der ‚Übergewichtigkeit' gesprochen – ein Sprachgebrauch, der die körperlichen Entgrenzungsphänomene als unheimliche, um sich greifende Ansteckungsgefahr konstruiert, mit der die ‚Dicken' die ‚Schlanken' und den gesellschaftlichen Wohlstand bedrohen" (7). Fat Studies Wissenschaftler*innen haben gezeigt, dass es sich bei Adipositas nicht um eine Epidemie handelt. In *Fat Politics* (2006) stellt Eric J. Oliver unbequeme Fragen, die unter der Annahme, dass Adipositas eine Epidemie ist, schwer zu beantworten sind: Ist jemand, der nur leicht übergewichtig ist, auch nur leicht krank? Kann sich jemand Adipositas einfangen oder sich anstecken? Kann Adipositas ganz geheilt werden (37)? Die Verwendung des Begriffs „Epidemie" hat also eine stark kulturelle Funktion: den Kampf gegen Adipositas zu rechtfertigen. Als Gesellschaft wird man dazu aufgerufen, „Fettsucht" zu bekämpfen. Die normative körperliche Zurichtung wird dabei als (Selbst-)Fürsorge und soziale Verantwortung inszeniert. Dies geschieht ganz im Sinne des Healthismus: Das Reden über Gesundheit und die Praktiken der Gesundheitsförderung gehen mit einer hierarchisierenden Einteilung von Menschen und den ihnen unterstellten Verhaltensweisen einher. Im Diskurs über das Dicksein ist die Schuldfrage mit Diskriminierung verknüpft: „Du entsprichst nicht dem, was für einen Menschen als Körper und Lebensstil eigentlich vorgesehen ist, und daran hast du selbst Schuld" (von Liebenstein, „Gewichtsdiskriminierung" 18).

Der Epidemie-Diskurs hat sich mittlerweile etabliert, so wird zum Beispiel auf der Homepage der Weltgesundheitsorganisation (Regionalbüro für Europa) folgende Information kommuniziert:

> Der 11. Oktober ist Welt-Adipositas-Tag. Adipositas hat epidemische Ausmaße erreicht: Weltweit sterben mindestens 2,8 Millionen Menschen jährlich an den Folgen von Übergewicht und Fettsucht. Nach Schätzungen sind in der Europäischen Region der WHO 23% aller Frauen und 20% aller Männer adipös. Übergewicht und Adipositas sind wichtige Risikofaktoren für eine Reihe chronischer Krankheiten wie Diabetes, kardiovaskuläre Erkrankungen und Krebs. Das Regionalbüro weist ferner darauf hin, dass Vorurteile gegenüber Übergewichtigen und die Stigmatisierung adipöser Menschen zu befürchten sind. („Welt-Adipositas Tag")

Die Zahlen sollen hier für sich sprechen und den epidemischen Charakter von Adipositas alarmierend unter Beweis stellen. Visuell wird der Text durch ein Bild einer dicken Frau unterstützt, die unter einem roten Regenschirm alleine im Regen steht und nachdenklich auf eine Hecke schaut. Adipositas ist demnach nicht nur ein Risikofaktor, der den Ausbruch der oben genannten Krankheiten potenzieren kann;

bildlich wird Dicksein mit Einsamkeit („alleine im Regen stehen") und Melancholie in Verbindung gebracht. Obwohl sich der Text auf mögliche Vorurteile und die Intersektionen von Gewicht mit Ethnie und „gesellschaftliche[m] Umfeld" eingeht, wird die Stigmatisierung auf visueller Ebene wiederholt.

Das WHO-Regionalbüro ist noch moderat in seiner Repräsentation von dicken Menschen. In Mainstream-Medien ist die Berichterstattung über die *obesity epidemic* mit dem Typus des „headless fatties" (von Liebenstein, „Gewichtsdiskriminierung" 22) unterlegt. Dicke Menschen werden nur über den Körper definiert und ohne Kopf abgebildet (vgl. Varanasi, FOCUS, Fox, MDR Wissen). Die dicke abgebildete Person wird somit entmenschlicht und auf ihre vermeintliche Krankheit reduziert:

> [W]e are presented as objects, as symbols, as a collective problem, as something to be talked about. Unless we play the game and parrot oppressive, self-hating, medicalised views about fat, fat people's own voices, feelings, thoughts and opinions about what it is to be fat are entire absent from the discourse. (Cooper „Headless Fatties")

Dicke Menschen haben keine Teilhabe am Epidemie-Diskurs, sie sollen wiederholt Reue für ihren Körper zeigen (durch Diäthalten, Sportmachen, Unsichtbarkeit, Stille), um „geheilt" zu werden. Sie sollen *good fatties* sein und an der Reduktionsindustrie, die schon im „Fat Liberation Manifesto" kritisiert wird, teilnehmen.

Krankheitsbilder und -ursachen sind nicht stabil. Oliver schlägt vor, den medizinischen Diskurs der Adipositas-Epidemie zu überdenken: Er sei konstruiert und kontrolliert von kapitalistischen Interessen der Gesundheits-, Diät- und der Pharma-Industrie. Lindo Bacon geht mit dem Glauben an *Health at Every Size* (2008) noch einen Schritt weiter: „We're losing the war on obesity. Fighting fat has not made the fat go away. However, extensive 'collateral damage' has resulted: Food and body preoccupation, self-hatred, eating disorders, weight cycling, weight discrimination, poor health" (274). Bacon behauptet, dass jeder Körper gesund sein kann und ein Recht auf Gesundheit hat (vgl. Schorb „Crossroad"). Adipositas mache Profit mit der Angst vor dem Stigma „fett" und dem daraus resultierenden Wunsch, davon geheilt zu werden.

Diese Angst ist das Ergebnis neoliberaler Werte, die kapitalistische Gesellschaften wie Deutschland und die USA prägen. Im Neoliberalismus ist jedes Individuum verantwortlich und haftbar für die eigenen Handlungen (und somit auch für die eigene Gesundheit); das neoliberale Subjekt soll verantwortungsvoll und rational sein sowie ständig bemüht, den eigenen Körper zu kontrollieren. *Self-care*, das selbstverantwortliche Kümmern um das eigene Selbst, um den eigenen Körper, steht besonders im Mittelpunkt (vgl. Harjunen, *Neoliberal Bodies*). Neoliberale Werte wie Effizienz und Produktivität werden von „gestörten" Körpern, nicht-normativen Körpern, gesprengt. Schorb und Rose erklären, dass „hohes Gewicht" als „problematische Abweichung" (7) verstanden wird, die „Ergebnis sozialisatorischer Defizite" ist – keine Selbstdisziplin, keine Triebkontrolle. Gewichtsdiskriminierung, so Schorb, ist „Ausdruck gesellschaftlicher Machtverhältnisse" („Dick" 47). Dicke Menschen werden in neoliberaler Logik als das Gegenteil von guten und produktiven Menschen inszeniert, sie sind eine gesellschaftliche Last. Die kulturellen Ängste, die vom dicken Körper ausgehen und diesem zurückgespiegelt werden, sind eigentlich Ängste vor exzessivem, subversivem Verhalten von Individuen, die sich nicht kontrollieren lassen und damit Machtstrukturen wie Gesundheit oder Kapitalismus zum Kollabieren bringen könnten. Gleichzeitig ist das dicke Subjekt – gerade, weil es sich ständig um Kontrolle bemüht – auch eine ideale Verkörperung des Neoliberalismus. Gefährlich wird es erst, wenn es resistent wird und diese Kontrolle nicht mehr anstrebt. Fat Studies und Fat Aktivismus gehen daher kritisch mit neoliberalen Werten um, wie ich nachfolgend zeige.

Neben Healthismus, Kapitalismus und Neoliberalismus spielt Sexismus eine wichtige Rolle in der Konzeption vom Dicksein. Die gesellschaftlichen Machtverhältnisse, die anhand der Stigmatisierung dicker Körper zum Ausdruck kommen, werden konzentriert über den weiblichen Körper und besonders dessen Schönheit verhandelt. Hier hat es in den letzten Jahren Bemühungen gegeben, vor allem den dicken weiblichen Körper als schön neu zu denken und zu inszenieren; Bemühungen, die besonders unter dem Stichwort „Body Positivity" bekannt geworden sind.

Body Positivity: Schön (und) positiv bleiben

Obwohl die Ursprünge von Body Positivity im Fat Aktivismus liegen, wie ich anhand des Beispiels „The Fat Liberation Manifesto" gezeigt habe, kommt der Ausdruck „Body Positivity" von der Gesellschaft *The Body Positive*, die 1997 in den USA hauptsächlich als Anlaufstelle für Ernährungstherapien gegründet wurde. Den Gründerinnen Connie Sobczak und Elizabeth Scottis geht es laut ihrer Webseite darum, jeglicher Diversität die Möglichkeit zu bieten, ohne Scham im und mit dem eigenen Körper zu leben (vgl. „The Body Positive"). Der Körper, jenseits seiner Geschlechtsidentität, war und ist wichtig für Diversitätspolitik und -aktivismus. Durch Twitter, Instagram, Facebook, Tumblr und körperpositive Celebrities ist #bodypositivity seit den 2010ern zu einem globalen Phänomen geworden, das im Fat Aktivismus mittlerweile stark kritisiert wird. Grundsätzlich sollen unter dem Hashtag unsichtbare Körper sichtbar gemacht werden, um das Spektrum von Schönheit zu erweitern und von seinen Eingrenzungen durch Gewicht, Weißsein, Größe, *colorism* und *ability* zu lösen.

In fett-positiven Kreisen und in den Fat Studies tritt man der Bewegung skeptisch gegenüber, denn in wenigen Jahren wurden besonders marginalisierte Körper und politische Forderungen aus der Bewegung gedrängt und durch Mode, Wellness und Fitness-Narrative ersetzt: „[Body Positivity] has widenened the warm and fickle embrace of beauty standards ever so slightly. Now it showers its affections not only on beautiful, able-bodied, fair-skinned women under a size 4 but on beautiful, able-bodied, fair-skinned women under a size 12" (Gordon 158). Gordon versteht Body Positivity als Stichwort, unter dem sich mittlerweile nicht-dicke Körper profilieren, statt dicke Körper als solche zu benennen: „The popularization of body positivity has reinforced the exclusion that fat people experience everywhere else [...]. While [it] held the promise of advocating for all of us, it refused to name our bodies" (159). Virgie Tovar, die, wie sie schreibt, als „fat brown girl" (36) aufgewachsen ist und heute zu den prominentesten Fat Aktivistinnen und Autorinnen zählt, nennt Body Positivity eine Assimilationsstrategie (vgl. 89-99) und beklagt dessen Entwicklung zu einem simplen Slogan oder Produkt (vgl. 125), das von der Schönheits- und Modeindustrie als „Feelgood-Rhetorik" (125) übernommen und entpolitisiert wurde. Im Gegenzug zur Positivität verlangt Sonya Renee

Taylor eher radikale Selbstliebe (vgl. 16), die sie besonders für dicke Frauen of Color formuliert, die Rassismus, Sexismus und Gewichtsdiskriminierung ausgesetzt sind. In der fett-positiven Publikation *The Body is Not an Apology* (2018) erklärt sie: „A radical self-love world is a world free from the systems of oppressions that make it difficult and sometimes deadly to live in our bodies. A radical self-love world is a world that works for every body“ (18). Dabei macht sie deutlich, dass Positivität auch eine Quelle der Scham sein kann, zum Beispiel, wenn man sich nicht immer positiv zum eigenen Körper positionieren kann.

Diese Meinung teilt auch die feministische Autorin Roxane Gay; in ihrer Autobiografie *Hunger: A Memoir of (My) Body* (2017) macht sie deutlich, dass der Aufruf zu Positivität nicht direkt zu Positivität führt:

> It would be easy to pretend I am just fine with my body as it is. I wish I did not see my body as something for which I should apologize or provide explanation. I'm a feminist and I believe in doing away with the rigid beauty standards that force women to conform to unrealistic ideals. […] I (want to) believe my worth as a human being does not reside in my size or appearance. I know, having grown up in a culture that is generally toxic to women and constantly trying to discipline women's bodies, that it is important to resist unreasonable standards for how my body or any body should look. What I know and what I feel are two very different things. (15)

Gay verdeutlicht, dass Body Positivity nicht für alle Menschen funktioniert. Als Schwarze, dicke Frau, deren Körper Gewalt und Trauma ausgesetzt war, ist ihr Körper im *weiß*- und schlankdominierten Amerika einem strengen gewaltförmigen Blick ausgesetzt. Dieser ist bedingt durch die lange brutale Geschichte der Ausbeutung und Unterdrückung Schwarzer Menschen. Was sie als Feministin weiß, fühlt und erlebt, sind verschiedene Dinge; sie kann sich Sicherheit nicht herbeifühlen, dazu müssen politische Veränderungen implementiert werden. Hier zeigt sich eine interessante Ambivalenz im Fat Aktivismus, der andauernde Kampf zwischen dem persönlichen Befinden und politischer Forderungen.

Fat Aktivismus

Die Gesellschaft gegen Gewichtsdiskriminierung e.V. formuliert in Deutschland deutliche politische Forderungen. Von Liebenstein macht vor allem medizinische und juristische Aufklärung zum Ziel von Fat Aktivismus: Eine an Körpergewicht gebundene Gesundheitsförderung müsse umgedacht werden, ein politischer Ansatz müsse etabliert werden. Die Gesellschaft ist besonders daran interessiert, die Richtwerte zur Verbeamtung zu ändern:

> Uns geht es um die Veränderung der Gesellschaft, nicht um die Veränderung [...] dicker Menschen. [...] Selbstbewusstsein und Selbstliebe sind wichtig und machen glücklich, doch wir glauben nicht, dass es ausreicht, sich selbst zu lieben, um die grundlegend diskriminierende Unterströmung in der Gesellschaft zu verändern. (von Liebenstein, „Dickenaktivismus“ 63)

„Selbstliebe“ kann jedoch ein wichtiger Aspekt von Realpolitik sein: Bilder von aktiven *Fatties* untergraben Krankheitsdiskurse und die Annahme, dass sie nicht verbeamtet werden können, weil sie früher berufsunfähig werden könnten. Die Zukunft liegt darin, sich von diesen Konjunktiven zu lösen.

Neben der Kritik an medizinischen Diskursen und Bemühungen, auf gesetzlicher Ebene der Diskriminierung aufgrund von Gewicht entgegenzuwirken, ist Fat Aktivismus besonders an der Etablierung positiver dicker Identitäten interessiert. Gegenwärtig ist die selbstbestimmte Sichtbarkeit dicker Menschen auf Social-Media-Kanälen die auffälligste Form des Neudenkens dicker Körper. Bilder und Narrative, nicht nur auf Instagram und Co., sondern auch in Printmedien, Film und Fernsehen machen Differenz sichtbar und können diese positiv besetzen, so dass Differenz nicht als Hindernis, sondern als Möglichkeit verstanden werden kann. Schorb spricht hier von der Etablierung einer „dicken Ästhetik“, die „eine enorm wichtige Veränderung der Seh- und Denkgewohnheiten in Bezug auf dicke Körper“ („Dick“ 48) bringt. Dicke Ästhetik wird durch verschiedene Methoden und Medien gestaltet. In „The Adipositivity Project“, zum Beispiel, zeigt Fotografin Substantia Jones ihre Fotografien nackter, dicker Menschen, „to promote the acceptance of benign human size variation [...] not by listing the merits of big people [...] but rather through a visual display of fat physicality. [...] The hope is to broaden definitions of physical beauty" („The Adipositivity Project"). Jones möchte damit Definitionen von Schönheit erweitern und inklusiv(er) machen; ein Vorhaben, das sie mit anderen Fat Aktivist*innen und Autor*innen teilt. Fat Autorin Jes Baker, zum Beispiel, schreibt Schönheit allen Körpern zu, „[b]odies are beautiful — all of them. Beauty is [...] found in all of us: on the outside and inside" (12).

Für eine positive dicke Identität muss der dicke Körper als schön neu-konzipiert werden, um existieren zu dürfen. In der Body Positivity-Bewegung wird Schönheit weiterhin als Kapital zur Inklusion und Aufwertung eingesetzt, mittlerweile besonders der durch Weißsein und *ability* ohnehin schon privilegierten Körper. Dass (vor allem weibliche) Schönheit keine Skala für Selbstwert und Gleichberechtigung sein könnte, ist schwer vorstellbar. Das liegt an der Normalisierung fett-negativer Rhetorik, „the naturalizing language of beauty and health and the false narrative of concern" (Tovar 18), die „fatphobia" verpackt. Es ist demnach kein Wunder, dass dicke Menschen versuchen, sich durch die gleiche Sprache aufzuwerten: Sie sind *trotzdem* gesund und *trotzdem* schön. „We are taught that thin is synonymous with beauty, power, and love. But, in fact, it is not. Beauty is not something women earn; it is something people are" (83). Tovar entgegnet, dass Schönheit als inhärente Qualität aller Menschen zu verstehen ist, nicht als Assimilationsstrategie.

Diese Strategie ist dennoch beharrlich und eng mit der Modeindustrie verwoben. Das zeigt das Beispiel *the Curvy Magazine*, das erste deutschsprachige Print-Magazin für „Frauen, die leider viel zu oft mit ihrer Figur hadern, weil die Modeindustrie ihnen einen verzerrten Spiegel vorhält" (Niemann 5). *the Curvy Magazine* ist hauptsächlich ein Modemagazin, das dicken Frauen Teilhabe an Mode ermöglichen möchte. Was hier nicht erwähnt wird, ist, dass die Mehrheit der Mode, die im Magazin präsentiert wird, wie zum Beispiel die des Strumpfwarenherstellers FALKE, der den Slogan „Dress Up Your Curves!" benutzt, um „Beauty Plus"-Größen zu vertreiben, nur online erhältlich ist. Die Ausgrenzung dicker Menschen aus dem öffentlichen Raum, die auch von der Modeindustrie und deren Konfektionspolitik fortgeschrieben wird, wird nicht zum Thema gemacht. Das Magazin verfolgt keine konkrete politische Linie und reiht sich in die Tradition der sogenannten Frauenmagazine ein: Es bindet seine Leser*innen durch ambivalente Botschaften, die unter #celebratedifference geführt werden.

Zum einen werden in jeder Ausgabe dicke Frauen aus der deutschen Medienlandschaft eingekleidet und portraitiert, zum Beispiel Sängerin Maite Kelly, Moderatorin Paula Lambert oder Modedesignerin Miyabi Kawai, die verschiedene Botschaften über Selbstliebe und Beharrlichkeit in einer dickenfeindlichen Branche in Umlauf bringen.[4] Hin und wieder wird auch Raum für feministische Stimmen geschaffen, die sich kritisch zum Wohlfühldiskurs von Body Positivity äußern. Autorin und Aktivistin Magda Albrecht, zum Beispiel, sagt im Interview deutlich, dass man Diskriminierung nicht „weglieben" kann und ordnet sich damit der „Fat Liberation"-Bewegung zu. Feministisch-emanzipatorische Botschaften werden jedoch immer wieder durch normative Körpervorstellungen untergraben. In Beiträgen wie „Welcher Sport passt zu mir?", in dem Leser*innen kurz vor Beginn des Sommers gezeigt wird, wie sie „die Figur wieder in Form bringen" können (März/April/Mai 2019), werden Selbstoptimierung und Healthismus im Sinne einer neoliberalen Formierung des (weiblichen) Körpers in Botschaften der Selbstliebe versteckt. Die Körper, die hier „gestattet" werden, sind „curvy", nicht fett oder dick, es sind zudem Körper, die immer produktiv, aktiv und modisch gekleidet sind.

Dicker Widerstand

Jenseits von Schönheit und Mode bewegt sich fette Kunst. Die finnische Künstlerin Iiu Susiraja benutzt das Medium der Fotografie, um Dicksein zu thematisieren; ihre Bilder zeigen Susirajas eigenen Körper in Alltagssituationen, die an das Absurde grenzen: Wie sie als Hausfrau Tiefkühlpizzen auf ihrem Körper bügelt („Pizza with Love") oder auf einem Bett neben einem rohen Hähnchen liegt („Dinner"). Veronika Merklein, eine in Wien lebende bildende Künstlerin, inszeniert sich

4 *the Curvy Magazine* bietet auch Raum für dicke Männer, in kleinen Kolumnen, wie der von Schauspieler Daniel Zillmann, oder einer Sparte, die sich „Men's Corner" nennt. Das Magazin ist aber primär an dicke Frauen gerichtet; dicke Männer bleiben in der „Ecke".

und ihren dicken Körper in ähnlich absurder Weise, geht aber in ihren Ausstellungen und Performances direkt auf die Stereotype über dicke Menschen ein. In der Performance „Equilibrium" stellt sie sich nur in Unterhose gekleidet auf eine Waage, während über ihr ein großer voller Sack hängt, der jeden Moment zu fallen scheint. Als er dies tut, ist Merklein aus dem Bild verschwunden, sie kommt jedoch wieder und holt einen rohen Schweinekopf aus dem Sack, setzt sich mit ihm hin und streichelt ihn bis die Performance endet („Equilibrium").

Susirajas und Merkleins dicke Ästhetik versucht nicht, den dicken Körper passend zu machen, die Bilder zeigen keine *headless* oder *good fatties*. Die Inszenierung des dicken Körpers wird nicht an die Erwartungen eines normativen schlanken Blicks angepasst, sondern so gezeigt, wie es ihm eigentlich nicht gestattet wird, zum Beispiel nackt. Gleichzeitig spielen beide Künstlerinnen mit dem Tierischen, das dicken Körpern durch verschiedene Beschimpfungen zugesprochen wird. Die als ‚dickes Schwein' beschimpfte Person wird hier mit einem Schweinekopf gezeigt; ein Moment, der Unbehagen verursacht und eine Allianz zwischen den beiden Figuren entstehen lässt, die emanzipatorisch wirkt und, genau wie die Aneignung von *fat* oder „fett", befreiend sein kann. Diese Beispiele radikaler dicker Ästhetik gehören wegen ihrer Unverblümtheit nicht zum Mainstream der momentanen Body Positivity-Bewegung, verweisen aber auf die Zukunft dicker Intervention. Die Zukunft von Fat Aktivismus und Fat Studies liegt zum einen in Alternativen zu #bodypositivity, die vor allem intersektionale Biografien und Verkörperungen in den Mittelpunkt stellen. Dicke Körper unterliegen Normierungen, die hierarchisch zu Ansprüchen und Berechtigungen aufgrund von *ability*, Heteronormativität, Weißsein, *race*, Alter und sozialer Klasse führen. Die Zukunft liegt auch in kritischen Auseinandersetzungen mit den Geschichten dicker Transmenschen und dicker Maskulinität, Felder, die stark marginalisiert sind.

Mit ihrer Zukunftsvision unterstreicht Tovar die Bedeutung von Intersektionalität für die Zukunft dicker Menschen und der Abschaffung von Gewichtsdiskriminierung. Die Rolle kapitalistischer Märkte, besonders die Diätindustrie müsse in die Verantwortung gezogen werden, denn sie profitiere davon, dicke Körper versagen zu lassen und sie an die Industrie zu binden, „despite all the promises of the diet industry, paradoxically, dieting leads to weight gain over time" (28). Der radikale Gedanke ihres Manifests, *You Have the Right to Remain Fat* (2018) ist, dass dicke Körper eine Zukunft haben dürfen. Sie beteuert, dass diese nicht mehr als sogenannte Übergangskörper verhandelt betrachtet werden dürfen, also Körper die immer bestrebt sind, Gewicht zu verlieren und dies durch Sprache und Praxis demonstrieren. Tovar spricht damit das Phänomen an, dass dicke Menschen, getrieben von Stigma, Diskriminierung und den Versprechen der Diätindustrie, eine Fantasie der Zukunft formulieren, in der sie schlank sind und alle Privilegien des Schlankseins genießen dürfen: Liebe, Mode, Jobs, Freiheit. Doch hier, wie schon Judy Freespirit und Aldebaran, solidarisiert sich Tovar mit anderen marginalisierten Gruppen: „Any future that doesn't center the eradication of oppression and collective freedom is not a future worth imagining" (Tovar 106). Gewichtsdiskriminierung muss abgeschafft werden, nicht das Dicksein.

Bibliografie

Bartels, Sabine. „Editorial". *petra*, März 2021, 3.

Bacon, Lindo. *Health at Every Size: The Surprising Truth about Your Weight.* Dallas: BenBella Books, 2008.

Baker, Jes. *Things No One Will Tell a Fat Girl: A Handbook for Unapologetic Living.* New York: Seal Press, 2015.

Boero, Natalie. „Fat Kids, Working moms, and the ‚Epidemic of Obesity.'" *The Fat Studies Reader.* Hrsg. Esther Rothblum und Sondra Solovay. New York University Press, 2009, S. 113-119.

Cheek, Julianne. „Healthism: The New Conservatism." *Qualitative Health Research.* 18(7): 2008. 974-982.

Crawford, Robert. „Healthism and the Medicalization of Everyday Life." *International Journal of Health Services.* 10(3): 1980. 365-388.

Cooper, Charlotte. „Headless Fatties." *Dr. Charlotte Cooper*, www.charlottecooper.net/fat/headless-fatties-01-07/. Zugriff am 28.04.2021.

Cooper, Charlotte. *Fat and Proud: The Politics of Size.* London: The Women's Press, 1998.

Dyer, Richard. *White*. New York und London: Routledge, 1997.

Ernsberger, Paul. „Does Social Class Explain the Connection Between Weight and Health?" *The Fat Studies Reader*. Hrsg. Esther Rothblum und Sondra Solovay. New York: New York University Press, 2009. 25-33.

Farrell, Amy Erdman. *Fat Shame: Stigma and the Fat Body in American Culture*. New York: New York University Press, 2011.

„Fettleibigkeit: Adipöse Menschen Schätzen sich 23 Kilo Dünner ein." *mdr WISSEN*, 30.12.2020, www.mdr.de/wissen/mensch-alltag/fettleibigkeit-adipoese-menschen-schaetzen-duenner-ein-dreiund zwanzig-kilogramm-100.html. Zugriff am 28.04.2021.

Fischer, Sabine. „‚Gute Dicke – schlechte Dicke'? Wie die Haltung und das Verhalten professioneller Helfer zu Gewichtsdiskriminierung im Gesundheitswesen beitragen." *Fat Studies in Deutschland: Hohes Körpergewicht zwischen Diskriminierung und Anerkennung*. Hrsg. Lotte Rose und Friedrich Schorb. Weinheim: Beltz Juventa, 2017. 219-229.

FOCUS Online. „Fettleibigkeit Breitet sich zur Epidemie aus." *FOCUS Online*, www.focus.de/gesundheit/ernaehrung/forscher-warnen-fettleibigkeit-breitet-sich-zur-epidemie-aus_aid_659082.html. Zugriff am 28.04.2021.

Forth, Christopher E. *Fat: A Cultural History of the Stuff of Life*. London: Reaktion Books, 2019.

Fox, Maggie. „America's Obesity Epidemic Hits a New High." *NBC News*, 07.06.2016, https://www.nbcnews.com/health/health-news/ameri ca-s-obesity-epidemic-hits-new-high-n587251. Zugriff am 28.04.2021.

Freespirit, Judith, and Aldebran. „Fat Liberation Manifesto." 1973. *The Fat Studies Reader*. Hrsg. Esther Rothblum und Sondra Solovay. New York: New York University Press, 2009. 341-42.

Gordon, Aubrey. *What We Don't Talk About When We Talk About Fat*. Boston: Beacon Press, 2020.

Harjunen, Hannele. *Neoliberal Bodies and the Gendered Fat Body*. New York und London: Routledge, 2017.

Harjunen, Hannele. „Fatness and Consequences of Neoliberalism." *The Routledge International Handbook of Fat Studies*. Hrsg. Cat Pausé und Sonya Renee Taylor. New York and London: Routledge, 2021. 68-77.

Herndon, April. „Fatness and Disability. Law, Identity, Co-constructions, and Future Directions." *The Routledge International Handbook of Fat Studies*. Hrsg. Cat Pausé und Sonya Renee Taylor. New York und London: Routledge, 2021. 88-100.

Merklein, Veronika. „Equilibrium, 2019." *Veronika Merklein*, www.veronika merklein.com/deutsch/portfolio/equilbrium/. Zugriff am 28.04.2021.

Kindinger, Evangelia. „The Health of Others, or: How to Be a ‚Good Fatty'." *Food, Fatness and Fitness*, 01.12.2019, www.foodfatness fitness.com/2019/12/01/the-health-of-others-or-how-to-be-a-good-fatty/. Zugriff am 28.04.2021.

Kindinger, Evangelia. „Curvy." *Fat Studies: Ein Glossar.* Hrsg. Anja Herrmann, Evangelia Kindinger, Tae Jun Kim, Nina Mackert, Lotte Rose, Friedrich Schorb, Eva Tolasch und Paula-Irene Villa. Bielefeld: Transcript, 2022, im Erscheinen.

Kuličová, Kristina. „Fette Kunst." *Fat Studies in Deutschland: Hohes Körper gewicht zwischen Diskriminierung und Anerkennung.* Hrsg. Lotte Rose und Friedrich Schorb. Weinheim: Beltz Juventa, 2017. 124-140.

Mollow, Anna. „Disability Studies Gets Fat." *Hypatia.* 30(1): 2015. 199-216.

Jones, Substantia. „The Adipositivity Project." *The Adipositivity Project*, www.theadipositivityproject.zenfolio.com/about.html. Zugriff am 28.04.2021.

Jovanovski, Natalie. *Digesting Femininities: The Feminist Politics of Contemporary Food Culture.* London: Palgrave Macmillan, 2017.

Oliver, Eric J. *Fat Politics: The Real Story behind America's Obesity Epidemic.* Oxford: Oxford Univeristy Press, 2005.

Raisborough, Jayne. *Fat Bodies, Health and the Media.* London: Palgrave Macmillan, 2016.

Rose, Lotte und Friedrich Schorb, Hrsg. *Fat Studies in Deutschland: Hohes Körpergewicht zwischen Diskriminierung und Anerkennung.* Weinheim: Beltz Juventa, 2017.

Rosenke, Natalie. „Petition beim Bundestag eingereicht: Wir fordern den Schutz vor Gewichtsdiskriminierung!" *Gesellschaft gegen Gewichts diskriminierung e.V.*, www.gewichtsdiskriminierung.de/petition-beim-bundestag-eingereicht-wir-fordern-den-schutz-vor-gewichts diskriminierung/. Zugriff am 28.04.2021.

Saguy, Abigail. *What's Wrong with Fat?* Oxford: Oxford University Press, 2013.

Schmitt, Paulina und Lotte Rose. „Wie spricht soziale Arbeit über Übergewicht? Ergebnisse einer explorativen Befragung von Studieren den der Sozialen Arbeit." *Fat Studies in Deutschland: Hohes Körpergewicht zwischen Diskriminierung und Anerkennung.* Hrsg. Lotte Rose und Friedrich Schorb. Weinheim: Beltz Juventa, 2017. 172-185.

Schorb, Friedrich. „Dick ist kein Schimpfwort! Kollektive Strategien gegen Gewichtsdiskriminierung." *Fat Studies in Deutschland: Hohes Körpergewicht zwischen Diskriminierung und Anerkennung.* Hrsg. Lotte Rose und Friedrich Schorb. Weinheim: Beltz Juventa, 2017. 31-52.

Schorb, Friedrich. „Crossroad Between the Right to Health and the Right to be Fat." *Fat Studies.* 10(2): 2020. 160-171.

Schumacher, Mareike. „Body Positivity-Bewegung." *petra*, 10.04.2018, www.petra.de/lifestyle/body-positivity-bewegung-127.html. Zugriff am 28.04.2021.

Susiraja, Iiu. *Iiu Susiraja*, www.iiususiraja.com/photos/. Zugriff am 28.04.2021.

Strings, Sabrina. *Fearing the Black Body: The Racial Origins of Fat Phobia.* New York: New York University Press, 2019.

Taylor, Sonya Renee. *The Body Is Not an Apology: The Power of Radical Self-Love.* Oakland: Berrett-Koehler Publishers, 2018.

The Body Positive Institute. *The Body Positive*, www.thebodypositive.org. Zugriff am 28.04.2021.

Tovar, Virgie. *You Have the Right to Remain Fat.* London: Melville House, 2018.

Varanasi, Anuradha. „Obesity Epidemic Accounts for More than $170 Billion in Surplus Medical Cost per Year in the United States: Study." *Forbes*, 31.03.2021, www.forbes.com/sites/anuradha varanasi/2021/03/31/obesity-epidemic-accounts-for-more-than-170-billion-in-surplus-medical-costs-per-year-in-the-united-states-study/?sh=815caa65bad3. Zugriff am 28.04.2021.

Vester, Katharina. „Regime Change: Gender, Class, and the Intervention of Dieting in Post-bellum America." *Journal of Social History.* 44(1): 2010. 39-70.

von Liebenstein, Stephanie. „Dickenaktivismus in Deutschalnd. Die Gesellschaft gegen Gewichtsdiskriminierung e.V." *Fat Studies in Deutschland: Hohes Körpergewicht zwischen Diskriminierung und Anerkennung.* Hrsg. Lotte Rose und Friedrich Schorb. Weinheim: Beltz Juventa, 2017. 53-65.

von Liebenstein, Stephanie. „Gewichtsdiskriminierung" *Rechtshandbuch für Frauen- und Gleichstellungsbeauftragte.* Hamburg: Dashöfer, 2017. 1-22.

Wann, Marilyn. *Fat! So? Because You Don't have to Apologize for Your Size!* Berkeley: Ten Speed Press, 1998.

WHO. „Welt-Adipositas-Tag: Adipositas und ihre Folgen für die Gesellschaft." *Weltgesundheitsorganisation Regionalbüro für Europa*, 10.10.2017, www.euro.who.int/de/health-topics/noncommunicable-diseases/obesity/news/news/2017/10/world-obesity-day-understanding-the-social-consequences-of-obesity. Zugriff am 28.04.2021.

Jakob Schnetz

Beharrliche Apparate

Eine rassismuskritische Untersuchung *weißer* Normen in fotografischer Technologie und ihrer algorithmischen Nutzung[1]

Zu Beginn des Jahres 2020 fotografierte ich im Auftrag eines Nachrichtenmagazins die Schwarze Politikerin Sarah-Lee Heinrich. Im Prozess der Bildentwicklung passierte anschließend etwas hochgradig Problematisches: Meine sonst übliche digitale Postproduktion funktionierte nicht. Sie hellte das Gesicht der Politikerin stark auf — man könnte sagen: *bleichte* es aus und erinnerte in der Wirkung sehr an kosmetische Hautaufhellung. Diese *Skin Bleaching* bzw. *Skin Lightening* genannten kosmetischen Praktiken fußen auf einem historisch gewachsenen und global wirkmächtigen rassistischen Schönheitsideal, das hellere Hauttöne privilegiert (Roth 125). So fühlte sich die Aufhellung im Porträt der Politikerin zwar nicht kosmetisch ätzend[2], doch aber ästhetisch gewaltvoll an. Die Erscheinung ihres natürlichen Hauttons wurde gewissermaßen negiert und Heinrich ungewollt dem *weißen* Schönheitsideal unterworfen. Zuvor hatte ich professionell noch nie eine Schwarze Person fotografiert und folglich keine fototechnischen Erfahrungswerte. War eine fehlende Sensibilität meinerseits in der Wahrnehmung Schwarzer Haut[3] hier das zentrale Problem? Doch hatte ich ja wahrgenommen, dass die Repräsentation Heinrichs hinsichtlich Chroma und Luminanz nicht zutrifft und nicht mit meiner Erinnerung an die Begegnung übereinstimmt. Eine schnelle Google-Bildsuche zeigte mir, wie unterschiedlich Heinrich auf diversen Fotos in Bezug auf Farbe und Helligkeit repräsentiert wird. Diese Beobachtung warf folgende Frage auf: Gibt es fototechnische Bedingungen, die einen ‚besonderen' apparativen Umgang mit Schwarzer Haut erfordern?

Licht als Organisationsmedium und darauf gegründete fotografische Technologie ist nicht einfach Ausnutzung einer natürlichen Gegebenheit, sondern untrennbar mit Kultur- und Ideengeschichte

1 An erster Stelle gilt mein Dank Dorothea Nolden, Simon Dickel, Steffen Siegel, Rebecca Racine Ramershoven und Paul Werling, die durch ihre so sensiblen wie kritischen Einwände, Gedanken und Lektorate diesen Text entscheidend verbessert und verdichtet haben.

2 Zu den gesundheitlichen Auswirkungen von Skin-Bleaching und den internationalen, für den globalen Norden hochprofitablen Absatzmärkten solcher Produkte siehe Atambire.

3 ‚Schwarze' Haut als eine soziale Konstruktion bezieht sich nicht auf eine reale Hautfarbe, sondern auf ein Machtverhältnis. Sie umfasst ein großes Spektrum an Hauttönen der als Schwarz gelesenen Menschen und ist deshalb als Zusammenfassung zu verstehen, die dem Spektrum in seiner Vielfalt zwar nicht gerecht werden kann, es jedoch hier mitdenkt.

verwoben, wie Richard Dyer am Beispiel von Filmmaterial darlegt.[4] Dies betrifft insbesondere Vorstellungen vom *Weißsein*. Der *weiße* Körper wird, wie Dyer zeigt, im analogen Kino sowohl ikonografisch als auch technisch implizit als Norm vorausgesetzt und privilegiert. Auf einer tieferliegenden Ebene ist dies auch mit der historisch gewachsenen Idee einer transparenten Welt verknüpft. So scheint in der (fotografischen) Projektion buchstäblich mehr Licht durch *weiße* als durch Schwarze Menschen. Diese Vorstellung hebt ganz basal *Weiße* hervor (Dyer 180 ff.), auch weil sie mit der wirkmächtigen Metaphorik, in der Licht Wissen und Transzendenz bedeutet (Blumenberg 140 u. 169 ff.), nicht zuletzt ikonografisch aufs Engste verflochten ist (Dyer 186).[5]

Das digitale Bild erbt diese Idee der Transparenz in einem etwas anderen Sinne. Eine Projektion erfolgt zwar nur noch selten über einen Ausbelichter, aber doch zumeist über Bildschirme, auf denen es sich flüchtig materialisiert. Hinzu kommt, dass analoge wie digitale fotografische Bilder neben dieser ideengeschichtlichen und ikonografischen Verflechtung auch auf einer technischen Ebene vermeintliches indexikalisches Wissen mit und durch Licht (re-)produzieren. Ein Wissen, das scheinbar auch über Hautfarbe informiert und zumindest in den von Dyer genannten Beispielen in seiner apparativen Erzeugung von einer *weißen* Norm ausgeht.

Auch andere aktuelle Beispiele legen nahe, dass weiterhin in der digitalen Bilderzeugung und -verarbeitung teilweise von einer solchen *weißen* Norm ausgegangen wird, wenn etwa Kameras in offiziellen Passfotoautomaten (Butz) oder auch auf künstlicher ‚Intelligenz' (KI) basierte Gesichtserkennungssoftwares (Buolamwini 50) unfähig sind, ihre Aufträge gegenüber Schwarzen Menschen oder People of Color fehlerfrei bzw. überhaupt auszuführen. In Anbetracht der eingangs skizzierten Problematik erscheint eine Untersuchung der apparativen und technologischen Voraussetzungen in Bezug auf Fotografie vielversprechend. Dieser Fokus soll mich weder als Fotograf noch als Autor

4 Dies hier ausführlich nachzuzeichnen übersteigt den Rahmen des Aufsatzes. Für eine Herleitung der komplexen Verflechtungen siehe Dyer (insbesondere 185 ff.).

5 Dyer argumentiert mit der Metapher der Transzendenz, insbesondere vor dem Hintergrund der Bedeutung von Sexualität und der biologischen Reproduktion von „Rasse"(186 ff.).

aus der Verantwortung ziehen. Vielmehr drängt sich meines Erachtens die Notwendigkeit auf, ebenso Technologien rassismuskritisch betrachten zu müssen: Apparatgeschichten scheinen zugleich immer auch Ideengeschichten zu sein. Vilém Flusser erinnert uns daran, dass fotografische Apparate auch nicht einfach passiv sind. Sie müssen als Automatisierung eines materiell eingeschriebenen Denkens gedacht werden, das dieses Denken wiederum aktiv produziert (23 f.). In diesem Sinne bezeichnet *weiße* Norm hier eine womöglich unbewusst eingeschriebene Absicht, die nicht nur hinter dem Apparat, sondern auch in diesem zu suchen ist. Dass solche Apparate „Black Boxes" (ebd. 15) sind, die ihre eingeschriebenen Absichten verbergen und sich unserem Zugriff entziehen (ebd.), verdeutlicht einerseits die Dringlichkeit einer Untersuchung, weist aber auch auf mögliche Grenzen hin.

Vor diesem Hintergrund erörtert mein Beitrag, inwiefern *weiße* Normierungen in Fototechnologie eingeschrieben sind und welches ästhetische[6] Wissen über Schwarze Haut dadurch als evident produziert wird. Diese Forschungsfrage werde ich anhand von drei Unterfragen beantworten, die zugleich den vorliegenden Text in drei Kapitel gliedern: Welche Ursprünge für eine *weiße* Norm in analoger Fototechnik gibt es? Inwiefern schreibt sich diese in digitaler Fototechnik fort? Welche Auswirkungen gibt es für eine algorithmische Nutzung von digitalen Bildern?

Weiße Normen in analoger Bilderzeugung

Die Verbreitung der Farbfotografie durch den Dreischichtenfilm, wie etwa Technicolor durch Kodak im Jahr 1935 (Frizot 415 f.), erforderte Standards für die Helligkeits-, Farb- und Kontrastkalibrierung in Laboren.[7] Vor allem in den USA dienten dafür ab den 1940er Jahren

6 Mit dem Begriff der Ästhetik ist hier nicht allein die bloße sinnliche Erfahrung und Erkenntnis gemeint, sondern er wird im Sinne Jacques Rancières vielmehr auch als eine Kategorie verstanden, die Wahrnehmung und damit Sichtbarkeiten beeinflusst (Bishop 203).

7 Der Fokus liegt aus Gründen des Umfangs vor allem auf unbewegten fotografischen Bildern, was aber nicht bedeutet, dass Bewegtbildtechnologie frei von *weißen* Normen wäre. So zeigen Richard Dyer als auch Lorna Roth verschiedene Beispiele normierter Filmtechnologien. Siehe Dyer (181 f.) in Bezug auf Ausleuchtung und ideengeschichtliche Rückkoppelungen und Roth (112 f. und 119 f.) für die ähnlich normierten Foto-

Karten mit Referenz-Portraits ausschließlich *weißer* Frauen „kaukasischen“[8] Hauttyps in kontrastreichen Kleidern (Abbildung 1). Benannt wurden diese „Shirley-Cards“ nach dem ersten abgebildeten Modell, einer Kodak-Mitarbeiterin. Ähnliche Referenzen wurden auch im

Abb. 1. Kodak ‚Shirley Card', 1975 (Vericolor II Type S). Mit freundlicher Genehmigung von Hermann Zschiegner.

und Filmreferenzkarten. Außerdem betreffen Fragen der Lichtreflexion gleichfalls Tonabstufungen auf monochromem fotografischen Trägermaterial. Doch gerade die Verheißung der Farbe in der Fotografie und ihre ab den 1930er Jahren stark zunehmende Popularität vor allem in privaten und angewandten Kontexten (Frizot 418 f.) sprechen dafür, sie hier vor dem Hintergrund einer *weißen* Norm zu untersuchen.

8 Diese geographisch-biologistische Bezeichnung entstammt einem rassistischen und nicht länger haltbaren Konzept von „Rasse“, wird aber in der Foto- und Filmindustrie nicht selten weiterhin genutzt, um helle Hauttöne *weißer* Menschen zu bezeichnen (Roth 133). Ich verwende stattdessen „*weiße* Haut“, um diese konstruierte Norm und globale Machtposition zu kennzeichnen. Auch dieser Begriff fasst hier notwendigerweise ein breiteres Spektrum an helleren Hauttönen bzw. Hautton-Reflexionsgraden sprachlich zusammen.

Wissen um die Konstruiertheit technischer Gegebenheiten eine solche Kritik ausschloss (117 ff.), was deutlich macht, wie basal technisches Wissen sein kann.

Die vom US-amerikanischen Hersteller Polaroid ab 1966 für die professionelle Herstellung von Passbildern produzierte Sofortbildkamera *Polaroid ID-2* ermöglichte als frühe Farbfilm-Kamera die Darstellung Schwarzer Haut — allerdings auf sehr bezeichnende Weise. So hatte die Kamera einen *zusätzlichen* Turbo-Knopf, der die Leistung des kamerainternen Blitzes in dem Maße steigerte, dass er die geringe Filmempfindlichkeit ausglich und sich so auch die Details dunklerer Hauttöne fotografieren ließen. Diese Möglichkeit erweiterter Darstellung mag zunächst einmal vielleicht als Fortschritt erscheinen. Die kompensatorische Beleuchtung und gerade ihre buchstäblich apparative Zusätzlichkeit offenbart jedoch deutlich die *weiße* Normierung des Apparats. Offen bleibt, ob diese technische Prädisposition vorsätzlich oder unbewusst geschah (Wevers 65). Zudem spielt der operative Modus der Erfassung eine zentrale Rolle, handelt es sich bei einer Passbildkamera immer auch um ein Instrument staatlicher oder institutioneller Kontrolle. Insbesondere das Apartheidsregime in Südafrika (1948-1994) nutzte den Polaroid-Apparat zur Überwachung und Durchsetzung seiner rassistischen Gesellschaftsvorstellungen: Schwarze Menschen mussten sogenannte, in Teilen mit der ID-2 hergestellte „Pass Books" mitführen, in denen ihre Bewegungen im Land kontrolliert und dokumentiert wurden, und anhand derer die Personen identifiziert werden konnten. Die Kamera diente also neben ihrer eingeschriebenen Normierung auch ganz praktisch zur Aufrechterhaltung rassistischer Gesellschaftsordnungen (Wevers 67). Jahrelange und starke Proteste gegen Polaroid zwangen das Unternehmen letztlich, seine Geschäftsbeziehungen zum Apartheidsregime gegen Ende der 1970er Jahre niederzulegen (Jelonnek 81 ff.).

Trotz ziviler Kritik waren die beiden ausschlaggebenden Faktoren für die Veränderung von Kodak-Filmen an ökonomische Interessen gekoppelt. Einerseits äußerte die Möbel- und Schokoladenbranche, die basale Kunden Kodaks waren, Kritik an Filmemulsionen, da sie ihre Produkte nicht detailgenau und farbgetreu für Werbezwecke fotografieren konnten (Roth 120). Zum anderen hegte Kodak Expansionsbestreben in den globalen Markt und musste somit zwangsläufig andere

Reflexionsgrade berücksichtigen. Diese Aspekte führten ab den 1980er Jahren zu einer Weiterentwicklung der Filmempfindlichkeit und des Dynamikumfangs und damit auch zur verbesserten Darstellung Schwarzer Haut in Form der mit bezeichnenden Namen versehenen Filme „VeriColor III" und „Gold Max". Letzterer wurde mit der Fähigkeit „to photograph the details of a dark horse in low light" (Richard Wien zit. nach Roth 122) als Code für die Darstellbarkeit dunkler Hauttöne beworben (Roth 120 f.). Trotz des Gebrauchs der kolonialrassistischen Tiermetapher im Werbeslogan ermöglichten die Filme erstmals die Abbildbarkeit eines größeren Spektrums von Hauttönen.

Auch ein Beispiel aus der TV-Kamera-Herstellung zeigt eine vergleichbare Entwicklung: Das Unternehmen Thomson/Ikegami investierte ab den 1990er Jahren in die Forschung und entwickelte

Abb. 3. Kodak Multiracial Shirley Card, 1995. Aus: Menkman, Rosa. „Kodaks 1995 multiracial norm reference card". flickr, keine Veränderungen an Originaldatei vorgenommen. Veröffentlicht nach CC BY 2.0.

eine digitale professionelle TV-Videokamera (LDK-Serie), die zwei verschiedene Aufzeichnungs- und Speicherzonen für Hauttöne besitzt und so gleichzeitig eine korrekte Belichtung und Farbbalance für Schwarze und *weiße* Haut ermöglichte (Roth 131 f.). 1995 wurde von Kodak die „Multiracial Shirley Card" vorgestellt (Abbildung 3), die als noch immer weibliche Referenz im Bild neben einer *Weißen* erstmals auch eine Person of Color und eine Schwarze Frau zeigte. Diese Karte war jedoch eher im Hochpreissegment angesiedelt und verbreitete sich deshalb nur langsam in unabhängigen Laboren. Außerdem wurde der Export von Filmemulsionen und anderem Zubehör gemäß konzerneigener Studien an (rudimentär) geographisch klassifizierte Absatzmärkte und den dort vorherrschenden Schönheitsidealen ausgerichtet und folglich innergesellschaftliche Diversität weniger stark berücksichtigt. Zur gleichen Zeit entstanden ebenfalls digitalfotografische Techniken, und die damit einhergehende erleichterte Herstellung eigener Druck-Referenzkarten machte die Multiracial Shirley-Card quasi überflüssig. So ist es schwer nachzuvollziehen, welche konkreten Einflüsse diese Neunormierung auf die im Entstehen begriffenen unterschiedlichen Apparaturen und ihre Referenzen hatte (Roth 121 f.).

Die genannten Beispiele zeigen deutlich, dass Apparats- bzw. Technologiegeschichten immer auch Ideengeschichten sind. Als komplexes Sediment gesellschaftlicher wie politischer Dynamiken, kultureller, mitunter unbewusster Annahmen und kapitalistischer Verwertungsinteressen ist fotografische Technologie mitnichten neutral (Roth 117 f.). In beharrlicher Automation bringt sie ästhetisches Wissen über Hautfarben hervor, produziert technologisch evidente (Un-)Sichtbarkeit und Schönheitsideale — dient zugleich aber auch zur Kontrolle.

Weiße Normen in digitaler Bilderzeugung

Die Umstellung von analoger auf digitale Fototechnik ist zwar eine historische wie technologische Zäsur, doch wie zuvor bereits angedeutet wurde, fand sie weder geordnet noch zeitlich trennscharf statt. So stellt sich die Frage, inwiefern auch in der Entwicklung digitaler Fototechnik solche *weißen* Normen fortgeschrieben bzw. in sie einprogrammiert wurden, nicht zuletzt auch deshalb, weil die Gesellschaft weiterhin strukturell rassistisch ist. Die Kodak Multiracial

Shirley-Card, aber auch frühe digitalfotografische Referenzkarten für die Kalibrierung, wie beispielsweise das viel genutzte, mittlerweile nicht mehr verfügbare Testbild von Getty Images (Cooper), sind selbst fotografische Erzeugnisse (Abbildung 4)[10] und liefern getreu dem so oft dekonstruierten, aber noch immer wirkmächtigen fotografischen Wirklichkeitsversprechen ihre Evidenz gleich mit (Geimer 106 ff.): Die fotografische Darstellung verschiedener, kontrastreicher Hauttöne in einem Bild scheint möglich. Unklar bleibt allerdings, ob und welche kompensatorischen Strategien vorgenommen wurden, um diese Referenzen zu erzeugen. Über eine zusätzliche Ausleuchtung der Schwarzen Personen sowie eine partielle Nachbearbeitung lässt sich nur spe-

Abb. 4. Getty Images Test Image, 2003 (zur Farbkalibrierung von Monitoren und Druckern). Mit freundlicher Genehmigung von Keith Cooper, Northlight Images.

10 Auch dieses Bild stellt, ähnlich den analogen Shirley-Cards, einen männlichen und zudem exotisierenden Blick aus.

kulieren. Anders gesprochen: Wird *weiße* Haut technologisch immer noch privilegiert?

Sarah Lewis postuliert in ihrem Essay „Racial Bias And The Lens“, dass in der Umstellung von analoger auf digitale Fototechnik ebendiese *weißen* Normen teilweise fortgesetzt worden sind — ohne dabei jedoch wirklich technologisch konkret zu werden und fototechnische Beispiele zu erörtern (Lewis 54). Vor dem Hintergrund ihrer eingangs im Essay beschriebenen eigenen Erfahrung erscheint dies jedoch mehr als offensichtlich: In Vorbereitung eines Vortrags im Jahr 2019 wurde die Schwarze Wissenschaftlerin von einer Kamera- und Lichttechnikerin darauf angesprochen, dass sie „ein Problem haben. Ihr Jackett ist heller als Ihr Gesicht. […] Das wird problematisch für die Ausleuchtung“ (Lewis 52, Übers. d. Autors). Diese Äußerung gegenüber Lewis zeigt einerseits eine fragwürdige und problematische Adressierung eines vermeintlichen Problems, zugleich aber auch, dass (Video-) Kameratechnik nach wie vor Schwierigkeiten in der „Erfassung“ und Abbildung von Schwarzer Haut innerhalb eines größeren Kontrastspektrums haben kann. Vermutlich besteht ein Zusammenhang zu den bereits beschriebenen Normierungen, obwohl es heutzutage auch (Video-)Kameras gibt, die das technologisch ermöglichen (LDK-Serie). Allerdings bleibt es bemerkenswert, dass sich bis dato keine Studie zu verschiedenen Digitalkameraherstellern und Bildverarbeitungssoftwares im Hinblick auf solche Normen finden lässt. Auch wenn häufiger (wie etwa in Lewis; Jones; McFadden) die nicht ohne Grund naheliegende Verbindung zu den *Shirley Cards* hergestellt wird, fehlt eine diesbezügliche kritische Analyse digitaler Bilderzeugungs- und Verarbeitungstechnologie, die solche Normen empirisch nachweist.

Obwohl sich Gebrauchsweisen fortsetzen, sind analoge und digitale Bilderzeugung technisch betrachtet nur bedingt zu vergleichen — von Diskursen um die Frage, ob digitale Fotografie überhaupt noch Fotografie ist, einmal abgesehen (Geimer 99 f.). Ein zentraler Unterschied ist die Übersetzung der Lichtsignale. Fand in der analogen Bilderzeugung durch einen optisch-chemischen Prozess eine kontinuierliche Übermittlung statt, so wird demgegenüber in der digitalen Bilderzeugung die Lichtmenge auf dem Sensorchip in diskrete, digital quantifizierbare Werte übersetzt (Geimer 100). Wichtiger für die hier zu untersuchende Frage ist allerdings die Tatsache, dass digitale Kameras kein latentes Bild, sondern einen digitalen Code erzeugen, der prozessiert werden muss, um überhaupt als Bild zu erscheinen.

Im digitalen Fotoapparat werden Helligkeitswerte getrennt von den Farbwerten registriert. Die Dioden des CCD- oder häufiger CMOS-Sensors erfassen nur die Quantität des Lichts, nicht aber deren Qualität, also keine Informationen über Farbe. Dies geschieht in einem dem Sensor vorgelagerten Farbfilter, dem Color-Filter-Array (CFA), aus dem sich Farbeindrücke anschließend synthetisieren lassen. Es existieren verschiedene Architekturen von Farbfiltern, in den meisten Kameras folgt der CFA aber der sogenannten Bayer-Matrix, einem ungleich gewichteten Mosaik aus Rot-, Grün- und Blaufiltern. Bei einem Filter des Bayer-Typs können konstruktionsbedingt nur Werte für ein Drittel der Chroma tatsächlich registriert werden. Die fehlenden zwei Drittel müssen im komplexen algorithmischen Prozess des *Demosaicing* von einer Software interpoliert, also hinzugerechnet werden (Salvaggio und Shagam 73 ff. und 160 ff.). Für das Farbergebnis ist bei dieser CFA-Konstruktion die prozessierende Software entscheidend, und da unterschiedliche solcher Interpolationsalgorithmen existieren, kann es je nach dafür genutzter Software[11] zu Unterschieden in der Farbdarstellung kommen (Padeste 365).

So lassen sich die Grenzen zwischen Bild*ver*- und Bild*be*arbeitung nicht eindeutig trennen (Heilmann 76). Zwar ist hier die künstlerische Entscheidungsfreiheit der Farbentwicklung bzw. -interpretation potentiell größer, doch auch hinter den Interfaces der verschiedenen Entwicklungssoftwares spielen sich unsichtbare, von Menschen programmierte Befehlsketten ab. Till Heilmann verdeutlicht in einer Auseinandersetzung mit Bildfiltern der Software Photoshop, wie sehr solche Prozesse einer Black Box gleichen (81). Der Zustand der Black Box gilt, wie bereits erwähnt, gleichfalls für den analogen Fotoapparat samt Filmmaterial (Flusser 15). Diese Eigenschaft der Ungewissheit über das Innere des Apparats – sei es nun eine Emulsion oder eine Software – bestärkt gerade in Kombination mit den Automatismen die Vorstel-

11 Für JPEG-Dateien geschieht das Demosaicing kameraintern nach den Parametern des jeweiligen Herstellers, für RAW-Dateien in der notwendigen Entwicklungssoftware, einem RAW-Converter und dort wiederum nach den Parametern des Software-Produzenten.

lung seiner vermeintlichen Unvoreingenommenheit (Geimer 107).

Das digitale Bild ist im Gegensatz zum analogen allerdings von Anfang an auf seine Nachbearbeitung formiert (ebd. 101 ff.). Dies gilt in doppelter Hinsicht: Ohne Prozessierung gibt es kein Bild. Andererseits war es nie einfacher — man könnte sagen zugänglicher, im Sinne der technologischen Black Box aber auch gespenstischer — auf dieses einzuwirken (Campbell 6). Wir müssen digitale Fotografie demnach als „computational photography" (ebd. 7) begreifen und Digitalkameras sowie die zugehörige Software als entlang der Annahmen ihrer Entwickler*innen kulturell kodierte Apparate. Der Zugriff auf das „technologisch Unbewusste" (Roth 126, Übers. d. A.), also die inkorporierten Normen, scheint durch die immer stärker im Hintergrund der Bildproduktion ablaufenden Algorithmen zusätzlich erschwert, insbesondere wenn wir an ‚intelligente', vollständig automatisierte Filter denken (Heilmann 76), auf die ich an späterer Stelle (III) eingehen werde.

Um sich diesem technologisch Unbewussten und damit möglichen *weißen* Normen in digitalen Kameras und Softwares anzunähern, bedarf es einer Forschung, die systematisch Kameras verschiedener Leistungsspektren und entsprechende Entwicklungssoftwares an einem Motiv mit sehr dunklen wie hellen Hauttönen untersucht. Rebecca Racine Ramershoven und ich werden gemeinsam eine solche experimentelle Untersuchung durchführen. Zum Zeitpunkt der Drucklegung dieses Textes befindet sich das Vorhaben allerdings noch in der Planungs- und Aufbauphase. Möglicherweise bekräftigen die dabei entstehenden Ergebnisse die hier verfolgte These inkorporierter *weißer* Normen, es lässt sich jedoch auch nicht vollständig ausschließen, dass sie diese abschwächen könnten (was wünschenswert wäre).

Fernab der notwendigen und noch ausstehenden Forschung lässt sich festhalten, dass Belichtungsmesser in analogen wie digitalen Kameras auf ein mittleres Grau (18% Lichtreflexion nach dem logarithmischen Zonensystem) genormt sind, so dass die Kamera bei starken Kontrasten ohne ausreichend mittleres Grau im Motiv dazu tendiert, Weißtöne unterzubelichten und dunkle Farbtöne damit etwas dunkler darzustellen, wenn das Motiv überwiegend hell ist. Ist das Bildmotiv umgekehrt überwiegend dunkel, wird das Bild potentiell überbelichtet und dunkle Töne werden aufgehellt (Gossen 5). Diese Eigenschaft privilegiert in der Tendenz eher hellere Hauttypen. In der Praxis ist dies aber auch von der Messmethode und nicht zuletzt auch vom Dynamikumfang der Kamera abhängig, also der Zahl der Tonwerte vom dunkelsten bis zum hellsten Ton, die darstellbar und auch in entsprechender Software noch korrigierbar sind, wenn der Motivkontrast[12] den Dynamikumfang nicht übersteigt (Gossen 37 f.). Der Dynamikumfang ist somit von zentraler Bedeutung für die Darstellung Schwarzer Haut, vor allem aber in kontrastreichen Motivsituationen. Er wurde kontinuierlich verbessert und ist nun zumindest im leistungsfähigsten Segment digitaler Sensoren bei weitem größer als jener von Farbfilm. Aber auch Kompaktkameras und selbst Smartphones weisen mittlerweile hohe technische Standards auf, insbesondere bei niedrigen ISO-Werten (Caroll; Gossen 37). Diese technologische Leistungssteigerung folgt wenig überraschend auch einer profitablen kapitalistischen Verbesserungslogik und ist somit nicht genuin inklusiv. So lässt sich nicht genau sagen, mit welcher Intention solche Verbesserungen gedacht und gemacht werden. Allerdings scheint der Dynamikumfang als zentraler Parameter einer Ermöglichung der Darstellung Schwarzer Haut (Roth 132) nun an einem Punkt angekommen, wo dies auch wirklich möglich ist.

Die technischen Verbesserungen, gerade auch in den ökonomisch erschwinglicheren Kamera-Segmenten, legen nahe, dass die adäquate Darstellung dunkler Hauttöne nicht länger eine Frage der Klasse und des limitierten Zugangs ist.[13] Die weite Verbreitung relativ hochwertiger Kameras in Smartphones nivelliert zweifelsohne ein technisches Niveau, das noch vor nicht allzu langer Zeit professionellen Kamerasystemen vorbehalten war. So lässt sich zwar von einem grundsätzlich barrierefreieren Zugang durch verbesserte Technologie sprechen, doch sind es vor allem die Smartphone-Spitzenmodelle, die besonders gute technische Ergebnisse erzielen. Sie liegen in einem Preissegment

12 Der Motivkontrast kombiniert den Objektkontrast, also Differenzen der Reflexionseigenschaften im fotografierten Objekt/Subjekt und den Beleuchtungskontrast, Unterschiede in der Objekt/Subjekt-Beleuchtung (Gossen 37).

13 Ich danke Roland Meyer für diesen kritischen und äußerst wichtigen Hinweis, den er im Rahmen des Workshops „Zugänge – Was soll Fototheorie leisten?" (Folkwang Universität der Künste, 07.05.2021, Zoom) an meinem Vortrag zum Thema dieses Texts geäußert hat.

jenseits der 500 Euro-Grenze (Fotomagazin), sodass sich nur auf den ersten Blick von breiter Zugänglichkeit sprechen lässt. Hinzu kommt, dass sich in Anbetracht der eklatanten Unterschiede der Sensorgrößen zwischen z.B. Vollformat-DSLRs und Smartphone-Kameras auch Fragen bezüglich des Dynamikumfangs und des Rauschverhaltens stellen, insbesondere bei geringer Beleuchtung, also jenseits einer Empfindlichkeitsgrenze von etwa 800 ISO. Das Rauschverhalten eines Sensors ist zum Teil bedingt durch die Pixelgröße; sie wiederum ergibt sich durch das Verhältnis von effektiver Auflösung und Sensorgröße. Prinzipiell ‚rauschen' größere Sensoren mit geringerer Auflösung weniger, als das in einem umgekehrten Verhältnis der Fall ist (Jordan). So ist theoretisch das Bildrauschen der kleineren Sensoren in Smartphones und Kompaktkameras bei technisch grenzwertigen Beleuchtungssituationen in den dunklen Bildpartien, wie etwa beispielsweise in den Gesichtern Schwarzer Menschen, potentiell größer als bei professionellen Apparaten.[14]

Bildrauschen ist ein technisches Artefakt, das diskursiv überwiegend als Störung verhandelt wird (Schröter 26) und somit eine unterbewusste, ästhetisch negativ konnotierte Aufladung der technischen Darstellung Schwarzer Menschen bei ‚low light' zur Folge haben könnte. Hier zeigen sich Parallelen zur analogen Fotografie, in der die labortechnische Kompensatorik gegen begrenzte Dynamik und Filmempfindlichkeit oft zu einer größeren Sichtbarkeit des Korns in den Portraits Schwarzer Menschen führte und eine brillante, nuancierte Darstellung verunmöglichte (McFadden).[15]

Allerdings gibt es auch Beispiele bei der Nutzung professioneller Kameras, die stutzig machen: Erst kürzlich wurde ein Foto von der Schwarzen US-amerikanischen Star-Athletin Simone Biles vor allem in sozialen Netzwerken kontrovers diskutiert. Es handelt sich um das Coverbild der Augustausgabe der *Vogue* des Jahres 2020, fotografiert von der ebenfalls berühmten Fotografin Annie Leibovitz. Gegenstand der Kritik war neben der Wahl einer *weißen* Fotografin vor allem die

14 Sehen wir außerdem einmal von synthetischen HDR-Bildern und diversen implementierten Rauschunterdrückungsalgorithmen ab.

15 Filmkorn und digitales Bildrauschen sind zwar technisch nur bedingt zu vergleichen, diskursiv ist aber vor allem im angewandten und kommerziellen Bereich eine ähnliche Ideologie des rauschfreien und hochaufgelösten Bildes zu verzeichnen (Schröter).

Darstellung der Hauttöne durch Ausleuchtung wie Bearbeitung (Cade). Abseits der ungleichen Auftragsvergabe an Schwarze Fotograf*innen weist dieses Beispiel auf eine Kontroverse hin: Bleibt es eine Frage der persönlichen Wahrnehmung von Farben? Oder geht es hier um die Fähigkeit, bestimmte Hauttöne wahrnehmen und sie auch technisch hervorbringen zu können? Die Annahmen der Kontroverse offenbaren für die hier untersuchte Fragestellung zweierlei: Die fotografische Darstellung Schwarzer Haut scheint möglich, jedoch besondere Fähigkeiten der *Beleuchtung* und der *Postproduktion* zu erfordern. So muss auch gefragt werden, inwiefern diesen Fähigkeiten eine Kompensatorik innewohnt, die technologische Prädispositionen ausgleicht.

Der Schwarze Fotograf Joshua Kissi berichtet in einem Interview, dass sich verschiedene Kameramarken sehr unterschiedlich in der Interpretation von insbesondere Schwarzen Hauttönen verhalten und er sich Umgangsstrategien auch in der Postproduktion erarbeiten musste, um sie angemessen zu repräsentieren (Wheeler). Auch der Schwarze Fotograf Aundre Larrow beschreibt das Phänomen, dass einerseits „digitale Farbsensoren dunklere Hauttöne [nicht mehr] verunstalten" (Larrow), andererseits aber weiterhin eine unterschwellige Normierung auf hellere Hauttöne bleibt, der für eine nuancierte Darstellung Schwarzer Haut sowohl durch Beleuchtung als auch durch Postproduktion entgegengewirkt werden muss (ebd.).

Es ist festzuhalten, dass die Erweiterung des Dynamikumfangs wirkungsvoll ist, denn sie ermöglicht nun in der Tat eine adäquate technische Reproduktion. Die *weiße* Normierung scheint sich also gewissermaßen durch die immens verbesserte Technik zu verdünnen. Aufgelöst wurde sie hierdurch jedoch nicht, denn wie die vorangegangenen Beispiele zeigen, ist die nuancierte Darstellung Schwarzer Haut weiterhin auf kompensatorische Techniken angewiesen. Demgegenüber ließe sich einwerfen, dass auch für die fotografische Darstellung *weißer* Hauttöne eine Fähigkeit zur Beleuchtung und Postproduktion notwendig ist. Spätestens an dieser Stelle verschwimmen die Grenzen zwischen Ästhetik und Technologie vollends. Meines Erachtens handelt es sich bei letzterem Argument um eines, das Handwerk gegen Kompensatorik ausspielt. So bedarf es zwar einer technischen Kenntnis, um bildsprachliche Entscheidungen für die Repräsentation *weißer* Hauttöne treffen zu können; diese Möglichkeit zur Entscheidung steht allerdings in einem drastischen Unterschied zu zwangsläufig kompensatorischen Methoden, um Schwarze Haut überhaupt in all ihren Nuancen sichtbar zu machen.

Joshua Kissi weist in diesem Zusammenhang auf einen weiteren wichtigen Aspekt hin: den der Schwarzen Selbstwahrnehmung und -repräsentation. Besonders vor dem Hintergrund der historisch-technologischen Normierungen und dem apparativ produzierten ästhetischen Wissen über Schwarze Haut scheint dieses Argument der Selbstbestimmung noch wichtiger (Wheeler), denken wir beispielsweise an die *Black Is Beautiful*-Bewegung und ihren jahrzehntelangen, noch andauernden Kampf auch für eine empowernde und nuancierte Schönheit des Schwarz-Seins (Adesina). Anders gesprochen: Neben der ikonografischen ist ebenso die *technische* Repräsentation Schwarzer Haut stets ein identitätspolitisches Moment, das sich gegenüber impliziten wie expliziten *weißen* Normen zu behaupten hat.

Es lässt sich meines Erachtens also durchaus von einem Fortbestehen technologischer *weißer* Privilegierung sprechen, die sich neben den noch immer wirkmächtigen „Repräsentationsregimen" (Hall 115) als unterschwellige Normierung in Digitalkameras und zugehöriger Software materialisiert. Um dies ausdifferenziert für unterschiedliche Kamera- und Softwaresysteme nachzuzeichnen, ist jedoch, wie bereits erwähnt, eine systematische Erforschung dieser technologischen Black Box notwendig.

Weiße Normen in algorithmischer Bildverarbeitung

Das Phänomen einer *weißen* Norm in Technologien des Visuellen habe ich im Vorangegangen mit Fokus auf die fotografische Bilderzeugung erörtert. Doch selbstverständlich endet hier nicht der Gebrauch von diesen Erzeugnissen, die in nahezu allen Lebensbereichen präsent sind. Im Hinblick auf ihre Nutzung als fotografisches Datenmaterial beginnt an dieser Stelle erst ihre Überführung in die Dimensionen algorithmischer Automatismen und künstlicher Intelligenz (KI), die zeitlich parallel zu den Beispielen aus vorangegangenem Kapitel verläuft und hier nur der Übersichtlichkeit halber getrennt behandelt wird. Welche Auswirkungen hat diese qualitativ vorbelastete — um nicht zu sagen voreingenommene — Datengrundlage auf Systeme, die algorithmische Automatismen und KI nutzen? Wie äußern sich mögliche Fortschreibungen einer *weißen* Normierung? Ähnlich dem so fragwürdigen wie zähen fotografischen Wirklichkeitsversprechen, das hier auch in Bezug auf Chromazität erneut zurückgewiesen werden muss, umgeistert auch algorithmische Automation und KI noch immer eine Annahme von menschenunabhängiger, maschineller Objektivität (Chander).

Doch auch im Kontext der datenbasierten Bildverarbeitung lässt sich mit Safiya Noble von einem algorithmischen Rassismus in weitaus komplexerer Form, von „Datendiskriminierung" sprechen.[16] Dieser Begriff beschreibt ein großes Spektrum an Algorithmen und künstlichen Intelligenzen unterschiedlichster Einsatzzwecke mit buchstäblich eingeschriebenem Rassismus und anderen Diskriminierungsformen (Chander). Ich konzentriere mich im Folgenden auf den Bereich des Visuellen, genauer gesagt auf Beispiele, bei denen fotografische Bilder oder Kameras in Kombination mit Algorithmen eine zentrale Rolle spielen und ein technologisch-ästhetisches Wissen über Hautfarbe produziert wird.[17]

Hierfür wesentlich sind Gesichtserkennungstechnologien mittels KI und ihre vielschichtigen Gebrauchsweisen. Detaillierte technische Aspekte müssen hier vernachlässigt werden.[18] Wichtig ist, dass die Maschinen anhand vorgegebener Parameter, statistischer Konzepte und auf Basis unvorstellbarer Mengen digitaler Bilder selbst erlernen, Muster zu erkennen und dabei auch selbstständig Kriterien zur Erkennung entwickeln, die verborgen bleiben. Doch nicht alle Gesichter lassen sich, in Abhängigkeit von Hautfarbe, aber auch Geschlecht und Alter, maschinell gleich — oder überhaupt — „erkennen" (Meyer „Operative Portraits" 358). Davon zeugen viele ernüchternde wie auf-

16 Der von Safiya Noble geprägte Begriff schließt neben Aspekten von Race auch Gender ein (Noble, „Engineering Beyond Bias"). Wissend um die notwendig intersektionale Herangehensweise, müssen diese Aspekte angesichts der Fragestellung ausgeklammert werden (hierzu weiterführend: Noble).

17 Dass auch beispielsweise personen- oder ortsbezogene statistische Vorhersagen etwa durch sog. „Predictive Policing" Sichtbarkeiten und Unsichtbarkeiten rassifizierter Gruppen und damit bestehende Ungleichheiten verstärken, auch weil Praktiken des Racial Profiling rassistisch vorbelastete Datensätze produzieren, sei hier nur knapp erwähnt (Chander; Butz).

18 Zur Geschichte und Funktionsweise maschineller Gesichtserkennung siehe Meyer „Operative Portraits" (321-359) und Meyer „Gesichtserkennung" (11-20).

wühlende Beispiele: So gibt es immer wieder Kameras und Bildsoftwares mit implementierter Gesichtserkennung, die bei BIPoC und ebenso bei Transmenschen und Frauen „Fehlermeldungen“ anzeigen (Thoneick). Unterstützende Aufnahmefunktionen in Kameras, die geschlossene Augen auf Portraits verhindern sollen, aber nicht auslösen, wenn die Physiognomie — wie bei einer als asiatisch gelesenen Person — von der einprogrammierten Norm abweicht (Bridle 167). Sensorische Seifenspender, die auf Hände von Schwarzen nicht reagieren (Butz). Tracking-Webcams, die Schwarze Menschen nicht erkennen, aber im selben Ausschnitt auf *Weiße* fokussieren (Bridle 167 f.). Self-Service-Terminals der deutschen Bundesdruckerei zur Erstellung von Passfotos, die für Schwarze Menschen mit dunkler Haut nicht funktionieren (Thoneick). Kameras ohne Gesichtserkennung in zertifizierten Passfotoautomaten, die teilweise unterbelichtete Bilder von Schwarzen Menschen erstellen, welche dann in der Behörde nicht akzeptiert werden (Dahmer). Kontrollalgorithmen, die sicherstellen sollen, dass die über die offizielle Website eingereichten Passbilder für Großbritannien die notwendige Qualität und neutrale Gesichtsausdrücke einhalten, und insbesondere bei Schwarzen Frauen die Bildqualität bemängeln und Münder als geöffnet lesen, obwohl diese nachweislich geschlossen sind (Ahmed). Die Liste ließe sich fortsetzen (Buolamwini 50 f.; Epps-Darling).

Zusammenfassend lässt sich sagen: Menschen nicht-*weißer* Hautfarbe werden in verschiedensten apparativen Kontexten „technologische Mikroaggressionen“ (Epps-Darling) entgegengebracht. Hinzu kommt, dass diese Mikroaggressionen perfiderweise keine direkte subjektive Intention haben, weil sie einer Black Box entstammen, die oftmals nicht einmal mehr von den Personen, die sie entwickelt haben, en detail verstanden werden kann. Im Hinblick auf andere Diskriminierungen erscheint es nicht abwegig, wenn auch die hier genannten technologischen Aggressionen ebenfalls ganz reale Folgen wie beispielsweise Depressionen zeitigen würden (ebd.). Die insbesondere gegenüber Schwarzen Menschen fehlerhafte Gesichtserkennung führt aber auch in polizeilicher Nutzung zu falschen Verdächtigungen und Verhaftungen (Meyer, „Operative Portraits“ 358).

Ausschlaggebend für die technologische Normierung ist einerseits die ausgewählte bildliche Datengrundlage der an ihr trainierten

Algorithmen. Als solche dienen zumeist digitale Fotografien von *weißen* und oftmals männlich gelesenen Gesichtern (Buolamwini 50; Meyer, „Gesichtserkennung" 27). Andererseits ist auch das sogenannte *Labeling*, die von Menschen, oftmals Prosumern der Sozialen Netzwerke oder Crowdworkern, gemachte textuelle Kennzeichnung bzw. Klassifikation dieser Trainingsbilddaten für die Entwicklung von Unterscheidungskriterien und damit die maschinelle Lesbarkeit von Gesichtern entscheidend (Meyer, „Gesichtserkennung" 17 ff. und 37 f.). Jedoch könnte die *weiße* Normierung auch noch weitere, bisher unbekannte Ursachen haben, die sich noch unscheinbarer in den Code ein- und festschreiben (ebd. 27 f.).

In Bezug auf Fragen der technologischen Ästhetik spielen auch sogenannte Beautyfilter, die entweder zusätzlich als App heruntergeladen oder direkt in das Software-Backend von Smartphone-Kameras implementiert sind, eine wichtige, wenn nicht zentrale Rolle — schon allein aus dem Grund ihres millionenfachen Gebrauchs. Solche Filter nutzen ebenfalls mittels KI trainierte Gesichtserkennungen, um anschließend auf das erkannte Gesicht die einprogrammierten, standardisierten Korrekturen anzuwenden (Opitz). Diese Filter sind in vielerlei Hinsicht problematisch: Gesichtserkennungen sind, wie erwähnt, häufig anhand *weißer* Gesichter trainiert. Auch die standardisierten Korrekturen beziehen sich – bewusst oder unbewusst – auf ein *weißes* Schönheitsideal. So werden BIPoC (in Verschränkung mit Genderaspekten) technologisch doppelt unsichtbar gemacht und als abweichend konnotiert: einerseits durch Störungen in der Gesichtserkennung und der Ausführung des Programms, andererseits durch virtuelle physiognomische „Korrekturen", die Nasen schmaler machen und Haut aufhellen – und im Umkehrschluss das reale Subjekt als „nicht schön" klassifizieren (Abbildung 5) (Opitz).

Dies gilt auch für nostalgische Software-Bildfilter wie etwa in der App Instagram (Jenkins). Diese ästhetisch eigenwilligen Hybride simulieren auf Grundlage algorithmischer Automatismen die Farbbalancen analogen Filmmaterials (Heilmann 75 f.), unter anderen auch jene von Kodak und Polaroid. Fast alle dieser Filter hellen auch Schwarze Haut stark auf bzw. bleichen sie aus (Abbildung 6). Hinzu kommen soziale Dynamiken und algorithmische Sortierungen in den sozialen Netzwerken: Gefilterte Bilder werden deutlich öfter gesehen

Abb. 5. Bildzitat, Screenshot eines Twitter-Posts der Userin @magniferin, der die Anwendung eines Snapchat-Beautyfilters und seine Folgen demonstriert, 2016. Die Drastik dieser Vorher-Nachher-Ansicht darf jedoch nicht darüber hinwegtäuschen, dass das Ausgangsbild keineswegs ‚neutral', sondern ebenso schon Produkt einer intransparenten Apparatur ist (dies gilt ebenso für Abbildung 6).

und noch häufiger kommentiert als solche ohne Bild- oder Beautyfilter (Jenkins). Diese Rückkoppelung von Sichtbarkeit scheint das vermeintlich erstrebenswerte *weiße* Ideal noch zu verstärken und infolge von stetiger Präsenz auch als gegeben zu sedimentieren (Opitz). Diese Fortschreibung „hegemoniale[r] Sichtbarkeiten" (ebd.) gründet sich also zum einen auf bewusste wie unbewusste Programmierungen, aber auch auf das quantitativ genutzte Bildmaterial, das zumeist digitale Kameras liefern. Wie gezeigt wurde, existieren auch dort noch latente Normierungen, die allerdings in ihrer Qualität noch genauer zu erforschen sind. So bleibt der direkte Einfluss der *weißen* Norm aus der apparativen Bilderzeugung schwer nachweisbar. All dies macht die technologische Black Box nicht kleiner.

Abb. 6. Bildzitat, Screenshot einer von der Autorin Morgan Jenkins gestalteten interaktiven Vorher-Nachher-Ansicht des Instagram-Filters ‚Reyes'. Jenkins kontaktierte hierfür Nutzer*innen der Plattform Instagram, 2015.

Im Vergleich zu der im vorangegangen Kapitel beobachteten latenten *weißen* Norm scheinen die Auswirkungen der nun beschriebenen Normen in der algorithmischen Automation und KI noch weitreichender. Paradoxerweise erinnert diese auf ein technologisches Neutralitätsverständnis fußende, unterbewusste und beiläufige Einschreibung der Normen an die Entwicklung des Farbfilmmaterials — nur mit deutlich drastischeren Konsequenzen.

Veränderungen geschehen nur langsam. Dass die Problematik algorithmischer Voreingenommenheit derzeit eine breite Aufmerksamkeit erfährt, gründet maßgeblich auf die jahrelange Arbeit zumeist Schwarzer Wissenschaftler*innen und Aktivist*innen, nicht zuletzt die der Informatikerin Joy Boulamwini. Tech-Konzerne gelangen dadurch immer mehr in den Fokus und auch in Zugzwang

(Meyer, „Gesichtserkennung" 24). Führende Unternehmen solcher Gesichtserkennungstechnologien wie IBM, Microsoft und Amazon zogen sich Mitte des Jahres 2020, den Forderungen von Black-Lives-Matter-Aktivist*innen folgend, aus dem Verkauf solcher Technologien an polizeiliche Institutionen vollständig oder temporär zurück (Gierlinger). Das Unternehmen Google gab bekannt, das binäre Geschlechter-Labeling von Gesichtern auf Bildern einzustellen, um technologischer Gender-Voreingenommenheit vorzubeugen (Meyer, „Gesichtserkennung" 41).

Außerdem kündigte Google im Mai 2021 die Entwicklung einer neuen Bildprozessierungssoftware an, die dunklere Hauttöne nun nuanciert und korrekt belichtet darstellen können soll (Abbildung 7). Die Software ist nun unter dem Namen „Real Tone" erschienen und in die jüngste Generation der unternehmenseigenen Smartphone-Geräteserie, in die Modelle Pixel 6 und Pixel 6 Pro implementiert (Google).

Abb. 7. Bildzitat, Screenshot aus dem Produktankündigungsvideo von Google zu neuer, inklusiver Bildprozessierungssoftware für Smartphones. Hier in Gegenüberstellung zu bisheriger applizierter Software, 2021.

Ebenfalls soll sie für das Android-System zur Verfügung gestellt werden (Johnson) und könnte so die Bildqualität und damit auch Sichtbarkeiten entscheidend verbessern. Das Unternehmen arbeitete dafür mit Schwarzen- und Expert*innen of Color zusammen, dabei wurden die Trainingsdatensätze der Gesichtserkennungsalgorithmen verändert und die Programmierung der Korrekturparameter speziell auf die Darstellung dunklerer Hauttöne ausgerichtet (Google). Dieses vielversprechende Beispiel technologisch-inklusiver Optimierung stimmt hoffnungsvoll, verdeutlicht aber zugleich auch, wie sehr die fototechnische Repräsentation von einprogrammierter Bildprozessierungssoftware und deren Normierung abhängig ist und legt zudem nahe, dass die Normierung anderer Smartphones deutlich zu wünschen übrig lässt. Dennoch ist diese Optimierung nicht frei von Ambivalenz. Trotz der so notwendigen wie richtigen Verbesserung besteht auch die Gefahr, dass die verbesserte Software ein technologisches Neutralitätsversprechen reaktualisiert (welches sich im Namen „Real Tone" bereits andeutet), was nicht per se zu einer kritischeren Gebrauchsweise von Technologie führen würde.

Ein kritischer Umgang, der die Grenzen und Bedingungen von (fotografischer) Technologie kennt, ist jedoch von zentraler Wichtigkeit. Denn selbst im hypothetischen Fall, dass Technologien frei von den hier beschriebenen *weißen* Normen und damit ihrer eingeschriebenen Voreingenommenheit wären, würden sie dennoch in einem rassistisch und sexistisch strukturierten System eingesetzt werden, welches sie dann unter dem Deckmantel vermeintlicher Neutralität mindestens affirmieren und verschleiern, wenn nicht gar verstärken würden. Dies heißt freilich nicht, dass es nicht wichtig ist, Technologie weniger rassistisch zu gestalten, ganz im Gegenteil. Gerechte, inklusive Technologie durch Fehlerbehebungen herzustellen, wie sie die von Buolamwini gegründete und zweifelsohne wichtige *Algorithmic Justice League* fordert, scheint für gerechte(re) Ergebnisse jedoch allein nicht auszureichen, wie Roland Meyer am Beispiel einer polizeilichen Ermittlung darlegt: Neben der fehleranfälligen und diskriminierenden Technologie sind es ebenso die inkorporierten, unbewussten Rassismen in Behörden sowie menschliche Entscheidungen im Umgang mit und Vertrauen in Technologie, die maßgeblich bestimmen, wer als verdächtig gilt, welcher Spur verstärkt nachgegangen und nicht zuletzt auch wer verhaftet wird („Gesichtserkennung" 30 ff.).

Beharrlichkeiten und ambivalente Verbesserungen

So unterschiedlich die aufgeführten Beispiele in ihrer technologischen Materialität und ihren apparativen Aspekten sind, so ist doch allen hier geschilderten Phänomenen gemein, dass sie auf rassistischen Ungleichheitsverhältnissen[19] und einer materiell in Technologie eingeschriebenen *weißen* Norm gründen, die zugleich in technologischer Beharrlichkeit bekräftigt wird.

Das dabei erzeugte (ästhetische) Wissen über Schwarze Haut ist qualitativ und in seinen Konsequenzen unterschiedlich, aber stets problematisch. Es äußert sich als Abweichung durch notwendige Kompensatorik, als Störung durch Fehlfunktion, als fehlende tonale Nuanciertheit in der Darstellung, als Unsichtbarmachung oder auch als Aufhellung und Unterwerfung unter ein *weißes* Schönheitsideal. Diese Ungleichheitsverhältnisse werden besonders durch die Prämisse technologischer Neutralität in Fotografie wie algorithmischer Automation als *gegeben* produziert, während sich die Technologie als Black Box zugleich einem Zugriff entzieht.

Jüngste technologische Verbesserungen stellen einerseits aus, wie drastisch die Normierung vorangegangener Apparate und Algorithmen war und auch teilweise noch ist. Andererseits bieten sie auch Hoffnung auf beispielsweise nuanciertere Repräsentation und inklusivere technische Funktionalität. Zugleich besteht jedoch die Gefahr, dass solche Optimierungen ihre Technizität und ihre kulturelle Faktur verschleiern und so nicht nur einen technologischen Neutralitätsglauben, sondern auch die bestehenden rassistischen Strukturen affirmieren, reproduzieren und verstärken könnten.

Trotz jeder so erstrebenswerten Verbesserung darf nicht aus dem Blick geraten, dass es sich bei Technologien stets um Vermittlungen handelt, die auf Grundlage menschlicher, diskursiver Vorstellungen geschaffen wurden und ein komplexes Sediment aus sozio-kulturellen Annahmen, politischen Dynamiken und kapitalistischen Verwertungsinteressen darstellen. Außerdem gilt, dass perfekt

19 Dies schließt auch die gesamte Struktur, auf deren Grundlage solche Technologien überhaupt materiell hergestellt werden können, mit ein: Unterdrückung und Ausbeutung sind dafür Voraussetzung (Noble, „Engineering Beyond Bias").

funktionierende Technolologie, auch wenn oder gerade weil sie nuanciertere Sichtbarkeiten schafft, immer auch eine potentiell bessere Überwachung und Kontrolle ermöglicht, erinnern wir uns hier noch einmal an die partielle Nutzung der *Polaroid ID-2* durch das Apartheidsregime. Das heißt nicht, fotografische oder informatische Technologie essentialisieren zu wollen. Vielmehr verdeutlichen die Beispiele, wie wichtig das Zusammenspiel einerseits von Wissen um Technologie und andererseits einem kritischen Bewusstsein für eigene, verinnerlichte Annahmen ist. So erscheint es zentral, gerade durch interdisziplinäre Arbeiten mit jenen hartnäckigen Neutralitätsphantasmen aufzuräumen und dabei eine intersektionale Machtkritik zu üben. Anders gesprochen: Es bedarf eines tiefgreifenden Austausches zwischen kritischer, intersektionaler Kultur- und Sozialwissenschaft, Informatik, dem Technologiesektor und nicht zuletzt auch staatlichen Institutionen wie Behörden und Schulen.

Bibliografie

Adesina, Precious. „The Birth of the Black is Beautiful Movement". *BBC Style*, 04.08.2020. https://www.bbc.com/culture/article/20200730-the-birth-of-the-black-is-beautiful-movement. Zugriff am 10.12.2021.

Ahmed, Maryam. „UK Passport Photo Checker Shows Bias Against Dark-Skinned Women". *BBC News*, 08.10.2020. https://www.bbc.com/news/technology-54349538. Zugriff am 16.03.2021.

Atambire, Agomo. „Der helle Wahnsinn". *Fluter*, 25.10.2016. https://www.fluter.de/Dunkelhaeutige-und-der-Trend-zum-Bleichen. Zugriff am 10.12.2021.

Bishop, Cécile. „Photography, Race And Invisibility". *Photographies*, 11(2-3): 2018. 193-212.

Blumenberg, Hans. „Licht als Metapher der Wahrheit: Im Vorfeld der philosophischen Begriffsbildung". Hans Blumenberg: *Ästhetische und Metaphorologische Schriften.* Hrsg. Anselm Haverkamp. Frankfurt am Main: Suhrkamp, 2001. 139 –171.

Bridle, James. *New Dark Age: Der Sieg der Technologie und das Ende der Zukunft.* München: CH Beck, 2019.

Buolamwini, Joy. „When the Robot Doesn't See Dark Skin". *Vision & Justice:*

A Civic Curriculum. Hrsg. Sarah Lewis. New York: Aperture, 2019. 50-51.

Butz, Sabrina. „Wenn Algorithmen diskriminieren: ‚Aufräumen mit dem Mythos neutraler Technologie'". *Frankfurter Rundschau*, 29.10.2020. https://www.fr.de/zukunft/storys/technologie/daten rassismus-aufraeumen-mit-dem-mythos-neutraler-technologie-algorithmen-90084827.html. Zugriff am 10.12.2021.

Cade, DL. „Vogue Slammed for Hiring Annie Leibovitz for Simone Biles Cover Instead of Black Photographer". *PetaPixel*, 13.07.2020. https://petapixel.com/2020/07/13/vogue-slammed-for-hiring-annie-leibovitz-for-simone-biles-cover-instead-of-black-photographer/. Zugriff am 10.12.2021.

Campbell, David. *The Integrity of the Image*. Amsterdam: World Press Photo Academy, 2014.

Carroll, Paul. „Nikon D850 Sensor Review: First DSLR to hit 100 points". *DXOMark*, 06.10.2017. https://www.dxomark.com/nikon-d850-sensor-review-first-dslr-hit-100-points/. Zugriff am 10.12.2021.

Chander, Sarah. „Datenrassismus: Eine neue Ära". *Netzpolitik*, 29.02.2020. https://netzpolitik.org/2020/eine-neue-aera/. Zugriff am 18.03.2021.

Cooper, Keith. „Printer Test Images: Colour and Black and White Images to Test Printers and Monitors". *Northlight Images*, 25.04.2021. http://www.northlight-images.co.uk/printer-test-images/. Zugriff am 10.12.2021

Dahmer, Laura. „Rassismus in deutschen Behörden: Warum Fotoautomaten keine Schwarzen Menschen fotografieren können". *zett*, 09.09.2020. https://ze.tt/rassismus-in-deutschen-behoerden-warum-fotoautomaten-keine-schwarzen-menschen-fotografieren-koennen/. Zugriff am 10.12.2021.

Del Barco, Mandalit. „How Kodak's Shirley Cards Set Photography's Skin-Tone Standard". *NPR*, 13.11.2014. https://www.npr.org/2014/11/13/363517842/for-decades-kodak-s-shirley-cards-set-photography-s-skin-tone-standard?t=1615996106679. Zugriff am 10.12.2021.

Dyer, Richard. „Das Licht der Welt: Weiße Menschen und das Film-Bild". *Gender & Medien-Reader*. Hrsg. Kathrin Peters u. Andrea Seier. Zürich: Diaphanes, 2016. 177-193.

Epps-Darling, Avriel. „How the Racism Baked Into Technology Hurts Teens". *The Atlantic*, 24.10.2020. https://www.theatlantic.com/family/archive/2020/10/algorithmic-bias-especially-dangerous-teens/616793/. Zugriff am 10.12.2021.

Flusser, Vilém. *Für eine Philosophie der Fotografie*. Berlin: European Photography, 2018.

Fotomagazin. „Die besten Smartphone-Kameras: Test des Jahres". *Fotomagazin*. Ohne Autor. 07.09.2017. https://www.fotomagazin.de/technik/tests/test-kameras/die-besten-smartphone-kamerastest-des-jahres?page=2#paragraphs-pagination-wrapper-id-anchor. Zugriff am 10.12.2021.

Frizot, Michel. „Eine Natürliche Künstlichkeit: Die Hypothese der Farbe". *Neue Geschichte der Fotografie*. Hrsg. Michel Frizot. Köln: Könemann, 1998. 410-429.

Geimer, Peter. *Theorien der Fotografie: Zur Einführung*. Hamburg: Junius, 2009.

Gierlinger, Marisa. „Warum Tech-Konzerne der Gesichtserkennung abschwören". *Süddeutsche Zeitung Online*, 12.06.2020. https://www.sueddeutsche.de/digital/microsoft-gesichtserkennung-rassismus-1.4934730. Zugriff am 10.12.2021.

Google. „Real Tone on Pixel 6. The world's most inclusive camera". *Google*, 04.12.2021. https://store.google.com/intl/en/discover/realtone/. Zugriff am 10.12.2021

Gossen. „Kompendium der Belichtungsmessung". Gossen-Photo. Ohne Autor. 07.02.2017. PDF-Download, https://gossen-photo.de/kompendium-der-belichtungsmessung/. Zugriff am 10.12.2021.

Hall, Stuart. „Das Spektakel des ‚Anderen'". Stuart Hall: *Ideologie, Identität, Repräsentation*. Ausgewählte Schriften 4. Hamburg: Argument Verlag, 2016. 108-166.

Heilmann, Till A. „Blackbox Bildfilter: Unscharfe Maske von Photoshop zur Röntgentechnischen Versuchsanstalt Wien". *Navigationen* 20(2): 2020. 75–93.

Jelonnek, Dennis. „Polaroid in Südafrika: Eine Bild- und Konfliktgeschichte aus der Apartheid-Ära". *Zeithistorische Forschungen* 16: 2019. 74-96.

Jenkins, Morgan. „The Quiet Racism of Instagram Filters". *Racked*, 07.07.2015. https://www.racked.com/2015/7/7/8906343/instagram-racism. Zugriff am 16.03.2021.

Jones, Chelsea. „Shaping Our Perspective of Colour". *PPOC*, Professional Photographers of Canada, 13.02.2021. https://www.ppoc.ca/news_articles/article_179.php?thread=1. Zugriff am 10.12.2021.

Johnson, Allison. „Google is trying to make its image processing more inclusive". *The Verge*, 18.05.2021. https://www.theverge.com/2021/5/18/22442515/google-camera-app-inclusive-image-equity-skintones. Zugriff am 10.12.2021.

Jordan, Andreas. „Bildsensoren: So funktionieren sie. Aufbau, Größe und Funktionsweise". *Fotomagazin*, 09.11.2017. https://www.fotomagazin.de/technik/bildsensoren-so-funktionieren-sie?page=1#paragraphs-pagination-wrapper-id-anchor. Zugriff am 10.12.2021.

Larrow, Aundre. „Zehn Tipps zum Fotografieren dunklerer Hauttöne". *Adobe Creative Cloud*, How-To, ohne Datum. https://creativecloud.adobe.com/de/discover/article/10-tips-for-photographing-darker-skin-tones. Zugriff am 10.12.2021.

Lewis, Sarah. „Racial Bias and the Lens". *Vision & Justice: A Civic Curriculum*. Hrsg. Sarah Lewis. Berlin: Aperture, 2019. 52-55.

McFadden, Syreeta. „Teaching the Camera to See My Skin: Navigating Photography's Inherited Bias Against Dark Skin". *Buzzfeed News*, 02.04.2014. https://www.buzzfeednews.com/article/syreetamcfadden/teaching-the-camera-to-see-my-skin. Zugriff am 10.12.2021.

Meyer, Roland. *Operative Portraits: Eine Bildgeschichte der Identifizierbarkeit von Lavater bis Facebook*. Konstanz: Konstanz University Press, 2019.

Meyer, Roland. *Gesichtserkennung: Vernetzte Bilder, körperlose Masken*. Berlin: Wagenbach, 2021.

Noble, Safiya Umoya. „Engineering Beyond Bias: It's Time To Call The Experts". *Still Searching*, Fotomuseum Winterthur, 06.12.2017. https://www.fotomuseum.ch/de/2017/12/06/engineering-beyond-bias-its-time-to-call-the-experts/. Zugriff am 10.12.2021.

Noble, Safiya Umoya. „The Problems of Profiting From Internet Pollution". *Still Searching*, Fotomuseum Winterthur, 08.01.2018. https://www.fotomuseum.ch/de/2018/01/08/the-problems-of-profiting-from-internet-pollution/. Zugriff am 10.12.2021.

Opitz, Sophie-Charlotte. „Beautyfilter: Wenn Schönheit standardisiert wird". *From Print To Pixel*, Fotomuseum Winterthur, 05.06.2020. https://www.fromprinttopixel.ch/de/meine-bilder-imnetz/beautyfilter. Zugriff am 10.12.2021.

Padeste, Romano. „Imaging Systems". *The Focal Encyclopedia of Photography*. Hrsg. Michael R. Peres. London und New York: Routledge 2017. 364-370.

Roth, Lorna. „Looking at Shirley, the Ultimate Norm: Colour Balance, Image Technologies, and Cognitive Equity". *Canadian Journal of Communication* 34: 2009. 111-136.

Salvaggio, Nanette L. und Josh Shagam. *Basic Photographic Materials and Processes*. London und New York: Routledge, 2020.

Schröter, Jens. „Essay zum Diskurs des >High Definition< - Bildes". *Navigationen*, 11(1): 2011. 21-36.

Thoneick, Rosa. „Diskriminiert dieser Automat Schwarze?". *Zeit Online*, 29.07.2020. https://www.zeit.de/2020/32/kuenstliche-intelligenz-diskriminierung-hautfarbe-gesichtserkennung/komplettansicht. Zugriff am 10.12.2021.

Wevers, Rosa. „Kodak Shirley is the Norm: On Racism and Photography". *Junctions: Graduate Journal of the Humanities* 1(1): 2016. 63–72.

Wheeler, André. „On Photographing Black Skin: Antwaun Sargent & Joshua Kissi In Conversation". *AnOther Magazine*, 16.09.2020. https://www.anothermag.com/art-photography/12799/antwaun-sargent-joshua-kissi-in-conversation-just-pictures-exhibition-st-louis. Zugriff am 10.12.2021.

Anne Potjans

More than a Feeling

Schwarze feministische Wut und die „postrassistische" Gesellschaft

Die Artikulation von Wut und Zorn nimmt in feministischen und anti-rassistischen Diskursen einen wichtigen Stellenwert ein. In den vergangenen ungefähr zehn Jahren zeigte sich dies im US-amerikanischen Kontext sehr deutlich. Wut kann beispielsweise als Antriebs-motor des Women's Marches verstanden werden, der sich im Nachgang frauenfeindlicher Äußerungen von Donald Trump während seines Wahlkampfs formierte. Auch zeigt die #BlackLivesMatter Bewegung immer wieder, dass die Trauer und Wut Schwarzer Menschen als Reaktion auf rassistisch motivierte und oft tödliche systemische Gewalt des Ausdrucks und der Anerkennung im öffentlichen Raum bedarf.

In *weißen* feministischen Kreisen wurde „Wut" von Aktivistinnen und Wissenschaftlerinnen wie Valerie Solanas und Marilyn Frye bereits in den 1960er Jahren thematisiert. Erschaffen von Charlotte Brontë in ihrem kanonischen Werk *Jane Eyre* (1847) und aufgegriffen von Autorinnen wie Charlotte Perkins Gilman oder Silvia Plath, ist die Figur der ‚Madwoman in the Attic' in dem Sammelband *The Madwoman in the Attic: The Woman Writer and the Nineteenth-Century Literary Imagination* (1979) von Susan Gubar und Sandra Gilbert zu einem integralen Analyseinstrument *weiß*er feministischer Literaturkritik avanciert. Diese Figur, die zusätzlich zu ihrem Verrücktsein und ihrer gesellschaftlichen Unangepasstheit auch durch rassifizierte Zuschreibungen gekennzeichnet war, stellt einen direkten Zusammenhang zwischen Nicht-*Weißsein* und übertriebener Emotionalität her. Diesen Zusammenhang greifen auch Soraya Chemaly in *Rage Becomes Her* (2018) und Brittany Cooper in *Eloquent Rage: A Black Feminist Discovers her Superpower* (2018) auf. Ähnlich wie die oben genannten sozialen Bewegungen zeigen sie in ihren Texten, dass die Analyse feministischer Wut einer mehrdimensionalen, intersektionalen Perspektive bedarf. Mit diesem Ansatz knüpfen sie an die Arbeiten früherer feministischer Autor*innen of Color aus dem US-amerikanischen Kontext an. Audre Lorde, bell hooks, Crystos, Cherie Moraga und Gloría Anzaldúa haben in ihren Arbeiten bereits seit den 1980er Jahren gezeigt, dass Wut und Zorn nicht nur nützlich sind, um gegen Misogynie und patriarchale Machtstrukturen zu kämpfen, sondern auch um Aufschluss über viele miteinander korrelierende Lebensrealitäten geben. Im Kontext der Genese des Begriffs Intersektionalität, der von

Kimblerlé Crenshaw 1989 entwickelt wurde, zeigen die Arbeiten von Lorde, hooks, Crystos, Moraga und Anzaldúa, dass Wut und Zorn auch dazu dienen können, kapitalistische, rassistische, cis-heterosexistische und ableistische Machtstrukturen zu hinterfragen. Wie Lorde in ihrem einflussreichen Aufsatz „The Uses of Anger" schreibt: „Anger is loaded with information and energy" (127).

Wie sexistische und rassistische Diskriminierungsmechanismen durch das Ausüben emotionaler Kontrolle ineinandergreifen, lässt sich an den öffentlichen Reaktionen zur #BlackLivesMatter Bewegung zeigen. Die Bewegung wurde nach der Ermordung Trayvon Martins im Jahr 2013 von Schwarzen queeren Frauen gegründet und wird häufig mit der von Martin Luther King, Jr. angeführten Bürgerrechtsbewegung kontrastiert. Dabei wird der gewaltfreie Ansatz Kings hervorgehoben, während #BlackLivesMatter von Gegner*innen der Bewegung oft als gewaltbereit beschrieben wird. In ihrem Artikel „An Exoneration of Black Rage" beschreibt Debra Thompson, wie unterschiedlich die Bürgerrechtsbewegung und die #BlackLivesMatter Bewegung wahrgenommen werden. Sie schreibt: „The nonviolent philosophy of Martin Luther King is often invoked as the racial benchmark for love and forgiveness" (457). Demgegenüber wird BLM oft so konstruiert, dass ihre Protestmärsche und die öffentliche Bekundung von Wut diesen Anspruch nicht aufrecht erhalten kann. Gegner*innen von BlackLivesMatter behaupten, dass die Bürgerrechtsbewegung durch gewaltfreien Protest Mitgefühl bei der weißen Bevölkerung zu erregen vermochte, während BLM in diesem Punkt scheitere (459). Dies bedeutet, dass öffentliche Äußerungen Schwarzer Wut nicht das Potential haben, gehört zu werden oder Mitgefühl zu erregen. Das Potential und der Facettenreichtum der BLM Bewegung wird somit gänzlich verkannt. Stattdessen kursieren in den Medien Bilder von hyperemotionalen und wütenden Schwarzen Menschen, die sich Schlachten mit der Polizei liefern und denen mit einem unverhältnismäßigen Aufgebot an Sicherheitspersonal entgegengetreten werden muss (Thompson 458-459). Dies unterstreicht das Stigma der vermeintlichen Gefahr, die von Schwarzen Körpern im öffentlichen Raum ausgehe. Durch diese Umkehrung der Opfer-Täter Dynamik wird deutlich, dass die Emotionalität Schwarzer Menschen in der Öffentlichkeit durch *weiße* Wahrnehmungsparadigmen gelesen wird, die den Grund für den Widerstand — die willkürliche und rechtlich meist folgenlose Bedrohung Schwarzer Leben durch Instrumente des US-amerikanischen Rechtsstaats — unsichtbar machen (Sharpe 82). Gleichzeitig zeigt die Gegenüberstellung von BLM mit der Bürgerrechtsbewegung an, dass Wut und Zorn vergeschlechtlichte Emotionen sind: Während die eine Bewegung, die von Schwarzen Frauen aufgebaut wurde und als irrational und „unnecessarily angry" charakterisiert wird, wird die andere der emotionalen und politischen Autorität eines Schwarzen Mannes, Priesters und Familienvaters untergeordnet.[1] Generell lässt sich sagen, dass durch diese Art der Medienrepräsentation Schwarze Emotionen und Unrechtsempfinden verzerrt und rassistische Stereotype deutlich hervorgebracht werden. Bevor eine offene Auseinandersetzung mit den Gefühlen und Anliegen Schwarzer Menschen stattfinden kann, wird diese durch den Mythos von Schwarzer Irrationalität, Aggression, Unvernunft, Bereitschaft zu Gewalt und Kriminalität gänzlich verhindert. Wie Kevin Quashie in seinem Buch *The Sovereignty of Quiet: Beyond Resitance in Black Culture* (2012) schreibt, Schwarzsein wird im öffentlichen Raum durch lautstarke Ausdrucksweisen und Proteste gekennzeichnet. Dieser Zusammenhang von Lautsein und Schwarzsein, sowie die Verquickung von Schwarzsein und Protestkultur, lässt keinen Raum, Schwarze Emotionalität als nach innen gekehrt, reflexiv oder still wahrzunehmen (3).

Im Folgenden lese ich Claudia Rankines lyrischen Essay *Citizen: An American Lyric* (2014) als einen Text, der sich aus einer Schwarzen feministischen Perspektive mit Schwarzen Gefühlswelten befasst. Bezugnehmend auf Kevin Quashie möchte ich die verschiedenen Facetten und Erfahrungsdimensionen aufzeigen, in denen Rankine Schwarze Wut darstellt. Zusätzlich zeigt Rankine die Verbindung von Wut und Zorn mit anderen Emotionen wie Trauer, Scham und Schmerz und eröffnet somit Zugang zu der Komplexität Schwarzer Gefühlswelten, die im öffentlichen Raum nur sehr begrenzt wahrgenommen werden. Von Mikroaggressionen hin zu physischen Angriffen auf Schwarzes Leben, wie beispielsweise die Ermordung von Trayvon Martin, oder anhand

1 Während hier das Stereotyp der „angry black woman" tonangebend ist, ist es zusätzlich problematisch, Kings Radikalismus, der auch durch eine Annäherung zwischen ihm und Malcom X in den späteren Jahren der Bewegung ihren Ausdruck fand, fast gänzlich auszuradieren.

der Untätigkeit der Bush-Regierung angesichts von Hurricane Katrina im Jahr 2005, zeigt Rankine, wie eine Hinwendung zu Schwarzen Erfahrungswelten eine alternative Sicht auf eine Gesellschaft bietet, die spätestens seit der Wahl Barack Obamas zum US-Präsidenten häufig als „postrassistisch" bezeichnet wird. In seinem Artikel „What Feels More than Feeling: Theorizing the Unthinkability of Black Affect" schreibt Tyrone S. Palmer:

> [Postracism] is characterized by a colorblind ideology, wherein racial difference and racism are both seen as problems of the past that have no bearing on current social formations. Under the regime of the postracial, any invocation of racism is positioned as divisive and regressive while consequences of systemic racism are cast as personal and/or 'cultural deficiencies.' (39)

Da systemischer Rassismus als obsolet verstanden wird, wird einer Debatte um rassistische Diskriminierung der Raum im öffentlichen Diskurs genommen. Das Individuum, das Rassismus erfährt, wird zum gesellschaftlichen Störfaktor. Dieser Mechanismus führt erneut zu einer Umkehr der Täter-Opfer-Dynamik, indem Opfer rassistischer Gewalt zu Tätern gemacht werden. Wut oder Zorn werden als Gefühle oder affektive Reaktionen gesehen, die die Erfahrung von Unrecht und Herabwürdigung anzeigen und den Wunsch nach Gleichbehandlung beinhalten. Sue J. Kim erklärt in ihrem Buch *On Anger: Race, Cognition, Narrative* (2013):

> [R]egardless of the merits of that person's reason for anger, the characterization of 'angry' can dismiss not only the content of that person's thoughts and feelings, but also the entire person, in a sense erasing subjectivity and agency. This sense of anger as pathological is often associated with women and racial-cultural Others. (4)

Kim beschreibt zusätzlich, dass Emotionen und ihre Bedeutung immer historisch und kulturell eingeordnet werden müssen. Zorn jedoch hebe sich von Emotionen wie Freude, Trauer, Angst oder Ekel qualitativ ab, denn Zorn „marks the feeler as pathological, dangerous, or ignorant more sharply than do other emotions" (ebd.). Ich lese Claudia

Rankines *Citizen* als einen Text, der sich genau mit diesen Pathologisierungsmechanismen auseinandersetzt. Was passiert, wenn Schmerz und die Erfahrung von Unrecht nicht öffentlich artikuliert werden können? Was passiert mit dem Körper, was mit dem fühlenden Subjekt und dessen Verhältnis zu sich selbst? Und welche Rolle nimmt dabei ein Text wie *Citizen* ein, der sich durch seine besondere Form an der Schnittstelle von Intimität und Öffentlichkeit bewegt?

In gesprochener und geschriebener Sprache werden die Begriffe „rage" und „anger", die ich jeweils mit „Wut" und „Zorn/Ärger" übersetze, oft synonym gebraucht. Während eine vollständige begriffliche Abgrenzung weder sinnvoll noch möglich ist, gibt es dennoch signifikante Bedeutungsunterschiede, auf die ich hinweisen möchte. Zusätzlich möchte ich „Wut" und „Zorn" von dem Begriff „Empörung" abgrenzen, da ich hier vor allem hinsichtlich der kulturellen und politischen Signifikanz von Empörung im US-amerikanischen politischen Kontext, einen qualitativen Unterschied sehe. „Outrage" — Empörung — ist nicht gleichzusetzen mit Wut oder Zorn, wie ich nachfolgend zeigen möchte, und deutlich abzugrenzen von der emotionalen Tiefe und Bandbreite, die Rankine in ihrem Buch artikuliert.

Im Duden wird „Empörung" folgendermaßen definiert: „von starken Emotionen begleitete Entrüstung als Reaktion auf Verstöße gegen moralische Konventionen" (Dudenredaktion, „Empörung"). Hier zeigt sich, dass Empörung als momentane Reaktion auf widrige Umstände verstanden werden kann, die auf einem gewissen Konsens über die Widrigkeit der Umstände beruht, während Kim hervorhebt, dass Empörung somit auch als Motivation für politisches Handeln fungieren kann (12). Gleichzeitig ist aber auch zu bedenken, dass Empörung zu einer sogenannten Parteilinie politischer und gesellschaftlicher Partizipation werden kann, wie spätestens seit der Wahl von US-Präsident Biden deutlich geworden ist.

Der Begriff „Wut" wird im Duden folgendermaßen definiert: „heftiger, unbeherrschter, durch Ärger o. Ä. hervorgerufener Gefühlsausbruch, der sich in Miene, Wort und Tat zeigt" (Dudenredaktion, „Wut") Ähnlich wie Empörung wird Wut als eine punktuelle Reaktion charakterisiert und als emotionaler Überschuss verstanden, der eine potentielle destruktive Kraft birgt. Im Gegensatz dazu wird „Zorn" als „heftiger, leidenschaftlicher Unwille über etwas, was jemand als Unrecht empfindet oder was seinen Wünschen zuwiderläuft," (Dudenredaktion, „Zorn") definiert.

Es ist genau dieser Hinweis auf ein Unrechtsempfinden, der Zorn für mein Projekt so fruchtbar macht. Laut dieser Definitionen ist Zorn, anders als Empörung oder Wut, das Gefühl, das sich über einen längeren Zeitraum aufbaut, mal stärker mal schwächer spürbar ist, jedoch wenn provoziert, aufflammt und zu Wut werden kann. Zorn, so möchte ich argumentieren, ist ein akkumulatives Gefühl, das durch wiederholte Unrechtserfahrung entsteht und einen emotionalen Abdruck hinterlässt, der unverkennbar ist. Während Wut als explosiv charakterisiert wird, ist Ärger erodierend oder aushöhlend; ein Gefühl, das nagt, Energie raubt und stört, wenn es keinen Weg des Ausdrucks findet. Während Empörung durch Protest Ausdruck findet, wünschen sich Zorn (oder Ärger) Anerkennung, denn diese Anerkennung vermittelt ein Gefühl gesellschaftlicher Zugehörigkeit und politischer Handlungsfähigkeit. Demgegenüber zeigt Rankine, dass genau diese Anerkennung People of Color oft verwehrt bleibt, denn ihre Wut wird pathologisiert, bevor sie den öffentlichen Raum erreicht.

Gleichzeitig steckt in Zorn aber auch das Informations- und Wissenspotential, das Audre Lorde beschreibt. Bettina Judd baut auf den Thesen ihrer Vordenkerin auf, indem sie vor allem Kunst als einen Raum beschreibt, in dem Schwarze feministische Wut konturiert, ritualisiert und gelebt werden kann. Sie nennt künstlerische Arbeiten „texts of rage" (181) und schreibt: „[I] offer creative practice as a ritual by which anger is practiced under duress and misnaming" (184). Wenn sie hier über „duress" und „misnaming" spricht, meint sie die zahlreichen Arten und Weisen durch die Wut und Zorn Schwarzer Menschen und hauptsächlich Schwarzer Frauen diskreditiert werden und als rechtmäßige Reaktion auf andauernde Unrechtserfahrungen unerkannt bleiben. Es entsteht gesellschaftlicher Druck (*duress*), der Schwarzen Frauen das Aufbegehren erschwert. Und wenn sie doch ihren Ärger zum Ausdruck bringen, wird der Inhalt dieses Ärgers durch stereotypisierte Wahrnehmung (*misnaming*) verzerrt und letztlich verkannt. Bezugnehmend auf Bettina Judd verstehe ich *Citizen* als „text of rage" — als Text, der die Empfindungswelten Schwarzer Menschen durch Sprache und Abbildungen aufarbeitet und die körperlichen und emotionalen Auswirkungen rassistischer Diskriminierung spürbar macht.

Die Falle des Liberalen Humanismus

Wie Sylvia Wynter, Katherine McKittrick, Hortense Spillers, Christina Sharpe, Saidiya Hartman, Zakkyia Iman Jackson, Bettina Judd, Tyrone S. Palmer und andere Wisschenschaftler*innen, die sich vor allem im Afro-Pessimismus[2] verorten, zeigen, ist das Verhältnis von Schwarzsein und Menschsein durch Spannung und Negation charakterisiert. Wynters Arbeit muss hier besonders hervorgehoben werden, da sie in ihrer Forschung immer wieder gezeigt hat, wie die Genese von anti-Schwarzem Rassismus mit der Konzeptualisierung des liberalen Humanismus einhergeht. Wynter zeigt, wie durch die ‚Entdeckung der neuen Welt', Kolonialismus und Versklavung Freiheit zu einem Merkmal wurde, das die Superiorität des „westlichen Menschen" („Western Man") über andere Menschen (humans) festschreibt (Palmer 32). Somit zeichnet sie nicht nur die konzeptuellen Bewegungen nach, die die Abgrenzung des Menschen von anderen Lebewesen ideologisch festlegten, sondern analysiert auch die Mechanismen, die koloniale Ausbeutung und Versklavung rechtfertigten. Während im Humanismus Menschen hierarchisch von anderen Lebewesen abgegrenzt werden, zeigt Wynter, wie diese Abgrenzung durch physiognomische und sozio-kulturelle Hierarchiegeflechte erweitert wurde, die nicht-westliche Menschen, People of Color, Schwarze und indigene Populationen in mangelhafter Opposition zu der Konzeption des ‚Menschen' positionierten (Wynter 282). Im liberalen Humanismus wird die Kategorie „Mensch" durch *weiße*, bürgerliche und heteropatriarchale Vorherrschaft charakterisiert und legitimiert. Demgegenüber steht eine Konzeption von Schwarzsein, die durch fehlende Zivilisationsprozesse, Wissens- und Entwicklungspotential dieser Vorherrschaft untergeordnet ist. *Weißsein* wird zudem in direktem Zusammenhang mit Vernunft und Wissen gebracht. Schwarze Menschen, so wird z.B. bei Immanuel Kant oder Thomas Jefferson argumentiert, besäßen weder jene Fähigkeit zur Selbstkontrolle, noch seien ihre Denkprozesse

2 Afro-Pessimismus ist ein theoretisches Konzept, das anti-Schwarzen Rassismus als fundamentalen Bestandteil moderner Zivilgesellschaften versteht und kritisiert. ‚Schwarzsein' (*Blackness*) ist demnach der Idee der Zivilgesellschaft diametral entgegengesetzt. Daraus folgt, dass die Rahmenbedingungen der zivilen Gesellschaft unzureichend sind, um anti-Schwarzen Rassismus zu thematisieren oder zu bekämpfen. (vgl. Eintrag von Patrice Douglass, Selamawit D. Terrefe und Frank B. Wilderson zu „Afro-Pessimism" in den *Oxford Bibliographies*).

durch Vernunft gekennzeichnet (Wright 261). In *Notes on the State of Virginia* schreibt Jefferson über grundlegende Unterschiede zwischen Schwarzen und *weißen* Menschen:

> The first difference which strikes us is that of colour. … And is this difference of no importance? Is it not the foundation of a greater or less share of beauty in the two races? Are not the fine mixtures of red and white, the expressions of every passion by greater or less suffusions of colour in the one, *preferable to that eternal monotony, which reigns in the countenances, that immoveable veil of black which covers all the emotions of the other races*? Add to these, flowing hair, a more elegant symmetry of form, their own judgment in favour of the whites, declared by their preference of them as uniformly as is the preference of the Oran ootan for the black woman over those of his own species. (162-163, meine Hervorhebung)

Jefferson stellt hier eine Verbindung zwischen Schwarzer Hautfarbe und emotionalem ‚Anderssein' her. Dunkle Hautfarbe — „that immovable veil of black" — mache Emotionen bei Schwarzen Menschen unlesbar. Das vermeintliche Fehlen emotionaler Expressivität wird hier zu einem Mangel erklärt, der Schwarzsein charakterisiert und gegenüber dem *Weißsein* herabwertet (Palmer 46). Auffallend, und der Herabwürdigung des Schwarzseins gegenüber dem liberalen Humanismus Rechnung tragend, ist auch die Positionierung der Schwarzen Frau als subhumane Entität, angesiedelt in dem unerschlossenen Raum zwischen Menschen und Primaten — „the missing link between human and apes … incapable or perhaps one day capable of evolving into a human being" (Wright 261).

Während Palmer zeigt, wie bei Jefferson Schwarzsein durch vermeintlich fehlende emotionale Ausdrucksfähigkeit in direkter Opposition zum Menschsein konzeptualisiert wird, zeigt Spillers in ihrem Artikel „Mama's Baby, Papa's Maybe: An American Grammar Book", dass Schwarze Körper während des Sklavenhandels in erster Linie als Ware angesehen wurden und somit geschlechtliche Differenzierung zwar nicht aufgehoben, Geschlechtsidentität jedoch dem Status als Handelsgut untergeordnet wurde: „in the historic outline of dominance, the respective subject-positions of ‚female' and ‚male' adhere to no symbolic integrity" (66). Dieser Prozess der Entgeschlechtlichung beschreibt, wie die Körper der Versklavten auf ihre rudimentärsten Eigenschaften reduziert wurden; „we could say that they were socially and culturally ‚unmade'" (67). Während sexualisierte Gewalt damals wie heute ein Bestandteil von anti-Schwarzem Rassismus ist, die in ihren vielseitigen Ausdrucksformen alle Schwarzen Körper betrifft, hatte dieser Prozess vor allem für Schwarze Frauen anhaltende Konsequenzen. Durch sexuelle und reproduktive Ausbeutung unterlagen ihre Körper einer Vielzahl von Unterdrückungsstrukturen, die in Schwarzen Widerstandsbewegungen häufig nicht mitanalysiert wurden. So zeigt Saidiya Hartman in ihrem Aufsatz „The Belly of the World: A Note on Black Women's Labors", wie die Black Radical Tradition, die sich in ihrer Ideologie und Rhetorik auf Marxismus und den Arbeiter*innenkampf bezieht, nicht die Rahmenbedingungen bereitstellte, um die Reproduktionsarbeit, zu der versklavte Frauen gezwungen wurden, mitzuanalysieren (Hartman 166-167)[3]. Dabei war die erzwungene Reproduktionsarbeit Schwarzer Frauen und der weibliche Schwarze Leib als Handelsware ein integraler Bestandteil für die Aufrechterhaltung der Versklavung als ökonomisches System. Durch den Grundsatz *partus sequitur ventrem* — Das Neugeborene folgt dem Mutterleib — wurde der Versklavtenstatus an die Nachkommen versklavter Frauen weitergegen und der Leib der Schwarzen Frau zu einem Ort, an dem sich Unfreiheit reproduzierte (Hartman 168). Gezeichnet als Eigentum und Ware ohne jegliche körperliche und emotionale Selbstbestimmung lebte die Schwarze versklavte Frau in einer Welt, in der das Wort „Nein" aus ihrem Mund nichts bedeutete (Spillers 78).

Bettina Judd greift Wynters und Spillers Theorien auf und zeigt, wie die Negierung und Verzerrung schwarzer feministischer Emotionalität — insbesondere Wut — sowohl mit kontinuierlicher Entmenschlichung, als auch der historisch konstituierten Beschränkung Schwarzer weiblicher Selbstbestimmung verbunden sind. Durch stereotypisierte Darstellungen werde Schwarzen Frauen die Möglichkeit verwehrt, ihrem Inneren Ausdruck zu verleihen, öffentlich wütend zu sein und

3 „In [W.E.B Du Bois's] Black Reconstruction, women's sexual and reproductive labor is critical in accounting for the violence and degradation of slavery, yet this labor falls outside of the heroic account of the black worker and the general strike" (Hartman 166).

vor allem Anerkennung für ihre Wut zu erhalten (Judd 179-181). Teil dieser Enteignung seien Repräsentationsmuster, die Patricia Hill Collins als „controlling images," beschreibt. Mit diesem Begriff beschreibt Collins Bilder oder Annahmen, durch die das Verhalten Schwarzer Frauen in der öffentlichen Wahrnehmung gefiltert wird, und die vermeintlich Aufschluss über den Charakter Schwarzer Frauen geben. Durch die Rehabilitation und Dekonstruktion eines dieser Bilder, der ‚angry Black woman', die durch die Radio- und Fernsehserie *Amos'n Andy*, die zwischen 1928 und 1960 ausgestrahlt wurde, den Namen Sapphire erhielt (ebd. 180), bietet Judd Zugriff auf ein Schwarzes feministisches Wissensarchiv, das die sozio-kulturellen Mechanismen zeigt, die die soziale und vor allem emotionale Selbstbestimmung Schwarzer Frauen auch heute noch einschränkt.

Auch Rankine bezieht sich auf ein solches Wissensarchiv, indem sie die Quellen des Zorns, den das lyrische Du empfindet, in Text- und Bildsprache aufdeckt und analysiert. Als Leser*innen begleiten wir das lyrische Du auf eine Reise durch die Facetten einer Schwarzen Gefühlswelt, die durch Rassismuserfahrungen konturiert wird.

Unsichtbare Sichtbarkeit: Das Dilemma des Schwarzen Körpers

In *Citizen* befasst sich Claudia Rankine mit dem Trauma, das für afroamerikanische Menschen durch tägliche Rassismuserfahrungen entsteht.[4] Wie sie in einer Lesung beschreibt, speisen sich die Szenen in ihrem Buch aus eigenen Erfahrungen, Erlebnissen von Freunden und Bekannten und rassistischen Vorfällen, über die in den Medien berichtet wurde. Schwarzsein wird als Zustand fortwährender Objektifizierung markiert, indem Rankine das lyrische Ich durch ein lyrisches Du ersetzt. Das lyrische Ich, welches Tyrone S. Palmer als Ausdruck universaler Subjektivität und poetischen Bewusstseins beschreibt, ist eng verwandt mit der zuvor erwähnten Idee eines transparenten, fassbaren

4 Ich verwende den Begriff „Trauma" hier, da Rankine sich in ihrem Text mit Rassismus als traumatische Erfahrung auseinandersetzt. Gleichzeitig gibt es viele Studien dazu, wie sich das Überleben in rassistischen Strukturen auf die mentale Gesundheit betroffener Personen auswirkt (vgl. z.B. https://psychology.uga.edu/coping-racial-trauma).

und vernunftgeleiteten Subjekts, das im Gegensatz zum Schwarzsein steht (49-50). Rankine beschreibt die Funktion des „Ich“ als ein Symbol, das „notdürftig für die Person [steht]“ (Rankine 81). Dies deutet auf den provisorischen Charakter des Zeichens „Ich“ als Platzhalter eines vervollkommneten Subjektstatus hin, der im Kontrast zu der gelebten Erfahrung von Afroamerikaner*innen in den USA steht. Somit zeigt Rankine die Diskrepanz zwischen sprachlicher Repräsentanz und gelebter Realität, die auch der Logik des Postrassismus zu eigen ist.

Darüber hinaus kann das „Du“ auch als Distanzierungsmechanismus gelesen werden, durch den sich die sprechende Instanz des Gedichts von dem Erlebten abspaltet. Sie nimmt somit eine beobachtende Position ein und wird zur Analytikerin, die sich der Folgen, Gefahren, und Verkennung Schwarzen Empfindens bewusst ist und durch dieses Wissen Zugriff auf ein Innenleben hat, das individuell und eigen ist, jedoch aber auch eine kollektive Erfahrung widerspiegelt, die in Rankines Gedicht auf multimediale Weise kommuniziert wird.

Der Text bedient sich zudem hybrider Darstellungsformen. Rankine verwendet Abbildungen verschiedener Kunstobjekte, die in Zusammenhang mit dem Geschriebenen stehen. So stellt sie zum Beispiel eine Verbindung zu einer Serie von Videoinstallationen her, die sie zusammen mit dem Videokünstler John Lucas produziert hat. Ein Ausgangsgedanke dieser Installationen, genannt *Situations*, ist, dass für Schwarze Menschen das, was privat ist (z.B. öffentliche Verkehrsmittel zu benutzen, ein Buch auf einer Parkbank zu lesen, im Flugzeug zu schlafen), durch die Hypervisibilität des Schwarzen Körpers zu einem öffentlichen und politischen Akt wird. Obwohl die *Situation Videos* in Rankines Text nur benannt werden und es keine Standfotos oder Beschreibungen dazu gibt, wird deutlich, dass die Präsenz des Videos als Medium, das per Definition mit Sichtbarkeit arbeitet, in Kombination mit dem lyrischen Text eine spezielle Funktion einnimmt. Die Verbindung der beiden Medien zeigt an, dass Rankines Lyrik über den geschriebenen Text hinausgeht und einen Zusammenhang zwischen Lyrik und anderen visuellen und akustischen Kunstformen herstellt. Lyrik funktioniert also auf unterschiedlichen Wahrnehmungsebenen: In geschriebener Form lebt Lyrik von der Relation zwischen Zeichen und Bedeutung. Dadurch, dass Rankine sich aber durch die offene Form ihrer Gedichtschreibung stilistischer Freiheiten bedient, die sich vor allem auf Ausdrucksformen und die Herstellung von Bedeutungszusammenhängen auswirken, eröffnet sie unterschiedliche Perspektiven, Wissenshorizonte und Kommunikationswege (Bennett 381). Zum Beispiel stimuliert Rankines Text verschiedene Register unserer Sinneswahrnehmung; visuell, auditiv, und sogar olfaktorisch [z.B. „Du riechst gut" (Rankine 15)]. Somit evoziert sie die affektiven Dimension des Lyrikgenres. In ihrem Buch *The Muse is Music: Jazz Poetry from the Harlem Renaissance to Spoken Word* (2019), beschreibt Meta DuEwa Jones, dass multimediale und multifunktionale Darstellungsformen wichtige Bestandteile afroamerikanischer Kulturproduktionen sind (26-27). Bezugnehmend darauf, schreibt Therí Pickens in ihrem Artikel „The Verb is No: Towards A Grammar of Black Women's Anger," „Rankine's poetic text maneuveres through words and ideas in tradition of Black performance, engaging in a practiced mercuriality central to performances of Blackness" (19). Durch das, was Pickens hier als „mercuriality" bezeichnet — Facettenreichtum, Wandelbarkeit, aber auch Wankelmut und Unvorhersehbarkeit — verortet sie Rankine in der Tradition afroamerikanischer lyrischer Performanz, die sich unter anderem dadurch auszeichnet, auch dem Ungewissen oder Undefinierbaren Raum zu geben:

> If the lyric promises direct feelings from a speaker or an effusive display of clearly defined emotion, the rest in uncertainty performs a willful disregard of the lyrics purported aim … The poem defies the forthright emotional expectation of the lyric by participating the creation of a murky emotional landscape engendered by a mediation on anger. (20)

Wie Pickens argumentiere ich dafür, dass Schwarze Frauen in literarischen Texten genau dieses ungewisse, undefinierte und teilweise auch undurchsichtige Terrain — this murky emotional landscape — nutzen, um Zorn und Wut zu thematisieren. Rankine beschreibt „anger" nur an wenigen Stellen im Text explizit, was Linda M. Grasso als „masking technique" bezeichnet (16). Oft wird Zorn durch körperliche Empfindungen thematisiert, wie zum Beispiel durch Sprachlosigkeit, Schlaflosigkeit, Lähmung oder Übelkeit, oder in eine abjekte Metapher verpackt — „Die falschen Worte verderben den Tag wie im

Mund ein faules Ei" (Rankine 18). In ihrem Text ist die unsichtbare Sichtbarkeit von Menschen of Color eine primäre Rahmenbedingung für Wut und Zorn: Während nicht-*weiße* Menschen in mehrheitlich *weißen* Gesellschaften aufgrund ihres mutmaßlich sichtbaren Andersseins diskriminiert werden, bleiben sie als politisch handelnde Subjekte oder vollständige Personen unsichtbar und unerkannt (vgl. Dickel/Potjans 2020). Diese unsichtbare Sichtbarkeit führt zu einer Vielzahl kritischer Situationen, die durch Verzerrung, Verkennung oder vermeintliche Unlesbarkeit jeglichen emotionalen Zugang zu der Gefühlswelt der Betroffenen versperren. In den ersten Seiten des Buches beschreibt Rankine bereits mehrere Situationen, in denen das lyrische Du tägliche rassistische Situationen, sogenannte Mikroaggressionen, erlebt. Durch das Hervorheben der destruktiven Auswirkungen dieser Erlebnisse zeigt Rankine, dass „Mikro" in dem Begriff „Mikroaggression" einem Euphemismus gleichkommt. Denn obwohl nicht jede rassistische Situation im wörtlichen Sinne lebensbedrohlich ist, wird durch Rankines Darstellungen deutlich, dass es die Summe und Allgegenwärtigkeit dieser Angriffe ist, die sich traumatisch auswirkt und den Ärger des lyrischen Du schürt. Zorn, so habe ich zuvor argumentiert, ist akkumulativ. Anders als ein Ausbruch von Wut, wird Zorn langsam geschürt und genährt und entfaltet somit seine destruktive Kraft:

> Du wünschst, die Ampel würde rot oder eine Polizeisirene würde heulen, damit du voll auf die Bremse steigen, auf deinen Vordermann knallen, so schnell vorgeschleudert werden könntest, dass eure Gesichter plötzlich dem Wind ausgesetzt wären. Wie gewohnt, fährst du durch den Moment fort, und das Gesagte fällt wie erwartet zurück. (20)

Als Reaktion auf einen verbalen Angriff wünscht sich das lyrische Du einen Verkehrsunfall, ein destruktives Chaos, das sein aufgewühltes Innenleben in der Außenwelt widerspiegelt. Den Aufprall, den sich das ‚du' hier herbeisehnt, passt zu der stumpfen Gewalteinwirkung, die das Innenleben des lyrischen Du in diesem Moment erfährt. Die rote Ampel oder die heulende Sirene funktionieren in diesem Zusammenhang als Symbole, die mit der Bildsprache von Zorn und Wut in

Verbindung stehen. Sie artikulieren den Wunsch, die Situation anhalten zu können und einen Schrei in die Welt abzusetzen, der dem verletzenden Potential des Angriffs gerecht wird. Rankine bringt diese Erfahrungen des Übersehenwerdens zudem durch ein Bild einer Skulptur von Kate Clarke zum Ausdruck. Durch die Verbindung des Texts und der Abbildung der Skulptur, genannt *Little Girl*, bringt Rankine die Erfahrung des Nichtgesehenwerdens in Zusammenhang mit einer Kritik am liberalen Humanismus. Die Skulptur, ein menschliches Gesicht auf einem tierischen Körper, verweist im Zusammenhang mit dem geschriebenen Text auf die Entmenschlichung, die Schwarze Menschen durch rassistische Angriffe erleben. In der folgenden Passage beschreibt Rankine eine Unterhaltung zwischen einem weißen Mann und dem lyrischen Du. In der Unterhaltung scheint es um die Einstellungspolitik einer Bildungseinrichtung zu gehen; in der der Gesprächspartner die positiven Maßnahmen zur Verbesserung der Chancengleichheit Schwarzer Menschen in Frage stellt. Das lyrische Du beschreibt die Situation wie folgt:

> … er sagt, sein Dekan zwinge ihn, die Stelle mit einer Person of Color zu besetzen, wo es da draußen doch so viele begabte Schriftsteller gebe.
> Du denkst, vielleicht ist das ein Test und du wirst auf die Probe gestellt oder rückwirkend beleidigt oder du hast irgendwie den Eindruck vermittelt, mit dir gehe so ein Gespräch.
> Wieso findest du nichts dabei, zu mir so was zu sagen? (20)

Rankine zeigt hier, wie das lyrische Du versucht, das Gesagte einzuordnen. Durch die Wiederholung des Wortes „oder" wird deutlich, dass es eine Sequenz von Interpretationsmustern gibt, durch die das Gesagte beinahe gewohnheitsmäßig gefiltert wird. Eine Herausforderung, eine Anfeindung, oder ein falscher Eindruck? 2014 beschreibt Claudia Rankine in einem Interview mit Lauren Berlant *Citizen* als eine Auseinandersetzung mit Positionalität und Affekt (49). Während der Körper des Angreifers jedoch bereits nicht mehr Teil des emotionalen Nachlebens der Situation ist, fährt das lyrische Du

> durch den Moment fort, und das Gesagte fällt wie erwartet zurück. Nicht bloß, weil eine Konfrontation Kopfschmerzen macht, sondern weil wo du hinwillst, nicht beinhaltet, so zu tun, als sei der Moment unhaltbar, nie da gewesen und das, was schon war, nicht Teil des Jetzt, … (Rankine 20)

Gewünscht wird, die Verletzung nach außen spiegeln zu können. In der Realität des Gedichts wägt das lyrische Du jedoch ab zwischen der Konfrontation und auf Kurs zu bleiben, denn, wie Toni Morrison versichert: „The function, the very serious function of racism is distraction" (Morrison 35:46). Weiter beschreibt Rankine, wie das lyrische Du befürchtet, „der Abend könnte sich festsetzen und den Zellen eincodiert werden." Der Körper des lyrischen Du wird zu einer Asservatenkammer, in der dieser und ähnliche Momente aufbewahrt werden. Sie erzählen Geschichten über „das, was schon war" (Rankine 20), was ist und was sein wird, doch aufgelöst werden diese Momente nicht.

Wenn Rankine daraufhin eine besonders gewaltvolle Erfahrung mit einer Trauma-Therapeutin beschreibt, wird die Bedeutung des Texts ebenfalls durch das Bild von Clarks *Little Girl* komplementiert. Sie beschreibt den Klang der Stimme der Therapeutin so, „als könnte ein verletzter Dobermannpinscher oder deutscher Schäferhund plötzlich sprechen" (28). Während es zunächst so scheint, als würde Rankine rassistische Stereotype umkehren und die entmenschlichende Qualität des Austausches auf die *weiße* Therapeutin zurückprojizieren, erweitert die Abbildung der Skulptur, die zum Teil aus Karibu-Haut besteht, die Szene um die Idee der Schwarzen Frau als eine Art Beutetier, die von der zur Hündin gewordenen Therapeutin angegriffen wird. Die Therapeutin wird durch die Beschreibung des Klangs ihrer Stimme zu einer Art Wachhund. Sie nimmt die Funktion eines *gate keepers* ein, der nur bestimmte – *weiße* – Körper als mögliche Patient*innen wahrnimmt. Da das Bild auch den Schlusspunkt des ersten Teils des Buches markiert, wird die entmenschlichende Qualität des Übersehens, des Unsichtbarmachens Schwarzer Subjektivität thematisiert. Viele der beschriebenen Situationen werden durchlebt, schreiben sich in die Psyche des Schwarzen lyrischen Du ein, bleiben aber unverarbeitet. Die Beiläufigkeit, mit der verletzende Dinge gesagt werden, und die Entschuldigungen, die ausbleiben, verdeutlichen, wie Trayvon S. Palmer schreibt, „the unthinkability of Black feeling" – die Undenkbarkeit Schwarzen Empfindungsvermögens (32).

„Tensed From Being Gentle:"[5] Schwarze Feministische Wut erfahren

Anders als im ersten Teil von *Citizen* geht es im zweiten Teil explizit um die Erfahrungen Schwarzer Frauen, die in öffentlichen Räumen ihrer Wut Ausdruck verleihen. Rankine vergleicht dabei zwei unterschiedliche Arten, wie Schwarze Wut in öffentlichen Räumen verhandelt wird und zeigt auch, welche Rolle die Analysekategorie Geschlecht dabei spielt. Rankine beschreibt, wie Hennesy Youngman aka Jason Musson in seinem Youtube-Kanal *Art Throughtz* über Schwarze Wut spricht. Während er auch die „Tücken" herausarbeitet, „die jeder Versuch Schwarzer Künstler birgt wirklichen Zorn zu verarbeiten", empfiehlt er Schwarzen Künstlern[6], den Habitus des „zornigen N****** zu kultivieren." Seine Ausführung, so schreibt Rankine, „kommt dem Spektakel zuliebe leichtfüßig daher" und beschreibt eine Art kommerzialisierten Zorn, der eher Teil eines Schwarz markierten Performanzrepertoires ist, als dass es wirklich um die Realität, die Unpopularität und die Einsamkeit Schwarzer Wut ginge: „Diesen Zorn jedenfalls thematisiert Youngman nicht. Er sagt nicht, dass Ausdrücke dieses gewöhnlichen und alltäglichen Zorns bezeugen müssen, einen glauben machen könnte, es sei jemand ‚verrückt'" (Rankine 33-34). Das, was Rankine hier als kommerzialisierten Zorn beschreibt, deckt sich mit dem, was Brittney Cooper in ihrem Buch *Eloquent Rage* über den Unterschied zwischen „sass" (Frechheit) und „anger" (Zorn) schreibt:

5 Dieser Satz geht auf Rebecca Racine Ramershovens Vortrag vom 25.05.2021 an der Humboldt Universität zu Berlin zurück. Obwohl sie diese Worte hinsichtlich ihrer Fotografiekunst verwendet hat, möchte ich ihr hier noch einmal herzlich dafür danken, denn diese Worte fassen ziemlich gut zusammen, wie — meiner Meinung nach — Wut und Zorn in Rankines Werk funktionieren — und darüber hinaus auch für viele Schwarze Frauen in ihrer gelebten Realität.

6 Im Englischen erscheint die Bezeichnung „Black artist" nicht geschlechtsspezifisch gebraucht. Es wird erst im Kontext des Videos deutlich, dass Musson sich hier hauptsächlich und unhinterfragt an Schwarze männliche Künstler wendet.

> Sometimes Americans don't recognize that sass is simply a more palatable form of rage. Americans adore sassy Black women. You know, these caricatures of finger-waving, eye-rolling Black women at whom everyone loves to laugh, [...]. These kinds of women put white folk at ease …. Black women turn to sass when rage is too risky — because we have jobs to keep, families to feed, and bills to pay. (1-2)

Hier zeigt Brittney Cooper, dass es Formen Schwarzer Wut gibt, die in bestimmten Kontexten akzeptiert werden, weil *weiße* Menschen von ihnen profitieren, indem sie ein Begehren nach Ausdrucksstärke und Selbstbestimmung auf die Körper Schwarzer Frauen projizieren können. „Sass" als eine gesellschaftsfähigere Version von Wut wird somit fetischisiert und kommodifiziert. Ihre Wut wird jedoch aus dem Zusammenhang gerissen und ihre Körper und Gefühlswelten werden wiederum enteignet. In Rankines Erzählung wird deutlich, dass auch Serena Williams Körper vielen rassistisch und sexistisch geprägten Repräsentationsmustern unterliegt. So wird Williams häufig als unbeherrscht und monströs dargestellt, wenn sie mit Wut auf Misserfolge reagiert. Dabei sind Wutausbrüche im Tennissport keine Seltenheit. Viele Stars im Tennissport, wie zum Beispiel John McEnroe, sind für ihre Wutausbrüche bekannt. Dennoch zeigt sich hier, wie Sexismus und Rassismus hinsichtlich emotionaler Expressivität ineinandergreifen: Bei *weißen* männlich gelesenen Personen gilt Ärger als Ausdruck von (sportlicher) Leidenschaft und Durchsetzungsvermögen (Chemaly 2018). Wenn Williams sich vor laufender Kamera ärgert, kämpft sie nicht nur gegen Niederlagen oder ungerechtfertigte Abpfiffe. Sie kämpft zudem gegen voreingenommene Linienrichter*innen und um die Anerkennung ihrer Bewertung der Ereignisse. Dazu beschreibt Rankine, wie eine Sequenz schiedsrichterlicher Fehlentscheidungen gegen Williams zur Einführung der *Hawk Eye* Kameras führten, so dass Entscheidungen der Linienrichter*innen durch Videoaufzeichnungen einfacher nachgewiesen werden können. Jedoch lässt sich dann beobachten, so schreibt Rankine, wie aus Linienfehlern dann plötzlich Schrittfehler werden, die deutlich schwerer nachzuweisen sind, „(denn Füße filmen die Hawk Eye Kameras nicht, nur den Ball)" (Rankine 38). Dass Rankine diesen Satz in Klammern setzt, spiegelt die Logik des Postrassismus wieder: Eine rassistische Intention wird durch die

Einklammerung inhaltlich abgegrenzt, als wäre sie nicht maßgeblich dafür, wie die Situation entstanden ist. Sehr zutreffend beschreiben die Schwestern Serena und Venus in einem Interview, wie sie ihre Körper in der Tenniswelt wahrnehmen. Sie nutzen ein Zitat der amerikanischen Schriftstellerin und Ethnografin Zora Neale Hurston „I feel most colored when I am thrown against a sharp white background"[7]. An dieser Stelle offenbart das Zitat, dass von People of Color der Tennissport als ein überwiegend *weiß* geprägter Raum wahrgenommen wird, in dem ihnen ihr vermeintliches Anderssein immer wieder gespiegelt wird. So gerät Serena Williams immer wieder in den Fokus der Öffentlichkeit, mal durch ihre Outfits, die vermeintlich zu knapp oder zu unkonventionell sind, mal durch ihren Körper an sich, dem aufgrund des muskulösen Aufbaus männliche Charakteristika zugeschrieben werden (Rankine 35).

Rankine erklärt, wie Williams für afroamerikanische Frauen zu einer Art Heldin geworden ist, die in so vielen Momenten, in denen ihr klargemacht wird, dass ihr Körper den *weißen* Normen der Tenniswelt nicht entspricht, die Haltung bewahrt. Rankine schreibt dazu:

> Vielleicht fühlt sich Rassismus ganz unabhängig vom Kontext so an. Plötzlich sollen die Regeln, nach denen alle anderen spielen dürfen, für dich nicht mehr gelten, und das mit dem Ruf „Das schwör ich dir!" ‚aus' zu geben, heißt als verrückt, krass, durchgedreht zu gelten. Unsportlich. (40)

Dies ist ein Beispiel dafür, wie die Wut Schwarzer Frauen im öffentlichen Raum negiert wird und die Quellen der Wut nicht mit den emotionalen Reaktionen in Verbindung gebracht werden.

Die Tatsache, dass Williams oft an sich hält und eben genau dieser Stigmatisierung als ‚angry Black woman' zu entgehen, wird von der Fülle an im Internet zugänglichen Videoaufnahmen ihrer Wutausbrüche überschrieben. Das Stereotyp wird einer Auseinandersetzung mit der Rechtmäßigkeit von Williams Wut vorgeschaltet. Zusätzlich beschreibt Rankine hier, wie sich Williams Wut Schicht für Schicht auf-

7 Zitat aus dem englischen Originaltext: Rankine, Claudia. *Citizen: An American Lyric.* New York und London: Penguin, 2015. 26.

baut. Das, was sie zum Explodieren bringt, ist nicht nur eine vereinzelte schiedsrichterliche Fehlentscheidung, nicht nur eine Linienrichter*in, die ungerechtfertigte Entscheidungen trifft. Denn jedes Mal, wenn Williams auf Konfrontationskurs geht, wird deutlich, dass:

> Serenas Frustration und Enttäuschung Teil eines Systems [sind], dass du begreifst, nicht wirklich begreifen zu dürfen, weil du sonst begreifen musst, dass die Negierung des Selbst systemisch, alltäglich ist. Bei Serena geht die tägliche Herabminderung auf kleiner Flamme sukzessive vonstatten. Jeder Blick, jeder Kommentar, jede Fehlentscheidung schlägt aus der Geschichte durch sie durch auf dich. Zu begreifen heißt, Serena als ebenso gefangen zu sehen wie jeden anderen auf extrem weißen Hintergrund geworfenen Schwarzen Körper. *Sind Sie nicht die, die mich hier schon das letzte Mal gelinkt hat*? (42, meine Hervorhebung)

Dadurch, dass ihre Wut jedoch so oft verlacht, sie in minstrelartigen[8] Karikaturen auf rassifizierte Merkmale reduziert und als Unmensch oder Monster dargestellt wird, ist Williams' Medienrepräsentation Teil eines Repräsentationsrepertoires, das Schwarze Frauen den Kampf um emotionale und körperliche Selbstbestimmung erschwert.

Rankine zeigt in diesem Absatz aber auch die Qualität Schwarzer feministischer Wut als erkenntnistheoretisches Instrument: „du begreifst, dass du begreifst nicht wirklich begreifen zu dürfen" weist zum einen darauf hin, dass Williams etwas sieht, das viele, die ihre soziale Positionierung nicht teilen, einfach nicht sehen, nicht sehen wollen oder nicht sehen, weil sie das Privileg haben, es nicht sehen zu müssen. In einem System, das den Zorn Schwarzer Frauen auf diese Art und Weise negiert, reicht es nicht aus, Zorn, wie Hennesy Youngman es vorschlägt, nur zu rehabilitieren. Judd schlägt stattdessen vor, dass wir lernen müssen, genau zu verstehen, was passiert, wenn Schwarze Frauen öffentlich ihre Wut bekunden und anstatt

8 Als Minstrel Shows werden Theatervorführungen bezeichnet, die im späten 18. Jahrhundert populär wurden. In diesen Vorführungen zeigten sich weiße männliche Schauspieler in blackface auf der Bühne und ahmten auf übertriebene, stereotypisierende Weise Schwarze Menschen nach.

Gehör zu finden, entmenschlichenden Reaktionen ausgesetzt sind. Es sei stattdessen notwendig, diese Momente ernst zu nehmen und sie als Teil eines Gefühls- und Wissensrepertoires wahrzunehmen, das etwas über die Lebensrealitäten Schwarzer Frauen aussagt. Judd erinnert uns an die wertvollen Informationen und Einblicke, die wir erlangen können, wenn wir zuhören, anstatt verfrüht zu urteilen und uns auf gängige Stereotype zu berufen (Judd 187). Judd und Rankine zeigen, dass es mehr über die Lebenswelt Schwarzer Frauen zu wissen und zu verstehen gibt, als simplifizierte und stereotypisierte Narrative es zulassen.

Abgerundet wird der zweite Teil von Rankines Buch durch eine Abbildung eines Stücks aus der Kollektion *Soundsuits* des Schwarzen Künstlers Nick Cave. *Soundsuits* gilt als Caves wohl berühmtestes Werk. Es besteht aus Skulpturen, die aus verschiedenen Materialien gefertigt sind. Diese Skulpturen können aufgestellt, aber auch als Anzüge getragen werden. Sie heißen *Soundsuits*, weil das Material, aus dem sie gefertigt sind, auch akustisch wirkt, wenn die Anzüge getragen werden. Cave stellt somit eine Art Rüstung her, die der Haut eine weitere Oberfläche verleiht, die sich als Schutz eignet, aber auch als Maskerade: „The suits provide protection by hiding a person's visible signifiers of race, class and gender, but also create a collective, universal experience and make for a different way to be heard and protest" (Madeleine). Caves Skulptur in Kombination mit der Art und Weise, wie Rankine Williams' Gefühlswelt auf dem Tennisplatz beschreibt, verdeutlicht zum einen, dass Schwarze Wut sich häufig Maskeraden — masking techniques — bedienen muss, um Gefahren abzuwenden. Zum anderen wird somit aber auch deutlich, dass Schwarze Wut sich in einem emotionalen Raum bewegt, in dem Unsichtbarkeit systemisch produziert, aber auch strategisch genutzt wird.

Bibliografie

Bennett, Chad. „Being Private in Public: Claudia Rankine and John Lucas's ‚Situation' Videos". *ASAP/ Journal* 4(2): 2019. 377-401.

Berlant, Lauren und Claudia Rankine. "Claudia Rankine". *Bomb* 129: 2014. 44-49.

Chemaly, Soraya. *Rage Becomes Her: The Power of Women's Anger*. New York: Simon and Schuster, 2018.

Cooper, Brittney. *Eloquent Rage: A Black Feminist Discovers Her Superpower*. New York: St. Martin's Press, 2018.

Dickel, Simon und Anne Potjans. „Racial Seeing and Sexual Desire: *1 Berlin Harlem* and *Auf den Zweiten Blick*". *Sexual Culture in Germany in the 1970s: A Golden Age for Queers?* Hrsg. Afken, Janin und Benedikt Wolf. Cham: Palgrave Macmillan, 2020. 193-214.

Douglass, Patrice, Selamawit D. Terrefe und Frank B. Wilderson. „Afro-Pessimism". *Oxford Bibliographies*. https://www.oxfordbibliographies.com/view/document/obo-9780190280024/obo-9780190280024-0056.xml. Zugriff am 06.12.2021.

Dudenredaktion. „Empörung". *Duden online*. https://www.duden.de/rechtschreibung/Empoerung. Zugriff am 07.07.2021.

Dudenredaktion. „Wut". *Duden online*. https://www.duden.de/rechtschreibung/Wut. Zugriff am 07.07.2021.

Dudenredaktion. „Zorn". *Duden online*. https://www.duden.de/rechtschreibung/Zorn. Zugriff am 07.07.2021.

Grasso, Linda M. *The Artistry of Anger: Black and White Women's Literature in America, 1820-1860*. Chapel Hill: University of North Carolina Press, 2002.

Hartman, Saidiya. „The Belly of the World: A Note on Black Women's Labors". *Souls* 18(1): 2016. 166-173.

Jones, Meta DuEwa. *The Muse Is Music: Jazz Poetry from The Harlem Renaissance to Spoken Word*. Champaign: University of Illinois Press, 2013.

Judd, Bettina. „Sapphire as Praxis: Toward A Methodology of Anger". *Feminist Studies* 45(1): 2019. 178-208.

Kim, Sue J. *On Anger: Race, Cognition, Narrative*. Austin: University of Texas Press, 2013.

Grasso, Linda M. *The Artistry of Anger: Black and White Women's Literature in America*, 1820-1860. Chapel Hill: University of North Carolina Press, 2002.

Lorde, Audre. „The Uses of Anger: Women Responding to Racism“. *Sister Outsider: Essays and Speeches*. Freedom, Ca: Crossing Press, 2007. 124-133.

Morrison, Toni. „A Humanist View“. *Portland State University's Oregon Public Speakers Collection: Black Studies Center public dialogue*. Pt. 2. May 30, 1975. Transcribed by Keisha McKenzie. https://www.mackenzian.com/wp-content/uploads/2014/07/Transcript_PortlandState_TMorrison.pdf. Zugriff am 23.01.2022.

Madeleine, Anna. „Artist Nick Cave's Wild and Whimsical Soundsuits — In Pictures“. https://www.theguardian.com/artanddesign/gallery/2014/nov/13/artist-nick-caves-soundsuits-pictures. Zugriff am 07.07.2021.

Palmer, Tyrone S. „‚What Feels More Than Feeling?‘: Theorizing the Unthinkability of Black Affect“. *Critical Ethnic Studies* 3(2): 2017. 31-56.

Pickens, Therí A. „The Verb is No: Towards A Grammar of Black Women's Anger“. *CLA Journal* 60(1): 2016. 15-31.

Quashie, Kevin. *The Sovereignity of Quiet: Beyond Resistance in Black Culture*. New Brunswick: Rutgers University Press, 2012.

Rankine, Claudia. *Citizen: An American Lyric*. Übersetzung Uda Strätling. Leipzig: Spector Books, 2014.

Sharpe, Christina. *In the Wake: On Blackness and Being*. Durham: Duke University Press, 2016.

Thompson, Debra. „An Exoneration of Black Rage“. *The South Atlantic Quarterly* 116(3): 2017. 457-481.

UGA Psychology Department. „Coping With Racial Trauma“. https://psychology. uga.edu/co ping-racial-trauma. Zugriff am 07.12.2021.

Wynter, Sylvia. „Unsettling the Coloniality of Being/Power/Truth/Freedom: Toward the Human, After Man, Its Overrepresentation — An Argument“. *CR: The New Centennial Review* 3(3): 2003. 257-337.

Alexandra Hartmann

Nothing Ever Ends

Critical Race Theory, Schwarzer Humanismus und *Watchmen*

Am 6. Januar 2021 stürmten hunderte Menschen das Zentrum der amerikanischen Demokratie, das Kapitol in Washington, DC. Schon bald wurde klar, dass viele von ihnen Verbindungen zu extremistischen Gruppen und Ideologien sowie einen militärischen oder polizeilichen Hintergrund hatten („Capitol Siege"). Die nächsten Jahre werden zeigen, wie der 6. Januar 2021 erinnert werden wird. Zweifelsohne aber zeigt ein Blick auf die Bilder, dass ein mehrheitlich *weißer* Mob, ausgestattet mit *weißen* nationalistischen Symbolen wie der Konföderierten-Flagge, das Kapitol stürmte, während die Stimmen des Electoral College ausgezählt wurden, die Joe Biden und Kamala Harris als Präsident bzw. Vizepräsidentin bestimmen sollten. Nicht wenige lesen diesen Vorfall als Ausdruck von *white supremacy*, nachdem der scheidende Präsident zuvor über Wochen das Narrativ von „gestohlenen Wahlen" verbreitet hatte, deren Ausgang auch die politische Dominanz der *weißen* Bevölkerung gefährden würde. Unmittelbar vor dem Angriff hetzte Donald Trump seine Anhänger*innen mit gewaltverherrlichenden Worten wie „Be there, be wild" auf, und Trumps Anwalt Rudy Giuliani, ehemaliger Bürgermeister New York Citys, animierte zu einem Gerichtskampf — „[to] have trial by combat".[1] Diesem Aufruf folgten Trumps Wähler*innen nur zu gerne.

Weißer Terror dieser Art ist nicht neu, ebenso wenig wie das Bestreben, *weiße* Vorherrschaft auf Grundlage rassistischen Denkens zu sichern bzw. gewaltsam gegenüber demokratischen Prozessen durchzusetzen. Nicht wenige Kommentator*innen und Historiker*innen haben seither Vergleiche und Parallelen zwischen dem versuchten Coup des 6. Januars in Washington, DC und dem erfolgreichen *white supremacist* Coup in Wilmington, North Carolina gezogen, wo 1898 bei einem rassistischen Massaker die demokratischen Prinzipien und Gesetze außer Kraft gesetzt wurden, um gewaltsam *weiße* politische Vorherrschaft wiederherzustellen und gewählte Schwarze politische Vertreter auf brutalste Weise zu beseitigen (Crain). Beide Vorfälle gelten als direkte Angriffe auf die Demokratie. Die Liste an gewalttätigen, rassistisch-motivierten Aufständen und Angriffen ist lang, und auch wenn diese nicht immer direkt die demokratischen

1 Die Chronologie der rhetorischen Hetze hält das *Poynter Institute* nach: https://www.politifact.com/article/2021/jan/11/timeline-what-trump-said-jan-6-capitol-riot/.

Institutionen zum Ziel hatten, ging es stets auch darum Schwarzes Leben zu beschränken und *weiße* politische, kulturelle sowie ökonomische Macht zu sichern.[2]

Folglich kommt eine ernsthafte Auseinandersetzung mit den USA und ihrer Geschichte kaum umhin, Fragen nach Rassismus, *Weißsein* und Gerechtigkeit (racial justice) zu berücksichtigen. Eng verbunden damit ist auch die Frage, wie Geschichte erzählt, erinnert und konstruiert wird. Genauer geht es um das Verhältnis rassistischer Gewalt und US-amerikanischer Geschichte: Ist erstere Teil der nationalen DNA oder hat es sich hierbei immer um Einzelfälle gehandelt? Gibt es eine teleologische Entwicklung hin zu einer Verbesserung oder bedarf es eines steten Bemühens gegen Rassismus? Diese Fragen werden auf allen gesellschaftlichen Ebenen ausgehandelt, von der Politik über die Wissenschaften bis hin zur Kultur.

Im ersten Teil dieses Aufsatzes skizziere ich zunächst kurz drei (gesellschafts-)theoretische Debatten, die sich mit der Bedeutung von anti-schwarzem Rassismus in den USA beschäftigen. Im zweiten Teil widme ich mich HBOs Serie *Watchmen* (Damon Lindelof 2019) vor dem Hintergrund dieser Debatten zu Gerechtigkeit und deren Verhältnis zu *race* im Allgemeinen und Schwarzsein im Besonderen. Hier argumentiere ich dafür, dass die Serie rassistische Gewalt und Schwarzes Trauma als feste Bestandteile von US-Geschichte und Gegenwart repräsentiert; die Serie macht sich damit für eine ehrliche Auseinandersetzung stark, da nur diese die Bedingungen der Möglichkeiten für eine anders gestaltete Zukunft eröffnet. Diese Haltung findet nicht zuletzt in einem zentralen Satz Ausdruck, der das Grundverständnis der Welt in der Serie spiegelt: „nothing ever ends".

Drei theoretische Ansätze: Afropessimismus, *Post-Race*-Diskurse und Schwarzer Humanismus

Drei theoretische Positionen möchte ich an dieser Stelle kurz diskutieren: Afropessimismus, *post-race*-Diskurse und Schwarzen Huma-

2 Für eine ausführliche Übersicht siehe den anlässlich des 100. Jahrestages des Tulsa Race Massakers in der Washington Post erschienen Artikel von Gillian Brockell.

nismus. Afropessimismus beschreibt eine philosophische Denkrichtung innerhalb der Black Studies, die in den vergangenen zehn Jahren besonders populär geworden ist. Zentral ist hier die Analyse der unterschiedlichen strukturellen Positionierung von Schwarzen und *weißen* Menschen bedingt durch den transatlantischen, rassifizierten Versklavungshandel. Als ein wichtiger Vertreter dieser Denkrichtung argumentiert Frank B. Wilderson III., dass der Mensch/*the Human* in grundlegender Opposition zu *the Black/the Slave* steht. Der Schwarze steht immer schon außerhalb der Kategorie des Menschen, ja ist sogar die Bedingung dafür, dass es den Menschen/*the Human* überhaupt geben kann. Wilderson schreibt: "[T]he Black is a sentient being though not a Human being" (245). Das politische Ende der Sklaverei führte nicht zum Ende von Sklaverei, da, so Wilderson, Sklaverei zuallererst eine strukturelle Relation beschreibt und nicht zwingend einen politischen, ökonomischen oder kapitalistischen Zustand. Somit ist für Wilderson auch jegliches politische und aktivistische Engagement mit dem Ziel antischwarzen Rassismus in der Welt zu beenden fehlgeleitet, da es die grundlegende Opposition zwischen *Slave* und *Human* nicht zu durchbrechen vermag. Die Welt braucht die Position des *Slave*/des *Black*, um sich selbst zu erhalten.

Wichtig ist hier auch zu betonen, dass diese besondere Positionierung des Schwarzen essenziell anders ist als die anderer Menschen of Color oder nicht-Schwarzer queerer Menschen. Dies hängt mit dem jeweiligen Verhältnis zu Gewalt zusammen: Für sie alle gibt es die Möglichkeit von Wiedergutmachung und Erlösung. Gewalt gegen sie, so Wilderson, ist kontingent; gegen Schwarze ist sie notwendig für den Erhalt der Welt: "The violence perpetrated against us is not a form of discrimination; it is a necessary violence; a health tonic for everyone who is not Black;" "Black people's saturation by violence is a paradigmatic necessity" (Wilderson 40, 245). Die Welt ist von Grund auf anti-Schwarz organisiert, und nur ein Ende der Welt kann dies ändern.

Im absoluten Gegensatz zu Afropessimismus stehen *post-race*-Diskurse, die u.a. auch die gegenwärtige Kritik an der Critical Race Theory befördern. Während Afropessimissmus derzeit vornehmlich (noch) in theoretischen Diskursen auftaucht, dominieren *post-racial* Ideen häufig gesellschaftspolitische Debatten. Obwohl es hier durchaus Nuancen gibt, geht diese Position ganz allgemein davon aus, dass *race* schlichtweg keine entscheidende Rolle (mehr) spielt, wenn es um Chancengleichheit und Gerechtigkeit geht. Den Höhepunkt erreichte dieses Denken wenig überraschend mit der Präsidentschaft Barack Obamas: Wenn ein Afroamerikaner das höchste Amt ausüben kann, dann könne es schlichtweg keinen strukturellen Rassismus mehr geben. Zwar leugnet der *post-race* Diskurs nicht, dass es Rassismus gibt, allerdings verortet er das Problem auf der Ebene des Individuums. Hier sind es einzelne fehlgeleitete Figuren mit Vorurteilen und zum Teil gewaltbereiten Potentialen in einem sozialen und politischen Raum, in dem *race* ansonsten irrelevant geworden ist. Es gibt aus dieser Perspektive keine strukturelle Benachteiligung, gesellschaftliche Institutionen sind frei von rassistischer Diskriminierung und Gewalt.[3]

Nur kurz sei auf eine gefährliche Spielart dieses Diskurses verwiesen, die sich in den jüngsten Bestrebungen einiger US-Bundesstaaten zeigt, die Critical Race Theory an Schulen zu verbieten. CRT ist eine Theorie, die Rassismus nicht als persönliches Vorurteil betrachtet, sondern strukturell zum Beispiel in der Bildung, Wirtschaft und Kultur verankert sieht. Die immer wieder von Konservativen und der Rechten geäußerte Angst und Kritik an CRT ist, dass diese Schüler*innen zu unpatriotischen Bürger*innen erziehe, ihnen beibringe, sich für ihre amerikanische Identität zu schämen und fälschlicherweise für die Taten ihrer Vorfahren verantwortlich mache. Bis Juni 2021 hatten fünf Bundesstaaten diese Art von Gesetzgebung verabschiedet, in weiteren siebzehn Bundesstaaten waren ähnliche Entwürfe in Vorbereitung (Adams, Smith und Tambe). Auch hier klingen Elemente von *post-race* an, die die Freiheit von wissenschaftlicher Erkenntnis und Bildung einschränken.

Zwischen den beiden Extremen von Pessimismus und Optimismus lässt sich eine weitere Orientierung verorten: Schwarzer Humanismus. Wie bereits durch den Begriff „Humanismus" sichtbar wird, steht auch diese Position in starkem Gegensatz zu Afropessimismus.

3 Zu einer grundlegenden Kritik an und Erklärung der *post-race* Ideologie siehe Bonilla-Silva. Dieses viel zu kurz greifende und auch gefährliche Verständnis von Rassismus prägt auch viele Reaktionen auf die Ereignisse vom 6. Januar. Viele Amerikaner*innen zeigten sich schockiert. Wie tief Rassismus die Nation auch in ihren Strukturen immer noch beeinflusst, wird schlichtweg nicht gesehen.

Vertreter*innen des Schwarzen Humanismus' nehmen die Beständigkeit von *white supremacy* und Rassismus wahr. Für sie ist Rassismus ebenfalls ein strukturelles Problem, das sich auf individueller Ebene spiegelt und sich hier wiederum verstärkt. Denker*innen dieser Position halten dies jedoch nicht für unumstößlich. Die Möglichkeit von Veränderung ist gegeben; auch wenn grundlegende Veränderungen nicht sehr wahrscheinlich sind oder unmittelbar bevorstehen, gibt es ein ethisches Mandat, durch engagiertes Eintreten für Gerechtigkeit und couragiertes Handeln zumindest die Bedingungen der Möglichkeiten hierfür zu schaffen.

In einer stark existentialistisch gewendeten Variante des Schwarzen Humanismus plädiert Lewis Gordon dafür, jegliches (politisches) Handeln in einer langen historischen Perspektive zu betrachten: Auch wenn befreiendes Handeln in einem gegebenen Moment scheitert, verändert ein „commitment to action without guarantees" (77) dennoch die Gegenwart auf eine Weise, dass sie eine andere Ausgangslage für nachfolgende Handlungen und Akteure schaffen kann (78). Gordon begreift den Menschen als relationales Wesen (*being*), so dass „no one actually enters a situation without establishing new situations of action and meaning" (78). Ohne zuvor ‚gescheiterte' Politiker*innen wie Shirley Chisolm, erste Schwarze Präsidentschaftskandidatin bei einer der beiden großen Parteien für die Wahlen im Jahr 1972, hätte es z.B. den Wahlerfolg Barack Obamas nicht gegeben. Gordons Kritik am Afropessimismus lädt dazu ein, Scheitern (*failure*) als marginale Veränderung der Ausgangslage zu denken, ohne dabei eine teleologische Sicherheit zu suggerieren. Andere Denker*innen in dieser Tradition betonen darüber hinaus die moralische Pflicht, sich für Veränderung einzusetzen. Cornel West etwa bezeichnet dies als einzige Möglichkeit, sich einer nihilistischen Grundhaltung zu erwehren und „politics of conversion" (19) zu realisieren. Robin D.G. Kelley nutzt das literarische Erbe James Baldwins, um die Notwendigkeit zu betonen, dass ein Ende von Unterdrückung und Ausbeutung nur durch „relentless struggle, deep study, and critique" möglich ist.

Letztlich ist ein unverklärter Blick auf die Gegenwart und deren Probleme für diese Denker*innen die Grundlage und der Anreiz für engagiertes Handeln, das auf eine bessere Welt (in der Zukunft) abzielt. Zugleich findet sich hier aber auch eine Vision einer Zukunft, die zutiefst von der Vergangenheit geprägt bleibt. Veränderungen sind zwar möglich, jedoch nie sicher. In dieser Variante muss die Gestaltung der Zukunft maßgeblich von eben denjenigen angeleitet werden dürfen, die anti-Schwarzen Rassismus erfahren. Nicht ohne Grund haben alle bisherigen, in der Regel von *weißen* Liberalen tolerierten und oder angeführten, Bestrebungen zu kurz gegriffen.

Hier hilft auch ein Blick in Schwarze feministische Theoriebildung. Tina Campt beschreibt die Grammatik für eine *black feminist futurity* als das, „was geschehen werden sein muss" [(„*that what will have had to happen*" (114; Hervorhebung im Original)]. Campt nimmt die *Voraussetzungen* für Veränderung in den Blick. Was muss erfüllt worden sein für eine antirassistische und gerechte Zukunft? Diese Sicht hält fest an der für immer von Vergangenheit geprägten Seinsweise und eröffnet zugleich eine Perspektive auf eine andere Zukunft. Für Campt ist die „*black feminist praxis of futurity [...] an existential grammatical practice of grappling with precarity, while maintaining an active commitment to the every labor of creating an alternative future*" (115; Hervorhebung im Original). Hier werden die Überschneidungen von humanistischen und feministischen Ideen in afroamerikanischen Traditionen besonders deutlich. Eben diese finden in *Watchmen* Ausdruck.

Die Ambivalenz der Wiederholung: Schwarzes Trauma und systemischer Rassismus in *Watchmen* (2019)

Erschienen ist die TV-Serie Ende 2019. Sie basiert lose und zugleich detailgetreu auf der gleichnamigen Comicserie von Alan Moore und Dave Gibbons aus den Jahren 1986-1987. Thomas Johnson liest Lindelofs TV-Serie als „update" des Originaltexts im Sinne des Filmwissenschaftlers Thomas Leitch, indem es zu einer Transformation und Umkehr der Wertesysteme und Kontexte kommt, sodass sich das Update durchaus kritisch gegenüber dem Original verhält (398). Anders als Moores Comicserie aus den 1980er Jahren, die Machtmissbrauch und die Politik des Kalten Krieges thematisiert, geht es in der TV-Serie um Machtmissbrauch „vor der Haustür", genauer um die lange Geschichte und Gegenwart rassistischer Gewalt gegen Afroamerikaner*innen. Diese, so die Serie, ist das drängendste Problem in den USA, denn US-amerikanische Geschichte, Gegenwart und Zukunft sind ohne Gewalt nicht zu denken. Indem sie Schwarzes Trauma und anti-Schwarzen Rassismus als Folgen *weißer* Vorherrschaft in den Mittelpunkt stellt und dennoch Möglichkeiten imaginiert, diese Spirale der Gewalt zu beenden, verschreibt sich die Adaption einer humanistisch-feministischen Weltanschauung und nicht zuletzt auch aktivistischen Tradition. Diese Ambivalenz von Wiederkehr und Veränderung, die in jedem Moment gegeben ist, drückt die Serie in ihrem Zeit- und Geschichtsverständnis aus, dass „nothing ever ends".

Die Serie spielt 2019 in einer alternativen Welt, in der die USA den Vietnamkrieg gewonnen haben, sodass Vietnam nun ein Bundesstaat der USA und der Schauspieler Robert Redford seit über drei Jahrzehnten Präsident ist. Die USA sind — zumindest oberflächlich — zu einer antirassistischen Nation geworden, in der es Reparationszahlungen für die Nachfahren von Afroamerikaner*innen gegeben hat, die rassistischen Terror erlitten haben. Der *Victims of Racial Violence Act*, im Volksmund *Redfordations*[4] genannt, kommt bei einer Mehrheit der *Weißen* nicht gut an, und es haben sich schon lange rassistische Terrororganisationen wie die *Seventh Kalvary* gegründet, die dem Ku-Klux-Klan erschreckend ähnlich ist. Nach einer koordinierten Attacke auf die Polizei in Tulsa, Oklahoma durch die *Seventh Kalvary*, trägt die Polizei seit 2016 Masken, um die Identität der Polizist*innen zu schützen. Nur wenige haben diese sogenannte *White Night* überlebt. Angela Abar (gespielt von Regina King) ist eine von ihnen und ist die zentrale Figur, die offiziell von der Polizei zurückgetreten ist, aber nun als maskierte Sister Knight weiterhin aktiv im Dienst ist und versucht, die *Seventh Kalvary* ein für alle Mal zu zerschlagen.

In der Watchmen-Welt gibt es Superhelden und Wesen mit übernatürlichen Fähigkeiten. Dr. Manhattan ist das mächtigste Wesen der Welt und die *Seventh Kalvary* ist sich sicher, dass Dr. Manhattan in Tulsa lebt. Um die *weiße* Vorherrschaft zu sichern bzw. in ihrer Wahrnehmung zurückzugewinnen, plant die Organisation, seine Kräfte

4 Redfordations sind eine Anspielung auf Forderungen nach Reparationzahlungen für die Nachfahren versklavter Afrikaner*innen, die nach Ta-Nehisi Coates' Artikel „The Case for Reparations" (2014) (neu) entfacht sind.

zu extrahieren. Schließlich müssen sie mit Reparationszahlungen für die Taten ihrer Vorfahren aufkommen. Der Senator Keene verkörpert dieses Empfinden, wenn er moniert: Redford „made us say sorry over and over again [...] for the alleged sins of those who died decades before we were born, sorry for the color of our skin" (E8 29:30). *Weiße* Nationalist*innen wie er beklagen: „The scales have tipped way too far and it is extremely difficult to be a *white* man in America now" (E7 36:17). Auf allen gesellschaftlichen Ebenen und in Institutionen hat sich dieses Empfinden durchgesetzt, sodass anti-Schwarzer Rassismus weiterhin zum nationalen Ton gehört, nur stilisieren sich die Täter*innen nun als Opfer.[5]

Wie zentral Rassismus und *white supremacy* in der Neuauflage sind, wird von Anfang an deutlich. Gleich die erste Einstellung gibt Tulsa im Mai 1921 als Handlungsort in großen gelben Buchstaben in der Bildmitte an. Im Hintergrund sind Hektik, Panik und Gewalt auszumachen, Gewehrschüsse, Motorenlärm und Geschrei begleiten die Bilder akustisch. Historisch geschulte Zuschauer*innen wissen direkt, dass die Situation, in die sie unmittelbar geworfen sind, das *Tulsa Race Massacre* darstellen. Am 30. Mai 1921 überfiel und zerstörte ein *weißer* Mob Greenwood, einen Stadtteil Tulsas, der aufgrund der florierenden Geschäfte und prosperierenden Schwarzen Gemeinde auch als Black Wall Street bekannt war. Während des Massakers wurden mehr als 300 Menschen getötet, weit mehr als 800 Menschen verletzt und 35 Geschäfts- und Wohnblöcke zerstört. Damit gingen die Ereignisse in Tulsa als eine der blutigsten Begegnungen zwischen *weißen* Nationalist*innen und Afroamerikaner*innen in die Geschichte ein.[6]

In Lindelofs Serie sind das Massaker und dessen Nachwirken Dreh- und Angelpunkt der Erzählung. In den ersten Minuten sehen Zuschauer*innen einen kleinen Jungen im Kino, der einen Stummfilm über Bass Reeves, den *Black Marshall* von Oklahoma, sieht, welcher korrupte

5 Die ist ein rhetorischer Zug, der seit Jahren in konservativen Medien zu beobachten ist, wie Lawerence Glickman feststellt: „In the conservative world, the idea that white people in the United States are under siege has become doctrine".

6 Für genauere Informationen zu den Ereignissen von Tulsa siehe u.a. die offizielle Webseite der *1921 Tulsa Race Massacre Centennial Commission* https://www.tulsa2021.org/. Die *New York Times* bietet einen virtuellen Rundgang durch Greenwood an, bei dem sich das Ausmaß der Zerstörung erahnen lässt: https://www.nytimes.com/interactive/2021/05/24/us/tulsa-race-massacre.html.

Sheriffs jagt und somit für Gerechtigkeit sorgt und die Verlässlichkeit des Rechtsstaates betont. Der Marshall fordert Zuschauer*innen auf: „Trust in the law". Der Junge ist Will Reeves, der knapp 100 Jahre später nach Tulsa zurückkehren wird. Musikalisch wird dieser Film von der Mutter des Jungen am Klavier begleitet, typische Stummfilmklänge verleihen dem hoffnungsvollen Narrativ eine fröhliche Atmosphäre. Doch mischen sich unter diese Klänge und ersten Eindrücke schnell Beklemmung und Gefahr: Die Pianistin weint ängstlich, aus der Ferne erschallt Lärm, eine Mixtur aus Geschrei, Flugzeugmotoren und Pistolenschüssen. Als der Vater in den Kinosaal stürmt, um seine Familie zu holen, lässt sich all dies einordnen. Die Stadt wird attackiert, aus der Luft und am Boden; Männer in Klan-Roben erschießen Schwarze Bürger*innen, Kugeln verfehlen die Familie nur knapp. Es gelingt den Eltern, ihren Sohn in Sicherheit zu bringen. Rechtzeitig kann er versteckt in einem Auto die Stadt verlassen, doch sieht er wie Menschen auf der Straße erschossen und gelynchte Schwarze mit Seilen an Autos befestigt durch die Stadt geschleift werden. Er verlässt eine Stadt, die kurz vor der Vernichtung steht. Nur Stunden später ist der Nachthimmel hellerleuchtet — Tulsa steht in Flammen und wird dem Erdboden gleichgemacht.

Direkt zu Beginn lassen sich hier zwei Pole greifen, zwischen denen die Serie gespannt ist: Externer Terror und interne Fürsorge sind zu gleichen Teilen präsent. Während der *weiße* Mob die Stadt attackiert, versuchen die Eltern mit aller Macht ihren Sohn sowohl körperlich als auch psychisch zu schützen. Bis zur letzten Sekunde darf er im Beisein seiner Mutter seinen Helden auf der Leinwand anhimmeln, bevor die Eltern ihn in die Obhut Fremder geben, um sein Überleben zu sichern.

Indem die Serie hier beginnt, insistiert sie, dass *racial* Traumata zentral für US-amerikanische Geschichte sind; diese terroristischen Angriffe sind nicht die Ausnahme, sondern fester Bestandteil. Die größte Gefahr geht in diesem Superhelden-Epos nicht von individuellen Bösewichten aus, sondern von systematischem Rassismus. So vermeidet die Serie die Fehlschlüsse vieler anderer Texte. Anders als in anderen Superhelden-Geschichten, so Rebecca Wanzo, begreift *Watchmen* das Versagen der Nation als „foundational villainy masked by the flag and myths of American exceptionalism" und nicht als einzelne „missteps" (zit. in Gillespie 51). Doch etabliert das Tulsa

Massaker als eröffnende Szene nicht nur die Atmosphäre; es ist auch das Ereignis, zu dem die Erzählstränge stets zurückkehren. Der *weiße* Polizeichef Judd versteckt eine Klan-Robe in seinem Schrank, weil sie, wie er sagt, „his legacy" sei. Und wie ernst er sein Erbe nimmt, wird später deutlich: Judd ist ein enger Vertrauter Angelas und gleichzeitig ranghohes Mitglied in der *Seventh Kalvary.*[7]

Noch expliziter ist die Verbindung zu der Stadt Tulsa und ihrer Geschichte für die Schwarzen Charaktere. Episode 6 „An Extraordinary Being" macht dies besonders anschaulich. Hier zeigt die Serie Will als jungen Polizisten im New York der 1940er Jahre in einer ausgedehnten Rückblende. Noch ist er in dem Glauben, dass er Gerechtigkeit auch für Schwarze Bürger*innen durch die offiziellen politischen Kanäle erfahren (und erfahrbar machen) kann. Hier gibt es viele Einstellungen, die Will als jungen Polizisten in Alltagssituationen zeigen, die die erzählte Gegenwart jedoch mit Eindrücken des Tulsa Massakers visuell vermischen: Während er auf Streife ist, ist seine Mutter im Hintergrund am Klavier sitzend zu sehen, genauso wie sie es am Tag des Angriffs getan hat; wenig später scheint er wahrzunehmen, wie ein Auto die Leichen von Afroamerikanern hinter sich her zieht, ein Bild das sich seit seiner Kindheit in Tulsa eingebrannt hat; während eines Restaurantbesuchs ist derselbe Klan-Anhänger von 1921 in New York im Restaurant im Hintergrund zu sehen, der in Tulsa mordete. Tulsa steht in Flammen, während Will mit seiner Frau im Bett liegt.

In diesen Einstellungen wird durch die identischen Bilder eine direkte Verbindung zu den Ereignissen aus Tulsa hergestellt. Tulsa ist der Ort, an dem die verschiedenen Familiengeschichten beginnen und

7 Wissenschaftler*innen diskutieren rege, inwieweit es sich bei der Serie um einen polizeikritischen Text handelt oder doch um Polizeipropaganda. Siehe hierzu die Podiumsdiskussion, deren Teilnehmer*innen vor einer binären Bewertung von Repräsentationsstrategien als gut oder schlecht warnen (Gillespie 56-58). Tendenziell äußert sich die Serie kritisch gegenüber der Polizei, die sie als zutiefst in rassistischen Strukturen und Denkweisen verfangen sieht, ohne zwingend eine abolitionistische Position einzunehmen: Der Polizeichef von Tulsa ist Mitglied der *Seventh Calvary*, viele der Polizisten der 40er Jahre sind ebenfalls Klan-Mitglieder, untrennbar sind *white supremacy* und die Polizei miteinander verstrickt. Während anti-Schwarzem Rassismus viel Aufmerksamkeit zukommt, mahnt Aaron Bady darüber hinaus überzeugend, dass die Serie wenig Raum für eine kritische Auseinandersetzung mit dem imperialen Erbe der USA bietet, wie etwa mit den Folgen des Vietnamkriegs. Insbesondere vor dem Hintergrund stark ansteigender Gewalttaten gegen *Asian-Americans* seit dem Beginn der Corona-Pandemie wird deutlich, wie problematisch diese Auslassung sein kann.

nie enden — so suggeriert die Serie, dass Tulsa immer bei Will ist und seine Erfahrungen in New York City prägt, wo er wenig später rassistische Gewalt am eigenen Leib erfahren wird. Will reagiert auf diese Eindrücke nicht, sie sind fester Bestandteil seiner Erfahrung und gehören zu seiner Normalität. Die Bedeutung von Tulsa wird nicht zuletzt auch dadurch filmisch unterstützt, dass die gänzlich in schwarz-weiß gehaltene Episode durch in Farbe erscheinende Erinnerungselemente wie etwa die am Klavier sitzende Mutter, das Klan-Mitglied oder die Flammen am Horizont komplementiert wird. Anhand dieses Kontrasts manifestiert sich die nachhaltige Wirkung Tulsas eindrücklich.

Unverkennbar beschäftigt sich die Serie mit Schwarzem Trauma. Dieses stellt sie als generationenübergreifend und kollektiv dar. Als Beispiel gehe ich hier kurz auf die filmische Umsetzung der Beziehung von Angela und ihrem Großvater Will ein. Die zuvor genannte Episode 6 zeigt Angela auf einem Drogentrip, bei dem sie mit ihrem Großvater verschmilzt. Die eingenommenen Tabletten mit dem vielsagenden Namen *Nostalgia* ermöglichen es Angela, Wills Erfahrungen und Erinnerungen erneut zu durchleben und direkt zu erfahren. Das heißt, in all den gerade skizzierten Szenen ist nicht nur Will das erlebende Subjekt, sondern zugleich auch Angela. Besonders eindrücklich wird diese viszerale Identifikation bei dem versuchten Lynchmord an Will/Angela durch seine Kollegen bei der Polizei. Will wird an einem Baum aufgeknüpft; er ist das fokalisierende Subjekt, Zuschauende nehmen das Ereignis durch seinen Blick wahr — ihm wird die Haube übergestülpt, die Kameraeinstellung ist so gewählt, dass die Szene durch die Haube wahrgenommen wird, die Sicht auf die Umgebung ist durch die Haube eingeschränkt und verschwommen. Der Terror, die Panik und die Todesangst sind greifbar. Und sofort erinnert die Serie daran, dass dies nicht nur Wills Erfahrungen sind. Als er wieder heruntergelassen wird und panisch nach Luft schnappt, sind der kurze Atem und sein Husten hörbar, doch mit dem ersten Schnitt zurück auf ihn erscheint er in der Gestalt von Angela. Sein Husten wird zu ihrem Husten, sie schnappt nun hörbar nach Luft. Wills Terror ist ebenfalls der ihre. Durch das doppelte Erleben und Nacherleben verdeutlicht die Serie, dass Trauma für marginalisierte Gruppen nicht individuell, sondern oftmals kollektiv und transgenerational ist.

Um die Besonderheit Schwarzen Traumas in *weiß*-dominierten

Gesellschaften im Allgemeinen und gerade auch in den USA herauszuarbeiten, hilft ein vergleichender Blick auf die Darstellung des Traumas *weißer* Menschen. Exemplarisch sei hier der Polizist Wade Tillman untersucht. In einem Erzählstrang greift die Serie den Original-Comic auf, indem sie den Oktopus-Angriff auf New York City erzählt, der 35 Jahre zuvor drei Millionen Menschen das Leben gekostet hat. In Moores Urtext stand die Welt des Kalten Krieges kurz vor einer nuklearen Katastrophe, die durch diese vorgeblich extraterrestrische Attacke jedoch verhindert wurde. Wade hat diese nur um ein Haar überlebt. Seither lässt ihn dieses Ereignis nicht los. Er kleidet seine Hüte mit Alufolie zum Schutz gegen Außerirdische aus, er führt täglich Notfallübungen durch und übernachtet regelmäßig in seinem Schutzbunker. Er ist nachhaltig traumatisiert. Doch es gibt einen großen Unterschied zwischen Angelas Geschichte des Traumas und der seinen: Bei ihm liegt eine posttraumatische Belastungsstörung vor. Für ihn lässt sich eindeutig ein disruptiver Zeitpunkt, ein traumatisierendes Ereignis, festmachen, ganz im Sinne klassischer Trauma-Theorien, wie sie seit den 1990er Jahren in den Literatur- und Kulturwissenschaften rezipiert wurden. Insbesondere die Arbeiten von Cathy Caruth waren hier prägend, welche Trauma zuallererst als Störung des zusammenhängenden Selbst durch ein disruptives Ereignis begreifen, zu dem das Subjekt in der Folge immer wieder zurückkehrt. Caruth beschreibt Trauma „as the response to an unexpected or overwhelming violent event or events that are not fully grasped as they occur, but return later in repeated flashbacks, nightmares, and repetitive phenomena" (91). Dies gilt für Wade, der den traumatischen Moment zweifelsohne örtlich und zeitlich lokalisieren kann. Es gibt ein Davor und ein Danach. Für Angela und auch Will hingegen gibt es keinen echten Anfangspunkt, da ihr Trauma strukturell in die Welt eingebettet ist: Das *Tulsa Race Massacre* ist nur ein Ereignis in einem Kontinuum rassistischer Gewalt, das über Generationen hinweg Identitäten prägt.

Dies wird besonders dann deutlich, wenn Wills Erinnerungen zu Angelas und zu einem Teil von ihr werden. Sie muss sie nicht aktiv erinnern, um sie wirksam zu machen, vielmehr überkommen sie sie danach häufig wie eine Flut, spontan getriggert von einem Geräusch oder anderen Sinneswahrnehmungen. Sie sind bleibende Reize, die ihre persönliche Geschichte untrennbar mit der ihres Großvaters verweben. Auf diese Weise sind sie verstörend und zugleich identitätsstiftend. Tulsa zerstört also nicht ihre Identität, sondern ist konstitutiv für sie.

Obwohl Angela beinahe an der Überdosis von traumatischen Erinnerungen stirbt und die Serie folglich die Frage aufwirft, was passiert, wenn die Vergangenheit einer Person so voll Trauer, Wut und Verletzungen ist, dass sie nicht abermals durchlebt werden sollen, erlangt Angela durch die unmittelbare Erfahrung des Terrors einen unverstellten Blick auf ihre eigene Biografie. Diese beginnt nicht erst mit ihr. Wills durchlebte Erinnerungen geben ihr die Möglichkeit einer Einordnung ihres Selbst. Einmal wird sie gefragt, warum sie „so angry" ist. Beantworten könnte man diese Frage sicherlich schon hinreichend mit ihren Erfahrungen während der *White Night*. Dies ist ein zentrales Trauma für sie, was jedoch, wie sich im Laufe der Serie zeigt, untrennbar mit dem Tod ihrer Eltern und den Erfahrungen ihres Großvaters verknüpft ist. Die *White Night* ist nur ein Ereignis in der langen Geschichte anti-Schwarzer Gewalt in den USA.

Damit reflektiert die Serie auch die Erkenntnisse jüngerer Trauma-Theorien, die Trauma für Schwarze Menschen in *weiß*-dominierten Kontexten nicht ausschließlich als Folge außergewöhnlicher Gewalttaten theoretisieren. Auch eine Vielzahl an erlittenen Mikroaggressionen können Traumata bewirken. Stef Craps betont, dass „[o]ne such incident alone may not be traumatizing, but traumatization can result insidiously from cumulative micro-aggressions: each one is too small to be a traumatic stressor, but together they can build to create an intense traumatic impact" (26). Selbstverständlich handelt es sich bei dem Massaker oder dem erlebten Lynching durch seine Kollegen um außergewöhnliche Ereignisse, jedoch reihen sich diese in eine Vielzahl kleinerer ein, wie etwa Wills Erfahrung, bei der Abschlussfeier der Polizeiakademie übergangen zu werden. Die stete Wiederholung in großen und kleinen Momenten, in denen Schwarze Existenz bedroht und abgewertet wird, ergeben ein konsistentes Bild und einen zusammenhängenden Erfahrungsschatz.

Bis hierher steht die Serie in keinem direkten Widerspruch zu afropessimistischer Theorie. Im Gegenteil. Auf den ersten Blick scheinen Grundannahmen bestätigt zu werden, da z.B. selbst fortschrittliche Maßnahmen wie Reparationszahlungen nicht dazu führen, die

Institutionen der amerikanischen Gesellschaft genuin antirassistisch zu gestalten; anti-Schwarze Strukturen sind zu tief verwurzelt.[8] Durch diese Tatsache formuliert *Watchmen* eine klare Absage an *post-race*-Fantasien. „Nothing ever ends" — das Geschichtsverständnis, das Dr. Manhattan im Original äußert und das die Serie beibehält — lässt sich untrennbar mit der Kontinuität von rassistischer Gewalt in Verbindung bringen. Jedoch kann Tulsa nicht nur in Fragen von rassistischer Gewalt, sondern auch für die Möglichkeit von Gerechtigkeit nicht übergangen werden. Hier eröffnet sich eine zweite Lesart von „nothing ever ends".[9] In der Erkenntnis, dass die Welt durch menschliches Handeln gestaltbar ist, liegt zugleich der Appell an ein bleibendes Engagement für Gerechtigkeit. Trotz der langen Geschichte von anti-Schwarzem Rassismus hält die Serie vorsichtig an „possibility" fest, die sich nicht zuletzt auch aus verantwortungsvollem Einsatz für andere ergibt. Schwarzer Humanismus und Feminismus entfalten sich insbesondere am Ende der Serie.

In der letzten Folge verliert Angela ihren Partner Cal, der, wie Zuschauer*innen mittlerweile wissen, zugleich Dr. Manhattan war. Dr. Manhattan hatte für zehn Jahre die menschliche Gestalt von Cal angenommen, um mit Angela zusammenleben zu können. Nachdem Dr. Manhattan/Cal tot ist, hält Angelas Großvater Will fest, dass Cals Verlust zwar schwer wiegt, er aber seine Möglichkeiten nicht ausgeschöpft hat: „He was a good man. And I'm sorry that he's gone. But considering what Cal could do, he could have done more" (E9 1:01:19). Und die Serie unterstreicht diese Lesart. Cal/Dr. Manhattan hat es, trotz seiner Machtfülle, nicht geschafft, Antirassismus nachhaltig durchzusetzen. Hier schwingt der Verdacht mit, dass dies nicht seine

8 Die Existenz der Polizei in den USA gründet sich historisch tatsächlich in der Kontrolle, Verhaftung und Bestrafung Schwarzer Menschen. Zunächst jagten *slave patrols* versklavte Menschen. Im 20. und 21. Jahrhundert hat die Polizei maßgeblichen Anteil an der massenhaften Inhaftierung Schwarzer Amerikaner*innen (s. Vitale und Alexander).

9 Natürlich können ökonomische Fragen genauso wenig wie die Konventionen des Mediums außer Acht gelassen werden. Nur kurz sei darauf verwiesen, dass sich in „nothing ever ends" auch eine Kerneigenschaft der Populärkultur ausdrückt: das serielle Erzählen. Serielles Erzählen findet nicht nur im Rahmen einzelner Texte statt, sondern kann auch ganze Netzwerke und Mediensysteme umspannen (Kelleter 14-15). Dies verspricht auch ökonomische Erfolge. So hat der Sender HBO in den letzten Jahren etwa mit *Lovecraft Country* eine weitere Serie geschaffen, der ähnliche Ideen zugrunde liegen wie *Watchmen* — auch hier wird *racial* Trauma als kontinuierliche Fortschreibung sowie als Grundpfeiler des amerikanischen Exzeptionalismus gedacht.

Priorität gewesen ist, obwohl, wie die Serie kontinuierlich verdeutlicht, Rassismus zu den Grundzügen der USA gehört.[10] Diese Aufgabe ist nun Angelas: In der letzten Szene der Serie konsumiert Angela ein Ei, auf das Dr. Manhattan seine Fähigkeiten übertragen hat, und unternimmt den Versuch, wie sie es bei Cal zuvor gesehen hat, auf Wasser zu gehen. Durch die implizierte Apotheose verkörpert Angela nun die Kräfte von Dr. Manhattan.

Mit der Transformation einer Schwarzen Frau zum mächtigsten Wesen der Welt bekennt sich die Serie eindeutig zu Schwarzer feministischer Theorie. Die Apotheose ist als Aufruf zu begreifen, dass nachhaltige Gerechtigkeit nur erfahrbar werden kann, wenn sie mit und durch diejenigen gedacht und gelenkt wird, denen diese historisch gesehen am vehementesten verwehrt gewesen ist. Wie bereits die Aktivistinnen des Combahee River Collectives festhielten, gilt dies für Schwarze Frauen: „If Black women were free, it would mean that everyone else would have to be free since our freedom would necessitate the destruction of all the systems of oppression“ (zit. in Taylor 22-23). Folglich schwingt hierin auch eine Skepsis gegenüber politischen und aktivistischen Bestrebungen mit, die vorschnell Erfolge verkünden oder sich mit oberflächlichen Veränderungen zufriedengeben, ohne die Tiefenstruktur von Ungerechtigkeit zu erschüttern. In *Watchmen* ist es an Angela, einer Schwarzen Frau, die Welt zu verbessern; andere müssen sich von ihr anleiten lassen, wenn sie sich ernsthaft für ein Ende von Unterdrückung einsetzen möchten.

Obwohl es keine Garantie gibt, dass Angela erfolgreich sein wird, werden mit ihrer Transformation zunächst einmal die Bedingungen der Möglichkeit für Veränderungen geschaffen. Bis zu diesem Zeitpunkt haben Zuschauer*innen Angela als unermüdliche Kämpferin für sich und andere kennengelernt, sei es für ihre drei Adoptivkinder, ihren Partner, aber auch mit einem Blick in die Vergangenheit für ihren Großvater. Im Verlauf der Serie wird deutlich, dass ihr Feminismus darin besteht, sich um andere zu sorgen, gleichsam aber für ihre Rechte — notfalls auch gewaltsam — einzustehen. Die Serie bietet also alles andere als einen romantisierten und entradikalisierten Femi-

10 Siehe hierzu Warner in Gillepsie 56.

nismus an. Angela führt das Erbe ihres Großvaters fort, der als maskierter Superheld versucht hat, Rassismus zu bekämpfen, aber letztlich gescheitert ist.

Am Ende von *Watchmen* ist eine schwarze Frau der mächtigste Mensch der Welt — mehr potenzielle Rettung vor Machtmissbrauch und Rassismus kann eine Serie im Zeitalter der Black Lives Matter-Bewegung nicht versprechen, ohne vergangenes und gegenwärtiges Leiden auf Kosten naiver Fortschrittsfantasien zu nivellieren und banalisieren. Schließlich fußt die Bewegung auf den Erkenntnissen Schwarzer feministischer Theoriebildung (Ransby 2). Das Trauma mehrerer Generationen trägt Angela weiterhin in sich, denn eine der Eigenschaften Dr. Manhattans war es, Zeit zu transzendieren und jegliche Momente der Vergangenheit und Zukunft gleichzeitig zu erleben. Für ihn, und nun für Angela, gibt es kein „Davor". Folglich gibt es historiografisch ebenfalls keinen festlegbaren Anfangspunkt.[11]

Des Weiteren sei hier noch einmal an Campts Arbeiten erinnert, in denen sie die temporale Grammatik einer Schwarzen feministischen Zukunft als das beschreibt, was geschehen werden sein muss. Es geht darum, die Verantwortung der vorbereitenden Schritte von Veränderung als Überlebensmechanismus zu begreifen: „It is a responsibility to create one's own future as a practice of survival" (115). In diesem Modus operiert die Serie. Mit ihren Eigenschaften von Fürsorge und Kampfbereitschaft schafft Angela die Voraussetzungen für eine überhaupt vorstellbare alternative Zukunft, die diesen Namen verdient. Dieses Verständnis von Handlung, Vergangenheit und Zukunftsgestaltung ist ganz im Sinne eines humanistischen Weltbilds (siehe auch West, Gordon). Und so ist „nothing ever ends" nicht nur als zu erwartende Wiederholung von Gewalt und Unrecht zu lesen, sondern eben auch als ausstehende Möglichkeit einer veränderten Welt. Anti-Schwarzer Terror in *Watchmen* ist nicht zwingend der finale Akt — in der kontinuierlichen Wiederholung liegt auch das Potential für Veränderung.

11 Hier bietet sich auch eine afrofuturistische Lesart an. Neben dem neu erlangten Verhältnis zu Zeitlichkeit nach der Transformation, lässt sich nicht zuletzt auch die Identifikation Angelas mit Will durch das Erleben seiner Geschichte in diese Richtung deuten. Für eine Diskussion von Afrofuturismus siehe u. a. Henriette Gunkels Beitrag in diesem Buch.

Die Ereignisse des 6. Januars 2021 haben auf sehr dramatische Weise verdeutlicht, wie drängend die Fragen sind, die *Watchmen* aufwirft. Das Verhältnis von Amerika zu Rassismus in der Vergangenheit und Gegenwart muss grundlegend überdacht werden. Anstatt Rassismus als auf Einzelfälle begrenzt zu begreifen, kann eine echte Veränderung nur vollzogen werden, wenn die Gesellschaft mehrheitlich begreift, wie grundlegend *race* die Nation schon immer geprägt hat. Genau hierum ist in den letzten Jahren ein ideologischer Kampf in den USA entfacht.

Bibliografie

Adams, Char, Allan Smith und Aadit Tambe. „Map: See Which States Have Passed Critical Race Theory Bills.“ *NBC News*. 17.06.2021, https://www.nbcnews.com/news/nbcblk/map-see-which-states-have-passed-critical-race-theory-bills-n1271215. Zugriff am 23.07.2021.

Alexander, Michelle. *The New Jim Crow: Mass Incarceration in the Age of Colorblindness*, New York: Perseus, 2010.

Bady, Aaron. „Dr. Manhattan is a Cop: *Watchmen* and Frantz Fanon.“ *Los Angeles Review of Books*, 31.12.2019. https://lareviewofbooks.org/article/dr-manhattan-cop-watchmen-frantz-fanon/. Zugriff am 10.07.2021.

Bonilla-Silva, Eduardo. *Racism Without Racists: Color-Blind Racism and the Persistence of Racial Inequality in the United States.* Lanham, MD: Rowman&Littlefield, 2010.

Brockell, Gillian. „Tulsa isn't the only race massacre you were never taught in school. Here are others.“ *Washington Post*. 01.06.2021. https://www.washingtonpost.com/history/2021/06/01/tulsa-race-massacres-silence-schools/. Zugriff am 13.07.2021.

Campt, Tina M. *Listening to Images*, Durham: Duke University Press, 2017.

Caruth, Cathy. *Unclaimed Experience: Trauma, Narrative, and History*, Baltimore: Johns Hopkins University Press, 1996.

Coates, Ta-Nehisi. „The Case for Reparations.“ *Atlantic*. Juni 2014. https://www.theatlantic.com/magazine/archive/2014/06/the-case-for-reparations/361631/. Zugriff am 20.07.2021.

Crain, Caleb. „What a White Supremacist Coup Looks Like“. *New Yorker*, 20.04.2020. https://www.newyorker.com/magazine/2020/04/27/what-a-white-supremacist-coup-looks-like. Zugriff am 06.07.2021.

Craps, Stef. *Postcolonial Writing: Trauma Out of Bounds*, London und New York: Palgrave Macmillan, 2013.

Gillespie, Michael Boyce. „Thinking about *Watchmen* with Jonathan W. Gray, Rebecca Wanzo, and Kristen Warner". Roundtable moderated and edited by Michael Boyce Gillespie. *Film Quarterly* 73.4 (2020): 50-60.

Glickman, Lawrence. „3 Tropes of White Victimhood". *Atlantic*, 20.07.2021. https://www.theatlantic.com/ideas/archive/2021/07/three-tropes-white-victimhood/619463/. Zugriff am 30.07.2021

Gordon, Lewis R. *Freedom, Justice, and Decolonization*, New York und London: Routledge, 2020.

New York Times, 24.05.2021.https://www.nytimes.com/interactive/2021/05/24/us/tulsa-race-massacre.html. Zugriff am 20.07.2021.

1921 Tulsa Race Massacre Centennial Commissio. https://www.tulsa2021.org/. Zugriff am 20.07.2021.

Johnson, Thomas. „Appropriation Anxiety: *Watchmen* (2019)". *Adaptation* 13(3): 2020. 397–402.

Kelleter, Frank. „Five Ways of Looking at Popular Seriality." *Media of Serial Narrative*. Hsg. Frank Kelleter. Columbus: Ohio State University Press, 2017. 7-34.

Kelley, Robin D. G. „Black Study, Black Struggle". *Boston Review*, 07.03.2016, http://bostonreview.net/forum/robin-d-g-kelley-black-study-black-struggle. Zugriff am 20.07.2021

Leitch, Thomas. „Twice-Told Tales: The Rhetoric of the Remake". *Literature/Film Quarterly* 18.3 (1990), S. 138–49.

NPR Staff: „The Capitol Siege: The Arrested and Their Stories". *NPR*. 29.07.2021. https://www.npr.org/2021/02/09/965472049/the-capitol-siege-the-arrested-and-their-stories. Zugriff am 24.02.2022.

Sherman, Amy. „A Timeline of What Trump Said Before Jan. 6 Capitol Riot". *Politifact, Poynter Institute*. 11. Januar 2021. https://www.politifact.com/article/2021/jan/11/timeline-what-trump-said-jan-6-capitol-riot/. Zugriff am 15.07.2021.

Ransby, Barbara. *Making All Black Lives Matter: Reimagining Freedom in the 21st Century*, Berkeley: University of California Press, 2018.

Taylor, Keeanga-Yamahtta (Hrsg). *How We Get Free: Black Feminism and the Combahee River Collective*, Chicago: Haymarket Books, 2017.

Vitale, Alex. *The End of Policing*, London und New York: Verso, 2017.

West, Cornel. *Race Matters*, New York: Vintage Books, 2001.

Wilderson, Frank B. III. *Afropessimism*, New York: Liveright Publishing Corporation, 2020.

Watchmen. Reg. Damon Lindelof. HBO, 2019.

Marius Henderson

An „Ungedachtes“ rühren

Anti-Blackness, Afropessimismus und zeitgenössische Kunst und Literatur

Afropessimistische Theorieansätze widmen sich der kritischen Infragestellung der Leerstellen bestimmter Grundannahmen etablierter Strömungen kritischer Theoriebildung, insbesondere hinsichtlich der Analyse paradigmatischer Rassifizierung und damit verknüpfter Formen struktureller Gewalt. Einen zentralen Ausgangspunkt bildet dabei das Denken von „ungedachten" Positionen (Hartman und Wilderson), wie der Positionalität von *Blackness*[1], welche, so eine Kernthese afropessimistischer Theorien, mindestens seit Beginn des rassifizierten transatlantischen Versklavungshandels, konstitutiv aus der Sphäre des „Menschlichen" ausgeschlossen wird und einem Paradigma der Anti-Blackness ausgesetzt ist. Dieser Text wird einführend zentrale Konzepte und Ansatzpunkte afropessimistischer Theorien vorstellen und dabei wiederholt auf Konzeptualisierungen des „Ungedachten" zurückkommen. Im Denken und Schreiben mit afropessimistischen Theorien versucht dieser Text in einem zweiten Schritt darzulegen, welche Implikationen diese Theorien für ästhetisch-politische Praxen haben und inwiefern exemplarische zeitgenössische künstlerische und literarische Arbeiten wo-möglich an besagte Positionen des Ungedachten heranrühren. In diesem Zusammenhang werde ich Strategien der „verkörperlichten Abstraktion" sowie des „Schreibens des Un(be)schreibbaren", in ausgewählten Arbeiten von Rashid Johnson, Hannah Black, Dawn Lundy Martin und Fred Moten, anführen, als ästhetisch-politische Strategien, die Ungedachtes, insbesondere unter dem Eindruck struktureller Anti-Blackness, mitdenken.

Dieser Text befasst sich mit Fragen des „Wo", mit Fragen der Verortung, mit der Verortung von Positionen. Die Präposition „rum", die in der Frage dessen, „wo-rum es hier geht", enthalten ist, wird auch entscheidend sein, denn sie beschreibt die Denkbewegungen, denen der Text versucht zu folgen. Diese Denkbewegungen kreisen herum, um

1 Ich werde in diesem Text den Begriff *Blackness* beibehalten, d.h. im englischen Original belassen, da deutsche Übersetzungen, wie „Schwarzsein" oder „Schwarzheit", in Bezug auf die Theoretisierung von Blackness in afropessimistischer Theorie nicht vollends zu greifen scheinen. Blackness wird in dem Kontext primär als durch den rassifizierten transatlantischen Versklavungshandel konstituierte paradigmatische Positionalität begriffen, die strukturell aus der Sphäre (hegemonial) „menschlichen *Seins*" ausgeschlossen wird und dadurch für jenes wiederum per Ausschluss konstitutiv ist. In der sich versperrenden Nicht-Übersetzung klingt vielleicht auch die Position des „Ungedachten" noch eher an.

vermeintliche „Dinge“, gewaltsame Verdinglichungen, um die Positionen gewaltsam rassifizierter und verdinglichter Körper.

Es geht in diesem Text auch um ein Umkreisen, eher als Umspülen und Durchströmen, wellenförmig, im Kielwasser, „in the wake“, um ein zentrales Konzept Christina Sharpes bereits zu erwähnen, welches noch wiederkehren wird. Diese wellenförmigen Denkbewegungen „schreiten“ insofern nicht einfach linear voran, als geordnet-sachliche Prosa, sondern kommen immer wieder zurück oder auf bestimmte Stellen, im Heranrühren auf der Stelle, an gewaltsam in rassifizierten Kategorien arretierte Positionalitäten. Hier scheint wieder die Frage der Position auf, des Ungedachten wie auch der An- und Berührung, wenn nämlich nicht nur theoretisch-konzeptuelle Überlegungen, sondern auch verkörperlichte und affektive Dimensionen der Denkgegenstände — Afropessimismus, Anti-Blackness, zeitgenössische künstlerisch-literarische Praxen — im Text zutage treten und mitgedacht werden sollen.

Ungedachtes

Als Theorieströmung begann sich Afropessimismus, nach heutigem Verständnis,[2] Anfang der 2000er Jahre herauszubilden und hat sich inzwischen zu einem vielfältigen, transdisziplinären Ansatz kritischer Theoriebildung formiert.[3] Eine Prämisse afropessimistischer Theorie ist, dass Blackness seit dem rassifizierten transatlantischen Versklavungshandel und europäischen Kolonialismus eine Position markiert, die strukturell und paradigmatisch mit der Position einer*s Versklavten verbunden wird, also einer Position, die gewaltsam außerhalb der Sphäre des „Menschlichen“ verortet und als konstitutives Außen, als

2 Als „Afropessimist*innen“ wurden zuvor, in eher vorwurfsvoller Weise, diverse dekoloniale afrikanische Theoretiker*innen bezeichnet. Die afropessimistischen Theoriestränge, auf die in diesem Text verwiesen wird, entsprangen zunächst primär nordamerikanischen Kontexten und wählen den Begriff des Afropessimismus, wenn, dann als bewusste Selbstbezeichnung. Es zirkulieren mehrere Schreibweisen des Begriffs mit und ohne Bindestrich. Ich orientiere mich in diesem Text an der Schreibweise in Wildersons *Afropessimism* (2020).

3 Dies ist eine kleine Auswahl weiterer mit dem Afropessimismus assoziierter Theoretiker*innen, wenn auch vermutlich nicht alle sich zwingend selbst als Afropessimist*innen bezeichnen würden: Patrice D. Douglass, Zakiyyah Iman Jackson, Joy James, David Marriott, Jared Sexton, Christina Sharpe, Selamawit D. Terrefe, Rinaldo Walcott,

das „Andere“ des Menschseins, gefasst wird. Somit wird letztlich auch die hegemoniale, positive Definition des Menschseins überhaupt erst durch den negierenden Ausschluss von Blackness ermöglicht. Neben dem Einfluss historiografischer Forschung und der Befassung mit Fragen der politischen Ökonomie ist für afropessimistische Theorie integral, dass die genannten Perspektiven um Analysen auf den Ebenen der politischen Ontologie sowie der libidinösen Ökonomie[4] ergänzt werden. Ein Fokus liegt dabei auf der kritischen Analyse von Anti-Blackness. Die Relegation von Blackness in die Sphäre des Nicht- bzw. Anti-Menschlichen ist laut Wilderson sinn- und gemeinschaftsstiftend für sich als „menschlich“ definierende Zivilgesellschaften, bildet deren ontologisierte Tiefenstruktur und ist auch gleichsam mit bestimmenden doch weitestgehend unbewussten Begehrensstrukturen besetzt.

In afropessimistischer Theorie wird Blackness demzufolge als historisch geformte, strukturelle Position, die gewaltsam ontologisiert wurde und wird, und *nicht* als essentialistische Seinskategorie verstanden. Des Weiteren wird Blackness im Afropessimismus auch eher nicht als individuelle, kulturelle Identitätskategorie oder als performativ verstandener Modus der Selbstdefinition theoretisiert. Zur Definition und Theoretisierung von Blackness im Afropessimismus schreiben Douglass, Terrefe und Wilderson daher: „Der Afropessimismus theoretisiert Blackness als Auswirkung struktureller Gewalt, im Gegensatz zum Verständnis von Blackness als Performance und Verkörperung kultureller und/oder anthropologischer Eigenschaften“ (o. S.).[5] [6]

Der Begriff *Anti-Blackness* wird auch als erweiternde Ergänzung

Calvin L. Warren, Jaye Austin Williams. Für einen frühen einführenden transatlantischen Austausch über afropessimistische Theorie siehe auch Weier.

4 *Politische Ontologie* meint in dem Kontext primär Perspektiven auf von Macht- und Gewaltdynamiken durchsetzte Strukturierungen von Leben, vor allem entlang deren Kategorisierung als „(menschliches) Sein“ oder deren Ausschluss daraus sowie die Bedingungen der Möglichkeit dieser Strukturierungen. *Libidinöse Ökonomie* wiederum bezeichnet in dem Zusammenhang Dynamiken und Strukturierungen des Unbewussten wie Formationen des Begehrens.

5 Original: „Afro-pessimism theorizes blackness as an effect of structural violence, as opposed to thinking of blackness as a performance and embodiment of cultural and/or anthropological attributes“ (o. S.).

6 Sofern nicht anders angegeben, wurden alle Übersetzungen englischsprachiger Zitate ins Deutsche von mir erstellt. Die Übersetzungen einzelner Kernbegriffe und theoretischer Konzepte aus Frank B. Wildersons III *Red, White & Black* entspringen der gemeinsamen Arbeit von Patience Amankwah, Paula von Gleich, Priscilla Layne, Samira Spatzek, Myriam Sauer und mir. Ich bin den genannten Kolleg*innen zu tiefstem Dank

des Begriffs des Rassismus eingeführt, auch des bereits spezifischeren Begriffs des anti-Schwarzen Rassismus. Wohingegen Rassismus oft vornehmlich Formen rassifizierter Diskriminierung und Gewalt, gerade auch auf der Ebene konkreter Erfahrung, bezeichnet, operiert der Begriff der Anti-Blackness wiederum auf abstrakteren und spezifischeren Ebenen zugleich, als Begriff für eine historisch überformte, rassifizierte, gewaltvolle Tiefenstruktur. Anti-Blackness bildet somit sozusagen die strukturelle, ontologisierte Basis für konkrete, z.B. veralltäglichte, Formen des anti-Schwarzen Rassismus (vgl. Jung und Vargas; ross).

Der Begriff des „Ungedachten", der zentral für den Titel und Gehalt dieses Textes ist, ist einem Interview entlehnt, welches Frank B. Wilderson III mit Saidiya Hartman für die interdisziplinäre Zeitschrift *Qui Parle* (2003) geführt hat. Dieses Interview trägt den Titel „The Position of the Unthought" und kann als einer *der* Grundlagentexte für zeitgenössische afropessimistische Theoriebildung angesehen werden. In dem Interview thematisiert Hartman die besagte „Position des Ungedachten" einführend in folgender Weise:

> In vielerlei Hinsicht war das, was ich als Kulturhistorikerin zu tun versuchte, eine gewisse Unmöglichkeit zu erzählen, jene Praktiken zu beleuchten, die die Grenzen der meisten verfügbaren Erzählungen zur Erklärung der Position der Versklavten ansprechen. Auf der einen Seite ist der*die Versklavte die Grundlage der nationalen Ordnung, auf der anderen Seite nimmt der*die Versklavte *die Position des Ungedachten* ein. Was bedeutet es also zu versuchen, diese Position ins Blickfeld zu rücken, ohne sie zu einem Ort des positiven Wertes zu machen, oder ohne zu versuchen, die Leere zu

für die gemeinsame übersetzerische Arbeit sowie für den vielfältigen inhaltlichen Austausch und die Kooperationen auf verschiedenen Ebenen verpflichtet. Ebenso möchte ich zutiefst Cedric Essi danken sowie Nathalie Aghoro, Luvena Kopp, Courtney Moffett-Bateau und Vanessa E. Thompson. Cedric Essi organisierte im November 2020 anlässlich der Veröffentlichung von Wildersons *Afropessimism* ein virtuelles Roundtable-Gespräch mit Frank Wilderson, an dem neben den genannten Kolleg*innen auch ich teilnehmen durfte. Auch möchte ich herzlichst Sabine Broeck für die Herstellung persönlicher Kontakte zu einschlägigen afropessimistischen Theoretiker*innen danken. Allen genannten Personen bin ich überaus dankbar für die Ermöglichung der transnationalen Auseinandersetzung mit afropessimistischer Theoriebildung sowie der Möglichkeit, mittels dieser auch deutschsprachige Kontexte zu durchdenken.

> füllen? Ein Großteil unseres politischen Vokabulars/Vorstellungsvermögens/Begehrens ist implizit assimilationistisch, selbst wenn wir uns einbilden, dass unsere Ansprüche radikaler sind. Das führt zum zweiten Teil des Buches [*Scenes of Subjection*] – dass die metanarrative Stoßrichtung letztlich immer auf eine Eingliederung in das nationale Projekt hinausläuft, und besonders dann, wenn dieses Projekt in der Krise ist, sind Schwarze Menschen dazu aufgerufen, es zu bestätigen (184-185, meine Hervorhebung).[7]

Hartman geht es um die Auseinandersetzung mit der Positionalität als Schwarz rassifizierter, versklavter Menschen, deren strukturelle Position sie als eine bislang ungedachte reflektiert. Eine sprachliche Annäherung an diese Position in Form einer kohärenten Erzählung hält sie für nahezu unmöglich. Gleichsam möchte sie in ihrer kulturhistorischen Arbeit, ihrem Heranrühren an diese ungedachte Position, hegemoniale Narrative der Assimilation und der verklärend positiven Repräsentation im Dienste nationalistischer Projekte kategorisch vermeiden.

An diese grundlegenden konzeptuellen Reflexionen Hartmans schließt Wilderson auch in seinen späteren theoretischen Arbeiten an. Wildersons Verständnis nach ist Blackness primär als gewaltsam installierte Position zu begreifen. Das Fortwirken struktureller Anti-Blackness, seit dem rassifizierten transatlantischen Versklavungshandel, kritisch zu analysieren, ohne historisch perpetuierte anti-Schwarze Strukturen beschönigend darzustellen und die paradigmatisch schwer zu kommunizierende Positionalität von Blackness in der Analyse optimistisch auszuglätten, ist ein Kernanliegen afropessimistischer Theorie. Diese zentralen Aspekte von Wildersons Verständnis afro-

7 Original: „In many ways, what I was trying to do as a cultural historian was to narrate a certain impossibility, to illuminate those practices that speak to the limits of most available narratives to explain the position of the enslaved. On one hand, the slave is the foundation of the national order, and, on the other, the slave occupies the position of the unthought. So what does it mean to try to bring that position into view without making it a locus of positive value, or without trying to fill in the void? So much of our political vocabulary/imaginary/desires have been implicitly integrationist even when we imagine our claims are more radical. This goes to the second part of the book [*Scenes of Subjection*] — that ultimately the metanarrative thrust is always towards an integration into the national project, and particularly when that project is in crisis, black people are called upon to affirm it" (184-185).

pessimistischer Theorie werden in dem folgenden Zitat verdichtet dargelegt:

> Die Afro-Pessimist*innen sind Theoretiker*innen Schwarzer Positionalität, die wie [Frantz] Fanon darauf bestehen, dass Schwarze Menschen zwar tatsächlich fühlende Wesen sind, dass aber die Struktur des gesamten semantischen Feldes der Welt [...] durch anti-Schwarze Solidarität zusammengehalten wird. [...] Afro-Pessimismus untersucht die Bedeutung von Blackness nicht — in erster Linie — als eine vielfältig und unbewusst interpellierte Identität oder als ein*e bewusste*r sozialer Akteur*in, sondern als eine strukturelle Position der Nicht-Kommunizierbarkeit angesichts aller anderen Positionen; diese Bedeutung ist nicht-kommunizierbar, weil Blackness wiederum als Position auf Modalitäten der Akkumulation und Fungibilität, nicht auf Ausbeutung und Entfremdung beruht. (*Red, White & Black* 58-59)[8]

Die Zitate von Wilderson und Hartman, zwei wegweisenden Theoretiker*innen afropessimistischer Theorie, kondensieren Kerngedanken afropessimistischer Theorie. In diesem Kontext meint Ungedachtes gerade auch eine Position außerhalb konventioneller Kategorien sozialer Differenz und Positionalität. Laut afropessimistischer Einsichten lässt sich das Verhältnis von Blackness zu anderen sozialen und politisch-ontologischen Positionalitäten als durch Abjektion begründet fassen. Die Abjektion von Blackness beinhaltet deren affektiv aufgeladenen Ausschluss, z.B. durch Affekte der Abstoßung, aus der Sphäre eines als kohärent und „menschlich" definierten „Seins" und dessen symbolischer Ordnungen. Und dennoch: Blackness als grundlegend Abjektifiziertes bildet den Grund auf dem hegemoniales „Mensch-Sein" sich begründet, entfaltet und aktualisiert, wie Tiffany Lethabo King

8 Original: „The Afro-pessimists are theorists of Black positionality who share Fanon's insistence that, though Blacks are indeed sentient beings, the structure of the entire world's semantic field [...] is sutured by anti-Black solidarity. [...] Afro-pessimism explores the meaning of Blackness not — in the first instance — as a variously and unconsciously interpellated identity or as a conscious social actor, but as a structural position of noncommunicability in the face of all other positions; this meaning is noncommunicable because, again, as a position, Blackness is predicated on modalities of accumulation and fungibility, not exploitation and alienation" (*Red, White & Black* 58-59).

ausführt (*The Black Shoals* 51-55).

Afropessimismus zeichnet sich aus durch Perspektivierungen, welche antreten, bestehende ausgetretene Denkmuster fundamental in Frage zu stellen. Afropessimistische Theoriebildung ist auf verschiedene Arten und Weisen in politischer Arbeit verankert, sei es in Schwarzem feministischen Aktivismus oder dem militanten Widerstand gegen die Apartheid. Ausbeutung und Entfremdung bilden laut Wilderson eine paradigmatische „Grammatik des Leidens" (*Red, White & Black* 5-11) nicht-Schwarzer Positionalitäten und wurden umfassend bspw. im Kontext marxistischer, *weißer* feministischer oder psychoanalytischer Strömungen theoretisiert. Wilderson argumentiert nicht dafür, dass nicht-Schwarze Positionen nicht auch von gewaltsamen Verwerfungen betroffen sein können, doch seien diese kontingent, d.h. z.B. an bestimmte, situativ und historisch spezifische Konditionen geknüpft.

Erneut und unentwegt wiederholt: Gewalt

Wilderson zufolge ist es nicht-kontingente willkürliche Gewalt, die rassifizierte Schwarze Positionalitäten paradigmatisch platziert, als Objekte besagter Gewalt sowie im Kontext einer „Grammatik des Leidens", welche seit der Zeit moderner rassifizierter Versklavung durch Akkumulation[9] und Fungibilität[10] konstituiert wird. Diese willkürliche Gewalt manifestiere sich zudem als „metaphysische Gewalt", wie Patrice D. Douglass und Wilderson anführen (118-120). Als metaphysische Gewalt, ein Begriff, der auf Douglass' Arbeiten zurückgeht, ist eine grundlose totalisierende Gewalt zu verstehen, die dennoch einen Grundstein legt und zwar, indem sie Schwarze Positionalitäten als außerhalb der Welt des „Menschlichen" stehend einfasst. Unter den Bedingungen des strukturellen Paradigmas von Anti-Blackness wird Blackness, aus afropessimistischer Sicht, in die Sphäre des „so-

9 *Akkumulation* meint in dem Zusammenhang hauptsächlich die Verdinglichung zu einem anhäufbaren (akkumulierbaren) (warenförmigen) Objekt.

10 *Fungibilität* meint eine gewaltsam durchgesetzte und zur Norm erhobene (verdinglichende) Austausch- und Ersetzbarkeit (von Leben).

zialen Todes" relegiert, d.h. jenseits sozialer menschlicher Relationalität, welches sich bspw. auch durch die gewaltsame Herabwürdigung und Pathologisierung Schwarzer (Wahl)Verwandtschaftsverhältnisse manifestiert. Der Begriff des sozialen Todes geht auf die historiografisch unterfütterten Analysen der Versklavung des Soziologen Orlando Patterson zurück, welcher den „sozialen Tod" als eines der Kernmerkmale der Position eines*r Versklavten definiert. Afropessimistischer Theoriebildung zufolge besteht die paradigmatische Positionierung von Blackness in der Sphäre des sozialen Todes weiterhin strukturell fort, auch nach der formalen Abschaffung rassifizierter Versklavung (Douglass und Wilderson 122; Wilderson, *Afropessimism* 223-224). Der soziale Tod, in den Blackness unter den Bedingungen von Anti-Blackness eingeschlossen wird, ist kein Möglichkeitsraum. Um überhaupt das Erleben bestimmter Möglichkeitsräume, von Potentialität und Relationalität, ein „In-der-Welt-Sein" oder überhaupt eine Position ungehinderten Seins teilen zu können, benötigt es, laut Douglass und Wilderson, ein strukturelles Zugeständnis einer gewissen metaphysischen Kapazität, welche Schwarzen Positionalitäten seit dem rassifizierten transatlantischen Versklavungshandel paradigmatisch untersagt werde (120-122). Calvin L. Warren konstatiert daher, dass Blackness, angesichts des Persistierens struktureller Anti-Blackness, wenn, dann lediglich als Form der „Existenz", nicht aber als „Sein", gefasst werden könne und schreibt daher Schwarzes Sein stets als durchgestrichen, „black ~~being~~", um die paradigmatische willkürliche, metaphysische Gewalt, der Blackness ausgesetzt ist, auch grafisch darzustellen (14-19). So „ist", laut Warren, Schwarzes Sein — aufgrund des anti-Schwarzen Paradigmas — positioniert als durchstrichenes, als grundlos und gewaltsam niedergetretener Grund, auf dem der Rest der Welt (weiter) läuft. Afropessimistische Kritiken und afropessimistisch geprägte Aktivismen zielen demzufolge auch nicht auf eine Politik der Anerkennung ab, so lange dieses Paradigma herrscht, da die Schwarze „Grammatik des Leidens", unter diesen Gegebenheiten, niemals anerkannt, sondern lediglich angeeignet, kommodifiziert oder spektakulär ausgeschlachtet werden könne.[11]

11 Diese Schwierigkeit erstreckt sich auch auf Fragen der Empathie, wenn Empathie im Schein der Analogie operiert, also als Manöver, welches strukturell verschieden kons-

Afropessimistische Theoriebilding versucht zu den ontologisierten Tiefenstrukturen durchzudringen, die dies alles überhaupt ermöglichen, und befasst sich daher mit den Bedingungen der Möglichkeit von hegemonial „menschlicher Weltlichkeit" überhaupt und deren Einbettung in die anhaltende Geschichte von Anti-Blackness. Blackness wiederum, so die Prämisse, wird qua Anti-Blackness strukturell aus dem „Nachleben" (Hartman, *Lose* 6) (der Versklavung) konstituiert sowie in Form von Nachbildern („afterimages", in Anlehnung an Audre Lorde und Moor Mother) und verstellt sich somit wo/möglich doch einem vereindeutigenden Begreifen, der transparenten Repräsentation einer originären, mit sich selbst identischen, fixen Position.

Der Pessimismus, welcher afropessimistischer Theorie innewohnt, speist sich aus einer Abkehr von allzu optimistischen Verklärungen der strukturierenden Schlagkraft von Anti-Blackness, von verzweifelten Erfolgsnarrativen der vermeintlich bereits erfolgten Überwindung von Anti-Blackness (z.B. angesichts der Vereidigung eines Schwarzen US-Präsidenten, etc.), welche oftmals einen tiefer liegenden sentimentalen und paternalistischen Impetus überdecken.

Die spektakuläre und oftmals dekontextualisierte mediale Wiederholung und Verbreitung anti-Schwarzer Gewalt führt vielfach zu einer Desensibilisierung, einer beständigen Gewöhnung an die Betrachtung exzessiven Schwarzen Leids seitens nicht-Schwarzer Positionalitäten. Laut Douglass und Wilderson wiederum strebt „metaphysische Gewalt" die Unterminierung „metaphysischer Kapazitäten" Schwarzer Positionalitäten an; d.h. die Kapazität, z.B. entlang der Kategorien von Raum und Zeit, „die Welt" in einer Art handhabbarer Kontrolle zu fassen, welche auch die Kontrolle und Beendigung endlos erscheinenden, weil strukturell produzierten, Leids miteinschließen würde (119-122).

tituierte Grammatiken des Leidens analog setzt, wenn sich hegemonial „menschliche" Positionalitäten an die Stelle Schwarzer Positionalitäten setzen und so ein Lustgewinn entsteht, indem erstere sich z.B. in der Position eines geschundenen Schwarzen Körpers fantasieren.

Libidinöse Ökonomien, Psychodynamik und „Wahnsinn"

Im Afropessimismus erfährt die Analyse der paradigmatischen Rolle von Anti-Blackness auch auf der Ebene libidinöser Ökonomie, in Verzahnung mit den Ebenen der politischen und symbolischen Ökonomie sowie der politischen Ontologie, eine besondere Beachtung. Als libidinöse Ökonomie wird dabei vor allem Folgendes verstanden: (irrationale) unbewusste Strukturierungen des Begehrens und damit verknüpfte affektive und psychodynamische Formierungen. Wilderson merkt dazu an:

> Afro-Pessimismus ist nicht nur eine Analyse des vorbewussten Leidens, das die Zivilgesellschaft Schwarzen Menschen auferlegt — die Vorenthaltung von Rechten. Es geht auch um das kollektive Unbewusste und die Art und Weise, wie die Psyche Blackness als notwendiges Objekt der Abjektion durch primäre und nicht nur sekundäre Artikulationsprozesse erschafft — wie das bewusste Sprechen primäre Begehrensformen verdeckt. Du kannst dein Unbewusstes nicht kontrollieren. ("Staying Ready" 66)[12]

Wilderson benennt somit die konstitutive Funktion, welche die Abjektifizierung von Blackness für ein kollektives Unbewusstes habe und dass diese die Konsistenz und Kohärenz hegemonialer, strukturell anti-Schwarzer, psychischer Formationen sicherstelle.

Die Befassung mit den psychodynamischen Implikationen persistierender Anti-Blackness ist ein integraler Bestandteil afropessimistischer Theoriebildung. In seiner Monografie, *How to Go Mad without Losing Your Mind: Madness and Black Radical Creativity* (2021) widmet sich La Marr Jurelle Bruce besagten Implikationen, z.B. hinsichtlich der Infragestellung hegemonialer Kategorien rassifizierter psychischer „Devianz" und deren Einbettung in Anti-Blackness. Bruce verweist

12 Original: „Afro-pessimism is not just an analysis of the preconscious suffering that civil society imposes upon Black people — the withholding of rights. It's also about the collective unconscious and how the mind works creating Blackness as a necessary object of abjection, through primary processes of articulation, not just secondary processes — how conscious speech belies primary desires. You can't control your unconsciousness" („Staying Ready" 66).

u.a. auf die Geschichte anti-Schwarzer Paradigmen im Bereich der Psychiatrie und Psychologie, wie bspw. die anti-Schwarze Rassifizierung von „Schizophrenie" während der Zeit der US-amerikanischen Bürger*innenrechtsbewegung, welche in der institutionalisierten Delegitimierung antirassistischen Widerstands durch Pathologisierung gipfelte (7, 25).

Fußend auf kritischen Interventionen der Mad Studies[13], stellt Bruce die dichotome und hierarchische Gegenüberstellung von „Wahnsinn" und „Vernunft" in Frage und zudem heraus, wie die hegemoniale Bezugnahme auf „Vernunft" oftmals den gleichzeitigen Ein- und Ausschluss sowie die gewaltsame Abjektion als „wahnsinnig" markierter Personen zum Ausgangpunkt nimmt. Anschließend an die Mad Studies wird der Begriff des „Wahnsinns" („madness") von Bruce neu besetzt und kritisch angeeignet, auch als Möglichkeit positiv besetzter Selbstbezeichnung. Zugleich entspringe dem psychonormativ attestierten „Wahnsinn" abjektifizierter Blackness mitunter ein geschärfter Sinn, ein besonderes Bewusstsein für den gewaltsamen „Wahn" *weißer* Vorherrschaft sowie struktureller Anti-Blackness. Bruce beschreibt, wie attestierter „Wahnsinn" – „Wahnsinn" entsprechend normativer anti-Schwarzer Diskurse – als psychischer „Zusammenbruch", in gewisser Weise auch zum erkenntnistheoretischen „Durchbruch" führen könne (14). Allerdings wendet sich Bruce auch explizit gegen eine simple Romantisierung von „Wahnsinn", gerade in der gängigen Assoziation von „Wahnsinn" mit künstlerischem „Genie" (9-15, 20-21).

Insofern lassen sich die Verletzungen, auch auf psychischer Ebene, welche strukturelle Anti-Blackness generiert, offenbar nur schwerlich alleinig innerhalb etablierter Kategorien psychodynamischer Verletzung, bspw. des Traumas, konzeptualisieren. Das Trauma wird in gängigen, z.B. psychoanalytisch geprägten Theorieansätzen als Resultat eines außeralltäglichen, die Psyche des*der Trauma-Überlebenden überwältigenden Ereignisses gefasst (vgl. Caruth; Leys). Dieser traditionellen Trauma-Konzeption entsprechend, wird also ein prä-

13 *Mad Studies* bezeichnet eine Denkströmung, welche Aktivismus, Theorie und Wissenschaft verschränkt, stark von Betroffenen/Psychiatriererfahrenen getragen wird und u.a. hegemoniale, normative Modelle „mentaler Gesundheit" sowie psychiatrischer Pathologisierung grundlegend in Frage stellt.

traumatischer Zustand zumindest relativer „Stabilität" vorausgesetzt, welcher dann durch das Trauma erschüttert wird, aber durch erfolgreiche „Durcharbeitung" zumindest teilweise wiederhergestellt werden kann. Was mit dieser Trauma-Konzeption einhergeht, ist eine gewisse, mehrstufige narrative Logik, wie Douglass und Wilderson argumentieren, die wie folgt aussieht: psychisches „Gleichgewicht" („Equilibrium") – traumatischer Schock („Disequilibrium" [„Ungleichgewicht"]) – erfolgreiche „Durcharbeitung" – „Heilung" („wiederhergestelltes Equilibrium") (Douglass und Wilderson 121; Wilderson, *Afropessimism* 313-314). In Bezug auf Anti-Blackness greift diese Trauma-Konzeption und narrative Logik nicht, denn die anti-Schwarze metaphysische Gewalt positioniert, laut Douglass und Wilderson, Blackness strukturell als „gebrochen", „Nicht-Sein", als Position konstitutiven „Disequilibriums" (121).

Christina Sharpes Begriff der „wake work" kann u.a. auch als alternatives Konzept der Trauer- und Traumaarbeit angesehen werden, welches aus dem Bewusstsein um die seit dem Versklavungshandel perpetuierte strukturelle Gewalt von Anti-Blackness entwickelt wurde. Sharpe durchdenkt in *In the Wake: On Blackness and Being* die verschiedenen Bedeutungen des englischen Begriffes *wake* – z.B. „Totenwache", „Kielwasser" oder „zu Bewusstsein kommen" – hinsichtlich ihrer Resonanzen mit Strategien des Überlebens, affektiver Politiken, künstlerischer Praxis, des Widerstands und der kritischen Bewusstseinsbildung Schwarzer Leben im Angesicht umfassender Anti-Blackness. Der Ansatz der „wake work" ist maßgeblich von einer Haltung der Sorge/Care motiviert, wie Sharpe schreibt: „Ich will ‚the wake' [das Kielwasser/die Totenwache/Bewusstwerdung] als ein Problem von und für das Denken denken. Ich will ‚care' [Sorge] als ein Problem für das Denken denken. Ich möchte care in the wake als ein Problem für das Denken und von und für Schwarzes Nicht/Sein in der Welt denken" (5).[14] Die Frage nach Umgängen, gerade auch Sorge-basierten, mit den Effekten von Anti-Blackness ist auch für ästhetisch-politische Praxen äußerst relevant, wie im Folgenden zu zeigen sein wird.

14 Original: „I want to think ‚the wake' as a problem of and for thought. I want to think ‚care' as a problem for thought. I want to think care in the wake as a problem for thinking and of and for Black non/being in the world" (5).

Politisierte Ästhetik

In Bezug auf die Frage, wie mit Ungedachtem innerhalb der gewaltsamen Strukturen paradigmatischer Anti-Blackness überhaupt ein Umgang gefunden werden kann, mit den gravierenden unbewussten psychodynamischen und libidinösen Effekten im Hinterkopf, könnten Felder ästhetischer Praxis Anknüpfungspunkte bieten. Zugleich besteht, wie schon angemerkt, die Gefahr einer Romantisierung Schwarzen Leidens und der beschönigenden Verklärung der Bereiche des Ästhetischen, welche, wie afropessimistische Theoretiker*innen betonen, ebenso von den konstitutiven Strukturen der Anti-Blackness durchzogen sind. Dennoch bergen ästhetische Fragestellungen und Praxen gewisse Potentiale in sich, hinsichtlich der Analyse und Kritik von Anti-Blackness, die im Folgenden diskutiert werden sollen.

Aus einer Schwarzen feministischen Perspektive schlägt Denise Ferreira da Silva vor, andere Formen des Denkens und Schreibens über Kunst(theorie) und künstlerische Arbeiten zu praktizieren, welche strukturelle Anti-Blackness nicht reproduzieren. Diese Formen der denkenden, schreibenden, fühlenden Annäherung an künstlerische Arbeiten solle nicht mehr primär auf ein allumfassende Gültigkeit behauptendes und somit die Prozesse der Bedeutungsproduktion arretierendes Verstehen hin verstanden werden, welche letztlich abgeschlossene abstrakte Repräsentationen in Form finaler Interpretationen bildet, sondern als ein Modus der Begegnung mit künstlerischen Arbeiten. Dieses Verfahren nennt sie „poethical", also „poethisch" („In the Raw" o. S.; „Toward a Black Feminist Poethics" 84 ff., Bradley und da Silva o. S.). In diesem Begriff finden sich Anklänge an Poesie („poetry") ebenso wie an Ethik („ethics"), aber auch an *Poiesis*, also an kreative Herstellung im umfassenderen Sinne. Poethisches Denken und Schreiben verstehe ich, inspiriert von da Silva, als ein Rühren-An, ein Berühren ebenso wie ein Berührt-Werden in der Begegnung mit künstlerischen Arbeiten, welches nicht nach interpretatorischer und epistemologischer Meister*innenschaft und Beherrschung strebt.

Da Silvas „Black Feminist Poethics" versucht dagegen, eine gewisse Unbestimmbarkeit zu erhalten, weil das Ideal der absoluten Bestimmbarkeit und Bemessung in Fragen politischer Ästhetik als Teil normativer Diskurse der westlichen Moderne erachtet werden (da Silva „1 (life)" o. S.). Als ein zentrales Objekt, als Null- und Ausgangspunkt, dieser Bestimmbarkeit diente, wie da Silva im Anschluss an Hortense Spillers darlegt, der versklavte, rassifizierte Schwarze Körper (ebd.). Da Silvas poethisches Denken und Schreiben verstellt sich vermessenden Vereindeutigungen und setzt sich ab von vermeintlich schnellen, symbolischen Lösungen im Kontext ästhetischer Verhandlungen sozio-politischer Konflikte und Antagonismen sowie von linearen Fortschrittserzählungen und deren häufiger Koppelung an Modi der Respektabilitätspolitik.

Ein Denken und Schreiben in der Begegnung mit künstlerischer Praxis, welches an das Ungedachte unter den Bedingungen struktureller Anti-Blackness rührt, bewegt sich auch in diesem Zusammenhang abseits gängiger Fragen der Anerkennung und Repräsentation. So lässt sich unter Rückgriff auf Ausführungen Fred Motens anführen, dass Blackness qua struktureller Anti-Blackness nicht innerhalb eines hegelianisch-dialektischen Kampfes um Repräsentation und Anerkennung situiert ist, welcher typisch für hegemonial „menschliche" Positionalitäten scheint, sondern innerhalb der Sphäre der Abjektion (*Stolen Life* 276-277). Die Position von Blackness qua Anti-Blackness „ist", wie Warren argumentiert (20), außerhalb des hegemonial „menschlichen" Seins lokalisiert, von dessen Warte aus sie als „Nichts" gilt, das dennoch durch seine Abjektion und (Ver)Nichtung die Bedingung der Möglichkeit für hegemonial „menschliches" Sein schafft. Poethisch angenähert werden kann sich dieser ungedachten Position daher, wenn überhaupt, dann durch ein Verweilen-Mit, welches sich rein kognitiver Bestimmbarkeit entzieht, wie in ästhetischen Praxen exemplifiziert, die Überlappungen mit afropessimistischen Einsichten aufscheinen lassen und materialisieren.

Auseinandersetzungen mit der ungedachten Position von Blackness unter dem Eindruck der umfassenden Dimensionen von Anti-Blackness im Bereich der Ästhetik sollte, wie Jared Sexton in Anlehnung an Walter Benjamin einwirft, nicht in einer Ausdehnung der Ästhetisierung von Politik erfolgen, welche Benjamin mit faschistischen Tendenzen assoziierte, sondern in der zunehmenden Politisierung der Ästhetik („All Black Everything" o. S.). Dies schließt kritische Interventionen gegen gängige ästhetische Praxen mit ein, welche in struktureller Anti-Blackness verankert sind und für die Schwarze Körper und deren Leid zum illustrativen und animierenden Stoff werden, zur beliebig verwendbaren Masse, zum reinen, letztlich auch austauschbaren Rohmaterial oder fetischistisch aufgeladenen Spektakel (Marriott o. S.).[15] Diese Praxen perpetuieren auch wieder die anti-Schwarze Grammatik des Leidens als eine, welche sich in Form von Fungibilität und Akkumulation manifestiert und sich als ästhetische Form z.B. in entkörperlichten vermeintlich gänzlich abstrakten Repräsentationen Schwarzen Leidens ausdrücken kann, die letztlich auch dem lustvollen Konsum und ästhetischen Genießen dieses Leidens dienen.

Eine Politisierung der Ästhetik, die sich gegen Anti-Blackness wendet und mit Mitteln der Abstraktion operiert, kann entstehen, wenn nicht alles glatt geht, nicht alles aufgeht und alles in Akkumulierbarkeit aufgehoben wird, wenn Abstraktion z.B. nicht totalisierend ausgeführt wird, wenn sie nicht restlos ins geglättete Ungegenständliche mündet, wenn da immer noch Differenz und ein widerständiger Rest ist, z.B. von Verkörperlichungen, welche nicht fetischisiert oder lückenlos verzehrt werden. Es bleibt sprichwörtlich etwas im Kopfe stecken als Modus der Verweigerung gegenüber der restlosen Tilgung in meister*innenhaften Zugriffen.

Diese Beschreibungen politisch-ästhetischer Praxen mögen zunächst verdächtig nach den Programmatiken westlich modernistischer Avantgarde-Bewegungen klingen. Doch was gewisse zeitgenössische Praxen, welche an das Ungedachte im Kontext von Anti-Blackness politisch-ästhetisch zu rühren suchen, von diesen Modernismen unterscheidet, ist genau die Aufmerksamkeit gegenüber Anti-Blackness sowie rassifizierten Strukturen überhaupt und auch die Abkehr vom Ideal künstlerischer Autonomie, welche für besagte Modernismen häufig zentral war und sich oftmals auf den konstitutiven Ausschluss von Blackness sowie anderer nicht-weißer und auch nicht-cis-männlicher und nicht-heteronormativer Positionalitäten gründete. Die zeitgenössischen Abstraktionspraxen, welche ich hier im Sinne habe, primär im Kontext der Arbeiten diverser

15 Exemplarisch sei auf die Interventionen, u.a. von Hannah Black, gegen die Ausstellung einer Malerei von Dana Schutz, welche *weiß* positioniert ist, im Rahmen der Whitney Biennale 2017, die in abstrahierter Form einen offenen Sarg mit dem toten, verstümmelten Körper Emmett Tills darin, darstellt. Emmett Louis Till wurde als 14-jähriger Schwarzer Teenager am 28.08.1955 von zwei *weißen* Männern, Roy Bryant und J. W. Milam, in Drew, Mississippi, USA, aus anti-Schwarzen rassistischen Motiven ermordet.

afrodiasporischer Künstler*innen, zeugen von einem aufmerksamen Bewusstsein gegenüber Autonomie-Fantasmen und der konstitutiven Funktion, welche die Gewalt gegenüber versklavten, rassifizierten, Schwarz positionierten, gleichsam extraktiv hypervergeschlechtlichten und verungeschlechtlichten (Spillers 77-80) reproduktionsfähigen Körpern für die Entstehung einer westlichen Moderne, wie auch deren späteren modernistischen Ästhetiken, hatte. Diese besagte Aufmerksamkeit tritt in ästhetisch-politischen Praxen zutage, die sich vielleicht somit als *verkörperlichte Abstraktionen* bezeichnen lassen könnten.

Ein Beispiel für verkörperlichte Abstraktion ist die künstlerische Arbeit *Cosmic Slop „Bitter“* (2015) von Rashid Johnson[16], die Teil einer Serie ist, welche Johnson selbst als Malerei versteht (Johnson o. S.). Die Arbeit besteht aus einem großformatigen Rechteck, aus der Ferne aussehend wie ein monochrom-schwarzes Gemälde. Insbesondere wenn diese Arbeit klassisch im White Cube, an einer weißen Wand, aufgehängt wird, erinnert sie von Weitem an „klassische“, ungegenständliche, abstrakte modernistische Gemälde, wie Kasimir Malewitschs *Schwarzes Quadrat* (1915). Ein entscheidender Unterschied ist jedoch die Materialität von Johnsons Arbeit, welche zusätzlich zum Titel, 100 Jahre nach Malewitsch, andere verkörperlichte Referenzstränge eröffnet und den zuvor genannten europäisch modernistischen Bezugsrahmen sprengt. Johnson erstellte seine Arbeit, welche Teil einer mehrjährigen Arbeitsserie ist, aus einem eigens kreierten Gemisch aus schwarzer Seife und Wachs. Dieses Gemisch bearbeitete Johnson mit Markierungen, primär Strichen und geschwungenen Linien, die wie Einkerbungen aussehen, eine gewisse Haptik vermitteln und der Arbeit mitunter ein hautähnliches Aussehen ebenso wie eine skulptural anmutende Form verleihen. Wie Jared Sexton anmerkt, kann die Materialität der Arbeit, insbesondere die Seife, welche gerade in westafrikanischen Kontexten u.a. zur Behandlung sensibler Haut angewendet wird, mit den Markierungen einerseits als Verweis auf

16 Auf diese spezifische Arbeit Johnsons bin ich überhaupt erst durch die inspirierenden Gedanken Jared Sextons aufmerksam geworden, denen ich mich nur anschließen kann (vgl. „All Black Everything“ o. S.). Basale Informationen sowie ein Foto der Arbeit gibt es auf der folgenden Webpage des Guggenheim Museums: http://exhibitions.guggenheim.org/storylines/rashid-johnson?index=3

die Verwundbarkeit von Haut, auf die andauernde Geschichte tödlicher, willkürlicher Gewalt gegenüber Schwarz positionierten Körpern gelesen werden, gleichzeitig können die Markierungen aber auch auf Traditionen selbstgewählter Körperverzierungen und -modifikationen verstanden werden, welche Schwarze Körperlichkeit zelebrieren, auch im Angesicht und Widerstand gegenüber besagter struktureller Gewalt („All Black Everything" o. S.). Johnsons Arbeit entzieht sich somit einer vereindeutigenden Lesart und eröffnet durch den Titel, wie angedeutet, weitere Referenzräume. Sexton legt dar, dass der Titel ein Verweis auf das Lied „Cosmic Slop" (1973) der afrofuturistisch orientierten Band Parliament/Funkadelic ist, dessen Songtext gleichsam Lamento und Tribut an eine mehrfach diskriminierte und prekarisierte Schwarze Frau ist, welche unfreiwillig Sexarbeit nachgeht, um ihre Kinder zu ernähren (ebd.).

Durch diese diversen Referenzräume lässt sich Johnsons Gemälde weitaus komplexer verorten als bloß im Bereich „reiner", ungegenständlicher Abstraktion. Die Abstraktion, die anhand von Johnsons Arbeit greifbar wird, ist eine verkörperlichte, mit historischen Verweisen unterfütterte, welche verschiedene Ausformungen in Anti-Blackness verankerter, struktureller Gewalt berührt, wie die gewaltsame Verdinglichung, ebenso wie Widerständigkeit dagegen.

Auch Hannah Blacks experimentelle Video-Arbeit *Intensive Care / Hot New Track* (2013) ist ein audio-visuell eindrückliches Beispiel zeitgenössischer afrodiasporischer künstlerischer Praxis, welches an die konstitutive Funktion von Anti-Blackness innerhalb der westlich geprägten Moderne heranrührt, mittels verkörperlichter Abstraktion.[17] In Blacks Video-Arbeit gibt es eine mehrmals wiederholte, einprägsame Sequenz, die sich in referenzieller Auseinandersetzung mit bestimmten Ursprüngen ebenso wie Ursprungsmythen der westlichen Moderne und künstlerischer Modernismen verkörperlicht-abstrakt befasst. In der Sequenz sind zwei appropriierte Bildausschnitte miteinander überblendet und drehen sich in entgegengesetzten Richtungen im Kreis: 1. Ein Close-Up einer weißen menschlichen Hand, in deren

17 Für mehr einführende Informationen zu Hannah Blacks Arbeit siehe: https://www.tate.org.uk/art/artists/hannah-black-26738 ; http://arcadiamissa.com/wp-content/uploads/2020/10/ArcadiaMissa_HannahBlack_Press.pdf

Mitte sich ein Loch befindet, aus dem Ameisen kriechen, welcher dem Kurzfilm *Un chien andalou* (1929) von Luis Buñuel und Salvador Dalí entnommen wurde, der wiederum als einer der einflussreichsten Avantgarde-Filme westlicher Modernismen gilt. Und 2. Ein Ausschnitt eines bekannten Stichs eines britischen Versklavungsschiffs aus den 1780er Jahren, welcher einen Querschnitt des Schiffs darstellt, in dem dutzende, zur „Fracht" degradierte, versklavte Schwarze Menschen aneinandergereiht im Bauch des Schiffes liegen. Durch die Zeitbasiertheit bzw. Verzeitlichung im Videoformat, die Wiederholung und simple Kreisbewegung der beiden Bildausschnitte, in Kombination mit deren Verräumlichung in der Überblendung, werden einschneidende Bedingungen der Möglichkeit der westlichen Moderne, der rassifizierte transatlantische Versklavungshandel und die Abjektion von Blackness sowie spätere Modernismen miteinander verschaltet. Die starken schwarz-weiß-Kontraste der beiden Bildelemente sowie deren scheinbar simple Überblendung und wiederholt-animierte Drehung führen zu einer Kondensierung und verkörperlichten Abstraktion des Zusammenwirkens verschiedener Zeitlichkeiten und Räumlichkeiten, zu wiederkehrenden und wiederhallenden „afterlives" und „afterimages" der rassifizierten Versklavung und anti-Schwarzen Abjektion. Die Gegenwart schwingt ebenfalls mit, da der Film auf der Tonebene neben von Black gesprochenen Voice-overs und diversen Soundbites mit der Karaokeversion von Rihannas zeitgenössischem Song „What's My Name" (2010) unterlegt ist, dessen Rhythmus wiederum auch die Geschwindigkeit der Umdrehungen der überblendeten Bildausschnitte vorgibt.

Der erste Part des Titels von Blacks Video-Arbeit – *Intensive Care / Hot New Track*, d.h. „Intensive Care" – spannt bereits einen Bogen von der Arbeit zu Fragen von Care/Sorge. Die beiden genannten Arbeiten von Johnson und Black rühren an ungedachte Schwarze Grammatiken des Leidens unter den Bedingungen der andauernden Geschichte struktureller Anti-Blackness und scheinen auch, mit Sharpe gesprochen, an „wake work" zu partizipieren. Zudem folgen die Arbeiten Sharpes Ruf danach, Care für von Anti-Blackness Betroffene, zu einem Problem des Denkens zu machen.

In ihrer verkörperlichten Abstraktion wohnt beiden Arbeiten eine gewisse Care/Sorge-basierte Haptikalität inne, eine affektive Berührbarkeit und Greifbarkeit, sei es durch die Anklänge an (verwundbare) Haut in Johnsons Malerei oder die Hand im Close-Up in Blacks Video. In Anlehnung an Harneys und Motens (*The Undercommons* 97-99) theoretische Überlegungen zu Haptikalität, meine ich, mit der den Arbeiten von Black und Johnson attribuierten Haptikalität, Modi politisch-ästhetischer Produktionen, welche berühren und an „Problemstellungen" rühren. Über die attestierte Hapitikalität ist Ungedachtes vielleicht spürbar, aber nicht eindeutig durchleuchtbar in erneuter Objektifizierung und simplifizierenden Erlösungsfantasmen. Diese Haptikalität nimmt sich Saidiya Hartmans Forderung nach Respektierung des Rechts auf Obskurität (*Scenes* 36) für Positionalitäten, die struktureller Anti-Blackness gegenüber exponiert sind, zur Hand und versucht nicht durch verklärende Formen narrativer Repräsentation die gewaltsame Situierung von Blackness in der Sphäre des sozialen Todes beschönigend zu be-schreiben. Wie sich ein Rühren an ungedachte Aspekte struktureller Anti-Blackness potentiell im Schreiben selbst ereignen könnte, soll im Folgenden skizzenhaft angerissen werden.

(Ent)Schreiben trotz alledem

Ein Schreiben, welches an ungedachte Positionalitäten rührt, die noch nicht einmal „einfach" mittels des Konzepts des Traumas erfasst werden können, scheint nahezu als „unmögliches Schreiben" zu beginnen, also als ein Modus des Schreibens, der ja auch dem Schreiben und Sprechen aus der Traumatisierung heraus, attestiert wird. Wie lässt sich Unsagbares sagen? Und doch hallt etwas im Schreiben nach, gibt es im Schreiben aus dem „Nachleben der Sklaverei" (Hartman, *Lose* 6) heraus Rückkopplungseffekte, ungedachte Positionen unter den Bedingungen struktureller Anti-Blackness zu schreiben, und Versuche, die gewaltsam ontologisierenden Strukturen schreibend in Ansätzen zu unterlaufen. Ein Schreiben „in the wake" z.B. als Widerhall im Kielwasser und in Totenwachen, wellenförmig, nicht linear, aber auch nicht still, gegen die Arretierung auf der Stelle, aus betretener Stille heraustretend und vehement gegen betretene Stille antretend, mitunter mit stillen Mitteln, denn auch stille Wasser sind tiefenstrukturell nicht zu unterschätzen.

Dieses Schreiben entspricht keinen klaren Bemessungen, da die rigorose, verdinglichende Bemessung wiederum Grundstruktur einer „Grammatik des Leidens" Schwarzer Positionalitäten ist. Also entschreibt sich dieses Schreiben bereits einer klar bemessbaren Struktur, z.B. aus: Einleitung — Hauptteil — Schluss? Kann unsagbares und ungedachtes Leiden überhaupt mit der Idee einer Schlussstruktur verbunden werden, so lange es strukturell immer wieder aufs Neue reproduziert wird?

Im Kontext der Exploration von Blackness als normativen, auch sprachlich-symbolischen, Strukturen entsprechend, „nonkommunizierbare Position" (Wilderson) befassen sich viele afropessimistische Theoretiker*innen auch mit experimentellem Schreiben oder experimentieren selbst mit anderen Formen des Schreibens, als geschriebene Annäherungen an die genannte Nonkommunizierbarkeit.[18] Ebenso gibt es zeitgenössische Praxen experimentellen Schreibens, welche nicht unbedingt explizit auf afropessimistische Theorie verweisen, aber dennoch viele Parallelen zu afropessimistischen Denkbewegungen aufweisen.

Das Gedicht „A Bleeding, An Autobiographical Tale" (2007; also „Eine Blutung, eine autobiografische Erzählung") der US-amerikanischen Autorin Dawn Lundy Martin, die u.a. experimentelle Lyrik und Essays schreibt sowie in transdisziplinären afrodiasporischen Künstler*innenkollektiven aktiv ist, fungiert als ein erstes Beispiel. Dieses Gedicht beschäftigt sich inhaltlich und formal mit den Un/Möglichkeiten des Schreibens, gerade auch des autobiografischen Schreibens, von einer Schwarzen Position aus, innerhalb einer symbolischen und politisch-ontologisierten Ordnung, die strukturell auf Anti-Blackness basiert und in der auch schon das normative Ideal einer kohärent erzählbaren Autobiografie auf der konstitutiven Verwerfung von Blackness zu basieren scheint. In dem Gedicht wird die Frage der Grenzen des Möglichen im Schreiben oder der Möglichkeit Unsagbares zu schreiben thematisiert: „Ein Bedürfnis nach unerkennbarem Sprechen. [...]. Was sind die Grenzen des Ausdrückens? Wo wird / die Sprache

18 So schreiben bspw. David Marriott und Frank Wilderson selbst experimentelle Lyrik, und Saidiya Hartman entwickelte eine eigene Form schreibender Wissensproduktion, die sie als „critical fabulation" konzipiert.

schlaff, bricht auseinander oder zerfällt in Stücke, Stottern, Flimmern, / oder einfach nur in die schwarzen Markierungen/Stellen, aus denen die Buchstaben bestehen?" (42).[19] Dieses unerkennbare Sprechen, das Zerfallen und Zerbrechen der Sprache selbst, wird, nachdem Facetten gewaltsamer Anti-Blackness, vor allem in Form anti-Schwarzer Misogynie und Anti-Queerness, im Gedicht thematisiert wurden, auch auf formaler Ebene am Ende des Gedichtes umgesetzt: „[I a-m speak-ing] [langue] [whois] [clivage] [blown]" (44; eckige Klammern auch im Original); Übersetzung: „[Ich bi-n sprech-end] [(frz.) Sprache] [werist] [(frz. Bruch/Spalt(ung/Auseinanderklaffen] [gesprengt/geblasen]" (44). Einzelne Wörter werden gebrochen, aus syntaktischen Zusammenhängen herausgesprengt, fließen mitunter zusammen oder werden in anderen Sprachen als dem Englischen realisiert. Das Gedicht endet mit der 129-maligen Wiederholung des Buchstabens „O" — als scheinbar asignifikanter Buchstabe, „schwarze Markierung/Stelle" („merely the black marks that make up letters") oder doch als „Opening and opening" (42; „Öffnung und Öffnung"), vielleicht eines zum Schrei geöffneten Mundes? Das Gedicht verweigert sich vereindeutigenden Erzählungen der Möglichkeit, unter den Bedingungen struktureller Anti-Blackness und der Veralltäglichung anti-Schwarzer Gewalt, eine ungebrochene Autobiografie zu repräsentieren. Diese fundamentale Infragestellung etablierten sprachlichen Materials und dessen Unfähigkeit angemessener Repräsentation, im Angesicht von Anti-Blackness, wird auf theoretischer Ebene immer wieder betont, als Krise der Repräsentation überhaupt (Warren 26). Diese Repräsentationsskepsis wird auch im experimentellen Schreiben aufgegriffen, z.B. in den folgenden Zeilen eines Gedichts von Fred Moten:

> thing object. matter ain't the same
> as one another. things don't represent
> they must be broke.
> („Rock the party, fuck the smackdown", *Hughson's Tavern* 23)

19 Original: „A need for unrecognizable speech. [...]. What are the limits of expression? Where does / language go limp, break apart, or fall into pieces, stammers, glimpses, / or just merely the black marks that make up letters?" (42).

Übersetzung:

> ding objekt. materie ist nicht dasselbe
> wie sich gegenseitig. die dinge repräsentieren nicht
> sie müssen gebrochen[20] sein.
> („Rock die Party, fick' die Niederlage", *Hughson's Tavern* 23)

Das Gedicht suggeriert, dass die Verdinglichung von Blackness, das Zum-Ding/Objekt-Gemacht-Werden, sich der glatten Repräsentation entzieht und nur im Bruch ausgedrückt werden kann, als gewaltsames Gebrochen-Werden. Andererseits kann dieser Bruch auch als Strategie des Brechens gewendet werden. So erzeugen das Brechen mit grammatikalischen, orthografischen und syntaktischen Konventionen sowie die Umbrüche der Zeilen des Gedichts und die Enjambements auch eine Spannung, die eventuell subversive Potentiale freilegt, als Ahnung eines Ausbruchs aus ontologisierten Grammatiken des Leidens auf konzeptueller Ebene.[21] Im Anschluss an Moten plädiert Marquis Bey für eine gewisse Form des Verweilens im Bruch und der Gebrochenheit, als Perspektive auf ein Entschwinden aus struktureller Fixierung: „eine Einladung, gebrochen zu sein und zu bleiben, sich der Fixierung und dem Festgelegtsein sowie dem unveränderbar Korrigiert-Sein zu verweigern" (31).[22]

Die thematischen sowie formalen Strategien des Bruchs können als Formen der Destruktion bezeichnet werden, wie auch als Formen verdichteter, radikaler Untergrabung und Verneinung. Diese genannten konzeptuellen, politisch-ästhetischen Strategien, ebenso wie die zuvor behandelten verkörperlichten Abstraktionen, lassen sich auch als Modi des im Afropessimismus mitschwingenden Pessimismus und der Negativität fassen und verkörpern potentiell auch Weiteres, wie James Bliss anführt, welcher auch auf das generative, Kollektivität stiftende sowie intersektionale Potential solcher Modi verweist:

20 Wobei im englischen „broke" auch die Bedeutung ökonomischer Gebrochenheit, des Bankrotts, mitschwingt.

21 In seiner theoretischen Arbeit hat Moten dem Bruch sozusagen ein ganzes Buch gewidmet, *In the Break: The Aesthetics of the Black Radical Tradition* (2003).

22 Original: „an invitation to be and remain broken, to refuse fixedness and fixity and being fixed" (31).

> die Möglichkeit, dass es im Pessimistischen und Negativen etwas Schönes, Generatives oder Unterstützendes gibt. [...]. Das Grauen zuzulassen, den Pessimismus zu umarmen, könnte auch Raum schaffen, um über die Kernfamilie hinaus zu denken, um einen Schwarzen Feminismus zu denken, der weder dem Vater noch der Mutter folgt, sondern die Art von queeren (Wahl)Verwandtschaftsnetzwerken umfasst, die Schwarzes Leben in der Neuen Welt immer geprägt haben. (94)[23]

Diese politisch-ästhetischen Strategien sind eng verwoben mit vermeintlichen Paradoxien, als verkörperlichte Abstraktionen oder Schreiben des Unbeschreiblichen. Diese und ähnliche konzeptuelle Paradoxien bleiben, im Heranrühren an das Ungedachte struktureller Anti-Blackness, „in the wake", „in the break" sowie in der Schwebe und werden auch wortwörtlich und wiederholt in politisch-ästhetischen Artefakten zeitgenössischer afrodiasporischer Künstler*innen in diversen Ausprägungen benannt: „make a way out of no way" („schaffe einen (Aus)Weg aus keinem Weg"), wie es immer wieder in dem collagenhaften Neo-Soul-Track von L'Rain namens „Find It" heißt, oder in dem schon vom Titel her bezeichnenden Gedicht „Social Death, An Address" von Xandria Phillips: „I write to you from the predicament of Blackness. / […] I write to you from the empty seat that isn't / empty" (12); Übersetzung: „Ich schreibe dir aus der Zwangslage der Blackness. / [...] Ich schreibe dir von dem leeren Sitz aus, der nicht / leer ist" (*Hull* 12).

Aus diesen scheinbar paradoxen Strategien spricht eine rigorose und auch verkörperlichte Analytik – Nüchternheit und/mit Gefühl – rührend an und berührend. Dies sind keine ungebrochen positiven Modi der Repräsentation. Statt primär Modi metaphorischer Repräsentation zu sein, sind die genannten Strategien Strategien der Metonymie, die sich aus z.T. verkörperlichten Nähebeziehungen speisen und diese behandeln als Rühren-an. Was dieses Rühren an das Unge-

23 Original: „the possibility of there being something beautiful or generative or sustaining in the pessimistic and the negative. […]. [E]mbracing horror, embracing pessimism, might also create space for thinking beyond the nuclear family, for thinking a Black feminism that follows neither the father nor the mother, but that embraces the sorts of queer kinship networks that have always shaped Black life in the New World" (94).

dachte mit sich bringt, sind auch potentiell subversive Verwicklungen. Wenn die Abjektion von Blackness eine Bedingung der Möglichkeit der „bestehenden Welt" darstellt, dann hält abjektifizierte Blackness und deren politisch-ästhetische Mobilisierung auch das Potential für ein Wissen-Denken-Fühlen-Arbeiten an der/um die Beendigung jener Welt, als konstitutiv anti-Schwarzer, um die Abolition von Anti-Blackness, suggerieren einige afropessimistische Theoretiker*innen. So schreibt z.B. Jared Sexton:

> Abolition, der politische Traum der Black Studies, [...] befindet sich jenseits (der Wiederherstellung) der Souveränität. [...]. Kein Fundament für Identität, kein Fundament, auf dem gestanden werden kann. Jede*r hat einen Anspruch auf alles, bis keine*r einen Anspruch auf irgendetwas hat. Keine Beanspruchung. Dies ist keine Politik der Verzweiflung, die durch das Scheitern der Klage über einen Verlust entsteht, weil sie nicht in der Hoffnung auf einen Sieg wurzelt. Das Fleisch der Erde verlangt es: die landlose Bewohnung der selbstlosen Existenz. („The *Vel*" 109)[24]

Sowie:

> Die Schwärzung [Blackening] der Welt könnte also damit beginnen, dass die Themen, die von größter ethischer Bedeutung sind, mit Blick auf diejenigen neu formuliert werden, die von ihren Auswirkungen am meisten Schwarz gemacht [blackened] werden; sie beginnt mit der Neugier auf diese Auswirkungen. Die Begriffe der politischen Analyse und Mobilisierung, ganz zu schweigen von der

24 Original: „Abolition, the political dream of Black Studies, [...] is beyond (the restoration of) sovereignty. [...]. No ground for identity, no ground to stand (on). Everyone has a claim to everything until no one has a claim to anything. No claim. This is not a politics of despair brought about by a failure to lament a loss, because it is not rooted in hope of winning. The flesh of the earth demands it: the landless inhabitation of selfless existence" („The *Vel*" 109).

25 Original: „Blackening the world thus might begin by reframing the issues of greatest ethical concern with respect to those most blackened by their effects; it begins in curiosity about these effects. To think the terms of political analysis and mobilization, to say nothing of aesthetic practice and judgment, through a black or blackened lens is to think from the point of constitutive exclusion from those very terms, which is to say freedom from those very terms insofar as that exclusion is affirmed" („All Black" o. S.).

> ästhetischen Praxis und Beurteilung, durch eine Schwarze oder geschwärzte [blackened] Linse zu denken, bedeutet, vom Standpunkt des konstitutiven Ausschlusses, von eben diesen Begriffen aus zu denken, was Freiheit von eben diesen Begriffen bedeutet, insofern dieser Ausschluss affirmiert wird. („All Black“ o. S.)[25]

In die politisch-ästhetischen Praxen, die hier angerissen wurden, sind dann wo/möglich auch abolitionistische Perspektiven der Emanzipation von Blackness von struktureller Anti-Blackness eingefaltet. Diese Praxen entfalten genannte, folgende und weitere Gesten, Denkbewegungen und Strategien: verkörperlichte Abstraktion, Berühren und Berührt-Werden, das widerständige Rühren an das Ungedachte, auch als schreibendes Denken, als malendes Denken, als filmendes Denken, in bewegten und bewegenden Bildern, als haptisches Denken, im Kielwasser, in wellenförmigen Bewegungen, in analytisch-fühlender Schärfe und sorgender Wachsamkeit –

Bibliografie

Bey, Marquis. *Anarcho-Blackness: Notes Toward a Black Anarchism.* Edinburgh, Oakland, Baltimore: AK Press, 2020.

Bliss, James. „Hope Against Hope: Queer Negativity, Black Feminist Theorizing, and Reproduction without Futurity“. *Mosaic: A Journal for the Interdisciplinary Study of Literature.* 48(1): 2015. 83-98.

Bradley, Rizvana und Denise Ferreira da Silva. „Four Theses on Aesthetics“. *e-flux.* 120(Sept.): 2021. https://www.e-flux.com/journal/120/416146/four-theses-on-aesthetics/. Zugriff am 28.12.2021.

Bruce, La Marr Jurelle. *How to Go Mad without Losing Your Mind: Madness and Black Radical Creativity.* Durham: Duke University Press, 2021.

Caruth, Cathy. *Unclaimed Experience: Trauma, Narrative and History.* Baltimore: Johns Hopkins University Press, 1996.

da Silva, Denise Ferreira. „In the Raw“. *e-flux.* 93(Sept.): 2018. https://www.e-flux.com/journal/93/215795/in-the-raw/. Zugriff am 15. 12.2021.

da Silva, Denise Ferreira. „1 (Life) ÷ 0 (Blackness) = ∞ – ∞ or ∞ / ∞: On Matter Beyond the Equation of Value“. *e-flux.* 79(Feb.): 2017.

https://www.e-flux.com /journal/79/94686/1-life-0-blackness-or-on-matter-beyond-the-equation-of-value/. Zugriff am 03.01.2022.

da Silva, Denise Ferreira. „Toward a Black Feminist Poethics: The Quest(ion) of Blackness Toward the End of the World“. *The Black Scholar.* 44(2): 2014. 81-97.

Douglass, Patrice und Frank Wilderson. „The Violence of Presence: Metaphysics in a Blackened World“. *The Black Scholar.* 43(4): 2013. 117-123.

Douglass, Patrice, Selamawit D. Terrefe und Frank B. Wilderson. „Afro-Pessimism“. *Oxford Bibliographies*, August 2018. https://www.oxfordbibliographies.com/view/document/ obo-9780190280024/obo-9780190280024-0056.xml. Zugriff am 11.01.2022.

Harney, Stefano und Fred Moten. *The Undercommons: Fugitive Planning & Black Study.* New York: Minor Compositions, 2013.

Hartman, Saidiya. *Lose Your Mother: A Journey Along the Atlantic Slave Route*. New York: Farrar Straus & Giroux, 2007.

Hartman, Saidiya. *Scenes of Subjection: Terror, Slavery, and Self-Making in Nineteenth-Century America*. Oxford: Oxford University Press, 1997.

Hartman, Saidiya V. und Frank B. Wilderson. „The Position of the Unthought“. *Qui Parle.* 13(2): 2003. 183-201.

Johnson, Rashid. „Cosmic Slop ‚Black Orpheus‘. 2011“. *The Museum of Modern Art.* https://www.moma.org/audio/playlist/9/332. Zugriff am 03.01.2022.

Jung, Moon-Kie und João H. Costa Vargas, Hrsg. *Antiblackness.* Durham: Duke University Press, 2021.

King, Tiffany Lethabo. *The Black Shoals: Offshore Formations of Black and Native Studies.* Durham: Duke University Press, 2019.

King, Tiffany Lethabo, Jenell Navarro und Andrea Smith, Hrsg. *Otherwise Worlds: Against Settler Colonialism and Anti-Blackness.* Durham: Duke University Press, 2020.

Leys, Ruth. *Trauma: A Genealogy.* Chicago: University of Chicago Press, 2000.

L'Rain. „Find It“. *Fatigue* [Vinyl LP und Download]. New York: Mexican Summer, 2021.

Marriott, David. „The Perfect Beauty of Black Death“. *The Philosophical Salon*, 05.06.2017. https://thephilosophicalsalon.com/the-perfect-beauty-of-black-death/. Zugriff am 15.11.2021.

Martin, Dawn Lundy. *A Gathering of Matter, a Matter of Gathering: Poems.* Athens: University of Georgia Press, 2007.

Moten, Fred. *Stolen Life*. Durham: Duke University Press, 2018.

Moten, Fred. *Hughson's Tavern*. Providence: Leon Works, 2008.

Moten, Fred. *In The Break: The Aesthetics Of The Black Radical Tradition.* Minneapolis: University of Minnesota Press, 2003.

Phillips, Xandria. *Hull.* New York: Nightboat Books, 2019.

ross, kihana miraya. „Call It What It Is: Anti-Blackness". *The New York Times*, 04.06.2020. NYTimes.com. https://www.nytimes.com/2020/06/04/opinion/george-floyd-anti-blackness.html. Zugriff am 19.11.2021.

Sexton, Jared. „The *Vel* of Slavery: Tracking the Figure of the Unsovereign". *Otherwise Worlds: Against Settler Colonialism and Anti-Blackness.* Hrsg. King, Tiffany Lethabo, Jenell Navarro und Andrea Smith. Durham: Duke University Press, 2020. 94-117.

Sexton, Jared. „All Black Everything". *e-flux.* 79(Feb.): 2017. https://www.e-flux.com/journal/79/ 94158/all-black-everything/. Zugriff am 13.01.2022.

Sharpe, Christina. *In the Wake: On Blackness and Being.* Durham: Duke University Press, 2016.

Spillers, Hortense J. „Mama's Baby, Papa's Maybe: An American Grammar Book". *Diacritics.* 17(2): 1987. 65-81.

Warren, Calvin L. *Ontological Terror: Blackness, Nihilism, and Emancipation.* Durham: Duke University Press, 2018.

Weier, Sebastian. „Consider Afro-Pessimism / Responses by Christopher M. Tinson, Rinaldo Walcott and Elizabeth J. West". *Amerikastudien/ American Studies.* 59(3): 2015. 419-445.

Wilderson, Frank B. III. *Afropessimism.* New York: Liveright, 2020.

Wilderson, Frank B. III. *Red, White & Black: Cinema and the Structure of U.S. Antagonisms.* Durham: Duke University Press, 2010.

Wilderson, Frank B. und Tiffany Lethabo King. „Staying Ready for Black Study: A Conversation". *Otherwise Worlds.* Hrsg. King, Tiffany Lethabo, Jenell Navarro und Andrea Smith. Durham: Duke University Press, 2020. 52-74.

Henriette Gunkel

Alien Time

> Aber können wir dem Schwindelanfall entgehen? Wer wagte zu behaupten, daß das Schwindelgefühl nicht jede Existenz heimsucht?
>
> (Frantz Fanon, *Die Verdammten dieser Erde* 260)

I.

In Octavia Butlers Roman *Kindred* (1979) wird die Leser*in von der Ich-Erzählerin, der 26-jährigen Afro-Amerikanerin Dana, auf eine Reise mitgenommen, die gleichzeitig zur räumlichen Veränderung auch eine Zeitreise ist: von 1976 in Atladena, nahe Los Angeles, nach Baltimore in Maryland zu Beginn des 19. Jahrhunderts, in die Südstaaten des Vorbürgerkriegs.[1] Nahe Easton in Maryland liegt dort die Weylin-Plantage mit 38 versklavten Menschen. Ohne ihr Zutun ist Dana gezwungen, in die eigene Familiengeschichte (*ancestral past*) zu reisen. Danas Abgleiten in die andere Zeit ist getrieben von Rufus Weylin, dem Sohn des Plantagenbesitzers, der später Anwesen und somit auch die Sklav*innen erben wird. Rufus ist Danas *weißer* „Ur-Ur- wie viel auch immer Urgroßvater" (53), der sich Dana jedes Mal vor Augen führt, wenn sein Leben in Gefahr ist — als Kind etwa, als er droht, in einem Fluss zu ertrinken, oder als Mittzwanziger, als er betrunken stürzt und beinahe mit dem Gesicht im Schlamm erstickt. Bei jeder Zeitreise ist Dana gezwungen, ihren Ahnen zu retten — trotz des Grauens, das er für sie verkörpert, zumal Dana während der Reisen als Sklavin auf der Weylin-Plantage leben muss.

Danas Reisen bedienen also ein klassisches Zeitreise-Narrativ der Science Fiction: Die eigene, gegenwärtige Existenz ist durch das Eingreifen in Geschehnisse der Vergangenheit gefährdet. Rettete Dana Rufus *nicht*, käme seine Tochter Hagar nicht zur Welt. Hagar ist Danas Urgroßmutter, die nach einer Vergewaltigung von Alice (einer von Rufus versklavten Freigeborenen [„born free"]) geboren wird. Danas Existenz ist also von Hagars Geburt abhängig. Sobald ihre eigene Abstammungslinie durch die Geburt ihrer Urgroßmutter Hagar im Jahr

1 Dieser Text ist die deutsche Übersetzung des gleichnamigen Beitrages im Buch *Visual Cultures as Time Travel* (Berlin: Sternberg, 2021). Für die Übersetzung danke ich Michael Andreas.

1831 garantiert ist — und zugleich, wie Sadiya Hartmann es nennt, der „future increase‘ (expanded property-holdings) for the master“[2] (166) — verweigert sich Dana der Verpflichtung, dass Rufus am Leben zu bleiben habe, und tötet ihn:

> Ich konnte das Messer in meiner Hand spüren, immer noch rutschig von meinem Schweiß. Eine Sklavin war und blieb eine Sklavin. Mir konnte alles Mögliche angetan werden. Und Rufus war und blieb Rufus — unberechenbar, mal großzügig, mal grausam. Ich konnte ihn als meinen Vorfahren akzeptieren, als meinen jüngeren Bruder, als meinen Freund, doch nicht als meinen Master, und nicht als meinen Liebhaber. [...] Ich zog das Messer irgendwie aus ihm heraus, hob es an und stieß es ihm in den Rücken. Dieses Mal ächzte er nur noch. Er brach zusammen und fiel quer über mich — und irgendwie war er immer noch am Leben, hielt immer noch meine[n] Arm fest. (357)

Danas Entführungen durch Raum und Zeit beginnen im Bicentennial, dem 200. Jahr der amerikanischen Unabhängigkeitserklärung, das zugleich das Jahr ist, in dem Dana mit ihrem *weißen* Ehemann Kevin eine neue Wohnung bezieht.[3] Dana empfindet die unfreiwilligen Zeitreisen, ihre Transversalität, als beängstigend. Butler beschreibt dieses *Gefühl* in visuellen Begrifflichkeiten: Das Schwindelgefühl, das die bevorstehende Reise ankündigt, wird bald zu einer Übelkeit gepaart mit unscharfer Sicht, so dass die unmittelbare Umgebung ausgeblendet wird. Das führt zur Auflösung eines vermeintlich

2 In ihrer Untersuchung von Reproduktionsarbeit und sexueller Ausbeutung Schwarzer Frauen im Kontext der Sklaverei und deren Nachwirkungen schreibt Hartman: „The plantation is the belly of the world. Partus sequitur ventrem — the child follows the belly“ (166).

3 In ihrer wegweisenden Lektüre von *Kindred*, welche die sozioökonomischen Bedingungen des Plantationozän mit der gegenwärtigen Realität des US-amerikanischen Schuldenwesens (samt seinen Verpflichtungen) verknüpft, beschreiben Paula Chakravartty und Denise Ferreira da Silva das gemeinsame Wohnen als ein Eintreten in eine „racial logic of global capitalism“: „We highlight how the subprime crisis facilitated this exacting of profits from places to persons produced as unsuitable economic subjects. We do so by shifting the focus on to how conquest and slavery, along with the postcolonial apparatus of raciality, produce places and persons marked by a debt that — like Dana's to her slave-owner ancestor — cannot be settled even with death.“ Sie schreiben weiter: „What is it about blackness and Latinidad that turns one's house (roof, protection, and aspiration) and shelter into a death trap?“ (Chakrayartty/ Ferreira da Silva 2012).

stabilen Umfelds des Orts und der Menschen der Umgebung hin zu einer anderen Umgebung, einem anderen Ort mit anderen Menschen.[4] Die verschwommene Sicht und das begleitende Gefühl des freien Falls, also eine räumliche Bewegung, die dem Narrativ der Entführung implizit ist, ist im Hinblick auf visuelle Kultur besonders interessant.

„Imagine you are falling. But there is no ground", schreibt Hito Steyerl (o.S.) in ihrer Untersuchung von Vertikalität und vertikalen Welten in Computerspielen, militärischen Bildern und mit Blick auf die ihnen zugrundeliegenden Überwachungs- und Tracking-Technologien. Der Blick von oben, so Steyerl, resultiere in einem Verlust des Horizonts, der die sensorische Funktion hat, der Betrachter*in eine stabile Position, eine gewisse Orientierung sowie ein relativ geordnetes Zeitgefühl zu vermitteln. Da Steyerl den Horizont als künstlichen Horizont, als artifizielle Anordnung, versteht, welche Stabilität in einer unsicheren Situation vermittelt, bringt eine vertikale Perspektive diese Stabilität ins Wanken — und hat somit das Potential, die vermeintlich „objektive" Zentralperspektive des kolonialen Souveräns sowie die lineare Zeitlichkeit und ihre Ausdeutung einer gesicherten, kalkulierbaren Zukunft gleichermaßen ins Wanken zu bringen:

> As linear perspective began to tumble down with the sinking bodies of slaves thrown into the ocean, for many people today the simulated grounds of aerial imagery provide an illusionary tool of orientation in a condition in which the horizons have, in fact, been shattered. Time is out of joint and we no longer know whether we are objects or subjects as we spiral down in an imperceptible free fall. (Steyerl, o.S.)

4 Danas erste Entführung erzählt Butler folgendermaßen: „Ich bückte mich, um ihm [Kevin] eine weitere Kiste [mit Büchern] zuzuschieben, richtete mich jedoch schnell wieder auf, als mir schwindelig und übel wurde. Der Raum schien zu verschwimmen und sich um mich herum zu verdunkeln. Ich hielt mich noch einen Moment länger auf den Beinen, stützte mich auf ein Bücherregal und fragte mich, was los war; dann fiel ich schließlich auf die Knie. Ich hörte, wie Kevin einen überraschten Laut von sich gab, hörte ihn fragen: ‚Was ist passiert?' Ich hob meinen Kopf und stellte fest, dass ich ihn nicht klar erkennen konnte. ‚Irgendetwas ist mit mir', keuchte ich. Ich hörte, wie er auf mich zukam, sah verschwommen eine graue Hose und ein blaues Hemd. Dann, kurz bevor er mich berühren konnte, war er plötzlich verschwunden. Das Haus, die Bücher, alles war verschwunden. Ich fand mich auf einmal draußen wieder, auf dem Boden, unter Bäumen kniend. An einem grünen Ort. An einem Waldrand. Vor mir befand sich ein breiter, friedlicher Fluss und in der Nähe der Flussmitte war ein Kind, planschend, schreiend … Ertrinkend!" (33).

Steyerl bezieht sich nicht nur auf Überwachungsmaterial von Drohnen oder auf die Bildlichkeit von Google Maps, sondern auch auf J.M.W. Turners Gemälde *Slavers Throwing Overboard the Dead and Dying, Typhoon Coming On* (1840), auf dem der von Wellen aufgewühlte Horizont so verkantet und unscharf dargestellt ist, dass sich der Betrachter*in die stabile koloniale Position entzieht. Turners Bild stellt das Sklavenschiff *Zong* dar, das 1781 mit mehr als 400 versklavten Afrikaner*innen an Bord auf dem Weg in die Karibik war. Körperteile, teilweise in Fesseln, sind in den ozeanischen Vordergrund gemalt. Sie bleiben in Sichtweite des Schiffs zurück. Faktisch verweisen sie auf den Befehl des Kapitäns, der seine Mannschaft anwies, 130 Afrikaner*innen über Bord zu werfen, um für die verlorene Fracht Versicherungsgelder zu beanspruchen. In dem Buch *Poetics of Relation* verweist Édouard Glissant auf dasselbe Bild, wenn er die Leser*in dazu auffordert, das Leben an Bord des Sklavenschiffs als abgrundtiefen Haltungsverlust zu imaginieren:

> Two hundred human beings crammed into a space barely capable of containing a third of them. Imagine vomit, naked flesh, swarming lice, the dead slumped, the dying crouched. Imagine, if you can, the swirling red of mounting to the deck, the ramp they climbed, the black sun on the horizon, *vertigo*, this dizzying sun plastered to the waves. (5 f.)

„Wasser ist ein Element, das die Toten erinnert" (DeLoughrey 704, meine Übersetzung). In ihrem Buch *In the Wake: On Blackness and Being* (2016) entwickelt Christina Sharpe diese Idee von Wasser als Medium der Erinnerung. Sie geht davon aus, dass „nutrients cycle through the ocean [...], the atoms of those people who were thrown overboard are out there in the ocean even today" (40 f.). Die Dauer für das Verweilen einer Substanz im Ozean nennt sie „residence time"; ein Konzept, das sie im Rahmen ihrer Untersuchungen zu Walkadavern (weiter)entwickelt:

> There have been studies done on whales that have died and have sunk to the seafloor. These studies show that within a few days the whales' bodies are picked almost clean by benthic organisms — those

> organisms that live on the seafloor. […] It is most likely that a human body would not make it to the seafloor intact. What happened to the bodies? By which I mean, what happened to the components of their bodies in salt water? (40)

In einem Vortrag am Goldsmiths College, University of London, führte Sharpe das aus:

> Whale falls specifically create geographic connectivity by creating islands of nutrients that allow for genes to move from one place to another. […So] if the Middle Passage is an understanding of how blackness gets made, then these fallen bodies create connectivity throughout the entire diaspora of a shared experience of blackness, thus spatially uniting the diaspora, even across oceans. (Sharpe „Black. Still. Life")

Dieser Sinn einer tiefen geologischen Zeit oder Residenzzeit nimmt die Tiefen des Meeres in den Blick und verbindet die sinkenden Walkadaver (das Englische nutzt das Kompositum *whale fall* als feststehenden Begriff) mit dem freien Fall, der bei Hito Steyerl für die Veränderung von Überwachungstechnologien und der Ästhetik von Bildern der Unterhaltungsindustrie steht. Gleichzeitig wird das Nachwirken der transatlantischen *Middle Passage* mit Konzepten von Diaspora und gegenwärtigen Formen illegalisierter Migration verbunden, die insbesondere auf dem Mittelmeer und in dessen Umgebung stattfinden und dort ebenfalls mit lebensbedrohlichen Gefahren einhergehen.

Der freie Fall in *Kindred* wird in der literarischen Montage beschrieben. Hier ist das Schwindelgefühl, und dort sind die neuen Menschen und der neue Ort, als gäbe es kein Dazwischen, als wolle Butler einen narrativen Schnitt setzen: „Dann lösten sich die Wände um mich herum und das Bett unter mir in Luft auf. Ich lag ausgestreckt auf dem Boden unter einem Baum" (93).[5] Die Eigenzeitlichkeit, die

5 Diese Form der Montage macht Damian Duffys and John Jennings' Adaption von *Kindred* als Graphic Novel besonders deutlich, dort ist jeder einzelne Satz aus dieser Textpassage in einem eigenen Panel verarbeitet.

dieser narrative Schnitt oder die Montage — die, in Steyerls Worten, „[is] a perfect device for destabilizing the observer's perspective and breaking down linear time“ (o.S.) — wird von Dana als „alien time” wahrgenommen, als Zeit von Instabilität, Unsicherheit und Entmenschlichung, die sie als andauernde Bedrohung und Schrecken erlebt und die die vermeintlich stabile Gegenwart beeinträchtigt. Auch die Dauer der „alien time“ wird von Dana anders wahrgenommen und erlebt als die Zeitstruktur ihrer Gegenwart: „Ich war fast zwei Monate weggewesen und war gestern zurückgekehrt — am selben Tag, an dem ich fortgegangen war. Nichts war real“ (Butler 168). Diese vermeintlich subjektive Erfahrung deckt sich nicht mit den Zeitabläufen der Protagonist*innen der Vergangenheit: Während Dana über den Zeitraum des Buchs 26 Jahre alt bleibt, werden die Menschen in der Vergangenheit merklich älter. Die Rückkehr in die eigene Gegenwart und damit in das Zuhause, in das sie kurz vorher erst mit Kevin eingezogen ist, wird ebenfalls durch intensive Gefühle begleitet — durch Panik um ihr eigenes Leben, Angst vor dem Tod und der Angst um ihre eigene zukünftige Existenz. Dana selbst fasst das so zusammen: „Dann ... ruft die Todesangst von Rufus mich zu ihm und meine eigene Todesangst schickt mich wieder nach Hause“ (Butler 83). Dana versucht, diese Angst zu kontrollieren; an einem Punkt schneidet sie sich ihre Pulsadern auf, um wieder nach Hause zu gelangen. Dana befreit sich schließlich von dieser Sogkraft zurück in die Zeit, indem sie Rufus tötet – nicht ohne Verlust, nämlich den ihres Arms, den Rufus in dem Moment greift, in dem er über ihr zusammenbricht. Dieser Verlust legt nahe, dass eine Rückkehr zur normativen Wahrnehmung von Zeit unmöglich geworden ist, in der die vergangene „alien time“ abgelegt werden könnte. Vielmehr deutet der Verlust des Arms darauf hin, dass die „alien time“ für immer ein Teil von Dana sein wird:

> Etwas Härteres und Stärkeres als die Hand von Rufus umklammerte meinen Arm, quetschte ihn, zog ihn steif, presste sich in ihn hinein – anfangs schmerzlos —, verschmolz mit ihm, vermischte sich mit ihm, als würde mein Arm von etwas absorbiert werden. Von etwas Kaltem und Leblosen. Etwas ... Farbe, Putz, Holz — eine Wand. Die Wand meines Wohnzimmers. Ich war zurück zu Hause — in meinem eigenen Haus, in meinem eigenen Zeitalter. Doch ich hing im-

> mer noch irgendwie fest, eins mit der Wand, als wüchse mein Arm aus ihr heraus — oder in sie hinein. […] Ich blickte auf die Stelle, an der das Fleisch mit der Wand eins wurde, starrte sie verständnislos an. Es war exakt die Stelle, an der die Finger von Rufus mich umklammert hatten. Ich zog meinen Arm zu mir, zog fest. Und plötzlich brach der Schmerz wie eine Lawine über mich herein, rote, unvorstellbare Qualen! Und ich schrie und schrie. (Butler 358)

Der narrative Schnitt und der damit fehlende Zwischenraum, die bruchlose Bewegung von einer Zeitebene zur nächsten, verweist darauf, was Sharpe „in the wake" nennt: „[to] occupy and to be occupied by the continuous and changing present of slavery's as yet unresolved unfolding" (*In the Wake* 13–14).[6] „In the wake" von Sklaverei konstituiert sich also ein Verständnis von Schwarzer Subjektivität, das von der gewaltvollen Desorientierung als einem Zustand anhaltenden Schwindelgefühls geprägt ist. Zakiyayah Iman Jackson beschreibt dieses Vertigo 2016 in ihrer Darstellung des Schwindelgefühls innerhalb des planetarischen Anti-Schwarzseins als einen „sense of unhinged reality, a communion with death and that realm which exceeds life" (23). Oder in den Worten von Frantz Fanon: „Aber können wir dem Schwindelanfall entgehen? Wer wagte zu behaupten, daß das Schwindelgefühl nicht jede Existenz heimsucht?" (260).[7]

Es ist diese Wahrnehmung des unvollendeten Projekts der Emanzipation, das in *Kindred* wirkmächtig wird. Je öfter Dana in die Vergangenheit entführt wird, desto länger wird ihr Erleben der Vergangenheit — Zeit *dehnt* sich — und desto weniger ist es ihr möglich, eine Distanz zwischen den unterschiedlichen zeitlichen Erfahrungen herzustellen:

6 Für Sharpe hat „the wake" verschiedene Bedeutungen: „the keeping watch with the dead, the path of the ship, a consequence of something, in the line of flight and/or sight, awakening, and consciousness" (17–18).

7 Nennenswert ist Frank B. Wildersons III Unterscheidung zwischen subjektivem Schwindelgefühl („a dizzying sense that one is moving or spinning in an otherwise stationary world, a vertigo brought on by a clash of grossly asymmetrical forces") und objektivem Schwindelgefühl („the sensation that one is not simply spinning in an otherwise stable environment, that one's environment is perpetually unhinged stems from a relationship to violence that cannot be analogized"). Für Wilderson findet Schwarzes Leben an den Berührungspunkten dieser beiden Schwindelgefühle statt, an den Intersektionen von performativer und struktureller Gewalt, was letztlich zu einem Verständnis von Schwarzsein als „life constituted by disorientation rather than a life interrupted by disorientation" führt.

> Ich hatte nicht genug Zeit für mich. Es hatte eine Zeit gegeben — Gott weiß, wie lange das her war —, als ich mir Sorgen darüber gemacht hatte, dass ich zu viel Distanz zwischen mir und diesem fremden Zeitalter [alien time] hielt. Jetzt gab es keine Distanz mehr. Wann hatte ich mit dem Schauspielen aufgehört? Warum hatte ich aufgehört? (Butler 306)

Was Dana „alien time" nennt, wird Teil ihres Selbst und überlagert schließlich ihre zeitliche Wahrnehmung als Teil der Realität. In seiner Analyse des Afrofuturismus' beschreibt Mark Fisher das als Hauntology oder „time-slip". (In *Kindred* wird Kevin an einer Stelle ebenfalls in dieser fremden Zeit gefangen, als er Dana auf ihrer Zeitreise begleitet und in der Vergangenheit verloren geht). Dana wird zum zukünftigen Gespenst der Sklaverei, während zugleich das Gespenst der Sklaverei in ihrer eigenen Gegenwart spukt, ein weiteres zeitliches Abrutschen, das Fisher als „the looped time of Afrofuturist trauma" („The Metaphysics of Crackle" 51) beschreibt.[8] Was also als klassische Zeitreise-Trope beginnt und darauf hinweist, dass jede Person, die im Nachwirken des transatlantischen Sklavenhandels lebt, eine Zeitreisende*r ist (was ein anderes Sehen und Erleben ermöglicht), wird innerhalb der Gegenwart zu einem gespenstischen Spuk einer anderen Zeit, die mit dem Jetzt koexistiert. Die unfreiwillige raumzeitliche Bewegung, die zeitliche Schleife des afrofuturistischen Traumas, bringt in *Kindred* die Zeit aus den Fugen. Für Fisher, und unter Rückbezug auf Jacques Derrida, weist dies auf die zwei zeitlichen Sogwirkungen der Hauntology hin: den Sog des „Nicht-Mehr [-Länger]" und den des „Noch-Nicht" — beide Sogwirkungen sind weiterhin bzw. bereits effektiv im Virtuellen („What Is Hauntology" 19).[9]

8 Fisher entwickelt diesen Gedanken insbesondere in Bezug auf *Kindred*: „Projected into the looped time of Afrofuturist trauma, Kindred's Dana becomes ‚like a ghost.'" Er zitiert aus Butlers Text: „‚Disappeared? You mean like smoke?' Fear crept into his expression. ‚Like a ghost?'" Danach setzt er mit seiner Analyse fort: „A spectre-from-the-future whose intervention in the past allows that future to happen. The deep, unbearable ache in Kindred arises from the horrible realisation that, for contemporary black America, to wish for the erasure of slavery is to call for the erasure of itself. What to do if the precondition of your being is the abduction, murder and rape of your ancestors?"

9 Für Avery Gordon bietet die Heimsuchung („haunting") „an animated state in which a repressed or unresolved social violence is making itself known, [...] those singular yet repetitive instances when home becomes unfamiliar, when your bearings on the world

II.

„Hauntology is a political gesture: a sign that the dead will not be silenced" (Fisher „Metaphysics of Crackle" 53). Die politische Geste der Hauntology ist auch in jenen Multimedia-Arbeiten und ortsspezifischen Installationen der Johannesburger Künstlerin Kitso Lynn Lelliott wirksam, die Teile ihres größeren und andauernden Recherche-Projekts *South Atlantic Hauntings: Geographies of Memory, Ancestralities and Re-memberings* (seit 2013) sind. Anhand der Figur des Gespenstes machen Lelliotts Arbeiten die gleichzeitige An- und Abwesenheit ausgelöschter Geschichten, Erfahrungen und epistemischer Regime sichtbar. Die Arbeiten folgen Gary Simmons' Frage danach, was es heißt „to conceive of oneself as a giver of shape to ghosts" (Gordon 93) und was Tavia Nyong'o in seiner Arbeit zur Nekropolitik, Performance-Kunst und Deleuzianischer Negativität als „crypt of blackness" (175) beschreibt. Lelliott beschwört dort gespenstische Landschaften, die von Geistern bewohnt werden, denen sie Form gibt, und die ihrerseits die Künstlerin formen. Dieser Prozess des Werdens ist im Titel einer von Lelliotts Videoarbeiten angedeutet: *I was her and she was me and those we might become* (2016). Lelliotts Körper, *ein* Körper, nimmt Form an, vervielfältigt sich und begegnet — auf intime und unheimliche Weise — den Schwarzen Frauen, die vor ihr da waren: etwa Alzire, eine junge Frau aus Surinam, die Berichten zufolge Mitte des 18. Jahrhunderts als Geschenk an den Hof von Wilhelmine von Bayreuth gekommen sein soll;[10] oder Margaret Garner, die 1856 ihre eigene Tochter tötete, um ihr ein Leben in Sklaverei zu ersparen (Toni Morrison bezieht sich in ihrem Roman *Beloved* auf die Biographie Garners). Lelliotts audiovisuelle und performative Umsetzung des Formwandels im Kontext der Zeitreise als historische und archivbasierte Methode gibt Betrachter*innen einen intimen Einblick in Beziehungen, die sich über Raum und Zeit entwickeln. Sie ermöglicht eine Anerkennung „unserer" Vorfahren, die Lelliott als unter „uns" befindlich begreift, indem wir uns einer Zukunft nähern

lose direction, when the over-and-done-with comes alive, when what's been in your blind spot comes into view" (Gordon xvi.).

10 Über das Leben von Alzire gibt es nur wenige Informationen, was auf eine Lücke im Archiv hinweist und kritische Fabulation im Sinne von Saidiya Hartman notwendig macht.

oder sie so ausgestalten, wie sie sie sich vorgestellt haben könnten.[11] In einem Sog auf die durch das die Moderne begründende kollektive Trauma der Sklaverei markierten Orte macht Lelliott die Spuren sichtbar, welche die ephemeren, geisterhaften Figuren in ihnen hinterlassen haben. Das sind historische Orte, die die Konstruktion von Schwarzsein begreifbar machen, um zu Sharpes Begründung zurückzukommen: der Atlantik, Bahia, Accra, Dakar, Bayreuth. Durch die Verwendung von kosmologischen Diagrammen und wiederholenden Bewegungen der Kamera von der Erde gen Himmel, nimmt uns Lelliott mit ins All, zu den Sternen und zum Mond, und somit zu den

Abb. 1. Kitso Lynn Lelliott, *I was her and she was me and those we might become*, 2016. Installationsansicht. Foto: Lauren Mulligan. Mit freundlicher Genehmigung der Künstlerin.

11 Indem ich hier von einem „wir" und einem „uns" spreche, folge ich Lelliott, da ich Geschichte in ihrer Arbeit als von uns allen geteilte Geschichte verstehe, unabhängig von der jeweiligen geopolitischen oder rassifizierten Positionierung. Werden Schwarze Epistemologien und Ästhetiken fokussiert, muss anerkannt werden, dass die Aushöhlung der Vergangenheit für uns alle von Wichtigkeit ist — nicht um Weißsein erneut unsichtbar zu machen oder ihm eine „neutrale" Position zuzuschreiben, sondern um deutlich zu machen, wie verschiedene Formen von Geschichte (manche sichtbar, manche nicht) uns alle ausmachen, wenngleich auf verschieden Art und Weise. Weißsein ist Produkt von Auslassungen im Archiv, und im Herausstellen dieser Fehlstellen muss darauf hingewiesen werden, dass die fehlenden Geschichten unserer aller Geschichten sind. Die unterschiedlichen und komplexen Machtrelationen, die diese Geschichten und Erfahrungen geprägt haben, wirken noch immer nach. Siehe auch Gunkel und lynch, *We Travel the Space Ways*.

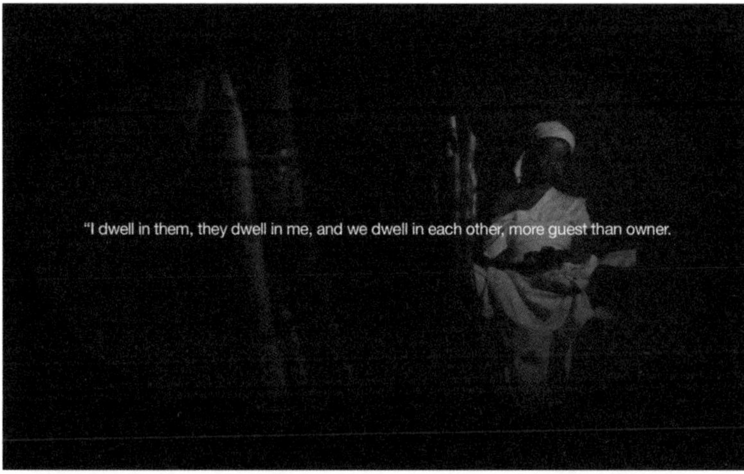

Abb. 2. Standbild aus Kitso Lynn Lelliott, *Fungible Things*, 2015. Mit freundlicher Genehmigung der Künstlerin.

Unendlichkeiten des Tiefenraums, anderen epistemologischen Räumen und alternativen Welten.

Lelliott scheint ihre Arbeiten nur selten einzeln zu zeigen und gruppiert sie eher in Zusammenhang mit anderen Arbeiten, wobei ihre Filme und Installationen aufeinander Bezug nehmen, indem sie, wie Layla Leiman (o.S.) schreibt, Fragmente eines Ganzen anbieten „that fall short just on the margin of coming fully into being". In dem Video *Fungible Things* (2015) zum Beispiel erscheint ein Geist, *der* Geist, in einem ovalen Rahmen. Der Rahmen evoziert das Betrachten eines historischen Bildes, welches auf die Betrachter*in zurückverweist, aber zugleich zwischen der Betrachter*in und dem Geist liegt: Zuckerrohr, Tabak, Baumwolle und Reis; Waren kolonialen Handels, Güter, die zeitgleich bzw. zusammen mit den Gefangengehaltenen verschifft wurden und die Betrachter*in gleichsam daran erinnern, dass die Versklavten ihrerseits als Objekte, als „ersetzliche Dinge" (die *Fungible Things* des Titels) begriffen wurden. Ian Baucom nennt dieses Gefüge „the Atlantic cycle of capital accumulation" (80). In Lelliotts Arbeit werden die Objekte gespiegelt und somit verdoppelt, der Geist hält eine Kamera in den Händen, eine Technologie seiner Zukunft und damit dieser/unserer Zeit. So scheint sich die Macht des Geistes zu verstärken und damit, unter Rückbezug auf Derrida, sein Potential, uns heimzusuchen. Dem Geist ist somit eine Rückbezüglichkeit eingeschrieben – eine befragende Kraft mithin – die ihm im Prozess „sozialer Negation" versagt war. „Soziale Negation", so beschreibt es Orlando Patterson, positionierte das versklavte Subjekt innerhalb des Kontexts von White Supremacy als weniger als menschlich (38). Fungibilität markiert also nicht nur die Objekte des transatlantischen Handels zwischen der Betrachter*in und dem Rahmen/Spiegel, sondern auch den spezifischen Körper der Versklavten, der in den Blick der Betrachter*in zurückkehrt. Derrida beschreibt den Geist so: „The specter is not simply someone we see coming back, it is someone by whom we feel ourselves watched, observed, surveyed" (41). Die unterschiedlichen ersetzlichen (oder *fungiblen*) Objekte des Konsums, die uns vorausgingen, definieren nach wie vor jede Form der Verhältnisse. Im Video werden sie also nach und nach eingeführt, was es der Betrachter*in ermöglicht, jedes einzelne Objekt wirken zu lassen. Getrennt werden sie durch Schwarzblenden und Fragmente eines Zitats der postkolonialen Filmemacherin und Theoretikerin Trinh T. Minh-ha. Dies führt erneut zu der zeitlichen Schleife des afrofuturistischen Traumas zurück:

> I dwell in them, they dwell in me, and we dwell in each other, more guest than owner. My story, no doubt, is me, but it is also, no doubt, older than me. […] No end, no middle, no beginning; no start, no stop, no progression; neither backwards not forward, only a stream that flows into another stream, an open sea. (123)

Diese Zeilen haben Spuren in Lelliotts Video *My story no doubt is me / Older than me* (2015) hinterlassen, in der auch der Geist aus *Fungible Things* erneut auftaucht. Hier fokussiert die Kamera den Hinterhof eines Gebäudes auf der Brazil Road in Jamestown, einem Stadtteil von Accra, und nimmt Alltagsszenen in den Blick: Frauen beim Wäschewaschen oder beim Wasserholen und spielende Kinder. Im Laufe des Videos scheinen die Menschen aus dem Blickfeld der Kamera zu verschwinden, die auf einer Position mit deutlich sichtbarem Horizont fixiert ist (die starre Position wird hier nicht durch einen Verlust des Horizonts, sondern durch seine Hervorhebung aufgelöst), während das Gespenst aus Fungible Things und andere Geister beginnen, sich sichtbar zu machen. Sie tauchen auf und verschwinden wieder, vervielfältigen sich, stoppen und bewegen sich. Die flüchtigen Erscheinungen und Spuren, die ihre Bewegungen hinterlassen, deuten auf alternative Räume hin, in denen unterschiedliche Regime „des Realen“ operieren. Dieses wird visualisiert in Form eines Diagramms, welches die raumzeitlichen Bewegungen der unterschiedlichen Gespenster an einem Punkt im Himmel bündelt, zu einem Gespenst der Gespenster, einem singulären Meta-Gespenst[12] – einem Meta-Gespenst, das der Ursprung aller Vergangenheit und aller Gegenwart zu sein scheint. An einem Punkt erscheint das Gespenst als kosmologisches Prinzip, nur um dann wieder zu verschwinden, zusammen mit anderen Erscheinungen. Diese Erscheinungen sind unter anderen ein tanzendes Paar, eine mesopotamische Sternenkarte als Repräsentation indigener Kosmologien, andere bildliche Himmelsdarstellungen, ein alter Kompass, das aschantische Symbol des Sankofa als ein alternatives Verständnis von Zeitlichkeit[13] sowie Eintrittskarten von Cape Coast Castle, Elmina Castle und Slave River – was auf die kommerzielle Nachnutzung dieser Gedenkorte der historischen Sklaverei hinweist. An einer Stelle im Video verschwindet der Hinterhof, und das Diagramm wird in den Himmel projiziert. So geraten die unterschiedlichen Himmels-Körper in den Fokus: menschliche Körper, maschinelle, planetarische und Körper der Vorfahren. Die Körper der Sterne, als Gespenster oder außerirdische Körper Lichtjahre entfernt, erreichen uns mitunter als Zeitreisende, da sie irdisch erst nach dem Ende ihrer Existenz sichtbar werden. Auf diese Weise deutet die Videoarbeit auf den gespenstischen Status des Lichts selbst hin und darauf, dass wertvolle Informationen erst in Konstellationen auffindbar werden.

Lelliotts Video *Sankofa I* (2016), das Bezug nimmt auf *My story no doubt is me*, hebt den Wert des Nachdenkens über Körper als Himmels-Körper noch einmal hervor. Hier liegt der Schwerpunkt gänzlich auf dem Außerirdischen: Die mesopotamische Karte, Sankofa, Himmelskarten polynesischer Navigation und Eintritts-

12 Und zwar ähnlich zu dem Geist im Spiegel in *Fungible Things*.
13 Im Ghanaischen Wissenssystem Adinkra bedeutet das Konzept des Sankofa in etwa, dass man zurückschauen muss, woher man kam, um zu sehen, wohin man geht.

karten zu einzelnen Erinnerungsorten in Ghana tauchen erneut auf, mahnen an die Geschichte der Sklaverei, während aus Sternen zusammengesetzte Tierfiguren als Visualisierungen subsaharischer Sagen und astronomischer Überlieferungen (Sterndeutungen) fungieren.[14] Ein Bild taucht wiederholt auf und wird gegen Ende des Videos animiert: die Figur eines Mädchens, das Glut aus einem Lagerfeuer in den Himmel wirft und so die Milchstraße (und damit das gesamte Universum) erschafft.[15] Andere Elemente umfassen Sternenkarten und eine kupferne Sonnenscheibe von den Dogon aus Mali, die sich als Nachfahren der Sternenfahrer aus dem Sternsystem Sirius verstehen. Solche Bilder erinnern daran, dass die Dogon Sirius B erkennen und darstellen konnten, lange bevor seine Existenz durch die Technologien des globalen Nordens erfasst wurde (der Zwillingsstern wurde erst in den 1970er Jahren fotografiert und so seine Existenz „erwiesen").[16] So wird der Himmel zur Behausung für alle göttlichen Wesen, Geister der Verstorbenen und die Lebenden zugleich; verschiedene Formen des Wissens, Geschichten und Mythologien verschmelzen, und Zwischenarten formieren sich:[17] etwa ein Baobab-Baum, häufiges Thema in Lelliotts Arbeiten, der die abstraktere Tiefenraumzeit mit einer geologischen Vorgeschichte verbindet, da der Baum sehr alt und noch lebendig ist. Als vorzeitlicher und noch-lebendiger Organismus vereint er – genau wie die Gespenster – verschiedene Epochen.[18]

Lelliotts Arbeit verweist durch die Entfaltung einer „alien time" und durch die Spuren, welche Objekte und Figuren hinterlassen, die

14 In einem Gespräch in Bayreuth im Oktober 2017 berichtete mir Lelliott, dass sie sich insbesondere auf die Überlieferungen und Sterndeutungen der Tswana und der Xam beziehe.

15 Dieser Moment des Videos zeigt eine Überlieferung der Xam, die davon erzählt, dass die Sterne einst Menschen gewesen seien, Vorfahren der Xam. Die Milchstraße wird als überirdischer Pfad wahrgenommen, auf dem die Geister der Ahnen wandelten.

16 Alle 50 Jahre – so lange dauert der Orbit von Sirius B – feiern die Dogon diese Herkunft mit großangelegten Festen.

17 Lelliott formuliert das so: „I was thinking through different ways/knowledge systems/ epistemes (and also technologies) through which people have conceived of where and how they are in the world/universe, and the diversity of these over vast times and spaces, marking where we are in and amongst the vastness to deep space, time, and multiple ways of conceiving those". Persönliches Gespräch, Bayreuth, Oktober 2017.

18 Die im subsaharischen Afrika nativen Baobab-Bäume können mehr als 2000 Jahre alt werden. Allerdings sind seit 2006 viele der ältesten Bäume gestorben, was auf den Klimawandel zurückgeführt wird. Siehe etwa GrrlScientist, „Africa's Oldest Baobab Trees Are Likely Victims of Climate Change".

ihren Videos und Rauminstallationen innewohnen auf etwas, das Baucom (in Bezug auf Glissants *Poetics of Relation*) als eine geopolitische Form des in der Welt Seins versteht (312).[19] Man könnte diese Spuren jenseits von Raum und Zeit, die, in Glissants Worten, durch das Universum und den Atlantik verbunden sind, als eine relationale Politik des Umherirrens verstehen, als ein im Transit sein bzw. als ein imaginativer Flug quer durch die Welt – ein Flug, welcher sich ebenfalls in Sharpes Verständnis des „in the wake" wiederfindet. Für Glissant ist die Welt des Black Atlantic eine Erfahrung des Lebens in Relationen, ein „ozeanisches Gefühl", das mit Sigmund Freud als „ein Gefühl der unauflösbaren Verbundenheit, der Zusammengehörigkeit mit dem Ganzen der Außenwelt" (420) beschrieben werden könnte.[20] In Lelliotts Arbeit wird dies besonders deutlich an dem Video *Transatlantic Saudades* (2013), das die verschiedenen Orte, auf die sie sich bezieht, scheinbar verbindet, während es außerdem den Black Atlantic mit dem Extraterrestrischen verbindet — beides Fluchtpunkte afrofuturistischen Nachdenkens.

Transatlantic Saudades evoziert was Baucom (in Bezug auf Derek

19 Die flüchtigen Gegenwarten hinterlassen Spuren in verschiedenen Orten und verschiedenen Videos und stellen so Verbindungen zwischen ihnen her, wie auch etwa zwischen verschiedenen Waren oder einem Kleid. Der Hinterhof in Accra taucht zum Beispiel erneut in einem Monitor in *Sankofa I* auf. Dieses Video fokussiert das Himmlische. Die Waren, die in *Fungible Things* zwischen der Betrachter*in und dem Spiegel/Rahmen liegen (Zuckerrohr, Tabak, Baumwolle und Reis) finden sich in der Ausstellung „I was her and she was me and those we might become" (2017, Room Gallery, Johannesburg) wieder. Sie sind hier hinter Glas und unweit der Projektion in auf dem Boden platzierten Holzkisten ausgestellt, die Holzkisten ihrerseits sind Nachbildungen der Kisten mit denen Lelliott in Ghana gearbeitet hat und somit ebenfalls Handelswaren. Die Kleider und Preziosen aus dem namensgebenden Video der Ausstellung verweisen auf die alternativen Zeiten und Orte, aus denen die verschiedenen Gespenster zutage treten, und ermöglichen es der Betrachter*in, die mannigfaltige Verteilung der Lebensgeschichten innerhalb der künstlerischen Arbeiten zu verstehen: das Kleid aus Lelliotts Arbeit *Alzire of Bayreuth* (2016) etwa ähnelt einem höfischen Kleid aus der Epoche.

20 Erika Balsom beschreibt Freuds Interpretation von Rollards Begriff des „ozeanischen Gefühls" als „the sensation of an unbreakable bond between oneself and the outside world. Rather than any autonomy or mastery, oceanic feeling is a quasi-sublime state in which the integrity of the self is lost, or at least compromised, in a sense of limitlessness, unboundedness, and interconnectedness." Sie überträgt Freuds Begrifflichkeit auf den Black Atlantic, und, im Kontext des Anthropozäns, die aquatische Geschichte des transatlantischen Sklavenhandels sowie gegenwärtige Modi von Migration und folgert, dass das ozeanische Gefühl als eine „dispossession of the ego and decentring of the human" und als „a ground of practice of implication, remembrance, and care" dienen kann (9-10).

Walcotts Gedicht „The Sea Is History") als unruhige („unsettled") Ahn*innen einer lebendigen atlantischen Bürger*innenschaft bezeichnet (322). Lelliott drehte das Video während einer Künstler*innenresidenz in Bahia an der brasilianischen Küste und einem Teil der Uferzone, die die historische *Salzwasser-Sklaverei* markiert.[21] Das Video zitiert das gleichnamige Gedicht der kroatischen Künstlerin Maja Klarić, das ebenfalls während der gemeinsamen Residenz entstand:

> At dusk, before the rain / In a deserted corner of the beach / Facing the insurmountable amount of water / Between my island and yours / Never again conquered distance / Between continents that split long ago / Like round people in Plato / I am as lost as the other half / And as alone as the string of a berimbau. (o.S.)

Zu Baucoms „lebendigen atlantischen Bürger*innenschaft" gehört das Detroiter Techno-Duo Drexciya, das sich im Klappentext seines Albums *The Quest* (1997) als Nachfahren schwangerer Afrikanerinnen versteht, welche über Bord gingen oder ins Wasser geworfen wurden und deren Kinder aus dem Fruchtwasser des Mutterleibs in das Wasser des Ozeans entkommen konnten, sich diesem neuen Fluid anpassten und so in der Lage waren, die gleichnamige Untersee-Stadt zu bauen: „Are Drexciyans water breathing, aquatically mutated descendants of those unfortunate victims of human greed? Have they been spared by God to teach us or terrorize us? […] Do they walk among us? […] What is their Quest?" (Drexciya).

Sich in ein Reich der Zukunft zu transportieren — ein Noch-Nicht, eine Welt, die es erst geben wird — während man zugleich und im Entfalten von Relationen rückwärts in der (Tiefen-)Zeit reist: Beides bricht mit den Vorstellungen einer linearen oder zyklischen Zeit. Wie auch das Gespenstische wird Zeit in Lelliotts Arbeit formbar. Besonders deutlich wird dies in *I was her and she was me*, wo Lelliott einen mehrschichtigen Umgang mit der Zeit vorschlägt. Während sich Gespenster in historische Kleidung hüllen, werden unterschiedliche Zeitgeschwindigkeiten/Mediatisierungen von Zeit eingeführt, die in

21 Der Begriff Salzwasser-Sklaverei ist entlehnt von Stephanie E. Smallwood.

Form von teils parallelen, teils konsekutiven Zeitebenen ineinander übergehen: die Zeit der Betrachter*in wird verlangsamt (dazu wird die Wiedergabegeschwindigkeit des Videos, die Bildrate, stark erhöht, um eine Bewegung im Zeitraffer darzustellen), und die Zeit der Betrachter*in wird beschleunigt (die Bildrate wird zur Zeitlupe reduziert). Zugleich finden sich aber auch normative Zeitverständnisse in *I was her.* Szenen des Ankleidens in unterschiedlichen Geschwindigkeiten, zu unterschiedlichen Epochen und an unterschiedlichen Orten, evozieren so ein konstantes raumzeitliches Unbehagen. Oder, um es anders zu sagen, die unzusammenhängenden zeitlichen Bewegungen legen nahe, dass die Kleidung zu den Gespenstern gehört, während es an anderer Stelle so aussieht, als kämpften diese gegen die Kleidung an.

Die Gespenster scheinen zu allen Zeiten gegenwärtig zu sein. Dies führt mich zu folgender Frage: Wenn die Gespenster — ähnlich wie ein Baobabbaum — bereits während der Sklaverei lebten, wie nehmen sie unsere (menschliche) Zeit wahr, unsere (menschliche) Lebensspanne? Was ist der zeitliche Rhythmus, der dem Gespenst innewohnt? *I was her and she was me* präsentiert eine Zeitlichkeit ähnlich zu der „alien time", die Dana erlebt, eine Vergangenheit, die noch nicht vorüber ist, eine Vergangenheit in der Gegenwart, eine zeitliche Akkumulation, wie sie Lelliott mit Baucom versteht: Baucom geht davon aus, dass Zeit niemals vergeht, sondern sich akkumuliert, und somit eine teleologische bzw. fortschrittliche Philosophie von Geschichte hinter sich lässt (311). Baucom versteht zeitliche Akkumulation dabei weniger als eine abstrakte Messung von Zeit, die als unendlich und indifferent summiert verstanden werden kann, sondern vielmehr als eine moderne Ordnung von Zeit, „the time of modernity: which piles up from an exceptional historical catastrophe" (320), welche der Sklavenhandel ist.[22] Lelliotts Arbeit fordert ebenso ein lineares Verständnis von Zeit, das eine Idee ständigen Fortschritts evoziert, heraus. Sie verweist auf

22 Er führt aus: „To lay the past to rest thus means not that we should forget it but that we have no choice but to relate it, no choice but to live on within the full knowledge and unending of it. Time does not pass but accumulates. Why? Because what has been begun does not end but endures. Because this fatal Atlantic ‚beginning' of the modern is more properly understood as an ending without end. Because history comes to us not only as flash or revelation but piling up. Because this is, not was. Because this is the Atlantic, now. Because all of it is now, it is always now, even for you who never was there" (333).

eine Akkumulation von Vergangenheit, eine Akkumulation, die unvermeidbar und niemals abgeschlossen ist, die Zeitschleife des afrofuturistischen Traumas: Ohne Ende, ohne Mitte, ohne Anfang; kein Start, kein Stop, keine Abfolge, weder vorwärts noch rückwärts, ein [Daten-/Bild-] Strom geht in den anderen über, ein offenes Meer.

Wie es Dana in *Kindred* erlebt, gibt Lelliotts Multimedia-Arbeit einem Sog der Vergangenheit nach, der durch ein Erleben von einer Gemeinschaft jenseits der Mehrheitsgesellschaft und eine ständige Verletzlichkeit durch das Eintauchen in das, was zugleich Nicht-Mehr und Noch-Nicht ist, hervorgerufen wird. In einem Vortrag an der Universität Bayreuth beschrieb Lelliott das mit einem Zitat von Saidiya Hartman: „I too live in the time of slavery — by which I mean I am living in the future created by it" (133). So verweist Lelliotts Arbeit auf das, was Keguro Macharia in seiner Hommage an Audre Lorde als „survival towards freedom" beschrieben hat. Dieses „Überleben gen Zukunft" versteht Macharia als „holding on to those who did not survive, to those not surviving, to those who might not survive" (o.S.). Lelliott scheint zu fragen: Wie werden wir eine Zukunft verstehen, in der sich uns die Mehrheit der Gemeinschaft nicht wird anschließen können? Wie werden wir ihre gegenwärtigen Vorstellungen von Zukünften umsetzen können in Übereinkunft mit denen, die es schaffen werden zu folgen?[23] Indem Lelliotts Arbeit eine Praxis der Schwarzen Zukünfte vorstellt, die sich aus der Vergangenheit speist, um eine zukünftige Verschiedenheit, eine „future-as-difference" zu entwerfen,[24] scheint sie dieses Gespenstische zum Anlass zu nehmen, um ein erwartetes Kollektiv, ein Kollektiv im Werden, zu beschreiben. Avery Gordons Forderung entsprechend, sich „ghostly histories and their traces in our lives" (93) zu vergegenwärtigen, verpflichtet sich Lelliotts Arbeit — über die Erzählung Schwarzer Tode und der Auslöschung von Schwarzen Geschichten, einem Verständnis von Gemein-

23 kara lynch und ich haben uns diese Frage in der Einführung zu *We Travel the Space Ways* gestellt (21–43).

24 Hugh Charles O'Connell unterscheidet zwischen einer „merely quantitative notion of the future," d.h. einem bloßen Verstreichen von Zeit, und einer „qualitative notion of the future-as-difference", die er futurity (in etwa: Zukünftigkeit) nennt. Er entwickelt diese Unterscheidung in einer Fußnote und in Bezug zu Fishers Verständnis, „although time continues to pass, there is no radical historical progressiveness or sense of a future outside of the conditions of global late capitalism" (292).

schaft jenseits der Mehrheitsgesellschaft, welche Performance-Kunst, politisches Handeln und den Körper gleichermaßen ernst nimmt.

III.

Lelliotts Installations-Loops wie auch Butlers literarische Form erinnern an die Gespenster der atlantischen Tiefsee und die Geister des transatlantischen Sklavenhandels. Beide liefern eine Vorstellung von Dauerhaftigkeit und Akkumulation, die für Glissants Geopoetik charakteristisch ist. Ihre geisterhaften Figuren verkörpern „both a geography of history and a form of time, a type of contemporaneity, a complex, enigmatic, Atlantic ‚now'" (Baucom 324). Dadurch gibt Lelliott der Betrachter*in eine Vorstellung von Ritualen und Zeitentwürfen, die der Zeit der Moderne vorausgehen und ihr eine alternative Zeitlichkeit an die Seite stellen. In diesem Zusammenhang ist es wichtig darauf hinzuweisen, dass die standardisierte Normalzeit nach Greenwich 1884 eingeführt wurde — im Jahr der Berliner Konferenz, deren koloniale Grenzziehungen in Afrika bis heute Bestand haben.[25] Lelliott bezieht sich auf alternative Zeitvorstellungen, Rhythmen, Stern- und Monddeutungen, Mythologien der Dogon und der Xam und verschiedene Mediatisierungen von Zeit,[26] um nur einige Beispiele zu nennen. Sie setzt dem kolonialen Zeitverständnis andere Denkweisen und Wissenssysteme entgegen und damit möglicherweise nicht-vertiginöse, also schwindelfreie Arten des Erlebens und In-der-Welt-seins.

Lelliotts *South Atlantic Haunting* und Butlers *Kindred* fordern das klassische Zeitreisenarrativ von Science Fiction heraus, das zumeist von *weißen* männlichen Subjekten auf freiwilliger Reise erzählt. Zeitreisen wird hier verstanden als Bezwingung von Zeit und Raum

25 Weitere Überlegungen zu kolonialen Zeitkonzepten finden sich u.a. bei Bliss Cua Lim; Giordano Nanni; Johannes Fabian; and Kevin K. Birth.

26 In Bezug auf die Dekonstruktion von narrativer Zeitlichkeit im Film sind die Arbeiten von Alain Resanis und Chris Marker besonders hervorzuheben (siehe Halter 182-189). Im Kontext von Queerness, und anhand des Films *Stories of Our Lives* (2014, Jim Chuhu/Nest Collective) habe ich in meinem Beitrag zu „Alienation and Queer Discontent" in kara lynch und meinem Sammelband *We Travel the Space Ways* vorgestellt, wie unterschiedliche zeitliche Strategien zu unterschiedlichen Umgängen mit Raum führen.

und setzt so ein normatives Zeitverständnis voraus, das durch die drei „Dimensionen" von Vergangenheit, Gegenwart und Zukunft definiert ist. Dem gegenüber steht Christine Y. Kims Definition von Zeitreise, die stets einen „sense of perception beyond the linear limitation of body, time and space" (19) beinhalte. Literarische Entwürfe, die vom Überwinden physikalischer Grenzen erzählen, und klassische Narrative der Science Fiction hingegen halten an gegenwärtigen kulturellen Normen soziopolitischer Rahmenbedingung fest. In *The Time Machine* (1895) zum Beispiel präsentiert H.G. Wells die *weiße* (männliche) Phantasie von Geschwindigkeit und Technologie, in der die Zukunft durch ein Entkommen aus der Vergangenheit kontrolliert werden kann. Die Zeitreisen aus Butlers und Lelliotts Arbeiten werden nicht durch technologisches Gerät, irgendeinen Hochgeschwindigkeitsapparat, sondern durch den Körper selbst und seine Bewegungen durch unterschiedliche Zeitzonen oder Dimensionen angetreten. In ihren Arbeiten kommt Technologie durch den rassifizierten Körper ins Spiel, der so mithin Gefährt für psychologische, traumatische, historische und vertikale Bewegung durch Zeit und Raum wird.

Im Nachwirken des transatlantischen Sklavenhandels ist die Zeitreise Teil des „in the wake" und wird so mehr als ein historiographisches Werkzeug: Es wird zu einem Werkzeug der Erinnerungsarbeit, des Freilegens der Vergangenheit, des Sichtbarmachens des Undokumentierten, ein Werkzeug, das – wegen der Lücken im Archiv – auch *kritische Fabulation* nötig macht (Hartman). Sowohl bei Butler als auch bei Lelliott sind die Spannungen zwischen dem Werkzeug und des Erlebens von Zeitreise und der gespenstischen Zeit offenkundig (die zwei Richtungen von Hauntology, in der die Vergangenheit in das Selbst eindringt und es formt, die zeitliche Bewegung des Nicht-Mehr und des Noch-Nicht, die beide gewissermaßen bereits virtuelle Zeitebenen sind). „Alien time" – die bei Butler als fremdartige Zeit der Vergangenheit konzipiert und erst nach einem Schwindelgefühl durch eine erzwungene raumzeitliche Bewegung erreicht wird – wird so Teil einer atlantischen Jetztzeit. Diese Koexistenz von gespenstischer Zeit und „alien time" ist wesentlicher Bestandteil der kritischen Möglichkeiten visueller Kultur im Zusammenhang der Zeitreise.

So ist die Zeitreise als Reise in eine „alien time" nicht nur in die Vergangenheit gerichtet, nicht nur Erinnerungsarbeit (auch im Sinne einer Gegen-Erinnerung), sondern eröffnet zugleich den Blick auf eine andere zukünftige Welt jenseits eines eurozentrischen *weißen* Referenzrahmens. Diese Bewegung fugenloser Zeitlichkeit und die damit einhergehenden politischen Implikationen decken sich mit dem, was Sharpe „wake work" nennt. Damit beschreibt sie, wie etwas erinnert werden kann, während es noch im Entstehen ist — genauso wie das Nachwirken der dehumanisierenden Besitzsklaverei, ein Thema, das sowohl Lelliott und Butler intensiv bearbeiten. So schreibt Sharpe: „Wakes are processes; through them we think about the dead and about our relations to them; they are rituals through which to enact grief and memory" (*In the Wake* 17).[27] Das deckt sich auch mit der politischen Verantwortlichkeit, die bei Derrida durch das Gespenstische in den Vordergrund gebracht wird. Im Kontext der „alien time" mahnt uns das Gespenstische so an die fehlende Gerechtigkeit für die, die nicht mehr sind, und die, die nach uns kommen. Butlers und Lelliotts künstlerische Praktiken bieten diesen Umgang mit dem Nachwirken der Sklaverei als gleichzeitiges Annehmen und Brüchigmachen zugunsten einer anderen Vorstellung und erinnern zugleich an den Diskurs einer — noch immer nicht erreichten — Gleichheit oder Abolition. *The sea is history. The past that is not the past reappears, always, to rupture the present.*

27 Sie führt aus: „If […] we think the metaphor of the wake in the entirety of its meanings (the keeping watch with the dead, the path of the ship, a consequence of something, in the line of flight and/or sight, awakening, and consciousness) and we join the wake with work in order that we might make the wake and wake work our analytic, we might continue to imagine new ways to live in the wake of slavery, in slavery's afterlives, to survive (and more) the afterlife of property. In short, I mean wake work to be a mode of inhabiting and rupturing this episteme with our known lived and un/imaginable lives. With that analytic we might imagine otherwise from what we know now in the wake of slavery" (17–18). Siehe auch Marius Hendersons Beitrag in diesem Buch.

Bibliografie

Balsom, Erika. *An Oceanic Feeling: Cinema and the Sea*. New Plymouth, New Zealand: Govett-Brewster Art Gallery, 2018.

Baucom, Ian. *Specters of the Atlantic: Finance Capital, Slavery, and the Philosophy of History*. Durham, NC: Duke University Press, 2005.

Birth, Kevin K. *Time Blind: Problems in Perceiving Other Temporalities*. London: Palgrave Macmillan, 2017.

Butler, Octavia E. *Kindred — Verbunden*. Berlin: w_orten & meer, 2016.

Chakravartty und Ferreira da Silva. „Accumulation, Dispossession, and Debt: The Racial Logic of Global Capitalism — An Introduction". *American Quarterly* 64(3): 2012. 365, 367.

Cuboniks, Laboria. „Xenofeminism: A Politics for Alienation", 2015. https://laboriacuboniks.net/manifesto/. Zugriff am 29.01.2022.

DeLoughrey, Elizabeth. „Heavy waters: Waste and Atlantic modernity". PMLA 125 (3): 2010. 703-712

Derrida, Jacques. *Echographies of Television: Filmed Interviews*. Übersetzung Jennifer Bajorek. Cambridge: Polity, 2002.

Drexciya, *The Quest*. Submerge, SVE-8. 1997.

Fabian, Johannes. *Time and the Other: How Anthropology Makes Its Object*. New York: Columbia University Press, 2014.

Fanon, Frantz. *Die Verdammten dieser Erde*. Frankfurt a.M: Suhrkamp, 2018.

Fisher, Mark. „The Metaphysics of Crackle: Afrofuturism and Hauntology". *Dancecult: Journal of Electronic Dance Music Culture* 5(2): 2013. 42-55.

Fisher, Mark. „What Is Hauntology?". *Film Quarterly* 66(1): 2012. 16-24.

Freud, Sigmund. *Das Unbehagen in der Kultur*. Wien: Internationaler Psychoanalytischer Verlag, 1930.

Glissant, Édouard. *Poetics of Relation*. Übersetzung Betsy Wing. Ann Arbor: University of Michigan Press, 1997.

Gordon, Avery F. *Ghostly Matters: Haunting and the Sociological Imagination*. Minneapolis: University of Minnesota Press, 2008.

GrrlScientist. „Africa's Oldest Baobab Trees Are Likely Victims of Climate Change". *Forbes*, June 17, 2018. https://www.forbes.com/sites/grrlscientist/2018/06/17/africas-oldest-baobab-trees-are-probably-the-victims-of-climate-change/?sh=5af352cf25f4. Zugriff am 29.01.2022.

Gunkel, Henriette und kara lynch. Hrsg. *We Travel the Space Ways: Black Imagination, Fragments, and Diffractions*. Bielefeld: Transcript, 2019.

Halter, Ed. „Travel Agents: Alain Resnais's Je t'aime, je t'aime and the Cinematic Time Machine". *Artforum International*, Februar 2014. 182-189.

Hartman, Saidiya V. *Scenes of Subjection: Terror, Slavery, and Self-making in Nineteenth-Century America*. New York und Oxford: Oxford University Press, 1997.

Hartman, Saidiya. *Lose Your Mother: A Journey Along the Atlantic Slave Route*. New York: Farrar, Straus and Giroux, 2007.

Hartman, Saidiya. „The Belly of the World: A Note on Black Women's Labors". *Souls* 18(1): 2016. 166-173.

Jackson, Zakiyyah Iman. „Sense of Things". *Catalyst: Feminism, Theory, Technoscience* 2(2): 2016. 1-48.

Klarić, Maja. „Saudade Transatlântica" *Instituto Sacatar*, http://www.sacatar.com.br/site/ing/ alumni.asp?id=250. Zugriff am 21.10.2019.

Kim, Christine Y. „The Politics of Rupture". *Philosophy of Time Travel*. Hrsg. Christine Y. Kim. New York: Studio Museum Harlem, 2007.

Leiman, Layla. „Making Space for the Dream and Poetry in Kitso Lynn Lelliott's Work" *Between 10 and 5*, November 29, 2016. https://10and5.com/2016/11/29/making-space-for-the-dream-and-poetry-in-kitso-lynn-lelliotts-work/. Zugriff am 29.01.2022.

Lim, Bliss Cua. *Translating Time: Cinema, the Fantastic, and Temporal Critique*. Durham, NC: Duke University Press, 2009.

Macharia, Keguro. „Survival in Audre Lorde", *New Inquiry*, 25.08.2017. https://thenewinquiry.com/blog/survival-in-audre-lorde. Zugriff am 29.01.2022.

Minh-ha, Trinh T. *Women, Native, Other: Writing Postcoloniality and Feminism*. Bloomington: Indiana University Press, 1989.

Nanni, Giordano. *The Colonisation of Time: Ritual, Routine and Resistance in the British Empire*. Manchester: Manchester University Press, 2009.

Nyong'o, Tavia. „The Crypt of Blackness: or Assotto Saint with Gilles Deleuze", *We Travel the Space Ways: Black Imagination, Fragments, and Diffractions*. Hrsg. Henriette Gunkel und kara lynch. Bielefeld: Transcript, 2019.

O'Connell, Hugh Charles. „‚We are change': The novum as event in Nnedi Okorafor's Lagoon". *Cambridge Journal of Postcolonial Literary Inquiry* 3(3): 2016. 291-312.

Patterson, Orlando. *Slavery and Social Death: A Comparative Study*. Cambridge, MA: Harvard University Press, 1982.

Sharpe, Christina. *In the Wake: On Blackness and Being*. Durham, NC: Duke University Press, 2016.

Sharpe, Christina. „Black. Still. Life". Vortrag Goldsmiths University of London. 17.05.2018.

Smallwood, Stephanie E. *Saltwater Slavery: A Middle Passage from Africa to American Diaspora*. Cambridge, MA: Harvard University Press, 2007.

Steyerl, Hito. „In Free Fall: A Thought Experiment on Vertical Perspective". *e-flux journal*. 24(April): 2011. https://www.e-flux.com/journal/24/67860/in-free-fall-a-thought-experiment-on-vertical-perspective. Zugriff am 29.01.2022.

Wilderson. „The Vengeance of Vertigo: Aphasia and Abjection in the Political Trials of Black Insurgents", *Tensions* 5(Fall/Winter): 2011. https://www.yorku.ca/intent/issue5/articles/frankbwildersoniii.php. Zugriff am 29.01.2022.

Rebecca Brückmann

Die historisch verzweigten Wurzeln von #MeToo und der Schwarzen Befreiungsbewegung

Am 21. Januar 2017, dem Tag nach Donald Trumps Amtsantritt als US-Präsident, demonstrierten Millionen Menschen weltweit beim ersten *Women's March*. Mehr als siebzig Organisationen in den USA hatten direkt nach der Wahl Trumps im November 2016 zu dem Protestmarsch aufgerufen. Allein in Washington, D.C., gingen über 450.000 Menschen auf die Straße, unter ihnen die Feministin und Gründerin der Zeitschrift *Ms.* Gloria Steinem sowie die damalige US-Senatorin Kamala Harris. Die Teilnehmer*innen demonstrierten für Frauenrechte und LSBT-Rechte und gegen sexualisierte Gewalt, Rassismus und im Wahlkampf zur Schau gestellten Sexismus. Im Zuge der antisexistischen Bewegung #MeToo, die durch das Verfahren gegen Harvey Weinstein weltweit bekannt wurde, standen einige Monate später sowohl das feministische Organisationsbündnis als auch die politischen Forderungen des *Women's March* erneut in der Öffentlichkeit.

Jedoch machten nicht nur die Bilder vieler Demonstrant*innen in selbstgestrickten pinken *Pussy Hats* beim *Women's March* die Runde, sondern auch die Abbildung der Schwarzen Aktivistin Angela Peoples. Peoples hielt ein Schild in die Höhe mit der Aufschrift „Don't Forget: White Women Voted For Trump", während im Hintergrund *weiße* Teilnehmer*innen der Demonstration Selbstportraits vor dem Kapitol machten (Peoples). Tatsächlich gewann Donald Trump sowohl 2016 als auch 2020 die Mehrheit der Stimmen *weißer* Wählerinnen. Laut der Mehrzahl der Wähler*innenbefragungen konnte Trump seinen Stimmenanteil von 47 Prozent (Clinton: 45 Prozent, Pew Research Center) im Jahr 2016 unter weißen Frauen vier Jahre später sogar auf über 50 Prozent steigern (Rutgers, „Women"). Angesichts der Forschung zur *Gender Gap* in US-amerikanischen Präsidentschaftswahlen seit den 1980er Jahren, die zeigt, dass Wählerinnen mehrheitlich der Demokratischen Partei ihre Stimme geben, führten diese Ergebnisse sowohl in medialer Berichterstattung als auch aktivistischen Kreisen zu Verwunderung (Junn und Masuoka 1).

Diese Wahlergebnisse lassen sich indes nicht mit der binärgeschlechtlichen Einteilung von Wählern und Wählerinnen erklären, da der Fokus auf die Kategorie Geschlecht den multidimensionalen Machtstrukturen, die auch Wähler*innenverhalten zugrunde liegen, nicht gerecht wird (Crenshaw). *Race*, also die soziokulturelle und historisch veränderliche Zuordnung von Menschen nach phänotypischen Merkmalen in eine Gesellschaftshierarchie (Omi und Winant 105-107), ist dabei einer von vielen Faktoren sozialer Differenzierung und zugleich ein äußerst bedeutender. So gaben in Präsidentschaftswahlen seit 1952 *weiße* Wähler*innen mehrheitlich dem Kandidaten der republikanischen Partei ihre Stimme, während *People of Color* demokratisch wählten. Die Tatsache, dass Wählerinnen seit Jahrzehnten grundsätzlich demokratische Kandidat*innen bevorzugen, lässt sich also mit der gesellschaftlichen Kategorie *Race* und nicht primär mit der gesellschaftlichen Kategorie Geschlecht erklären. In sechzehn der achtzehn US-Präsidentschaftswahlen seit 1952 gaben mehrheitlich *weiße* Frauen republikanischen Präsidentschaftskandidaten ihre Stimme. *Women of Color*, insbesondere Schwarze Frauen, waren für die Wahlerfolge demokratischer Kandidat*innen mitverantwortlich (Junn und Masuoka 1-2). Dabei handelt es sich wiederum nicht allein um personelle Präferenzen, sondern mit der Stimmabgabe gehen Zustimmung oder Ablehnung zu Wahlplattformen und Parteiprogrammatik einher. Hier hat sich die republikanische Partei seit Ende der 1970er Jahre als Gegner vieler Forderungen sozialer Bewegungen der 1960er und 1970er Jahre positioniert, einschließlich derer des *Women's March*, zum Beispiel bezüglich körperlicher Selbstbestimmung und Schwangerschaftsabbrüchen. Auch wenn die Organisator*innen und Teilnehmer*innen des *Women's March* bemüht waren, Frauen nicht als homogene Einheit, sondern als heterogene Gesellschaftsgruppe zu vertreten, die sich entlang verschiedener Differenzlinien unterscheidet, sowie Frauenrechte als diverse Menschenrechte zu denken, blieb dieser Widerspruch bestehen: Der *Women's March* und #MeToo-Aktivist*innen protestierten gegen gesellschaftliche Diskriminierungsformen, die von Teilen des Aktivist*innen-Pools und Zielpublikums des *Women's March* geduldet oder unterstützt werden. *Women of Color* kritisierten daher erneut eine zu geringe Auseinandersetzung des *Women's March* mit Rassismus und Antisemitismus innerhalb feministischer Bewegungen.

Zugleich hatte die theoretische, programmatische und strategische Verknüpfung von antisexistischem und antirassistischem Aktivismus eine oft vernachlässigte Bedeutung in Geschichte sozialer Bewegungen im 20. Jahrhundert. Betrachtet man die Geschichte Schwarzer und feministischer Bewegungen des 20. Jahrhunderts, wird deutlich, dass gerade durch den Aktivismus Schwarzer Frauen eine längere Tradition besteht, in der Feminismus und Antirassismus zusammengedacht und verschiedene Formen des Widerstands praktiziert wurden. Die Verbindung von antisexistischem und antirassistischem Aktivismus, die in jüngster Zeit erneut durch #MeToo- und #BlackLivesMatter-Proteste zum Ausdruck kommt, hat demnach historische Vorläufer und Konstanten. Die Anerkennung der Differenzen zwischen von Diskriminierung Betroffener die gesellschaftlichen Konsequenzen insbesondere für Schwarze Frauen und die sich daraus ergebenden politischen (Heraus-)Forderungen und Angriffspunkte sind historisch verwurzelt und bieten sowohl Lehr- als auch Entwicklungspotenzial für heutige Formen des Aktivismus. Die verzweigten Wurzeln des antirassistischen und antisexistischen Graswurzelaktivismus' insbesondere Schwarzer Frauen werden im Folgenden als Beispiel einer produktiven Gestaltung von Differenzen beschrieben. Aktivist*innen bedienten sich dabei verschiedener Taktiken und Strategien, die in dominanten Narrativen zur Schwarzen Befreiungsbewegung lange zu kurz kamen (vgl. Theoharis). Die Schwarze Aktivistin Rosa Parks und ihre politischen Überzeugungen und Aktivitäten vor und nach dem Montgomery Busboykott dienen hierbei als ein Beispiel für die lange Vernachlässigung inhaltlicher Allianzen. Strategisch bedienten sich Aktivist*innen außerdem zugleich der *direct action*/zivilem Ungehorsam, politischer Lobbyarbeit und Aufrufen an die *communities*, ihr Wahlrecht auszuüben.

Eine Aufforderung vieler Sprecher*innen des *Women's March* 2017 war ebenfalls, dass Frauen nicht nur von ihrem aktiven, sondern auch ihrem passiven Wahlrecht Gebrauch machen sollten. Dieser Aufruf erfolgte auch im Kontext erinnerungskultureller Kampagnen zum 100-jährigen Jubiläum des neunzehnten Verfassungszusatzes, der 1919 vom US-Kongress verabschiedet und 1920 ratifiziert wurde. Der Verfassungszusatz führte landesweit das Wahlrecht für (mehrheitlich *weiße*) Frauen ein. Für die Kongresswahlen 2018 prognostizierten US-Medien eine *Pink Wave*, also eine Rekordzahl an Kandidatinnen und späteren Amtsträgerinnen. In der Tat stieg der Anteil weiblicher Abgeordneter im 116. Kongress auf 24 Prozent; bei den 117. Kongresswahlen 2020 kletterte der Anteil weiblicher Mitglieder

des US-Repräsentant*innenhauses und des Senats auf über 26 Prozent (Rutgers, „Women“).
Wie beim *Gender Gap* gilt es aber auch bei dem Postulat einer *Pink Wave* zu differenzieren. Zum einen kann es als Erfolg der *Pink Wave* verstanden werden, dass der Staat Mississippi mit der Republikanerin Cindy Hyde-Smith die erste Senatorin seiner Geschichte nach Washington schickte. Zugleich bedeutete Hyde-Smiths Wahlsieg, dass der demokratische, afroamerikanische Kandidat Michael Epsy nicht der erste Schwarze Abgeordnete Mississippis seit 1870 wurde, als Hiram Rhodes Revels zum US-Senator gewählt wurde (vgl. Thompson). Hyde-Smith warb mit nostalgischem Rassismus, der sowohl den US-Bürgerkrieg als auch die Sezessionsmotive der Konförderiertenstaaten verklärte. Sie wurde 2020 im Amt bestätigt.

Die Demokratin Shirley Chisholm in New York indes wurde im Jahr 1968 als erste Schwarze Frau in das US-Repräsentant*innenhaus gewählt. Drei Jahre später gründete Chisholm, gemeinsam mit Gloria Steinem, der Arbeiter*innenrechtsaktivistin Bella Abzug und der Schwarzen Aktivistin Fannie Lou Hamer den *National Women's Political Caucus* (NWPC). Die überparteiliche Organisation hat bis heute zum Ziel, weibliche Kandidatinnen zu unterstützen. Der NWPC verknüpft dabei seit Jahrzehnten diverse Perspektiven in einer wahlpolitikorientierten Organisation. Nichtsdestotrotz machen Schwarze Frauen bis heute nur 4,9 Prozent aller US-Kongressmitglieder aus (Rutgers, „By the Numbers“). Bei politischen Kandidaturen sind Schwarze Frauen weiterhin stark unterrepräsentiert. Eine Analyse des Wahljahres 2016 zeigt, dass Frauen 6,5 Prozent der Wähler*innenschaft stellten, aber nur 2 Prozent der Kandidatinnen. *Weiße* Männer hingegen stellten 36,7 Prozent der Wählerschaft, aber 65 Prozent der Kandidaten. Sowohl bei Kandidatinnen generell, aber insbesondere bei Kandidatinnen *of Color*, besteht zudem eine Korrelation zwischen ihrem Wahlerfolg und dem Anteil Schwarzer Wähler*innen. Der zuverlässigste Indikator für die erfolgreiche Wahl von Frauen ist die Bevölkerungsdichte Schwarzer Frauen in einem Wahlbezirk (Perry, vgl. auch Jones 8-10).
Dem Jubiläum des Frauenwahlrechts begegneten gerade Schwarze Frauen kritisch und erinnerten an die Ausschlüsse Schwarzer Wähler*innen in Geschichte und Gegenwart sowie an die Marginalisierung

der Schwarzen Aktivist*innen, die seit dem neunzehnten Jahrhundert Kampagnen für das Frauenwahlrecht mit Abolitionismus und Aktivismus für Schwarze Menschenrechte und Arbeiter*innenrechte verbanden (Jones 8-9). Mary Church Terrell, Frances Haper oder Mary Ann Shadd Cady gerieten gegenüber *weißen* Gallionsfiguren wie Elizabeth Cady Stanton oder Susan B. Anthony in Vergessenheit. Erst der 1965 verabschiedete *Voting Rights Act* schaffte einzelstaatliche Einschränkungen des Wahlrechts für Schwarze Männer und Frauen ab. Gesetzlich gewährte der 15. Verfassungszusatz Schwarzen Männern bereits seit 1870 das Wahlrecht und der 19. Verfassungszusatz Schwarzen Frauen seit 1920. Tatsächlich hinderten US-Südstaaten Schwarze Menschen durch Wahlsteuern, Lese- und Schreibtests, die bei Schwarzen Bürger*innen zur Begutachtung der „Wahlfähigkeit" herangezogen wurden, und durch terroristische Kampagnen an der Ausübung ihres Wahlrechts (vgl. Kendi 391-392). Gesetzliche Wahleinschränkungen waren dabei *race*-neutral formuliert, wie z.B. in der Verfassung Mississippis des Jahres 1890, um nicht gegen die Verfassung zu verstoßen, trafen aber mehrheitlich Schwarze US-Bürger*innen und wurden zudem gezielt gegen Schwarze Wähler*innen angewandt, um diesen das Wahlrecht zu verwehren (vgl. Pratt). Diese einzelstaatlichen Einschränkungen des Wahlrechts macht der *Voting Rights Act* 1965 nichtig.

Im Jahr 2013 klagte der Wahlbezirk Shelby County, Alabama, jedoch erfolgreich auf die Aussetzung zweier zentraler Klauseln des *Voting Rights Act*. Diese Klauseln legten fest, welche US-Einzelstaaten historisch Schwarze Menschen und gesellschaftlich Marginalisierte am Wählen hinderten und dass jene Staaten jede Änderung ihrer Wahlgesetze zunächst vom Bundesjustizministerium oder einem bundesstaatlichen Gericht überprüfen lassen mussten, bevor diese beschlossen werden konnten. Der Supreme Court urteilte jedoch, dass diese Regelungen im Jahr 2013 nicht mehr zeitgemäß seien und einzelstaatliche Gesetzgebungsrechte verletzten, und setzte beide Klauseln außer Kraft (Supreme Court of the United States). Seit dem Urteil haben über sechzehn Staaten, von Arizona bis Virginia, neue Wahlrechts-Restriktionen, die Afroamerikaner*innen disproportional betreffen, erlassen. Dazu kamen in der ersten Hälfte des Jahres 2021 weitere 22 Gesetze in vierzehn Staaten, die die

Ausübung des Wahlrechts einschränken (Brennan Center 2021).

Trotz der Prävalenz historischer und gegenwärtiger Entrechtung Schwarzer Wähler*innen wurden diese Ausschlussmechanismen von *weißen* Suffragetten und Frauenrechtsaktivist*innen lange nicht als „Frauenproblem", sondern als „*race*-Problem" betrachtet. Eine analytische Trennung zwischen einer *Gender* und einer *Race Gap* ist jedoch auch beim Wahlrecht nicht zielführend, sondern muss in ihrer Verwobenheit betrachtet werden. Der methodologische Ansatz, gesellschaftliche Machstrukturen in ihrer Verschränkung zu begreifen und zu untersuchen, den Kimberlé Crenshaw als Intersektionalität theoretisierte (1989; 1991), geht auf Jahrzehnte an Theorieproduktion und politisch-gesellschaftlicher Praxis Schwarzer Frauen zurück, die aus deren Lebensrealitäten entstanden. Intersektionalität als Form der Machtanalyse ist demnach keine Erfindung des späten 20. Jahrhunderts. Bei der „Ohio Women's Rights Convention" im Jahr 1851 soll Sojourner Truth in einer improvisierten Rede die Frage „Ain't I a woman?" gestellt haben, in der sie sowohl die Ignoranz der Abolitionismusbewegung gegenüber der multidimensionalen Unterdrückung von Frauen, als auch der Frauen(wahl)rechtsbewegung gegenüber Schwarzen Menschen kritisierte (The Anti-Slavery Bugle 160). Mehr als ein Jahrhundert später berief sich das lesbische Schwarze Feministinnenkollektiv *Combahee River Collective* in einem Statement gegen rassistische, sexualisierte, heterosexistische und klassenbasierte Unterdrückungen auf Sojourner Truth. Es gelte, die allgegenwärtige „Synthese" dieser Diskriminierungsformen, die ihr gesamtes Leben präge, zu bekämpfen (15-16). Multidimensionale Analysen gesellschaftlicher Machtstrukturen prägten den Aktivismus mehrerer Generationen Schwarzer Protagonistinnen wie Ida B. Wells-Barnett, Ella Baker oder Fannie Lou Hamer. Sie waren auch dann deren Handlungsgrundlage, wenn beschönte *Master Narratives*, wie das von Rosa Parks und dem Montgomery Busboykott 1955-1956, die politischen Vorarbeiten ihrer Protagonist*innen verschweigen. Auch Rosa Parks' jahrzehntelanger Aktivismus illustriert sowohl die lange Tradition der Verbindung von antisexistischem und antirassistischem Aktivismus Schwarzer Frauen als auch die Kombination verschiedener Formen des Widerstands.

Jedoch fungierte Rosa Parks (1913-2005) in mehrheitsgesellschaftlichen Narrativen der Schwarzen Befreiungsbewegung lange als

„selbstaufopernde Mutterfigur“, deren Leben die Ideale US-amerikanischer Demokratie und das Überwinden gesellschaftlicher Hindernisse verbildliche (Theoharis IX). Dabei wurde Parks in dominanter Erinnerungskultur als eine ältere, müde Schneiderin aus Montgomery dargestellt, deren einmaliger Akt friedlichen Widerstands durch das Sitzenbleiben im Bus im Dezember 1955 eine ganze Bewegung für Schwarze Bürgerrechte ausgelöst habe. Parks‘ Aktion sei der Katalysator für die Bewegung gewaltlosen Widerstands gegen Rassismus in den US-Südstaaten gewesen, die jenen nach der Verabschiedung des *Civil Rights Acts* 1964, der Segregation verbot, und des *Voting Rights Acts* 1965 besiegt habe. Parks‘ Aktivismus vor und insbesondere nach dem Montgomery Busboykott, die sozioökonomischen Auswirkungen ihres Aktivismus‘ auf ihr Leben und das Leben ihrer Familie, sowie Parks‘ politische Radikalität werden dabei ignoriert. Dabei ist Rosa Parks‘ vielfältiger Aktivismus nicht nur ein aussagekräftiges Beispiel für intersektionale Machtanalysen und entsprechende Forderungen und Handlungen — vierzig Jahre, bevor der Begriff entstand —, sondern bietet direktes Anknüpfungspotenzial für heutige #BlackLivesMatter- und #MeToo-Bewegungen.

Im Dorf Pine Level, dreißig Kilometer außerhalb Montgomerys, wuchs Rosa Parks (zu diesem Zeitpunkt Rosa McCauly) mit ihren beiden Geschwistern und ihrer Mutter auf der Farm der Großeltern, Sylvester und Rose Edwards, auf. Parks beschrieb später, wie rassistische Terrororganisationen, insbesondere der 1915 neu gegründete zweite Ku Klux Klan (KKK), den Landkreis dominierten, Schwarze Schulen und Kirchen niederbrannten und Schwarze Menschen ermordeten (Parks, „Early Childhood“). Sylvester Edwards lehrte seine Enkelkinder, sich rassistischen Demütigungen nicht zu beugen. In ihrer Kindheit macht Sylvester Edwards Rosa unter anderen mit den Schriften des jamaikanisch-afroamerikanischen Panafrikanisten Marcus Garvey bekannt (McGuire 9). Auch an die vorgelebte Legitimität gegebenenfalls gewaltsamer Notwehr gegen den KKK erinnerte sich Parks: „Grandfather stayed up to wait for them to come to our house. He kept his shotgun within hand reach at all times. [...] The doors and windows were boarded and nailed tight from the inside“ (Parks, „Early Childhood“). Im Grundschulalter wehrte Parks sich gegen die Gewaltandrohung eines weißen Jungen, indem sie einen Stein zur Gegenwehr in die Hand nahm, falls er sie schlagen würde. Als sie von ihrer Großmutter für dieses Verhalten ermahnt wurde, habe Parks gesagt: „I would rather be lynched than live to be mistreated and can't say ‚I don't like it'" (Parks, „Encounter"). In Parks Erinnerungen wird deutlich, dass Afroamerikaner*innen, lange bevor die Black Panther Party for Self-Defense auch gewaltsame Notwehr predigte, verschiedene Formen des Widerstands und der Selbstverteidigung praktizierten. Rosa Parks Kindheit war von jenen geprägt, und sie beeinflussten ihr Denken während ihres gesamten politischen Aktivismus.

1932 heiratete Parks den Herrenfriseur und politischen Aktivisten Raymond Parks und arbeitete als Schneiderin in Montgomery. Die Parks waren stark involviert in Schwarzem *community*-Aktivismus. In den 1930er Jahren diente ihr Haus als Treffpunkt für Schwarze Aktivist*innen, die für ein gerechtes Gerichtsverfahren für die „Scottsboro Boys" kämpften, einer Gruppe Schwarzer Jugendlicher, die 1931 fälschlicherweise der Vergewaltigung zweier weißer Frauen bezichtigt wurden. In den frühen 1940er Jahren hielt der Parks-Haushalt regelmäßige Treffen für Freund*innen und Nachbar*innen ab, um diese dazu zu ermutigen, sich trotz der rassistischen Einschränkungen und Abschreckungsmethoden für Schwarze Menschen im Bundesstaat Alabama in Montgomery als Wähler*innen zu registrieren. Rosa Parks selbst unternahm drei Anläufe, bis sie 1945 mit ihrer Registrierung erfolgreich war (McGuire 13-14).

Der Zweite Weltkrieg bedeutete auch einen Wendepunkt für afroamerikanischen Aktivismus im Land. Der Schwarze Gewerkschaftsführer A. Philip Randolph kündigte im Januar 1941 eine Massendemonstration in Washington, D.C. an (den ursprünglichen March on Washington), um gegen die andauernde Diskriminierung von Afroamerikaner*innen auf dem Arbeitsmarkt, insbesondere der Militärindustrie, und der Segregierung nach *race* in der US-Armee zu demonstrieren. Am Tag vor der Demonstration traf US-Präsident Franklin D. Roosevelt mit Randolph zusammen. Roosevelt etablierte daraufhin das Fair Employment Practices Committee, das rassistischer Diskriminierung in US-Behörden nachgehen sollte — im Gegenzug sagte Philip den Demonstrationszug ab (vgl. Brown und Webb 254). Schwarze Aktivist*innen hatten damit Antidiskriminierungmaßnahmen bis ins Weiße Haus getragen.

Im *Pittsburgh Courier*, einer landesweiten Wochenzeitung mit primär afroamerikanischer Leser*innenschaft, wurde zudem zu einer Double *Victory/Double V*-Kampagne aufgerufen. Schwarze US-Amerikaner*innen kämpften an zwei Fronten: Sie wollten zugleich den Faschismus im Ausland sowie *white supremacy* im Inland besiegen. Die *National Association for the Advancement of Colored People* (NAACP), die 1909 gegründet wurde und bis heute fortbesteht, wuchs in der ersten Hälfte der 1940er Jahre zur größten Schwarzen Bürgerrechtsorganisation des Landes heran. Die Mitgliederzahlen stiegen zwischen 1940 und 1945 von 50.000 auf über 450.000, und die NAACP vergrößerte die Anzahl ihrer Ortsverbände landesweit von 355 auf 1073 (Brown und Webb 256). Die Schwarze Befreiungsbewegung gewann an Schlagkraft und verfolgte multiple Strategien zwecks gesetzlicher, sozialer und ökonomischer Gleichstellung. Gerade Schwarze Aktivistinnen betonten dabei auch die Intersektion rassistischer und sexistischer Diskriminierung. Rosa Parks war eine jener Protagonistinnen. Auch Parks trat 1943 in die NAACP ein und wurde bei ihrem ersten Gruppentreffen zur Sekretärin des Montgomery-Ortsverbands gewählt. Als NAACP-Sekretärin war es Parks' Aufgabe, von anti-Schwarzem Rassismus betroffene Personen im Bundesstaat Alabama zu interviewen und Gewalttaten und Einschüchterungsversuche zu erfassen. In ihrer Rolle als NAACP-Sekretärin reiste Parks durch weite Teile Alabamas, um Zeug*innen zu interviewen und Vorfälle zu dokumentieren (McGuire 15). Im Zuge dessen kam Parks 1944 in Kontakt mit Recy Taylor.

Die 24-jährige Schwarze Mutter einer kleinen Tochter lebte in Abbeville, Alabama, einer kleinen Gemeinde 160 Kilometer südöstlich von Montgomery. Im September 1944 waren Taylor, ihre Bekannte Fannie Daniels sowie Daniels' 18-jähriger Sohn West zu Fuß auf dem Nachhauseweg von einer Veranstaltung der örtlichen Kirche. Die kleine Gruppe bemerkte, dass ein Auto mehrere Male an ihnen vorbeifuhr. Als sie einen verlassenen und unbeleuchteten Streckenabschnitt auf ihrem Weg durchquerten, raste das Auto erneut heran und stoppte dieses Mal neben ihnen. Sechs Männer stiegen aus und forderten Taylor auf, einzusteigen. Als sie sich weigerte, zwangen die Männer sie mit Waffengewalt dazu. Fannie und West Daniels alarmierten daraufhin mehrere Männer der Schwarzen Gemeinde, unter ihnen

Recy Taylors Vater, Benny Corbett, sowie den *Deputy Sheriff* des Orts. Die Gruppe begab sich auf die Suche nach der Entführten. Sie fanden Taylor, als sie die Landstraße entlang nach Hause zu stolpern versuchte. Die Entführer hatten Taylor zuvor die Augen verbunden, sie in ein abgelegenes Waldstück gefahren und vergewaltigt. Taylor beschrieb dem Deputy Sheriff den Tathergang, das Auto sowie die Täter. Der Fahrer, Hugo Wilson, wurde kurz darauf festgenommen. Er gestand die Tat und benannte die Mittäter. Nichtsdestotrotz wurde Wilson am darauffolgenden Tag aus der Haft entlassen. Einen Monat später lehnte eine ausschließlich *weiße* Geschworenenjury, trotz der Zeug*innenaussagen Taylors und Fannie und West Daniels, eine Anklage ab (Committee for Equal Justice for Mrs. Recy Taylor, „A Plea for Justice").

Die NAACP-Sekretärin Rosa Parks dokumentierte die Gewalt gegen Taylor und organisierte mit weiteren Aktivist*innen eine Kampagne, um den Fall neu aufzurollen. Zu Beginn des Jahres 1945 gründeten Parks, der Präsident der Montgomery-Ortsgruppe der NAACP und Gewerkschaftsvorsitzender Edgar Daniel (E.D.) Nixon, E.G. Jackson, der Herausgeber der Schwarzen Zeitung *Alabama Tribune*, sowie weitere lokale Schwarze Aktivist*innen das „Committee for Equal Justice for Mrs. Recy Taylor". Bereits im Frühjahr wuchs das Komitee mit der Unterstützung der Gewerkschaft *Congress of Industrial Organizations*, der Arbeiter*innen- und Bürger*innenrechtsorganisation *Southern Conference for Human Welfare* sowie Schwarzen Organisationen wie dem *National Negro Congress* und dem *Southern Negro Youth Congress* zu einer nationalen Kampagne heran (McGuire 15-22). Immer wieder wiesen landesweit verteilte Flugblätter des Komitees darauf hin, dass es sich bei Recy Taylor nicht nur um einen individuellen Unrechtsfall handele: „All over the world Americans are fighting to wipe out fascism. […] We must not allow fascist acts in America to breach our unity in the world fight for our democracy. There is a new South in birth", mahnte das Komittee (Committee for Equal Justice for Mrs. Recy Taylor, „A Plea for Equal Justice"). Die Gruppe forderte Leser*innen dazu auf, die Kampagne durch Briefe und Petitionen an Alabamas Gouverneur Chauncy M. Sparks zu unterstützen, um eine Neuverhandlung zu erreichen (Committee for Equal Justice for Mrs. Recy Taylor, „A Story of Unequal Justice"). Erst im Jahr 2011 entschuldigte sich der Bundesstaat Alabama bei Recy Taylor für die Fehlurteile und fehlende Aufarbeitung ihres Falls. Taylor verstarb im Dezember 2017. Ihre Geschichte erhielt nach einer Rede Oprah Winfreys bei der EMMY-Verleihung 2018, die Taylor würdigte, neue Aufmerksamkeit.

Die sexualisierte Gewalt gegen Recy Taylor durch weiße Männer war ein thematisches Minenfeld in der heteropatriachal und rassistisch hierarchisierten Gesellschaft der 1940er Jahre. Die Historikerin Danielle McGuire schätzt, dass etwa fünfzig Prozent aller rassistischen Unruhen zwischen dem Ende der *Reconstruction* im Jahr 1877 und dem Beginn des Zweiten Weltkriegs auf Gerüchte von sexualisierter Gewalt durch Schwarze Männer an weißen Frauen zurückgingen (McGuire 26). *White supremacists*, sowohl politischer Eliten als auch Graswurzel-Aktivist*innen, hatten jahrzehntelang propagiert, dass das Ende der Versklavung Schwarzer Menschen auch das Ende der Bändigung des vermeintlich unersättlichen und gewalttätigen Sexualtriebs Schwarzer Männer gewesen sei. Somit seien weiße Frauen der ständigen Gefahr der Vergewaltigung durch Afroamerikaner ausgesetzt (vgl. Brown und Webb 199). Die postulierte Notwendigkeit, weiße Frauen davor zu schützen, legitimierte und festigte eine heteropatriarchale, rassistische und klassistische Gesellschaftsordnung und fungierte als Rechtfertigung für *white supremacist* Terror und Lynchings. Konservative Schätzungen gehen von über 3000 Lynchingopfern allein zwischen 1880 und 1930 aus (vgl. Brown und Webb 199). Auch weiße Frauen waren jedoch aktive Verteidigerinnen von *white supremacy*; die patriarchale Vorstellung von einer passiven weißen Southern Belle entsprach historisch nicht der Realität (Brückmann).

Nun verhinderte Recy Taylors Fall jedoch eine Bestärkung dieser traditionellen, rassistischen und sexistischen Narrative. Taylors Fall rief stattdessen die lange Geschichte sexualisierter Gewalt gegen Schwarze versklavte Frauen durch *weiße* Plantagenbesitzer in Erinnerung. Schwarze Aktivist*innen forcierten eine verstärkte öffentliche Wahrnehmung der sexistischen und rassistischen Unterdrückung Schwarzer Frauen: Während der 1940er Jahre veröffentlichten NAACP-Ortsverbände sowie Zeitungen mit primär Schwarzem Zielpublikum Dutzende Zeug*innenberichte über ähnliche Vorfälle, in denen weiße Männer Schwarze Frauen unter Vorwänden (wie dem Versprechen einer Arbeitsstelle und höherer Löhne) aus ihrem Haus lockten und dann isolierten, auf dem Nachhauseweg entführten oder in öffentlichen Räumen belästigten und attackierten (McGuire 33-34). Diese Aktivitäten verdeutlichen, dass die Themen, die noch heute unter #MeToo und #BlackLivesMatter verhandelt werden, bereits das Bewusstsein Schwarzer Aktivist*innen vor 80 Jahren prägten.

Ebenso entwickelten Schwarze Frauen Methoden des Widerstands, die noch heute resonieren. „Testimony", also das Ablegen eines Zeugnis' in der *community* oder größeren Öffentlichkeit über Gewalterfahrungen sowie die Namentlichmachung der Täter, diente Schwarzen Frauen als Mittel, um ihre Körper und Würde zu reklamieren. Was heute auch als *Empowerment*-Strategie in der #MeToo-Bewegung eingesetzt wird, hat hier seine Wurzeln, die wiederum auf Praktiken des „truth telling", also der Benennung und damit verbundener Verarbeitung von Gewalterfahrungen versklavter Frauen zurückgehen. McGuire wertet diese Praktiken daher als Aktivismus, eine „direct action"-Protestaktion gegen Sexismus und *white supremacy* durch die bewusste Weigerung, Gewalterfahrungen zu verschweigen oder zu verklausulieren (35; 47). Diese historisch verzweigten Wurzeln sind auch gegenwärtig in #MeToo zu erkennen.

Die Schwarze Aktivistin Tarana Burke, die 2006 die „Me Too"-Bewegung initiierte, begründete dies ebenfalls mit der Herausforderung und dem Ziel, einen *community*-Raum für Betroffene sexualisierter Gewalt zu gestalten, ihnen Gehör zu verschaffen und ihnen Unterstützungsangebote zur Verfügung zu stellen. Burke bezeichnet eine Erfahrung als Jugendcamp-Betreuerin Ende der 1990er Jahre als den Startpunkt dieses Engagements. Eine dreizehnjährige Jugendliche, die sie in ihrer Erzählung „Heaven" nennt, sei auf sie zugekommen und habe ihr von der sexualisierten Gewalt durch den Mann ihrer Mutter erzählt. Burke sei bewusst gewesen, welche große Überwindung Heaven dies gekostet habe; dennoch habe sie in diesem Moment weder empathisch noch unterstützend reagiert. Burke hätte noch nicht einmal „Me, too" sagen können, um Heaven zu verstehen zu geben, dass sie ebenfalls sexualisierte Gewalt erfahren habe (Burke, „Inception"). Daraufhin gestaltete Burke zunächst ein „Me Too"-Profil in sozialen Medien, um Ressourcen für Betroffene sexualisierter Gewalt zur Verfügung zu stellen; kurz darauf gründete sie die NGO „Just Be Inc.", deren Ortsverbände Anlaufstellen sind und Unterstützungsarbeit in lokalen Gemeinden leisten.

Als die *New York Times* 2017 zum ersten Mal ausführlich über die Jahrzehnte systematischer sexualisierter Gewaltausübung durch den Filmproduzenten Harvey Weinstein berichtete, begannen Menschen in sozialen Netzwerken ihre eigenen Gewalterfahrungen unter dem Hashtag #MeToo zu teilen. „Testimony", „Truth-Telling", Protest durch Benennung — die Aktivismusform Schwarzer Frauen wurde hier massenhaft (re)aktiviert, um sowohl das Ausmaß und die Allgegenwärtigkeit sexualisierter Gewalt, als auch die fehlenden Konsequenzen für die Täter zu thematisieren. Dabei traten auch die Multidimensionalität von Gewalterfahrungen und strukturellen Diskriminierungsformen hervor, die Recy Taylor und Rosa Parks bereits 1945 für Schwarze Frauen betonten. Sexualisierte Gewalt betrifft *Women of Color*, Immigrant*innen, prekär Beschäftigte, behinderte und nicht-cis-heterosexuelle Menschen nicht nur komplexer, sondern oft verstärkt. #MeToo ist in seiner Praxis daher nicht (nur) die Neuformulierung feministischer Protesttraditionen gegen Sexismus und Misogynie, sondern eine Form von Graswurzel-Aktivismus, der zentrale Taktiken der langen Tradition des Aktivismus' Schwarzer Frauen gegen Diskriminierung in intersektionalen Machtkonstellationen anwendet.

Rosa Parks' Rolle in der Kampagne für Taylor in den 1940er Jahren macht klar, dass Parks' Aktivismus nicht auf eine einflussreiche Aktion in Montgomery, Alabama, beschränkt werden kann. Zugleich zeigt Parks' Aktivismus sowohl in Montgomery als auch nach dem Busboykott, dass Parks nicht nur antisexistischen und antirassistischen Aktivismus innerhalb der Schwarzen Befreiungsbewegung verband, sondern unterschiedliche Formen des Protests für legitim hielt. Im öffentlichen Diskurs begann und endete Rosa Parks' Geschichte jedoch oft mit Montgomery, Alabama (vgl. Theoharis IX). Seit dem Jahr 1900 segregierte die Stadt ihre öffentlichen Transportmittel nach *race*: Der vordere Teil war *weißen* Passagier*innen vorbehalten, der hintere Teil Schwarzen. Schwarze Passagier*innen mussten beim Busfahrer einen Fahrschein erstehen, um dann den Bus wieder zu verlassen und durch die Hintertür einzusteigen. Waren keine Plätze für *weiße* Passagier*innen übrig, mussten Schwarze zudem Plätze in ihrer Sektion freigeben. Bereits in anderen Städten mit ähnlichen Praktiken, zum Beispiel in Baton Rouge, Louisiana, im Jahr 1953, organisierten Schwarze Aktivist*innen Proteste gegen diese rassistische Diskriminierung.

Sowohl die Ortsgruppe der NAACP als auch die Schwarzen Aktivistinnen des *Women's Political Council* um Mary Fair Burks und Jo-Ann Robinson zielten seit Jahren auf eine größere Protestaktion gegen die Segregation in Bussen. Im Jahr 1955, ein Jahr, nachdem der US-Supreme Court im Urteil des Falls *Brown v. Board of Education of Topeka, Kansas* rassifizierte Segregation in öffentlichen Schulen für verfassungswidrig erklärte, verfolgten sie die Strategie, einen „Testfall" jener Diskriminierung vor Gericht zu bringen, um die Desegregation des Bussystems in Montgomery gerichtlich durchzusetzen (Theoharis 41-51). Rosa Parks' Festnahme, nachdem sie sich am 1. Dezember 1955 weigerte, ihren Platz für einen hinzugestiegenen *weißen* Passagier zu räumen, wurde zum Auftakt der koordinierten Protestbewegung.

Für die Dauer über eines Jahres, vom 5. Dezember 1955 bis zum 20. Dezember 1956, boykottierte Montgomerys Schwarze *community* das öffentliche Transportsystem. Die neu gegründete „Montgomery Improvement Association" vereinte den Boykott, und Martin Luther King, seit dem Vorjahr Pastor der Dexter Avenue Baptist Church, wurde zu ihrem Präsidenten gewählt. Erst das Urteil des US-Supreme Court im Fall *Browder v. Gayle* im November 1956, das u.a. den Fall der Schwarzen Bus-Passagierin Aurelia Browder behandelte und bestimmte, dass die Segregation öffentlicher Transportmittel verfassungswidrig sei, führte zur tatsächlichen Desegregation der Busse in Montgomery.

Sowohl Martin Luther King als auch Rosa Parks katapultierte der Montgomery Busboykott ins (inter-)nationale Rampenlicht. Diese Prominenz hatte ihren Preis. Im Januar 1956 verübten *white supremacists* einen Bombenanschlag auf Kings Haus. Parks wurde ebenfalls bedroht und verlor einen Monat nach Beginn des Boykotts ihre Anstellung als Schneiderin im Kaufhaus „Montgomery Fair". Parks Ehemann Raymond gab nach wochenlangen Repressalien seinen Job in der „Maxwell Air Force Base" auf. In ihren Memoiren schrieb Parks, dass ihre Familie sehr besorgt gewesen sei um ihr Wohlbefinden in Alabama. „The threatening calls continued," schrieb Parks. „My husband slept with a gun nearby for a time" (*My Story* 161). Aufgrund des Verlusts ihrer Anstellungen lebten die Parks in Montgomery zudem unter ökonomisch prekären Bedingungen (Theoharis 116). Rosa Parks bereiste das Land, zum einen, um Unterstützung für den

Boykott in Montgomery sowie Schwarzen Aktivismus landesweit zu gewinnen, zum anderen, um ein geringes Einkommen für sich und Raymond zu gewährleisten. Beim *March on Washington* im Jahr 1963, der über 250.000 Menschen ans Lincoln Memorial zog, um gegen rassistische Diskriminierung zu protestieren, wurden Parks und weitere Aktivistinnen wie Ella Baker, Daisy Bates und Myrlie Evers dennoch erst namentlich erwähnt, als andere Schwarze Frauen dies einforderten (Theoharis 162).

Zwei Jahre später zogen Rosa und Raymond Parks nach Detroit, wo sie den Rest ihres Lebens verbrachten. John Conyers, der im November 1964 zum zweiten Schwarzen Mitglied des bundesstaatlichen Repräsentant*innenhauses in der Geschichte Michigans gewählt wurde, hatte Rosa Parks als seine Verwaltungsassistentin angestellt. Schnell bemerkte Parks, dass medial inszenierte Erzählungen eines rassistischen Südens im Gegensatz zu einem antirassistischen Norden, dem „promised land", nicht der Realität entsprachen. Detroit unterschied sich von Montgomery in Bezug auf die im Süden praktizierte gesetzliche Segregation öffentlicher Räume, doch sah Parks wenige Unterschiede in der *de facto* Segregationspraxis des Nordens, die sich in der rassifizierten Trennung von Hotels, Restaurants, Krankenhäusern und insbesondere Wohnvierteln niederschlug. Auch in Michigan, so Parks, seien Schwarze Bürger*innen von Diskriminierung auf dem Arbeits- und Wohnungsmarkt, im Bildungssektor, im Justizsystem und durch rassistische Polizeigewalt betroffen. Rassistische Diskriminierung in Detroit und anderen Städten des Nordens und Westens kam indes rhetorisch und strategisch „farbenblind" daher: Die Historikerin Jeanne Theoharis zeigt, dass Politiker*innen zur Erklärung von Armut und Ghettoisierung oft vermeintlich kulturell bedingte Missstände in Schwarzen *communities* als Erklärung heranzogen (Theoharis 166-174).

Das Fortbestehen von strukturellem Rassismus führte bei vielen Aktivist*innen zu Ernüchterung, die sich Mitte der 1960er Jahre in der Etablierung neuer Schwarzer Organisationen oder inhaltlicher und strategischer Neuausrichtung bestehender Gruppen ausdrückte. Huey Newton und Bobby Seale gründeten 1966 die Black Panther Party for Self-Defense (BPP) in Oakland, Kalifornien. Das Student Nonviolent Coordinating Committee (SNCC), das 1960 nach der ersten Welle an „Sit-in"-Protesten in North Carolina gegründet worden war, wählte Stokely Carmichael (Kwame Ture) zu seinem Vorsitzenden und machte den Ruf nach Black Power fortan zum Kernstück seines Programms. Diese Schwarzen Aktivist*innen kritisierten die uneingelösten Versprechen bezüglich Schwarzer Gleichstellung. Die durch Schwarze Massenproteste in den 1950er und 1960er Jahren erreichte gesetzliche Gleichstellung resultierte nicht in tatsächlicher sozialer oder gar ökonomischer Gleichstellung; das Problem rassistischer Polizeigewalt blieb gänzlich ungelöst. In der zweiten Hälfte der 1960er Jahre erschütterte eine Welle an Schwarzen Aufständen Großstädte im Westen, Osten und Norden der USA, u.a. in Los Angeles, Newark und Detroit (Kendi 397).

Auch in Detroit, der Stadt, in der Rosa und Raymond Parks sich niedergelassen hatten, kam es zu gewalttätigen Auseinandersetzungen. In einer Julinacht 1967 wurde in einem mehrheitlich Schwarzen Wohnviertel eine illegale Bar, in der gerade die Heimkehr zweier Schwarzer Soldaten aus Vietnam gefeiert wurde, von der Polizei gewaltsam geräumt und die Anwesenden verhaftet. Daraufhin entzündeten sich auf einer Fläche von zweihundert Wohnblocks gewalttätige Proteste. Michigans Gouverneur George Romney setzte die Nationalgarde ein und bat schließlich Präsident Lyndon B. Johnson um Hilfe, der das Militär entsandte. Erst nach Tagen wurden die Unruhen so beendet.

Die Parks waren direkt betroffen: Raymonds Friseursalon wurde verwüstet, und jede Nacht beobachteten Rosa und er die Ausschreitungen in ihrem Viertel. In ihrer Rolle als Conyers' Assistentin nahm Rosa Parks im Anschluss an die Unruhen Zeug*innenaussagen zu Polizeigewalt vor und während der Unruhen auf (Theoharis 194-195). Parks befürwortete die Ausschreitungen keineswegs, machte allerdings die anhaltende, systematische Diskriminierung Schwarzer Menschen in den USA dafür verantwortlich. Martin Luther Kings Philosophie der Gewaltlosigkeit habe nicht erreicht, was sie hätte erreichen sollen, denn das „weiße Establishment" habe nicht mit Einsicht darauf reagiert; gerade jüngeren Schwarzen ginge der Fortschritt demnach weder weit noch schnell genug. Parks schloss sich dieser Wahrnehmung mit ihrer Aussage an: „I don't believe in gradualism or that whatever should be done for the better should take forever to do" (zitiert in Theoharis 201). Martin Luther King selbst, heute oft als vermeintliches Gegenbeispiel zu #BlackLivesMatter präsentiert, fiel bereits in der US-amerikanischen Öffentlichkeit in Ungnade, als er sich gegen die Eskalation des Vietnam-Kriegs und für Maßnahmen zur ökonomischen Gleichstellung von Afroamerikaner*innen aussprach: 1966 standen laut einer Umfrage des Gallup-Instituts 63% der US-Amerikaner*innen King negativ gegenüber (Newport). Die Idee, dass bestimmte Formen des Protests auf universelle Zustimmung trafen, ist historisch nicht haltbar.

Im Gegensatz zu den Eindrücken mehrheitlich *weißer* Beobachter*innen und in der Folge einer Geschichtsschreibung, die die Schwarze Befreiungsbewegung Mitte des 20. Jahrhunderts in eine klassische Phase der friedlichen Bürgerrechtsbewegung und, daran anschließend, eine vermeintlich vollkommen damit brechende, radikale Black-Power-Bewegung einteilte, sah Rosa Parks keinen fundamentalen Unterschied zwischen ihrer Form des Aktivismus‘ in den 1950er Jahren und dem der Black-Power-Aktivist*innen der späten 1960er und frühen 1970er Jahre. Parks bezeichnete sowohl Martin Luther King, Ella Baker als auch Malcolm X als Aktivist*innen, die ihre politischen Ansichten geprägt hätten. Parks betonte, dass der gewaltlose Widerstand der Schwarzen *community* in Montgomery sie davon überzeugt hatte, dass gewaltloser Protest eine erfolgreiche Taktik sein könne. Zugleich schrieb sie: „To this day, I am not an absolute supporter of nonviolence in all situations“ (*My Story* 176-177). Die Schwarze Befreiungsbewegung der 1950er und 1960er hätte ohne Martin Luther King und seinen Glauben in Gewaltlosigkeit keinen derartigen Erfolg haben können. Zurückblickend auf ihre Jugend und frühe Formen ihres Widerstands formulierte Parks jedoch ebenfalls eine rhetorische Gegenstrategie:

> We always felt that if you talked violently and said what you would do if they did something to you, that did more good than nonviolence. [...] I was raised to be proud, and it had worked for me to stand up aggressively for myself. I know my husband said that when he was a teenager, or a very young man, in his hometown in eastern Alabama, he hadn’t known anything about nonviolence either. He knew that he would have to talk up for himself if he wanted to protect himself. (*My Story* 175)

Parks unterstützte demnach auch unterschiedliche Taktiken der Schwarzen Befreiungsbewegung im 20. Jahrhundert. Als Mitglied der Unterstützer*innengruppe „Friends of SNCC" sammelte Parks Mitte der 1960er Jahre zudem Spenden für die studentischen Aktivist*innen verschiedener SNCC-Ortsgruppen in Alabama und lobte das radikale Engagement der jüngeren Generation. Carmichael, der als SNCC-Vorsitzender in einer Rede an der University of California in Berkeley im Oktober 1966 die Phase von „Black Power" ausrief, besuchte Detroit im Oktober 1966 und bezeichnete Rosa Parks als seine „Heldin" (Theoharis 191). Parks kontextualisierte in Interviews immer wieder die Radikalisierung Schwarzen Protests in der Black Power-Bewegung als augenscheinliche Reaktion auf anhaltende rassistische Diskriminierung und den enormen weißen Widerstand, der seit Jahrzehnten gegen die Proteste und Forderungen Schwarzer Aktivist*innen geleistet wurde. Für Parks gingen friedliche Protestaktionen und die von ihrem Großvater erlernte *Shotgun*-Notwehr im Falle rassistischer Gefahr Hand in Hand.

Dennoch begleitet der Vorwurf, dass die Black-Power-Bewegung eine radikale Abkehr von den Forderungen und Taktiken der Schwarzen Bürgerrechtsbewegung der 1950er und frühen 1960er Jahre gewesen sei und sich dieser Radikalismus nun fortsetze, auch #BlackLivesMatter. Tatsächlich sind viele der Forderungen und Taktiken von #BlackLivesMatter als Synthesen und Aktualisierungen der politischen Strategien von SNCC und der Black Panther Party zu verstehen. #BlackLivesMatter, als Feststellung und als Forderung, wurde 2013 von Alicia Garza, Patrisse Khan-Cullors und Topal Ometi gegründet, als Reaktion auf den Freispruch George Zimmermans, der den Schwarzen Jugendlichen Trayvon Martin tötete. Hinter dem Hashtag steht ein Netzwerk regionaler Verbände, die sich mittlerweile auch transnational organisiert haben. Inhaltlich erinnern die Forderungen von #BlackLivesMatter stark an das 10-Punkte-Programm „What We Want, What We Believe", das die Black Panthers 1966 veröffentlichten (Black Panther Party). In diesem forderten die Panthers unter anderem das Recht auf Freiheit und Selbstbestimmung Schwarzer *communities*, Reparationen für die Versklavung und fortbestehende Diskriminierung Schwarzer Menschen, das Ende kapitalistischer Ausbeutung, z.B. durch die Umwandlung von privatem Wohnungseigentum in Genossenschaften und ein Ende der Polizeigewalt. In „A Vision For Black Lives: Policy Demands for Black Power, Freedom, and Justice“, einem Forderungskatalog, den #BlackLivesMatter 2016 vorlegte, werden diese Punkte bekräftigt und erneuert. #BlackLivesMatter fordert das Ende von Polizeigewalt und Kriminalisierung, Reparationen, staatliche Investitionen in Schwarze Communities, ökonomische Gerechtigkeit, sowie Schwarze Selbstbestimmung (1). „Defund the police“, also die Umverteilung finanzieller Mittel von der Polizei zu Gesundheits-, Bildungs- und Sozialinstitutionen, findet sich zudem im jüngsten Programm (Black Lives Matter, „Demands“).

In ihren Memoiren beschreibt Khan-Cullors, wie insbesondere Schwarze Frauen, von denen viele Queer und einige Trans seien, über Monate an einem möglichst inklusiven politischen Programm arbeiteten. Dieses solle sowohl eine „Global Black family“ anerkennen, als auch *intra-group*-Differenzen zulassen und produktiv nutzen: „[We are] asserting the fact that Black Lives Matter, all Black lives, regardless of actual or perceived sexual identity, gender identity, gender expression, economic status, ability, disability, religious beliefs or disbeliefs, immigration status or location“ (202-203). #BlackLivesMatter hat demnach ein intersektionales Verständnis von Diskriminierung mit einem starken Fokus auf Schwarzen Queer_Feminismus, Antidiskriminierungsmaßnahmen für LSBT *communities*, und Forderungen gegen ökonomische Ungleichheit. Strategisch übernahm #BlackLivesMatter zentrale Taktiken der Schwarzen Befreiungsbewegung des 20. Jahrhunderts, insbesondere der „direct action“ durch SNCC: Massenproteste, Boykotte, ziviler Ungehorsam durch Sit-Ins und *Die-Ins* (in denen Aktivist*innen als durch Polizeigewalt Getötete in einem öffentlichen Raum posieren), Aufrufe zur Wahrnehmung aktiven und passiven Wahlrechts sowie gezielte Lobbyarbeit, zum Beispiel für den „George Floyd Justice in Policing Act,“ der 2020 vom US-Repräsentant*innenhaus verabschiedet wurde und verschiedene Kontrollmaßnahmen des Bundesjustizministeriums für Polizeibehörden vorsieht. An #BlackLivesMatter lassen sich die Kontinuitäten, die Rosa Parks zwischen ihrem Aktivismus in den 1950er Jahren und der jüngeren Generation in den späten 1960ern und den 1970ern konstatierte, nachvollziehen. Die Bewegung zeigt auch, dass Schwarze Aktivist*innen Proteste gegen sexistische und rassistische Diskriminierung und Gewalt seit Jahrzehnten nicht als getrennte Kämpfe, sondern als historisch und politisch verzweigt betrachteten. #MeToo und #BlackLivesMatter speisen sich aus der Protestgeschichte Schwarzer Frauen und verknüpfen sowohl Forderungen als auch aktivistische Strategien, die zumindest in oft auf *weiße* Cis-Frauen zentrierter Berichterstattung über Antisexismus oder auf Cis-Männer zentrierter Berichterstattung über Antirassismus zu unterkomplexen Analysen führen. Das Bewusstsein für die Mehrdimensionalität von Machtstrukturen, die Ablehnung der Ideologie der „Farbenblindheit" sowie der Fokus auf Graswurzelaktivismus und flache Hierarchien verbinden #MeToo und #BlackLivesMatter als Protestbewegungen mit langen politischen Traditionen. Protagonist*innen der Schwarzen Befreiungsbewegung wie Rosa Parks illustrieren hierbei, dass die Verknüpfung inhaltlicher Forderungen feministischer und antirassistischer Bewegungen sowie die Verbindung verschiedener Formen von Widerstand produktiv genutzt werden können.

Bibliografie

Anti-Slavery Bugle, The. „Women's Rights Convention: Sojourner Truth". Vol. 6. 21.06.1851. 160.

Black Lives Matter. „A Vision for Black Lives: Policy Demands for Black Power, Freedom, and Justice," 2016. https://www.policy.m4bl.org. Zugriff am 02.01.2018.

Black Lives Matter. „BLM Demands", 2021. https://blacklivesmatter.com/blm-demands/. Zugriff am 24.07.2021.

Black Panther Party for Self-Defense, The. „What We Want, What We Believe", 1966. *Modern Black Nationalism from Marcus Garvey to Louis Farrakhan*. Hrsg. van Deburg, William L. New York: New York University Press, 1996. 249-251.

Brennen Center, New York University. „Voting Laws Roundup". https://www.brennancenter.org/our-work/research-reports/voting-laws-roundup-may-2021. Zugriff am 24.07.2021.

Brown, David und Clive Webb. *Race in the American South: From Slavery to Civil Rights*. Gainesville: University Press of Florida, 2007.

Brückmann, Rebecca. *Massive Resistance and Southern Womanhood: White Women, Class, and Segregation*. Athens: University of Georgia Press, 2021.

Burke, Tarana. „Inception“, undatiert. https://metoomvmt.org/get-to-know-us/history-inception/. Zugriff am 24.07.2021.

Combahee River Collective. „The Combahee River Collective Statement“, April 1977. *How We Get Free: Black Feminism and the Combahee River Collective*. Hrsg. Taylor, Keeanga-Yamahtta. Chicago: Haymarket, 2017. 15–27.

Committee for Equal Justice for Mrs. Recy Taylor. „A Plea for Equal Justice“, ca. 1945. Broschüre. Papers of the National Negro Congress. Mikrofilmrolle 48, Box 105, Ordner 115. „Taylor-Committee For Equal Justice For Recy Taylor. n.d. African America, Communists, and the National Negro Congress, 1933-1947“. New York Public Library.

Committee for Equal Justice for Mrs. Recy Taylor, „A Story of Unequal Justice: The Woman Next Door…“, ca. 1945. Broschüre. NAACP Records, Manuscript Division, Library of Congress (018.00.00). https://www.loc.gov/exhibitions/rosa-parks-in-her-own-words/about-this-exhibition/early-life-and-activism/committee-for-equal-justice-for-mrs-recy-taylor/. Zugriff am 24.07.2021.

Crenshaw, Kimberly. „Demarginalizing the Intersection of Race and Sex: A Black Feminist Critique of Antidiscrimination Doctrine, Feminist Theory and Antiracist Politics“. *University of Chicago Legal Forum*. 1: 1989. 139–67.

Crenshaw, Kimberly. „Mapping the Margins: Intersectionality, Identity Politics, and Violence against Women of Color“. *Stanford Law Review*. 43(6): 1991. 1241–99.

Jones, Martha S. Vanguard: *How Black Women Broke Barriers, Won the Vote, and Insisted on Equality for All*. New York: Basic Books, 2020.

Junn, Jane, und Natalie Masuoka. „The Gender Gap Is a Race Gap: Women Voters in US Presidential Elections“. *Perspectives on Politics*. 18(4): 2020. 1–11.

Kendi, Ibram X. *Stamped from the Beginning: The Definitive History of Racist Ideas in America*. New York: Nation Books, 2016.

Khan-Cullors, Patrisse. *When They Call You a Terrorist: A Black Lives Matter Memoir*. Edinburgh: Canongate, 2019.

McGuire, Danielle L. *At the Dark End of the Street: Black Women, Rape, and Resistance: A New History of the Civil Rights Movement from Rosa Parks to the Rise of Black Power*. New York: Vintage, 2010.

Newport, Frank. „Martin Luther King Jr.: Revered More After Death Than Before,“ 16. Januar 2006. https://news.gallup.com/poll/20920/martin-luther-king-jr-revered-more-after-death-than-before.aspx. Zugriff am 07.05.2021.

Omi, Michael und Howard Winant. *Racial Formation in the United States.* 3. Aufl. New York und London: Routledge, 2015.

Parks, Rosa. „Early Childhood Incidents and Experiences", n.d. Autograph manuscript. Rosa Parks Papers, Manuscript Division, Library of Congress (006.00.00). https://www.loc.gov/resource/mss85943.001811/?sp=27&r=-0.967,-0.145,2.935,1.67,0, Zugriff am 24.07.2021.

Parks, Rosa. „Encounter with a white boy who threatened to hit her", ca. 1956–1958. Autograph manuscript. Rosa Parks Papers, Manuscript Division, Library of Congress (010.00.00). https://www.loc.gov/exhibitions/rosa-parks-in-her-own-words/about-this-exhibition/early-life-and-activism/childhood-encounter/, Zugriff am 24. 07.2021.

Parks, Rosa (mit Jim Haskins). *My Story.* New York: Puffin, 1992.

Peoples, Angela. „Don't Just Thank Black Women. Follow Us". *New York Times*, 16.12.2017. https://www.nytimes.com/2017/12/16/opinion/sunday/black-women-leadership.html. Zugriff am 24.07.2021.

Perry, Andre M. „Analysis of black women's electoral strength in an era of fractured politics", 10. September 2018. The Brookings Institution. https://www.brookings.edu/research/analysis-of-black-womens-electoral-strength-in-an-era-of-fractured-politics/. Zugriff am 24.07.2021.

Pew Research Center. „For Most Trump Voters, 'Very Warm' Feelings for Him Endured", 9. August 2018. https://www.pewresearch.org/politics/2018/08/09/an-examination-of-the-2016-electorate-based-on-validated-voters/. Zugriff am 24.07.2021.

Pratt, Dorothy Overstreet. *Sowing the Wind: The Mississippi Constitutional Convention of 1890.* Jackson: University Press of Mississippi, 2018.

Supreme Court of the United States. *Shelby County, Alabama v. Holder, Attorney General, et al.*, 2013. https://www.supremecourt.gov/opinions/12pdf/12-96_6k47.pdf. Zugriff am 24.07.2021.

Rutgers, Eagleton Institute of Politics, Center for American Women and Politics (CAWP). „The Gender Gap: Presidential Vote Choice", 2020. https://cawp.rutgers.edu/gender-gap-presvote. Zugriff am 24.07.2021.

Rutgers, Eagleton Institute of Politics, CAWP. „Women in the U.S. Congress 2021", https://cawp.rutgers.edu/women-us-congress-2021. Zugriff am 24.07.2021.

Rutgers, Eagleton Institute of Politics, CAWP. „By the Numbers: Black Women in the 117th Congress", 2021b. https://cawp.rutgers.edu/sites/default/files/resources/higher_heights_black_women_in_congress_fact_sheet_12.30.pdf Zugriff am 24.07.2021.

Theoharis, Jeanne. *The Rebellious Life of Mrs. Rosa Parks.* Boston: Beacon, 2014.

Thompson, Julius E. „Hiram Rhodes Revels, 1827-1901: A Reappraisal". *The Journal of Negro History.* 79(3): 1994. 297–303.

Sina Arnold

Across Lines of Color

Das Verhältnis Schwarzer und jüdischer Communities in den USA

Im Sommer 2020 waren die US-amerikanischen Straßen von der Black Lives Matter (BLM) Bewegung geprägt. Nach der Tötung George Floyds durch den *weißen* Polizisten Derek Chauvin gingen in allen 50 Bundesstaaten Menschen auf die Straße, in mehr als 2000 Städten gab es Demonstrationen, teilweise protestierte mehr als eine halbe Million Menschen im ganzen Land. Alles in allem verbanden sich diese Proteste zur vermutlich größten sozialen Bewegung der Geschichte der USA (Buchanan/Bui/Patel). Die Wut der Demonstrierenden über den erstickten George Floyd reihte sich ein in die Wut über eine lange Namensliste von durch Polizist*innen getötete Schwarze: Breonna Taylor, Eric Gardner, Michael Brown und andere. Allein 2020 starb im Schnitt ein Schwarzer Mensch pro Woche durch die polizeilichen Einsatzkräfte.[1] Sowohl unter den bewaffneten als auch den unbewaffneten Opfern sind Schwarze überproportional vertreten (DeGue/Fowler/Calkins).

Der Ärger der Demonstrierenden fand seinen Ausdruck in Riots, Plünderungen und ausgebrannten Polizeistationen. Dabei wurden im jüdisch geprägten Stadtteil Fairfax in Los Angeles auch mehrere koschere Läden geplündert und eine Synagoge mit Parolen wie „Fuck Israel" und „Free Palestine" besprüht (Keene). In Richmond, Virginia, warfen Demonstrierende die Fenster der mehr als 200 Jahre alten Synagoge der Beth-Ahaba-Gemeinde mit Steinen ein. In Philadelphia wurden drei jüdische Demonstrierende beschimpft und bedrängt (Cooney). Und weitere Vorfälle wurden bekannt, bei denen antizionistische Äußerungen die Grenze zum Antisemitismus überschritten. Rechte Kommentator*innen sahen deswegen in Black Lives Matter rasch das Wiederaufleben eines Phänomens, das seit Mitte der 1960er Jahre als *black antisemitism* bezeichnet wird: eine spezifische Judenfeindschaft unter US-amerikanischen Schwarzen.

Bereits in den Jahren zuvor gab es Vorfälle, die mit diesem Label gedeutet werden konnten. Darunter waren die tödlichen Angriffe auf Jüdinnen und Juden in einem koscheren Supermarkt in Jersey City sowie auf einer Chanukka-Feier in Monsey, New York, im Dezember

1 So eine Zusammenstellung von CBS News, vgl. https://www.cbsnews.com/pictures/black-people-killed-by-police-in-the-u-s-in-2020/ [27.04.2021].

2019. Anscheinend hatten sie Angehörige der „Black Hebrew Israelites" verübt, der sogenannten „Schwarzen Hebräer". Die Gruppe wurde in den USA des späten 19. Jahrhunderts von Schwarzen Nationalisten gegründet, welche sich als die wahren Nachkommen der biblischen Israelit*innen sahen. Sie hat einige Zehntausend Anhänger*innen, deren Bezug auf die übrige jüdische Community zwischen dem Wunsch nach Anerkennung und einer bewussten Abgrenzung changiert. Letzteres bis hin zu tödlichen Angriffen.

Als ein weiteres Beispiel für *black antisemitism* galt Tamika Mallory, eine der Hauptorganisatorinnen des „Women's March" – der großen feministischen Demonstrationen, die kurz nach der Inauguration Donald Trumps begannen. Die Schwarze Aktivistin ließ sich 2017 mit Louis Farrakhan fotografieren, der seit 1977 Vorsitzender der „Nation of Islam" (NOI) ist. Die NOI, manchmal auch als „Black Muslims" bezeichnet, wurde 1930 gegründet und ist eine religiös-politische Bewegung von Schwarzen, die sich außerhalb der islamischen Orthodoxie befindet und von Bürgerrechtsorganisationen als *hate group* eingestuft wird (Southern Poverty Law Center). Die Gruppe, die bis zu 50000 Mitglieder zählt, ist für ihre antifeministische, homophobe, antisemitische und Schwarz-nationalistische Grundhaltung bekannt. Auch Louis Farrakhan macht in öffentlichen Reden kein Geheimnis aus seinem Judenhass. Mallory jedoch bezeichnete ihn, unter Bezugnahme auf seine Verdienste für das Empowerment von Schwarzen, in einem Twitter-Feed anerkennend als „GOAT", d.h. „Greatest of All Times" („Größter aller Zeiten").

Anhand solcher Beispiele könnte man schlussfolgern, dass jede Allianz zwischen den Schwarzen und den jüdischen Communities in den USA dauerhaft zerbrochen war.

In diesem Artikel soll gezeigt werden, dass Antisemitismus in Schwarzen und antirassistischen Bewegungen zwar durchaus existiert (Arnold *Das unsichtbare Vorurteil*, „The US Left"), es aber verkürzt wäre, das historische und aktuelle Verhältnis von Schwarzen und jüdischen Communities in den USA darauf zu reduzieren. Vielmehr war dieses auch immer wieder von gegenseitiger Solidarität geprägt, was sich historisch je unterschiedlich artikulierte.

„Go Down Moses" – Frühe Bezugnahmen

Lange Zeit waren die Communities — und in den ersten Jahrhunderten europäischer Besiedelung kann man tatsächlich noch von klarer abgrenzbaren Gemeinschaften sprechen als in der Gegenwart — getrennt. Sie hatten überdies sehr unterschiedliche Ausgangsbedingungen: Schwarze wurden im 17. und 18. Jahrhundert zu Millionen als Sklaven und Sklavinnen ins Land verschleppt. Auch die ersten Juden und Jüdinnen kamen im 17. Jahrhundert in die USA, wenige Hundert an der Zahl. Sie kamen zunächst aus Spanien und Portugal, etwas später aus Zentral- und Osteuropa und Mitte des 19. Jahrhunderts aus Deutschland. Und mit den großen Migrationswellen aus Osteuropa um die Wende zum 20. Jahrhundert gewannen Juden und Jüdinnen endgültig an Sichtbarkeit. Sie waren geflohen vor Armut, Verfolgung oder Pogromen, und auch in der „Neuen Welt" begegneten ihnen Restriktionen und Vorurteile (Higham 243, Gerber 6, Sarna 43). Doch trotz des Antisemitismus in den Vereinigten Staaten waren sie stets Bürger*innen mit entsprechenden Rechten. Schwarze hatten noch eine lange Zeit vor sich, bis es so weit war: 1865 wurde die Sklaverei abgeschafft, und erst einhundert Jahre später wurden die rassistischen Jim-Crow-Gesetze verboten und zumindest formale Gleichheit hergestellt.

Seit der Gründung der Vereinigten Staaten finden sich Zeugnisse von Solidarität zwischen Schwarzen und Jüdinnen und Juden. Der israelitische Exodus aus Ägypten etwa symbolisierte für Versklavte die Möglichkeit auch ihrer Befreiung. In der ersten Hälfte des 19. Jahrhunderts finden sich Zeugnisse versklavter Menschen, die das Spiritual „Go Down Moses" auf der Flucht in die Nordstaaten sangen (Sher).

Von Afroamerikaner*innen nach Abschaffung der Sklaverei herausgegebene Zeitungen beklagten die Ausgrenzung und Diskriminierung jüdischer Menschen in den USA — so stellte etwa „Age" 1889 fest, dass diese fast so sehr verachtet würden wie Schwarze: „There is a similarity between the Jew and the Negro. One is despised almost as much as the other" (Foner 360). Schwarze Kommentator*innen sahen in der französischen Dreyfus-Affäre im ausgehenden 19. Jahrhundert Parallelen zu der eigenen ungerechten Behandlung vor US-amerikanischen Gerichten. Manche Jüdinnen und Juden verglichen umgekehrt die Situation von Schwarzen in den Südstaaten mit der in den mittelalterlichen Ghettos in der „Alten Welt" und bezeichneten die Lynchmorde rechter Mobs als Pogrome.

Sicherlich gab es in den Südstaaten auch jüdische Sklavenhalter, und manche Jüdinnen und Juden unterstützten nach der Abschaffung der Sklaverei weiterhin Maßnahmen wie die Einschränkung des Wahlrechts für Afroamerikaner*innen oder die Jim-Crow-Gesetze. Sie nutzten die Tatsache, dass der weit verbreitete Rassismus gegenüber Schwarzen gerade in den Südstaaten eine Art Schutzfunktion bieten konnte, bei der Juden und Jüdinnen weniger zum Ziel von christlichen *Weißen* wurden. Denn der Platz der jüdischen Community war gesellschaftlich prekär, der Wunsch nach Integration stark. Um die Wende zum 20. Jahrhundert etwa stieg der Antisemitismus im Zuge der großen Einwanderungswellen aus Ost- und Südeuropa an, er wurde Teil eines Nativismus der bereits in Nordamerika lebenden *Weißen*. Teile der alteingesessenen deutsch-jüdischen Oberschicht wollten diese Entwicklungen nicht direkt bekämpfen, um gesellschaftlich nicht als Sondergruppe mit Eigeninteressen aufzufallen. Sie hofften, stattdessen durch die aktive Unterstützung „Schwarzer" Anliegen indirekt auch die Judenfeindschaft einzudämmen.

Auch zwischen den Weltkriegen unterstützten viele Jüdinnen und Juden afroamerikanische Kämpfe. Manche taten dies in der Communist Party of the United States of America, die offensiv gegen antischwarzen Rassismus eintrat. Andere sahen ihr Engagement eher als Beitrag zur eigenen Assimilation und bezogen sich dabei affirmativ auf offizielle amerikanische Werte wie Demokratie und soziale Gerechtigkeit. Die Sympathie in dieser Zeit war durchaus wechselseitig: Die 1944/1945 vom exilierten Frankfurter Institut für Sozialforschung erarbeitete Studie „Anti-Semitism among American Labor" zeigte, dass Schwarze antisemitischen Aussagen in geringerem Maß zustimmten als nichtjüdische *Weiße* (Ziege 105 ff.). Die religiöse Vorstellung, das nächste auserwählte Volk Gottes zu sein, beförderte bei vielen von ihnen ein Gefühl der Solidarität mit dem „ersten auserwählten Volk". Und auch an Schwarzen Intellektuellen und Künstler*innen gingen die Nachrichten vom Massenmord an den europäischen Juden und Jüdinnen, die erst nach und nach in die US-amerikanische Öffentlichkeit sickerten, nicht spurlos vorbei. Teilweise wurden sie auf bemerkenswerte Weise mit den eigenen Erfahrungen verbunden. Dies veranschaulicht etwa ein Aufsatz von W.E.B. Du Bois, „The Negro and the

Warsaw Ghetto", veröffentlicht 1952 in der jüdisch-kommunistischen Zeitung „Jewish Life". Der Journalist, Autor und Soziologe Du Bois, bis heute einer der wichtigsten Schwarzen Intellektuellen, wurde 1868 geboren und promovierte nach einem Studium in Harvard, Berlin und Heidelberg als erster Schwarzer in Harvard. Anfang des 20. Jahrhunderts erhielt er eine Professur — aufgrund der Rassentrennung selbstverständlich an einer Schwarzen Universität — und wurde Mitglied der Communist Party. 1900 prognostizierte er in einem Vortrag auf der ersten Panafrikanischen Konferenz in London: „The problem of the 20th century is the problem of the color-line" (Du Bois, *Black Folk* 9), und meinte mit diesem bekanntgewordenen Begriff die Trennung zwischen Schwarz und *weiß*.

Ein halbes Jahrhundert später nun, 1949, besuchte Du Bois Polen und besichtigte die Ruinen des Warschauer Ghettos. Er befasste sich mit dem Holocaust, und änderte im Angesicht der absoluten Zerstörung seine Prognose. So schrieb er: „The race problem in which I was interested cut across lines of color and physique and belief and status and was a matter of cultural patterns, perverted teaching and human hate and prejudice, which reached all sorts of people and caused endless evil to all men" (Du Bois, „Warsaw Ghetto" 15). „Across lines of color", „über die Farbgrenzen hinaus" also, das war seine neue Erkenntnis, denn Juden und Jüdinnen wurden ermordet *obwohl* sie in Europa nicht als Schwarz galten, sie wurden aufgrund von Antisemitismus ermordet. Du Bois stellt in dem Text historische Bezüge her zwischen der Sklaverei und dem Holocaust, ohne die Ereignisse gleichzusetzen, und er räumt ein, dass er durch die Beschäftigung mit Antisemitismus — im zeitgenössischen Vokabular heißt es bei ihm „the Jewish Problem" — auch den Rassismus — bei ihm: „the Negro Problem" — besser verstünde. Er legte damit Grundsteine für Formen gegenseitiger Solidarität und praktizierte etwas, was der Literaturwissenschaftler Michael Rothberg in einem 2009 erschienenen Buch gleichen Titels als „Multidirektionale Erinnerung" bezeichnen sollte: Eine Bezugnahme nicht nur zwischen gegenwärtigen Kämpfen, sondern auch eine rückwirkende Betrachtung der Verflechtungen historischer Ereignisse kollektiver Gewalt.

Auch in der Popkultur lassen sich Spuren der Bezugnahme finden. Der Schwarze kommunistische Sänger Paul Robeson etwa, der unter

Senator McCarthy in den 1950er Jahren auf schwarze Listen geraten sollte, interpretierte Lieder wie das oben erwähnte „Go Down Moses" oder „Zog nit keynmol", ein jüdisches Kampf- und Partisanenlied, welches auch als „Song of the Warsaw Ghetto" bekannt wurde. Wie um die transnationale Verflochtenheit perfekt zu machen, führte er es 1949 auf jiddisch in Moskau auf, in einer später vertonten Fassung.[2] Und umgekehrt wurde eine der wichtigsten Hymnen der amerikanischen Bürgerrechtsbewegung, „Strange Fruit", 1939 von der Schwarzen Sängerin Billie Holiday aufgenommen. Es ist ein Song über Lynching, die „seltsame Frucht", die da im Südstaaten-Baum baumelt, gilt als Metapher für einen ermordeten Schwarzen Menschen. Verfasst worden war das Lied zwei Jahre zuvor von einem Juden, nämlich Abe Meeropol, dem späteren Adoptivvater der Kinder des bekannten jüdischen Kommunisten-Ehepaares Ethel und Julius Rosenberg, die für angebliche Spionagetätigkeit 1953 zum Tode verurteilt wurden (Arnold/Kistenmacher). Bei der Unterstützung der Kinder und der Vermittlung der Adoption war damals niemand Geringeres als W.E.B. Du Bois behilflich (Levin).

Solidarität in der Bürgerrechtsbewegung

Die Bürgerrechtsbewegung, ab den frühen 1950er Jahren, stellte die Hochphase Schwarz-jüdischer Zusammenarbeit dar. Zwei der wichtigsten Organisationen, die 1909 von Jüdinnen und Juden mitgegründete National Association for the Advancement of Colored People (NAACP) und die jüdische Anti-Defamation League (ADL), kooperierten bei Themen wie Segregation und Diskriminierung auf dem Arbeitsmarkt. Jüdinnen und Juden entrichteten zwischen der Hälfte und drei Viertel aller Spenden an Bürgerrechtsorganisationen. Und im „Freedom Summer" 1964, einer Kampagne, die die Registrierung Schwarzer Wähler*innen in Mississippi zum Ziel hatte, stellten Juden und Jüdinnen zwischen einem und zwei Drittel aller *weißen* Freiwilligen — bei einem Anteil an der Gesamtbevölkerung von unter zwei Prozent (Berman 66, Liebman 68).

2 Vgl. Paul Robeson, „Song of the Warsaw Ghetto", YouTube vom 16.04.2015, https://www.youtube.com/watch?v=8N56P1MiahQ [16.03.2021].

Auch Rabbiner beteiligten sich an der Bürgerrechtsbewegung, etwa der aus Deutschland geflohene Zionist Joachim Prinz (Jünger). Als Präsident des American Jewish Congress war er 1963 Mitorganisator des Marsches auf Washington. Er trat dort auf, bevor Martin Luther King Jr. seine berühmte „I have a dream"-Rede hielt. Der in Warschau geborene Rabbi Abraham Joshua Heschel begleitete King zwei Jahre später auf seinem Marsch von Selma nach Montgomery, Alabama. Das Bild der beiden, Seite an Seite in der ersten Reihe schreitend, ist ebenso emblematisch für die enge Zusammenarbeit wie der Fall von Michael Schwerner und Andrew Goodman. Die beiden jungen jüdischen Bürgerrechtler sowie ihr Schwarzer Genosse James Earl Chaney wurden 1964 in Mississippi von Mitgliedern des Ku-Klux-Klans ermordet. Diese Morde fanden nicht nur Eingang in Hollywood-Filme wie *Mississippi Burning*, sondern wurden von King und anderen auch als Ausdruck der unbedingten Solidarität von Jüdinnen und Juden mit dem Schwarzen Anliegen gedeutet.

Auch rechte Gruppen brachten ironischerweise die beiden oftmals getrennten Gruppen in ihrem Denken zusammen: So war etwa die Vorstellung verbreitet, dass Juden originär verantwortlich für die Bürgerrechtsbewegung, den Multikulturalismus und Migration in die USA seien. In den 1950er Jahren griffen White Supremacists nicht nur Schwarze, sondern auch einige Synagogen und jüdische Communitycenter an (Webb „Counterblast", Webb, *Rabble Rousers* 39). Es zeigte sich aber auch der Unterschied zwischen Antisemitismus und Rassismus im rechten Denken, war doch die Vorstellung dominant, dass Juden quasi die „Masterminds" sind, die diese Bewegungen orchestieren. Dieses verschwörungstheoretische Motiv zeigte sich auch später und bis in die Gegenwart im Rechtsextremismus (Kerl).

Antizionismus und Schwarzer Nationalismus

Für die in der Bürgerrechtsbewegung erfolgreich etablierte Zusammenarbeit brachten die späten 1960er Jahre einen Wandel mit sich (Friedman, Sundquist 20). Mit der Enttäuschung über das Fortleben des Rassismus trotz gewaltfreien Widerstands radikalisierte und ideologisierte sich die Bürgerrechtsbewegung. Malcolm X, die Black-Power-

Bewegung und der Schwarze Nationalismus gewannen an Einfluss. „Kulturnationalistische" Gruppen sprachen sich zunehmend gegen Koalitionen mit *Weißen* aus und befürworteten stattdessen einen Schwarzen Separatismus. Der Kampf um Befreiung im eigenen Land war stets mit einem internationalistischen Antiimperialismus verbunden, was sich etwa in dem Slogan „No Vietcong ever called me n*****" ausdrückte. Und wie auch in Europa kam es nach dem Sechstagekrieg 1967 in der New Left zu einer antizionistischen Wende. Ein Bruchpunkt war die große „Conference on New Politics" in Chicago im Jahr 1967, bei der eine vom Schwarzen Ausschuss verfasste Resolution verabschiedet wurde, in der Israel vehement verurteilt wurde – gefolgt von der Versicherung, dass diese Verurteilung keinen Antisemitismus bedeute. Der jüdische Soziologe Todd Gitlin, ehemaliger Vorsitzender der damals wichtigsten Studierendenorganisation Students for a Democratic Society (SDS), beschreibt die Stimmung auf der Konferenz:

> Some three hundred blacks in a conference of two or three thousand demanded — and in an orgy of white guilt were granted — half the votes on all resolutions, including a condemnation of Israel for the Six Day 'imperialist Zionist war'. Jews with attachments to Israel, even ambivalent ones, saw kneejerk anti-Semitism. (245)[3]

Die Ablehnung Israels wurde in der außerparlamentarischen Linken zur selbstverständlichen Norm, auch Schwarze nationalistische Organisationen beachteten den Israel-Palästina-Konflikt stärker. Gruppen wie die Black Panthers, die African-American Student Association oder das 1960 von Schwarzen und *weißen* Student*innen gegründete Student Nonviolent Coordinating Committee (SNCC) waren pro-arabisch eingestellt, unterstützten die Fatah und in mehreren Fällen wurde ihr Antizionismus antisemitisch. Eldridge Cleaver, der „Informationsminister" der Black Panther Party, schrieb etwa 1968 in der Zeitschrift „The Black Panther" über den Vorsitzenden Richter

3 „Etwa dreihundert Schwarze auf einer Konferenz von zwei- oder dreitausend Teilnehmer*innen forderten — und erhielten in einer Orgie von weißer Schuld — die Hälfte der Stimmen bei allen Beschlüssen, einschließlich der Verurteilung Israels für den Sechs-Tage-,imperialistisch-zionistischen'-Krieg. Juden mit Verbindungen zu Israel, selbst ambivalenten, sahen darin reflexartigen Antisemitismus" (Übersetzung S.A.).

in einem Mordverfahren gegen ein Parteimitglied:

> We're going to call a spade a spade, a Jew a Jew, and a pig a pig (…) If the Jews like Judge Friedman are going to be allowed to function, and come to their synagogues to pray on Saturdays, or do whatever they do down there, then we'll make a coalition with the Arabs, against the Jews. (Lipset)[4]

Insbesondere für jüdische Linke waren solche Entwicklungen besorgniserregend, für manche von ihnen bedeuteten die späten 1960er Jahre den Einstieg in den Ausstieg aus der Bewegung (Porter/Dreier xxviiif). Und auch etwas später, in der Frauen-/Lesben-Bewegung der frühen 1980er Jahre meldeten sich jüdische Feministinnen zu Wort, fühlten sich manche von ihnen doch nicht verstanden und mit antisemitischen Stereotypen wie auch einem selbstverständlichen Israelhass konfrontiert (Pogrebin, Klepfisz). Zudem gewannen die Black Muslims, allen voran die Nation of Islam, in den 1970er Jahren an Zulauf.

Noch immer hat die Organisation mehrere zehntausend Mitglieder. Neben ihren bereits erwähnten ideologischen Grundzügen behauptet die NOI auch, Juden seien überproportional einflussreich im Sklavenhandel gewesen. Im 1991 erschienenen ersten von drei Bänden des Werks *The Secret Relationship Between Blacks and Jews* wird diese – historisch widerlegte – These ausführlich besprochen (The Nation of Islam). So krude der Text auch sein mag, er bietet den größtenteils Schwarzen Leser*innen eine vermeintliche Erklärung für Rassismus und einen konkreten Schuldigen: *weiße* Juden.

Konkurrenz und *Whiteness*

In solch stereotypen Äußerungen über Jüdinnen und Juden kamen auch reale Konflikte zum Ausdruck: Die jüdische Community hatte in den 1960er Jahren zwei erfolgreiche Jahrzehnte hinter sich. In einer

4 „Wir werden das Kind beim Namen, einen Juden einen Juden und ein Bullenschwein ein Bullenschwein nennen (…). Wenn den Juden wie Richter Friedman erlaubt wird, zu funktionieren und zu ihren Synagogen zu kommen, um samstags zu beten oder um was auch immer dort unten zu machen, dann werden wir eine Koalition mit den Arabern eingehen, gegen die Juden." (Übersetzung S.A.)

Phase der allgemeinen Prosperität erlebte auch sie nach dem Zweiten Weltkrieg eine enorme soziale Aufstiegsmobilität. Der 1944 erlassene „Servicemen's Readjustment Act" (besser bekannt als „G.I. Bill"), der aus dem Krieg zurückgekehrten Soldaten den Wiedereinstieg in das Berufsleben erleichtern sollte, trug in großem Maße dazu bei. Den sozioökonomischen Aufstieg begleitete eine Abnahme des noch in den 1940er Jahren weitverbreiteten Antisemitismus. Die Mehrheitsgesellschaft betrachtete Jüdinnen und Juden nun zunehmend als Angehörige der *white race* (Brodkin). Noch um die Wende zum 20. Jahrhundert existierte im US-Zensus eine Sonderkategorie für rassifizierte Europäer*innen: Sie gehörten weder zu den „Negroes and other races", noch zu den „native whites", sondern wurden nach Ländern getrennt klassifiziert. Die von Karen Brodkin mit „not-quite-white" oder „conditionally white" bezeichnete Ambivalenz (58ff., s.a. Jacobson 52ff., 172) sollte sich zum Ende des Zweiten Weltkriegs wandeln. Der Zusammenhang zwischen Emporkommen und *whitening* lässt sich dabei schwer nach einer Seite hin auflösen: Der sozioökonomische Statusgewinn von Juden und Jüdinnen führte zu einer veränderten Wahrnehmung auf Seiten der nicht-jüdischen Mehrheitsgesellschaft. Diese war wiederum förderlich für Einstellungspraktiken in Berufsfeldern, die diesen vormals nicht offen gestanden hatten.

Neben den ökonomischen Entwicklungen und ihren kulturellen Effekten gab es weitere Gründe für die veränderte Wahrnehmung der jüdischen Community nach dem Zweiten Weltkrieg: Das zunehmende Wissen um den Holocaust trug zu einer Diskreditierung des Konzepts „Rasse" bei. Der stattdessen populärere Begriff „Ethnizität" aber machte es aufgrund seiner größeren Flexibilität leichter, Juden als *weiß* zu begreifen. Außerdem führten die Gründung Israels und darauf folgende US-amerikanische Unterstützung des jüdischen Staates zu einer veränderten Wahrnehmung der „rassischen" Zugehörigkeit der jüdisch-amerikanischen Community, wurde dieser doch als ein *weißer* Staat begriffen (Jacobson 188). Eine *weiße* Identität wurde auch innerhalb der jüdischen Community hegemonial, bedingt durch die Assimilationsbestrebungen der damaligen Zeit. Einige männliche jüdische Intellektuelle sahen ihre Community als *model minority culture*. Sie betrachteten die strukturellen „Privilegien" *weißer* Männlichkeit als ihr verdientes Anrecht und konstruierten spezifische Form von *weißem* Jüdischsein und jüdischem *Weißsein*. Und das *weiße* Amerika begann zunehmend, Juden und Jüdischsein als integralen Bestandteil der Gesellschaft zu sehen (Brodkin 139, 142). „[T]he Jew became everyman, (…) and everyman became the Jew" beschreibt es der Soziologe Peter Rose (3).

Der sozioökonomische Aufstieg ging bei Teilen der jüdischen Community auch mit einer Abgrenzung gegenüber Afroamerikaner*innen einher. Bereits die Studie „Anti-Semitism among American Labor" des exilierten Frankfurter Instituts für Sozialforschung hatte gezeigt, dass antischwarzer Rassismus unter Juden und Jüdinnen genauso weit verbreitet war wie unter nichtjüdischen *Weißen* (Ziege). In der Zeit des Kalten Kriegs verstärkten sich derlei Abgrenzungen, während „ethnische" Unterschiede zwischen den Nachfahren europäischer Einwander*innen in den Hintergrund rückten oder sich zu positiven Attributen kultureller Diversität wandelten (Brodkin 157, 152, Jacobson 110, 256).

Afroamerikaner*innen mussten zusehen, wie die einstigen Verbündeten sie sozioökonomisch überholten. Schwarze Veteranen profitierten kaum von den staatlichen Förderprogrammen, denn der gesamtgesellschaftliche Rassismus prägte auch die Praktiken von Banken und anderen Darlehensgebern, von Vermieter*innen oder segregierten Universitäten. Die eigentlichen Kämpfe hatten in Zeiten der weiterhin existenten segregationistischen Jim-Crow-Gesetzgebung gerade erst begonnen. Als dann viele Jüdinnen und Juden in bessere Nachbarschaften ziehen konnten, vermieteten sie oftmals Wohnungen und Geschäfte an Schwarze und verkörperten für diese in der Folge die Figur des reichen Hausbesitzers (Quinley/Glock 54). Der bekannte Schwarze Intellektuelle James Baldwin kommentierte die Reaktionen darauf 1967 in einem Artikel in der *New York Times* mit dem Titel „Negroes Are Anti-Semitic Because They're Anti-White". Ohne den Antisemitismus zu entschuldigen, schrieb er

> [The Jew] is singled out by Negroes not because he acts differently from other white men, but because he doesn't. His major distinction is given him by that history of Christendom, which has so successfully victimized both Negroes and Jews. And he is playing in Harlem the role assigned him by Christians long ago: he is doing their dirty work.

Baldwin lenkt den Blick damit auch auf das Christentum, als Einflussfaktor sowohl für Judenfeindschaft als auch antischwarzen Rassismus in den USA: Es habe Juden und Jüdinnen historisch die Rolle zugewiesen, die „dreckige Arbeit“ – etwa als Vermieter*innen – zu übernehmen.

Anders als Baldwin nutzten Schwarze Nationalist*innen die neu entstehende Konkurrenzsituation nicht für mögliche Allianzen und das Sprechen über gemeinsame Feinde, sondern lenkten afroamerikanische Ressentiments bewusst auf Jüdinnen und Juden (Markowitz 3). Konflikte prägten in den Folgejahren auch die symbolische Anerkennung vergangener Leiden: Während die Erinnerung an den Holocaust sich in den 1970er und 1980er Jahren langsam gesellschaftlich verbreitete und – auch durch die Eröffnung des United States Holocaust Memorial Museum in Washington, D.C., 1993 – ins öffentliche Gedenken Eingang fand, galt dies weit weniger für die Aufarbeitung der Sklaverei und die Erinnerung daran. Es entstand das, was Michael Rothberg als „Erinnerungskonkurrenz“ bezeichnet (*Multidirektionale Erinnerung* 25), mehr noch: die „Inszenierung einer Opferkonkurrenz zwischen ‚Schwarzer' und ‚jüdischer' Geschichte“ (*Multidirektionale Erinnerung* 11).

Eine Kombination aus ökonomischen und symbolischen Konflikten, aus Schwarzem Nationalismus und linkem Antizionismus sorgte nach und nach für eine beständige Verschlechterung der Beziehung zwischen den Communities. Diese Entwicklung erreichte 1991 im jüdisch-orthodoxen und Schwarzen Viertel Crown Heights in Brooklyn, New York, einen traurigen Höhepunkt: Nachdem der Chauffeur eines Rabbis ein Schwarzes Kind beim Überfahren einer Ampel tödlich verletzt hatte, kam es zu mehrtägigen Ausschreitungen gegen Jüdinnen und Juden. Geschäfte wurden geplündert, Autos angezündet, mehrere Personen verletzt und der 29jährige Yankel Rosenbaum getötet.

„Community Relations“ in der Gegenwart

Seit den Ereignissen in Crown Heights haben sich unzählige Texte den Schwarz-jüdischen Beziehungen genähert, viele mit dem Ziel einer Wiederaufnahme des Dialogs (Friedman, Greenberg, Lerner/West,

Hentoff, Locke, Kaufman). Von *communities* zu sprechen, erscheint dabei immer weniger passend, denn es impliziert eine Homogenisierung, die die großen sozioökonomischen, religiösen und politischen Unterschiede innerhalb der so zusammengefassten Bevölkerungsgruppen vernachlässigt. Und natürlich sind „Schwarz" und „jüdisch" keine gegensätzlichen Kategorien: Zwar sind die meisten US-amerikanischen Jüdinnen und Juden aschkenasischer Herkunft – also Nachfahren europäischer Einwanderer*innen – und der Großteil der Schwarzen ist christlich. Doch auch jüdische Schwarze bzw. Schwarze Juden*Jüdinnen kämpfen um Anerkennung, etwa in Organisationen wie dem „Jewish Multiracial Network".

Dennoch ist auffällig, dass die Zustimmung zu antisemitischen Aussagen in der Schwarzen Bevölkerung in Meinungsumfragen heutzutage höher ausfällt als in der *weißen*. Das hat auch mit der Rolle von Bildung zu tun, sind Schwarze doch von Zugängen zu Bildungseinrichtungen strukturell stärker abgeschnitten als *Weiße*, während gleichzeitig geringe Schulbildung einer der zentralen Einflussfaktoren für antisemitische Einstellungen in den USA ist. Mancher Zustimmung mögen auch alte Traditionen zugrunde liegen. Zwar ist der säkulare Schwarze Nationalismus keine einflussreiche Strömung mehr, doch hat zumindest die religiös eingefärbte Variante der Nation of Islam weiterhin Bedeutung. Auch der Kampf um die Anerkennung unterschiedlicher Erinnerungen ist weiterhin präsent. Erst 2016 – fast ein Vierteljahrhundert nach der Eröffnung des Holocaust-Museums – wurde in der Hauptstadt das National Museum of African American History and Culture eröffnet. Eine Dynamik entstand, die der Historiker Peter Novick mit „Holocaustneid" bzw. „Holocaustbesitzgier" beschrieben hat (257). Dabei verführte eine falsche Opferkonkurrenz dazu, die Schuld für die geringere Bedeutung der Erinnerung an die Sklaverei bei der vermeintlich mächtigen jüdischen Community zu suchen.

Erschwert wurde das Verhältnis aber auch durch außenpolitische Entwicklungen: Als der israelische Ministerpräsident Benjamin Netanjahu sich 2015 bei einem Besuch in Washington, D.C., von der republikanischen Partei für eine Rede ins Parlament einladen ließ, ohne Präsident Barack Obama darüber zu informieren, war dies nicht nur ein Verstoß gegen die Besuchsprotokolle. Schwarze Abgeordnete und andere nahmen es auch als einen Affront wahr, in dem sich mangelnder „jüdisch-israelischer" Respekt vor dem ersten Schwarzen Präsidenten der USA ausdrücke.

Trotz dieser Vorfälle kann die erhöhte Zustimmung zu antisemitischen Aussagen nicht mit einem vermeintlich kohärenten *black antisemitism* erklärt werden. Mehr als auf *race* sollte man auf Klasse schauen, sind Bildungschancen doch einer der zentralen Faktoren für antisemitische Einstellungen in den USA (Gerber 35, Martire/Clark 118). Schwarze sind hier besonders benachteiligt. Und in den gegenwärtigen antirassistischen Bewegungen geht es nicht nur um „Schwarzsein", sondern auch um politische Selbstverständnisse und Selbstverständlichkeiten. Es ist nicht Ausdruck einer irgendwie Schwarzen, sondern einer spezifisch linken, antiimperialistischen Perspektive, wenn unter dem Hashtag #palestinianlivesmatter in sozialen Medien rasch Parallelen zwischen Rassismus in den USA und Israel gezogen werden. Auch der dort mehrfach zu findende falsche Verweis, der Polizist, der George Floyd tötete, habe die Polizeimethode des Kniens auf dem Nacken von Festgenommenen beim israelischen Geheimdienst gelernt, verdeutlicht den selbstverständlichen Antizionismus unter vielen US-amerikanischen Linken – seien sie *weiß* oder Schwarz. Auch einige der als antisemitisch interpretierten Vorfälle während der Unruhen im Sommer 2020 lassen sich keineswegs mit der – vermuteten oder tatsächlichen – Hautfarbe der Täter*innen erklären, sondern vielmehr mit Bewegungsdynamiken. Während Synagogen als Angriffsziel eine eindeutige Sprache von Judenfeindschaft sprechen, darf bezweifelt werden, ob die Plünderungen jüdischer Läden auf deren Eigentümer*innen zielten oder nicht einfach nur auf die Waren in den Auslagen. Die Macher*innen der Website stopantisemitism.org hatten sich auf Twitter besorgt darüber gezeigt, dass angeblich das bekannte Eingangsschild des Stadtteils Beverly Hills mit der Aufschrift „Kill the Jews" besprüht war. Sie mussten später einräumen, dass dort „Kill the Rich" stand (ADL). Und eins der führenden Mitglieder der Jewish Federation of Los Angeles war als Polizist während der Unruhen im Einsatz und berichtete von absolutem Chaos auf den Straßen, bei dem die Angriffe auf jüdische Einrichtungen nicht gezielt vorgenommen wurden. Mehr noch, er zeigte Erleichterung über die geringe Anzahl explizit judenfeindlicher Gewaltverbrechen: „Quite frankly, when you consider that there were thousands of people on the street in an almost lawless environment and that two antisemitic hate crimes happened? I thought, thank God, that's actually a pretty good sign" so seine Einschätzung (Keene). Auch jüdische Organisationen wie die Anti-Defamation League oder die Jewish Federation of Los Angeles räumten später ein, dass die Vorwürfe übertrieben waren und seit den Protesten keine Zunahme antisemitischer Vorfällen beobachtet worden war (ADL).

Eine „Coalition of Now"

Diese Ereignisse, Entwicklungen und Einschätzungen verdeutlichen Unterschiedliches: Antisemitismus, auch unter Schwarzen und in antirassistischen Bewegungen, existiert zweifelsohne. Aber es handelt sich dabei nicht unbedingt um ein kohärentes Phänomen oder einen spezifischen „Schwarzen Antisemitismus" – also etwas, was der Schwarze marxistische Politikwissenschaftler Adolph Reed polemisch „Blackantisemitism" genannt hat (Richmond). Judenfeindliche Äußerungen und Handlungen zeigten sich auch nicht überproportional bei den Black Lives Matter Protesten oder wurden durch diese verursacht. Die entsprechende Berichterstattung veranschaulichte vielmehr die Dynamik rassistischer Zuschreibungen, rechter Mobilmachung gegen Linke in sozialen Medien, und gewiss auch sehr ernstzunehmender jüdischer Sorgen in einer gesellschaftlichen Situation, in der der Antisemitismus durch Trump, rechte Bewegungen und die Corona-Krise angeheizt wurde.

Trotz dieser anhaltenden Konflikte, die sich rund um BLM zeigen, gibt es auch in der jüngsten Gegenwart zahlreiche Beispiele Schwarz-jüdischer Kooperation. Im US-Kongress sind die meisten Schwarzen Abgeordneten proisraelisch eingestellt, die Mehrzahl der jüdischen Abgeordneten unterstützt Bürgerrechtsorganisationen und Hilfszahlungen an afrikanische Länder. Die größte proisraelische Lobbyorganisation, das American Israel Public Affairs Committee (AIPAC), veranstaltet Konferenzen mit der Vereinigung der Schwarzen Kongressabgeordneten. Prominente Aktivist*innen wie der Schwarze Theologieprofessor Cornel West und der Rabbi Michael Lerner versuchen auf Veranstaltungen und in Veröffentlichungen an eine gemeinsame Geschichte der Solidarität anzuknüpfen. „Black Lives Matter Brooklyn" verurteilte den antisemitischen Angriff auf der Chanukka-

Feier in Monsey, viele jüdische Organisationen erklärten sich solidarisch mit BLM (Magid).

Befördert wurde diese erneute Zusammenarbeit durch den Aufstieg rechter *hate groups* und der Alt-Right-Bewegung in den vergangenen Jahren. Zu deren ideologischen Kernelementen gehören sowohl Antisemitismus als auch antischwarzer Rassismus. Der Attentäter, der 2018 in der Pittsburgher Tree-of-Life-Synagoge elf Jüdinnen und Juden erschoss, war nicht nur wahnhafter Antisemit, sondern drückte online auch seinen antischwarzen Rassismus in Form von Lynchmord-Phantasien und Vorwürfen der „Rassenschande" aus. Die Synagoge hatte Robert Bowers auch angegriffen, weil er sie mit der Hebrew Immigrant Aid Society (HIAS) assoziierte. „HIAS likes to bring invaders in that kill our people" schrieb er in sozialen Medien vor seinem Angriff (Granick). Die HIAS war 1881 gegründet worden, um jüdischen Migrant*innen vor allem aus Russland zu helfen. Mittlerweile ist die Organisation in der Flüchtlingsarbeit engagiert und baut dabei Brücken zur jüdischen Erfahrung: „My people were refugees too" ist einer ihrer Slogans.

Diese Brücken wurden wichtiger in Zeiten, in denen ein US-Präsident den *weißen* Nationalismus befeuerte und Millionen ihm zujubelten. Manche Minderheiten rückten näher zusammen, so auch jüdische und muslimische Gruppen. Mehrere Synagogen beteiligten sich angesichts der zeitweise verhängten Einreiseverbote gegenüber Muslim*innen etwa am *sanctuary movement*, einer Art Kirchenasyl, das in den USA seit den 1980er Jahren besteht. Von Trumps Abschottungspolitik fühlten sich viele Juden und Jüdinnen nicht nur an den Beginn des Nationalsozialismus, sondern auch an die Einreisebegrenzungen und Quotierungen erinnert, die sich in den USA noch vor einem Jahrhundert gegen ihre Vorfahren richtete. Und umgekehrt solidarisierten sich viele Muslim*innen mit den von Gewalt betroffenen jüdischen Communities.[5]

In der Woche der Amtseinführung Donald Trumps erklärten die National Association for the Advancement of Colored People (NAACP)

5 Etwa in einer Crowdfunding-Kampagne unter Muslim*innen zum Wiederaufbau eines geschändeten jüdischen Friedhofs in Missouri, vgl. https://www.launchgood.com/campaign/muslims_unite_to_repair_jewish_cemetery#!/ [19.04.2021].

und die Anti-Defamation League (ADL) gemeinsam in einem Artikel in der *Washington Post*:

> Now more than ever, there is no 'us vs. them'. We are all black. We are all Jews. We are all Muslims. We are all women. We are all immigrants. We are all LGBT. And when the rights of one of us are threatened, all of us are threatened. These are the values that will guide this 'coalition of now' as we stand — and fight — together today. (Brooks)

Und in New Jersey nahmen nach den antisemitischen Schießereien in Jersey City 2019 dieselben beiden Organisationen ihre lange ruhende Partnerschaft aus der Bürgerrechtsbewegung wieder auf und entschieden eine zukünftige Zusammenarbeit (Smith/Bernstein). „Enough is enough" beschlossen sie — „Es reicht."

Bibliografie

ADL. „Disinformation: Exaggerated claims of targeted antisemitic violence in Los Angeles". *ADL*. www.adl.org/disinformation-exaggerated-claims-of-targeted-antisemitic-violence-in-los-angeles. Zugriff am 26.04.2021.

Arnold, Sina. *Das unsichtbare Vorurteil. Antisemitismusdiskurse in der US-amerikanischen Linken nach 9/11*. Hamburg: Hamburger Edition, 2016.

Arnold, Sina. „‚We are deeply sorry for the harm we have caused.' The US Left and Antisemitism after Trump". *Four Years After: Ethnonationalism, Antisemitism and Racism in Trump's America*. Hrsg. Zadoff, Mirjam et al. Heidelberg: Winter, 2020. 147-162.

Arnold, Sina und Olaf Kistenmacher: *Der Fall Ethel und Julius Rosenberg: Antikommunismus, Antisemitismus und Sexismus in den USA zu Beginn des Kalten Krieges*. Münster: Edition Assemblage, 2016.

Baldwin, James. „Negroes Are Anti-Semitic Because They're Anti-White". *The New York Times*, 04.09.1967. https://archive.nytimes.com/www.nytimes.com/books/98/03/29/specials/baldwin-antisem.html?_r=2. Zugriff am 16.03.2021.

Berman, Paul. „Reflections: The Other and the Almost the Same". *The New Yorker.* 28.02.1994. 61-66.

Brodkin, Karen. *How Jews Became White Folks and What That Says About Race in America.* New Brunswick: Rutgers University Press, 1998.

Brooks, Cornell William und Jonathan Greenblatt. „On this MLK Day, It's More Important than Ever to Fight Hate and Bigotry". *Washington Post*, 16.01.2017. www.washingtonpost.com/opinions/on-this-Mlk-Day-Its-More-Important-Than-Ever-To-Fight-Hate-And-Bigotry/2017/01/16/B9278c6a-D9c0-11e6-b8b2-cb5164beba6b_story.html. Zugriff am 26.04.2021.

Buchanan, Larry et al. „Black Lives Matter May Be the Largest Movement in U.S. History". *The New York Times*, 03.07.2020. www.nytimes.com/interactive/2020/07/03/us/george-floyd-protests-crowd-size.html. Zugriff am 26.04.2021.

Cooney, Christy. „„Ain't your fight' BLM Mob Tells Three Jewish Supporters they're from ‚the Synagogue of Satan' Before Chasing them Away". *The U.S. Sun*, 29.10.2020, www.the-sun.com/news/1707892/blm-mob-jewish-supporters-synagogue-satan-chasing/. Zugriff am 26.04.2021.

DeGue, Sarah et. al. „Deaths Due to Use of Lethal Force by Law Enforcement". *American Journal of Preventive Medicine.* 51(5): 2016. 173-187. DOI www. doi.org/10.1016/j.amepre.2016.08.027. Zugriff am 26.04.2021.

Du Bois, W.E.B. „The Negro and the Warsaw Ghetto". *Jewish Life.* 1952. 14-15.

Du Bois, W.E.B. *The Souls of Black Folk.* Gramercy: Library of Freedom, 1994 [1903].

Foner, Philip S. „Black-Jewish Relations in the Opening Years of the Twentieth Century". *Phylon.* 36(4): 1975. 359-367.

Friedman, Murray. *What Went Wrong? The Creation & Collapse of the Black-Jewish Alliance.* New York: Free Press, 1995.

Gerber, David A. „Anti-Semitism and Jewish-Gentile Relations in American Historiography and the American Past". *Anti-Semitism in American History*, Hrsg. Gerber, David. Champaign: University of Illinois Press, 1986. 3-54.

Gitlin, Todd. *The Sixties: Years of Hope, Days of Rage.* New York: Bantam Books, 1993.

Granick, Jaclyn und Britt Tevis. „A History of Anti-HIAS Hate". *Slate*, 01.11.2018, www.slate.com/news-and-politics/2018/11/hias-tree-of-life-shooting-immigration.html. Zugriff am 26.04.2021.

Greenberg, Cheryl Lynn. *Troubling the Waters. Black-Jewish Relations in the American Century.* Princton: Princeton University Press, 2006.

Hentoff, Nat. *Black Anti-Semitism and Jewish Racism.* New York: R. W. Baron, 1969.

Higham, John. „American Anti-Semitism Historically Reconsidered". *Jews in the Mind of America*. Hrsg. Stember, Charles H. et al. New York: Basic Books, 1966. 237-258.

Jacobson, Matthew Frye. *Whiteness of a Different Color. European Immigrants and the Alchemy of Race*. Cambridge, Mass: Harvard University Press, 1998.

Jünger, David. „In the Presence of the Past: Rabbi Joachim Prinz, Holocaust Memory and the Fight for Jewish Survival in Postwar America". *Reconstructing the Old Country: American Jewry in the Post Holocaust Decades*. Hrsg. Adler, Eliyana R. et al. Detroit: Wayne State University Press, 2017. 297–318.

Kaufman, Jonathan. *Broken Alliance: The Turbulent Times Between Blacks and Jews in America*. New York: Scribner, 1988.

Keene, Louis. „Fake News and Social Media Exaggerate L.A. Protest Antisemitism, Say Local Leaders". *Forward*, 05.06.2020, www.forward.com/news/national/448222/fake-news-and-social-media-exaggera te-la-protest-anti-semitism-say-local/. Zugriff am 26.04.2021.

Kerl, Kristoff. *Männlichkeit und moderner Antisemitismus: Eine Genealogie des Leo Frank-Case, 1860er-1920er Jahre*. Wien: Böhlau Verlag, 2017.

Klepfisz, Irena. „Anti-Semitism in the Lesbian/Feminist Movement". *Nice Jewish Girls. A Lesbian Anthology*. Hrsg. Torton Beck, Evelyn Boston: Beacon Press, 1989. 51-57.

Lerner, Michael und Cornel West. *Jews & Blacks: A Dialogue on Race, Religion, and Culture in America*. New York: Plume, 1996.

Levin, Annie. „The Rosenberg Orphans and the Power of Radical History". *Current Affairs*, 11.01.2021, https://www.currentaffairs.org/2021/01/the-rosenberg-orphans-and-the-power-of-radical-history. Zugriff am 03.05.2021.

Liebman, Arthur. *Jews and the Left*. New York: Wiley, 1979.

Lipset, Seymour Martin. „The Socialism of Fools". *The New York Times*, 03.01.1971. www.nytimes.com/1971/01/03/archives/-the-socialism-of-fools-the-new-left-calls-it-antizionism-but-its.html. Zugriff am 26.04.2021.

Locke, Hubert G. *The Black Anti-Semitism Controversy: Protestant Views and Perspectives*. Selinsgrove: Susquehanna University Press, 1994.

Magid, Jacob. „'Black Lives Matter', Declare Groups Representing Majority of US Jews in NYT Ad". *The Times of Israel*, 29.08.2020. www.timeso fisrael.com/black-lives-matter-declare-groups-representing-majo rity-of-us-jews-in-nyt-ad/. Zugriff am 26.04.2021.

Markowitz, Norman. „Should We Be Worried About Anti-Semitism on the Left?". *History News Network*. 24.03.2003. www.historynewsnet work.org/article/1323. Zugriff: 26.04.2021.

Martire, Gregory und Ruth Clark. *Anti-Semitism in the United States: A Study of Prejudice in the 1980s*. New York: Praeger, 1982.

Novick, Peter. *Nach dem Holocaust: Der Umgang mit dem Massenmord*. München: Deutsche Verlagsanstalt, 2001.

Pogrebin, Letty Cottin. „Anti-Semitism In the Women's Movement". *Ms Magazine*, Juni 1982. 45-71.

Porter, Jack Nusan und Peter Dreier. Hrsg. *Jewish Radicalism. A Selected Anthology*. New York: Grove Press, 1973.

Quinley, Harald E. und Charles Y. Glock. *Anti-Semitism in America*. New York: Free Press, 1979.

Richmond, Michael. „On ‚Black Antisemitism' and Antiracist Solidarity". *New Socialist*, 30.07.2020, www.newsocialist.org.uk/black-antisemitism-and-antiracist-solidarity/. Zugriff am 17.04.2021.

Rose, Peter. Hrsg. *The Ghetto and Beyond: Essays on Jewish Life in America*. New York: Random House, 1969.

Rothberg, Michael. *Multidirectional Memory: Remembering the Holocaust in the Age of Decolonization*. Redwood City: Stanford University Press, 2009.

Rothberg, Michael. *Multidirektionale Erinnerung: Holocaustgedenken im Zeitalter der Dekolonisierung*. Berlin: Metropol, 2021.

Sarna, Jonathan D. „Anti-Semitism and American History". *Commentary*, 3, 1981. 42-47.

Sher, Abby. „How ‚Go Down, Moses' Took the Underground Railroad to the Seder Table". *Jewish Telegraphic Agency*. 18.02.2016. www.jta.org/jewniverse/2016/how-go-down-moses-took-the-underground-rail road-to-the-seder-table. Zugriff am 19.04.2021.

Smith, Richard und Evan R. Bernstein. „After Jersey City Shooting, ADL and NAACP say, ‚We are in this together'". *NJ.com*. 20.01.2020. www.nj.com/opinion/2020/01/after-jersey-city-shooting-monsey-attack-adl-and-naacp-say-we-are-in-this-together.html. Zugriff am 26.04. 2021.

Southern Poverty Law Center. „Nation of Islam". *SPLC*. www.splcenter.org/fighting-hate/extremist-files/group/nation-islam. Zugriff am 26.04.2021.

Sundquist, Eric J. *Strangers in the Land: Blacks, Jews, Post-Holocaust America*. Cambridge, Mass: The Belknap Press, 2005.

The Nation of Islam. *The Secret Relationship Between Blacks and Jews*, Volume 1. Chicago: The Final Call, 1991.

Webb, Clive. „Counterblast: How the Atlanta Temple Bombing Strengthened the Civil Rights Cause". *Southern Spaces*. 22.06.2009. www.sout hernspaces.org/2009/counterblast-how-atlanta-temple-bombing-strengthened-civil-rights-cause/. Zugriff am 16.04.2021.

Webb, Clive. *Rabble Rousers. The American Far Right in the Civil Rights Era.* Athens: University of Georgia Press, 2010.

Ziege, Eva-Maria. „Gruppenfeindschaften im ‚melting pot'. Soziologische Theorie und qualitative Sozialforschung in den USA der 1940er-Jahre". *Ausschluss und Feindschaft: Studien zu Antisemitismus und Rechtsextremismus. Rainer Erb zum 65. Geburtstag.* Hrsg. Kohlstruck, Michael et al. Berlin: Metropol, 2011. 79-109.

Ina Holev & Miriam Yosef

Include Jews in Your Activism

Über (Un)Sichtbarkeiten jüdischer Perspektiven

Wie oft werden jüdische Perspektiven eigentlich in Diskussionen über Intersektionalität miteinbezogen? Wir finden: bisher viel zu selten! Jüdische Perspektiven bleiben oft unsichtbar — im öffentlichen Gespräch sowieso, aber auch in queer-feministischen und antirassistischen Räumen. Nur selten können jüdische Menschen in intersektionalen Kontexten auf Solidarität hoffen, da auch in diesem Umfeld antisemitische Narrative nicht aufgearbeitet sind. Konzepte wie Ally-ship oder Bündnisarbeit sind wichtig — doch gelten sie auch für Jüdinnen*Juden? Auf wen können wir zählen? Für viele Jüdinnen*Juden sind aktivistische Räume meist schwierig zu navigieren, denn sie bleiben hier unsichtbar. Diese Art von Unsichtbarkeit ist vielen Jüdinnen*Juden bekannt, die sich in aktivistischen und/oder wissenschaftlichen Kreisen mit Themen der sozialen Gerechtigkeit beschäftigen. Aktivistische Räume sind für viele Jüdinnen*Juden oft keine *safer spaces*, keine sicheren Räume — ganz im Gegenteil.

Bildungsinitiative Jüdisch & Intersektional

Aus den genannten Gründen haben wir unsere Bildungsinitiative *Jüdisch & Intersektional* gegründet. *Include Jews in your activism!* war lange unsere Forderung — und oft vergeblich. Es hat uns nicht mehr gereicht, ständig auf Antisemitismus hinweisen zu müssen und um Berücksichtigung *unserer* Perspektiven zu bitten. Wir wollten selbst aktiv werden, informieren und aufklären. Deshalb haben wir uns im Februar 2020 zusammengeschlossen, um unsere Perspektiven aufzuzeigen und für Jüdinnen*Juden relevante Themen überhaupt stärker in den queer-feministischen Diskurs zu bringen. Wir wollen dabei am Schnittpunkt von unserem jüdischen Erfahrungswissen, politischen Diskursen und künstlerisch-aktivistischer Praxis agieren. Bei *Jüdisch & Intersektional* bieten wir neben Informationen über Antisemitismus auch Handlungsstrategien und Lösungsansätze. Durch interaktive Übungen und Gespräche wird so ein Raum zur Selbstreflexion geschaffen. Wir waren zuvor bereits auf unterschiedliche Weise in queer-feministischen und antirassistischen Kontexten aktiv, doch wir haben hier oft Perspektiven von Jüdinnen*Juden vermisst. Die Möglichkeit einer Bildungsinitiative gibt uns nun die Handlungsmacht selbst aktiv zu werden und nicht nur eine reine Betroffenenperspektive einzunehmen, sondern auch in einer stärkenden Expert*innenrolle zu agieren. Wut, Frustration und Müdigkeit um die aktuellen Zustände waren dabei für uns wichtige Katalysatoren und die Motivation, uns selbst zu organisieren. Unsere Bildungsinitative hat ihren Sitz in Nordrhein-Westfalen, doch wir arbeiten meist deutschlandweit. Pandemiebedingt konnten wir sehr viele unserer Bildungsangebote bisher nur online durchführen. Der Vorteil ist jedoch, dass wir so Menschen an verschiedenen Orten erreichen. Wir arbeiten vor allem mit Hochschulen und politischen Gruppen zusammen, mit Kultureinrichtungen, NGOs und verschiedenen jüdischen Einrichtungen.

Theoretische Grundlagen

Das Konzept der Intersektionalität stellt für uns einen produktiven Weg dar, sich dem Phänomen des Antisemitismus zu nähern, denn wie alle anderen Identitäten sind auch die Identitäten jüdischer Menschen mehrdimensional. Wir sehen intersektionalen Feminismus dabei nicht nur als Theorie, sondern auch als aktivistische Bewegung, die sich vor allem aus den Kämpfen Schwarzer Frauen entwickelt hat. Der Begriff der Intersektionalität tauchte zum ersten Mal im Kontext der *Critical Legal Studies* in den 1980er Jahren auf. Er lässt sich vor allem auf die Juristin Kimberlé Crenshaw zurückführen. Die Analyse der Intersektion verschiedener Identitäten wurde aber schon lange davor von anderen Schwarzen Feminist*innen, etwa Sojourner Truth (1851) oder der marxistischen Gruppe Combahee River Collective, seit den 1970ern durchgeführt. Wie der Name unserer Initiative bereits preisgibt, stellt Intersektionalität für unsere Arbeit eine wichtige theoretische Grundlage dar. Gleichzeitig weisen aktuelle intersektionale Diskurse und andere linke, antirassistische Bewegungen viele Leerstellen auf — gerade was die Lebensrealitäten jüdischer Menschen angeht. Hier ist unserer Meinung nach eine solidarische Kritik angebracht.

Insbesondere bei einem spezifischen Punkt wird es oft kritisch. Israelbezogener Antisemitismus innerhalb vieler linker und ansonsten kritischer Bewegungen ist ein großes Problem. Seine Existenz wird jedoch oft geleugnet und macht es vielen jüdischen Menschen schwer, sich dort aktiv zu engagieren, sofern sie sich nicht ausdrücklich von Israel distanzieren. Jüdische Linke werden dann in aktivistischen

Räumen in „gute Juden und böse Juden“ eingeteilt und unter Druck gesetzt. Oft wird in aktivistischen Räumen Antisemitismus auch nicht als eine relevante Kategorie von Unterdrückung anerkannt oder in ihrer spezifischen Art erfasst. Antisemitismus tritt meist mit anderen Formen von Unterdrückung auf, wenn sich auch etwa die Sprache in der sich Antisemitismus äußert, in vielen Punkten von der Sprache, in der sich beispielsweise Rassismus äußert, unterscheidet. Diese Differenzen und Nuancen, aber auch Verbindungen zwischen einzelnen Formen der Unterdrückung, gilt es aufzuzeigen. Inwieweit kann und sollte intersektional gedachter Feminismus also Perspektiven wie die unseren von Anfang an mitdenken und nicht punktuell als Token nutzen? Wir sehen intersektionalen Feminismus als sehr gut dazu geeignet, Antisemitismuskritik zu thematisieren. Die theoretischen Grundlagen und Werkzeuge sind vorhanden. Das machen wir auch in unseren Bildungsangeboten deutlich. Wir lehnen Intersektionalität nicht ab, im Gegenteil. Jedoch bedarf es auch einer kritischen Auseinandersetzung mit (dem eigenen) sozialisierten antisemitischen Gedankenmustern, um Intersektionalität auch um jüdische Perspektiven zu erweitern. Und diese Erweiterung sollte nicht schwer denkbar sein oder Überwindung kosten — denn jüdische Identitäten sind intersektional. Jüdinnen*Juden sind regelmäßig von Mehrfachunterdrückungen betroffen. Deshalb müssen unsere Identitäten, wie die anderer auch, in ihren unterschiedlichen Intersektionen gesehen und verstanden werden.

Es muss dabei auch Platz geben für jüdische Identitäten, die nicht der angenommenen *weiß*-gelesenen „Norm“ entsprechen. Gerade die Frage, ob Jüdinnen*Juden *weiß* seien, wird uns in fast jedem Workshop oder Vortrag gestellt. Engagement gegen Antisemitismus sollte jedoch nicht von dieser Frage abhängen. Außerdem setzt sie bereits eine fälschlich angenommene Norm von *weiß* gelesenen Jüdinnen*Juden voraus und lässt keinen Platz für Schwarze Jüdinnen*Juden und Jüdinnen*Juden of Color, die etwa auch von Rassismus betroffen sind. Doch auch *weiß*-gelesene Jüdinnen*Juden sind nicht einfach *weiß* — gerade in Deutschland ist diese Annahme äußerst problematisch. Diese Jüdinnen*Juden — oder gar Jüdinnen*Juden pauschal — lassen sich nicht einfach einer *weißen* Dominanzgesellschaft zuordnen. Nicht nur weil viele jüdische Menschen nicht *weiß* gelesen werden, sondern weil dies nicht unseren Lebensrealitäten entspricht. Jüdinnen*Juden werden als solche rassifiziert und machen reale Unterdrückungserfahrungen. Auch die Behauptung, jüdische Menschen seien doch bereits in der deutschen Mehrheitsgesellschaft angekommen, greift hier nicht — auch nicht für jüdische Menschen, die als *weiß* wahrgenommen werden. Statistiken zeigen die immens hohe Zahl an antisemitischen Vorfällen und Straftaten (dabei sollte auch die im Vergleich kleine Zahl an Jüdinnen*Juden in Deutschland mitbedacht werden). Jüdische Institutionen von Synagoge bis Kindergarten können nur unter ständigem Polizeischutz existieren. So sieht kein Alltag von Menschen aus, die in der Mehrheitsgesellschaft angekommen sind. Spezifisch in einer postnationalsozialistischen Gesellschaft wie Deutschland darf Aktivismus nicht mit dem Ausschluss von Jüdinnen*Juden einhergehen. Wir müssen unterschiedliche Formen der Unterdrückung zusammendenken, sie nicht gegeneinander ausspielen, auch wenn sie sich jeweils in ihrer Sprache und Erscheinung unterschiedlich äußern.

Oft mangelt es bei nicht-jüdischen Menschen, auch bei Aktivist*innen, zuallererst an Wissen über die aktuellen Lebensrealitäten jüdischer Communities. Insbesondere weil Antisemitismus so machtvoll mit Verschwörungsmythen und Gerüchten operiert — und sogar ein Kernelement aller Verschwörungsideologien ist — halten wir Bildungsarbeit für den ersten Schritt in unserer antisemitismuskritischen Arbeit. In Deutschland gibt es bis heute kaum umfassende Bildungsangebote, die antisemitismuskritische Arbeit und intersektionale Perspektiven zusammendenken. Vielen Bildungstrainer*innen oder Aktivist*innen im intersektionalen Umfeld fehlt eine zeitgenössische Auseinandersetzung mit Antisemitismus. Diese wird oft in den Bereich der schulischen Bildung oder Erinnerungsarbeit gelegt. Diese Arbeit ist ohne jeden Zweifel extrem wichtig, und wir wollen sie auch nicht in Frage stellen. Jedoch wird dabei selten eine Brücke zum heutigen Kontext und einer intersektionalen Rassismuskritik geschlagen. Bildungsarbeit gegen Antisemitismus findet sehr oft getrennt von Bildungsarbeit gegen Rassismus statt und ist im intersektionalen Umfeld, in dem wir aktiv sind, so sehr selten Thema.

Workshops, Vorträge und Ausstellungen

Der Fokus unserer Bildungsarbeit liegt vor allem auf zwei Zielgruppen: Die allgemeinen Bildungsangebote von *Jüdisch & Intersektional* richten sich vor allem an nicht-jüdische Menschen, die etwa in feministischen und/oder anti-rassistischen Kontexten und der politischen Bildung aktiv sind. Gleichzeitig sind selbstverständlich nicht alle jüdischen Menschen Antisemitismusexpert*innen (und müssen dies auch nicht sein!), daher freuen wir uns, falls auch diese Interesse an unseren Bildungsangeboten haben. Deswegen bieten wir als *Jüdisch & Intersektional* auch wichtige Empowerment-, Bildungs- und Austauschangebote zum Thema Intersektionalität und jüdische Identitäten für Jüdinnen*Juden an. Dazu gehören auch solche jenseits vom Themenfeld Antisemitismus. So können andere Jüdinnen*Juden ihre Perspektive um einen intersektional-feministischen Blickwinkel erweitern oder unsere Angebote zur Vernetzung nutzen.

Diese Erfahrungen und der oft sehr wertvolle Austausch innerhalb unserer Workshops und Vorträge zeigen, dass gerade im Bereich Antisemitismuskritik viele Unsicherheiten und fast eine Art Berührungsscheu herrschen, da viele Aktivist*innen dieses Thema als sehr komplex erachten. Grund hierfür ist neben der tatsächlichen Komplexität des Themas auch die fehlende Sichtbarmachung von zeitgenössischen jüdischen Perspektiven. Sind in intersektionalen Bündnissen eigentlich Jüdinnen*Juden mit verschiedenen Positionierungen vertreten? Wie viel ist eigentlich im eigenen aktivistischen Umfeld bekannt über die Forderungen und auch Ängste verschiedener jüdischer Communities? Warum werden Jüdinnen*Juden so oft nicht als politische Subjekte anerkannt und explizit benannt? Wir wünschen uns, dass sich intersektional-feministische Gruppen auch mit diesen Fragen auseinandersetzen. Wenn es um jüdische Communities geht, sprechen wir dabei ganz bewusst im Plural. Wir können nicht stellvertretend für alle jüdischen Positionen und Perspektiven sprechen. Auch wir beide verfügen über unterschiedliche Biografien, teilen verschiedene jüdische Positionierungen und diasporische Geschichten. Wir sprechen etwa aus einer mizrahischen Perspektive (Miriam) und aus einer aschkenasischen-postsowjetischen Perspektive (Ina). Wir teamen bei unserer Arbeit grundsätzlich zu zweit, da wir unterschiedliches Erfahrungswissen mitbringen, was unsere Arbeit besonders fruchtbar macht.

Unsere Workshops sind mehrstündig als Tagesworkshops konzipiert und beinhalten interaktive Übungen, Reflektionseinheiten und theoretischen Input. Das Vortragsangebot umfasst Themen wie Jüdinnen*Juden im intersektionalen Aktivismus und eine Einführung in die Antisemitismuskritik aus intersektionaler Perspektive, oft kombiniert mit einer abschließenden Fragerunde. In unserer Initiative arbeiten wir multidisziplinär und legen uns nicht auf eine Form von Wissensvermittlung fest. Neben unserer klassischen Bildungsarbeit arbeiten wir auch innerhalb von Wissenschaft, Kunst und Aktivismus und verorten uns an der Schnittstelle dieser Disziplinen. Einerseits arbeiten wir mit Formaten wie Workshops oder Vorträgen, etwa zur intersektionalen Antisemitismuskritik oder dem Ausschluss jüdischer Perspektiven. Andererseits konzipieren wir aber auch Lecture Performances, verfassen Texte oder sind zu Gast auf Panels. Auch Beratungsangebote zählen zu unserer Arbeit. Wir beraten zum Beispiel Institutionen, Vereine oder Gruppen bei der antisemitismuskritischen Organisation von Kulturveranstaltungen, Bildungsveranstaltungen oder Gedenkveranstaltungen. Gleichzeitig beraten wir auch in der Frage nach der Gestaltung von *safer spaces*, damit diese sich auch für Jüdinnen*Juden sicher anfühlen.

In unserer Arbeit steht so neben der antisemitismuskritischen Bildungsarbeit auch das Empowerment für Jüdinnen*Juden im Fokus. Das beginnt als erster Schritt überhaupt mit der Möglichkeit andere Jüdinnen*Juden zu treffen. Denn was vielen Menschen nicht bewusst ist: Jüdische Menschen machen nur einen sehr kleinen Teil der Bevölkerung in Deutschland aus. Dennoch sind unsere Workshops für Jüdinnen*Juden oft innerhalb weniger Stunden ausgebucht. Denn Workshops mit Empowermentanteilen spezifisch für jüdische Menschen werden bisher viel zu selten angeboten. Uns ist es deshalb umso wichtiger, für jüdische Menschen Austauschräume zu schaffen, gerade wenn der Kontakt zu anderen Jüdinnen*Juden für Teilnehmende im Alltag vielleicht ausbleibt oder sie gerade in aktivistischen Räumen eine bereits beschriebene Unsichtbarkeit wahrnehmen. Miteinander ins Gespräch kommen ist das allererste Ziel. Viele Teilnehmer*innen sind abseits von jüdischen Gemeinden aufgewachsen, fühlen sich in diesen nicht wohl oder leben auch in Orten ohne jegliche jüdische Infrastruktur. Gleichzeitig fühlen sie sich an anderen selbstverwalteten politischen Orten unwohl (zum Beispiel in intersektionalen, aktivistischen Räumen), da sie dort häufig Antisemitismuserfahrungen machen müssen.

Wir arbeiten hier mit den Konzepten von *safe(r) space* (sichererer Raum) und *brave space* (mutiger Raum). Denn auch in diesen als *safer spaces* konzipierten Räumen sind wir unterschiedlich positioniert, und es kann zu Verletzungen kommen. In Ergänzung zum *safer space* erkennt das Konzept vom mutigen Raum an, dass wir als marginalisierte Menschen jeden Tag auf unterschiedliche Art und Weise mutig sein müssen. Unsere diversen Positionierungen bedingen, dass wir unterschiedliche Erfahrungen machen. Und auch wenn wir von unseren Erfahrungen sprechen, können uns Fehler unterlaufen, und es kann zu Verletzungen im Raum kommen. Mutige Räume sind aber darauf angelegt, dass wir füreinander Verantwortung übernehmen, wenn es zu Verletzungen kommen sollte. Dazu gehört zum Beispiel auch eine Auseinandersetzung mit verschiedenen Biografien und Positionierungen innerhalb jüdischer Communities.

Viele Jüdinnen*Juden in unseren Austausch-Workshops oder Workshops zur biografischen Arbeit beklagen die oft fehlende Sichtbarkeit und vor allem fehlende Räume und Ressourcen. Aufgrund von Außenzuschreibungen ist es für viele nicht möglich, sich selbstbestimmt mit ihrer jüdischen Identität auseinanderzusetzen, gerade wenn diese mit anderen Identitätsdimensionen verwoben ist. Sie sind nicht „nur" jüdisch, sondern z.B. auch queer, *of color*, migrantisiert, aus Arbeiter*innenfamilien, sind Menschen mit Behinderung oder sind chronisch krank. Oftmals werden diese Aspekte ihrer Identität nicht in Verbindung mit ihrer jüdischen Identität gesehen. Ein Beispiel ist etwa das Aufwachsen als arme Person, die mit antisemitischen Stereotypen von „reichen Juden" konfrontiert ist. Unsere Austauschräume bieten hier die Möglichkeit, über solche, vielleicht auch geteilten, Erfahrungen zu diskutieren. Ein besonderer Fokus unserer Arbeit ist somit die Frage nach innerjüdischen Verbindungen und Differenzen, nach unterschiedlichen diasporischen jüdischen Communities. Unsere Austauschräume stehen allen Jüdinnen*Juden offen, egal ob patrilinear oder matrilinear. Hier sehen wir gerade beim Einbezug von patrilinearen Jüdinnen*Juden von Seiten fester jüdischer Institutionen noch sehr viel Aufholbedarf.

Ganz konkret haben wir in den Jahren 2020 und 2021 in Kooperation mit Soziokultur NRW die Workshopreihe *DiasPower* organisiert, die zu gleichen Teilen aus antisemitismuskritischer Arbeit und Austauschräumen für Jüdinnen*Juden besteht. Im Sommer 2021 haben wir die Ausstellung „Diasporic Sorrow — zwischen Memes und Melancholie" kuratiert, die in den Schaufenstern des *atelier automatique* in Bochum gezeigt wurde. Hier haben wir — inspiriert von unseren eigenen jüdischen Biografien — Memes, textile Arbeiten, Gedichte und wissenschaftliche Texte ausgestellt, alle mit Bezügen zu Erfahrungen der jüdischen Diaspora. Hier war es uns besonders wichtig, mit diesen Themen in den öffentlichen Raum zu gehen und zu zeigen, dass jüdische Lebensrealitäten auch jenseits vom Geschichtsunterricht präsent sind. Sie finden in der Popkultur, im Internet und auch — wie unsere Ausstellung — mitten im Ruhrgebiet statt.

In der Theorie und Praxis unserer Bildungsinitiative ist Intersektionalität also ein wichtiges und nützliches Konzept, um Erfahrungen von mehrfachen Zugehörigkeiten zu fassen und einzubeziehen. Dazu zählen auch die vielfältigen Erfahrungen jüdischer Menschen, die mit dem Prisma der Intersektionalität sichtbar gemacht werden können. Jedoch wünschen wir uns von Aktivist*innen in intersektionalen Räumen auch mehr Selbstkritik — gerade was Antisemitismus angeht. Wir sehen das von uns konzipierte Bildungsangebot somit nur als den ersten Schritt einer langfristigen Auseinandersetzung mit Antisemitismus. Diese ist nicht einfach, gerade weil Antisemitismus in Deutschland, aber auch global, so sehr strukturell und institutionell verankert ist. Doch sie ist bitter nötig, damit der erst einmal banal scheinende Spruch *Include Jews in Your Activism!* irgendwann nicht mehr eine meist unerfüllte Forderung bleibt, sondern ganz selbstverständlich ist. Damit Jüdinnen*Juden auch im intersektionalen Aktivismus einen Platz finden und sich nicht mehr unsichtbar fühlen müssen.

Francis Seeck

Trans und nicht-binäre Für_Sorge

Geschlecht und Prekarität umsorgen

Fürsorge umfasst Tätigkeiten, mit denen andere Menschen umsorgt werden, z.B. Pflege, emotionale Unterstützung, Begleitung oder Betreuung. Sorgearbeit wird in unserer Gesellschaft wenig anerkannt, findet oft unbezahlt oder unterbezahlt statt und ist häufig unsichtbar (vgl. Winker). In öffentlichen Diskussionen um Care, Fürsorge und Sorgearbeit geht es häufig ausschließlich um Kinderbetreuung, die Pflege alter und kranker Menschen oder Hausarbeit. Wie Care jenseits heteronormativer Zweigeschlechtlichkeit entworfen wird, ist kein Thema und wurde bisher auch kaum untersucht (vgl. Appenroth/Castro Varela). Insbesondere Sorgearbeit, die in trans, nicht-binären und queeren Räumen geleistet wird und die über familiäre oder medizinische Fürsorge hinausweist, wird selten in den Blick genommen (vgl. Seeck/Dehler).

Im Rahmen meiner Dissertation *Care trans_formieren. Eine ethnographische Studie zu trans und nicht-binärer Sorgearbeit* wendete ich mich dieser Leerstelle zu. Die ethnographische Studie stellt Praktiken der Selbstsorge und Fürsorge, die trans und nicht-binäre Personen füreinander leisten, in den Mittelpunkt (Seeck, *Care trans_formieren*). Im Sinne einer *multi-sited ethnography* (Marcus) folgte ich meinen Forschungspartner*innen zwischen 2016 und 2018 in genderqueere Friseur*innensalons, Vereinsräume, Kliniken, an Küchentische, auf trans Tagungen und in Selbsthilfegruppen. Neben der beobachtenden Teilnahme (Wacquant) vor Ort führte ich dialogische Interviews mit 19 Aktivist*innen zu Sorgearbeit und Sorgepraktiken (vgl. Seeck *Care trans_formieren*). Einige von ihnen sind in trans Vereinen organisiert, andere haben ihren Schwerpunkt in der alltäglichen Unterstützungsarbeit. Solche kollektiven trans Care-Praktiken werden als Gegenentwürfe zu pathologisierenden cisnormativen medizinischen Strukturen aufgebaut (Spade).

Um das komplexe Verhältnis von Gender und Care fassen zu können, müssen auch Formen der Fürsorge, die über privatisierte Familienverantwortung und medizinische Versorgungskontexte hinausweisen, in den Blick genommen werden. In diesem Beitrag zeige ich zweierlei auf: erstens, wie Care jenseits von Zweigeschlechtlichkeit organisiert wird; zweitens, wie Fragen rund um trans* und queere Sorgearbeit mit solchen zu Prekarität, d. h. unsicheren Lebens- und Arbeitsverhältnissen, verbunden sind.

Trans und nicht-binäre Sorgearbeit als Forschungsfeld

Zwischen Herbst 2016 und Frühjahr 2018 begleitete und interviewte ich 19 trans und nicht-binäre Personen, die in Deutschland und der deutschsprachigen Schweiz Care-Räume aufbauen. Die Care-Praktiken, an denen sie beteiligt waren, sind äußert vielfältig. Dazu gehörte u.a., gemeinsam einen neuen Vornamen auszuprobieren oder eine Person zu Terminen zu begleiten, die es für eine amtliche Änderung des Vornamens oder des Personenstands braucht. Neben Sorgearbeit, die sich auf eine Transition bezog, ging es auch um Unterstützung bei Diskriminierung und Gewalt, sei es auf der Straße, im Büro, in der Universität oder im Jobcenter. Ich nahm teilnehmend beobachtend an diesen Praktiken teil, in Workshops, an Tagungen und bei Begleitungen. Die zentralen Fragen meiner Studie lauteten: Wie organisieren und entwerfen trans und nicht-binäre Personen Care jenseits heteronormativer Zweigeschlechtlichkeit? Welche (neuen) Formen von Care und Kollektivität werden entwickelt? Angelehnt an die feministischen Theoretiker_innen Berenice Fisher und Joan Tronto verwende ich eine breite Definition von Care. Fisher und Tronto verstehen Care als eine Aktivität, die alles einschließe, was notwendig sei, um unsere Lebenswelt so zu erhalten oder zu verbessern, dass wir gut in ihr leben könnten (Tronto/Fisher 40).

Bisherige Forschungen zu trans Care beschränken sich größtenteils auf den medizinischen Kontext (vgl. Appenroth/Castro Varela). Daneben gibt es einige Studien aus dem englischsprachigen Raum zu transitionsbezogener Sorgearbeit in romantischen Beziehungen (Pfeffer; Ward). Darin wird allerdings transnormativ nur ein kleiner Ausschnitt trans und nicht-binärer Care-Erfahrungen erfasst: nämlich die Erfahrungen jener, die eine körperliche und rechtliche Transition anstreben und denen eine solche zugänglich ist.[1] Dazu kommt, dass vor allem Paarbeziehungen zwischen trans Männern und cis Frauen beforscht wurden, während andere Beziehungen nicht berücksichtigt wurden (vgl. Seeck, *Care trans_formieren* 24). Auf dieser empirischen

1 Das Konzept Transnormativität verweist auf Normen innerhalb von trans Räumen und dabei auf die Verinnerlichung des medizinischen Modells von trans (vgl. Seeck, *Care trans_formieren* 137).

Basis kommen Carla Pfeffer und Jane Ward zu dem Ergebnis, dass cis Frauen Sorgearbeit für trans Männer übernähmen und in diesen Sorgebeziehungen ausbeuten würden — ganz im Sinne einer Feminisierung von Care (Pfeffer; Ward).[2] Zu fragen ist allerdings, ob sich der Befund von der Feminisierung von Care in trans Beziehungen aufrechterhalten ließe, wenn diversere Care-Konstellationen Berücksichtigung gefunden hätten. Dass trans Sorgearbeit zwischen trans Personen, jenseits von Paarbeziehungen und in anderen Geschlechterkonstellationen ausgeklammert blieben, befördert essentialistische Analysen zu Gender und Care (vgl. Seeck, *Care trans_formieren* 25).

Meine eigene Studie schließt trans und nicht-binäre Fürsorge ein, die jenseits von Transitionen und jenseits von Paarbeziehungen geleistet wird. Die Formen der Sorgearbeit, denen ich begegnet bin, ermöglichen, sich mit eigenen geschlechtlichen Zuweisungen auseinanderzusetzen und andere geschlechtliche Möglichkeiten auszuprobieren. Zudem stoßen sie eine Kollektivierung von Sorgearbeit jenseits von Klein- und Paarbeziehung an und weisen über familiäre und medizinische Versorgungskontexte hinaus.

Sorgende Ethnographie als Methode

Wie lässt sich Care methodisch denken und anwenden? Diese Frage war grundlegend für meine Forschung. Methodisch arbeitete ich mit der Reflexiven Grounded Theory (Breuer) und erweiterte sie um eine reflexive Auseinandersetzung mit Geschlechterarbeit im Forschungsprozess. Ich entwickelte die Forschungsstrategie der Sorgenden Ethnographie. Eine Sorgende Ethnographie ermöglicht es, Praktiken der Für- und Selbstsorge als zentrale Bestandteile ethnographischer Forschung produktiv zu machen. Sie nimmt Machtdynamiken im Forschungsprozess in den Blick: Wer profitiert von der jeweiligen Forschung und für wen ist sie zugänglich? Wie wird Geschlecht im Forschungsprozess interaktiv hergestellt? Wie kann geschlechtliche Selbstbestimmung forschend umsorgt werden? Eine machtkritische Haltung ist besonders bei der Forschung in marginalisierten Communitys wichtig,

2 Geschlechterforscher*innen weisen darauf hin, dass Sorgearbeit mehrheitlich von Frauen geleistet wird, oft unsichtbar ist und gesellschaftlich abgewertet (vgl. Thelen, 25).

die historisch nur Forschungsobjekte waren, denen aber der Zugang zu wissenschaftlichen Institutionen verschlossen blieb. Machtungleichgewichten versuchte ich mit Prinzipien engagierter und kollaborativer Forschung entgegenzuwirken. Zudem ermöglichte ich meinen Interviewpartner*innen maximale Entscheidungsmacht, was Anonymisierung, Namens- und Pronomenwahl betraf.

Bereits vor Beginn meiner eigentlichen Forschung hatte ich Aktivist*innen getroffen, um mit ihnen mein Forschungsvorhaben zu diskutieren. Ich befragte alle Interviewpartner*innen dazu, welche Erfahrungen sie mit Forscher*innen gemacht hatten und welche Forschungsfragen sie relevant finden — und berücksichtigte dies in meinem Forschungsdesign. Eine Interviewpartnerin sagte beispielsweise:

> Außerdem fände ich es gut — das machst du ja schon —, wenn man auf trans Leute eingeht, partizipative Forschung macht und die Ergebnisse mit der Community teilt. Meistens verschwinden die verschiedenen BA, MA und Dokotorarbeiten, werden an der Uni abgegeben und man hört nie wieder etwas von seinem Interview. (Seeck, *Care trans_formieren* 65-66)

Mit einigen Interviewpartner*innen entstand eine engere Zusammenarbeit, z.B. in Form gemeinsamer Workshops zu Care. Diese boten ihrerseits Räume der Kollektivierung und zugleich eine Möglichkeit, Wissen in die beforschten Zusammenhänge zurückzugeben. Auf der anderen Seite waren der Zusammenarbeit auf Augenhöhe Grenzen gesetzt. So konnte der finale Text (als akademische Qualifizierungsarbeit) nicht als gemeinsamer verfasst und veröffentlicht werden. Immer wieder stellte sich für mich die Frage, wann Kollaboration zu Ausbeutung wird. Am Ende meiner Ethnographie räume ich einzelnen Geschichten und Porträts der Interviewpartner*innen großen Platz ein, statt sie — wie üblich —, im Textaufbau zu zerstückeln oder hinter Theoretisierungen verschwinden zu lassen.

Geschlechtliche Zusammen_Arbeit

Wie hängen Geschlecht und Sorgeverhältnisse zusammen? Ausgehend von meiner Studie *Care trans_formieren* argumentiere ich: Geschlecht wird interaktiv in sorgenden Beziehungen hergestellt und ist von Sorgearbeit abhängig. Um diesen Prozess sichtbar zu machen, habe ich das Konzept der geschlechtlichen Zusammen_Arbeit entwickelt, angelehnt an den Begriff „gender labor" von Jane Ward. Ward fasst unter Geschlechterarbeit die kollektive Arbeit, die notwendig ist, um marginalisierte geschlechtliche Subjektivitäten anzuerkennen und interaktiv herzustellen.

> Focusing on gender labor draws attention to the collective work that produces and sustains gender. Though we already know that genders exist inside an interdependent gender system, little attention has been given to the laborious quality of reproducing other people's genders in daily life, and we remain without a clear mapping of the training, skills, duties, and specific efforts that various genders require. (Ward 251)

Daran anknüpfend verstehe ich unter geschlechtlicher Zusammen_Arbeit jene Sorge-Arbeit, die es braucht, um geschlechtliche Selbstbestimmung zu ermöglichen. Anders als von Jane Ward nahegelegt, komme ich in meiner Forschung zu dem Ergebnis, dass diese Arbeit nicht nur von cis-geschlechtlichen Verbündeten ausgeht, sondern dass sie auch in trans Räumen füreinander geleistet wird.

Für meine Interviewpartner*innen Sasha und Jovin war ihre Freund_innenschaft und die darin geleistete Fürsorge eine ganz zentrale Unterstützung beim inneren und äußeren Coming-out als nichtbinär trans. Sasha erzählt:

> Unsere Freund_innenschaft ist enger geworden. Uns haben ähnliche Fragen umgetrieben, Auseinandersetzungen mit Geschlecht und Geschlechtsidentität. Wir haben viele Abende zusammen verbracht, am Wochenende, Jovin nennt sie Küchenabende. Sie stehen dafür, die ganze Nacht lang in der Küche zu sitzen, zu rauchen und geistig Dinge zu sezieren. Diese Freund_innenschaft — für mich hat sie fest ihren Anfang in dieser Zeit genommen, wo wir gemeinsam, und doch jede Person für sich, exploriert haben, was unsere Geschlechtsidentität anbelangt, das immer zusammen ausdiskutiert haben. (Seeck, *Care trans_formieren* 147)

In „klassischen trans Selbsthilfegruppen" hätten sie oft Angst gehabt, etwas zu sagen, so erklärt Sasha weiter. Die Küchenabende seien ein Raum gewesen, um gemeinsam zu lernen. Das Miteinander-Sprechen sei essenziell gewesen: gemeinsam denken mit dem Ziel, woanders hinzukommen. Es sei um das Denken auf Umwegen gegangen. „Weil wir durch das Sprechen miteinander denken" (147). Hier wird nachvollziehbar, wie Geschlecht in einem relationalen und kollektiven Prozess hergestellt wird und dass insbesondere marginalisierte Geschlechtsidentitäten von Sorgearbeit abhängig sind.

Trans Care und Klasse

Klasse wurde zu einer zentralen Kategorie meiner Studie. Bei meiner Forschung wurde rasch deutlich, dass viele trans Care-Praktiken meiner Interviewpartner*innen unmittelbar mit prekären Lebens- und Arbeitsverhältnissen verbunden sind. Die meisten lebten in materieller Armut und bezogen Arbeitslosengeld 2 oder ähnliche Sozialleistungen. Ein Großteil der Sorgearbeit fand unter prekären Umständen statt und war gleichzeitig ein Versuch, damit umzugehen.

Die feministische Gruppe *Precarias a la Deriva* beschreibt Prekarität als eine Verbindung materieller und symbolischer unsicherer Bedingungen, als eine Unsicherheit „in Bezug auf einen nachhaltigen Zugang zu jenen materiellen und immateriellen Ressourcen, die für die volle Lebensentfaltung eines Subjektes grundlegend sind" (a la Deriva 45). Daran anknüpfend verwende ich in meiner Studie ein Konzept von Prekarität, das über unsichere Lohnarbeitsverhältnisse hinausgeht. Zugleich zeige ich die Leerstellen dieses und ähnlicher Perkaritätskonzepte auf, insofern sie die spezifischen trans Prekarisierungerfahrungen nicht oder kaum in den Blick nehmen.

Die Klassenposition prägt den Zugang zu Sorgearbeit sowie die Verteilung von Sorgearbeit zwischen trans Personen. So begleitet meine Interviewpartnerin Michelle mehrmals jährlich wohlhabende trans Frauen zu geschlechtsangleichenden Operationen nach Thailand. Sie beschreibt ihre Arbeit folgendermaßen:

> Gerade für trans Menschen, die über kein sozial intaktes Umfeld verfügen, für die ist es schwierig, eine Begleitperson zu finden. Und

> da spring ich dann ein, wenn der Bedarf gegeben ist, und begleite die Person, mit einer Vorbereitung: was man packen muss, was einen kulturell erwartet, wie der Ablauf ist, wie die verschiedenen Heilungsphasen verlaufen. Und vor Ort wohne ich dann im gleichen Hotel, mache Besuche im Spital, begleite zu Voruntersuchungen, mache Übersetzungen und danach die Nachbereitung: im Sinne von Ausflügen oder einfach nur Händchen halten, zuhören, was gerade der Bedarf ist — bis wieder zurück in die Schweiz. Aber dann endet auch meine Aufgabe wieder. (Seeck, *Care trans_formieren* 90)

Michelle füllt Versorgungslücken, gibt transitionsbezogenes Wissen weiter und leistet Sorgearbeit für andere trans Personen. Für diese umfangreiche Sorgearbeit erhält sie lediglich ein Taschengeld. Trans Personen mit viel ökonomischem Kapital haben die Möglichkeit, private Dienstleistungen oder eine bessere Versorgung zu kaufen. In solchen trans Care-Ökonomien entwickeln sich fluide und temporäre Sorgebeziehungen zwischen ärmeren und wohlhabenden trans Personen (vgl. Seeck, *Care trans_formieren* 94).

Neben trans Prekarität wurde Klassismus zu einer zentralen Analysekategorie meiner Studie. Klassismus beschreibt die Diskriminierung, Marginalisierung und Ausgrenzung aufgrund von Klassenherkunft oder Klassenzugehörigkeit (u. a. Meulenbelt; Kemper/Weinbach; Roßhart; Seeck/Theißl). Er richtet sich gegen Menschen aus der Armuts- oder Arbeiter*innenklasse, z.B. gegen einkommensarme, erwerbslose oder wohnungslose Menschen oder gegen Arbeiter*innenkinder. Klassismus hat konkrete Auswirkungen auf die Lebenserwartung und begrenzt den Zugang zu Wohnraum, Bildungsabschlüssen, Gesundheitsversorgung, Macht, Teilhabe, Anerkennung und Geld (Seeck, „Häh, was heißt denn Klassismus?"). Klassismus und Feindlichkeit gegenüber trans Menschen verschränken sich: etwa, wenn erwerbslose trans Personen im Begutachtungsprozess aufgrund von Klassismus benachteiligt werden oder wenn sie im Jobcenter in ihrer geschlechtlichen Identität nicht anerkannt werden.

Klassismus findet sich auch in trans und nicht-binären Räumen. Trans Personen, die keine akademischen Abschlüsse haben, werden marginalisiert und erfahren Ausgrenzung. Das passiert oft subtil, z.B. durch bestimmte Sprachcodes, die Verwendung akademischer

Begriffe und kulturelle Ausgrenzung. Madeleine, die selbst erwerbslos ist, berichtet über Ausschlüsse erwerbsloser trans Personen in der Community. Sie betont: „Unter trans Leuten ist es so, dass viele stark das Bedürfnis haben, sich beruflich zu beweisen. Weil sie damit sagen: ‚Wir sind nicht schwach. Wir können was schaffen'". (Seeck, *Care trans_formieren* 84).

Selbstsorgende Für_Sorge

Die Grenzen zwischen bezahlter und unbezahlter Sorgearbeit, zwischen Für_Sorge und Selbstsorge, zwischen umsorgt werden und umsorgen, zwischen bezahlter und unbezahlter Sorgearbeit werden kontinuierlich neu ausgehandelt. Dies wird etwa im Interview mit Hank, die in Berlin den queeren Friseursalon *Butch Cut* aufgebaut hat, deutlich. Hank beschreibt ihre Arbeit folgendermaßen:

> Statt vorgefertigte stereotype Genderbilder zu übernehmen, werden neue konstruiert. [...] Deswegen will ich Leute nicht hetzen; ich will den Raum geben, zu überlegen, den Raum, Unsicherheit zum Ausdruck zu bringen, sodass wir zusammen überlegen, was sie für eine Frisur haben wollen, sodass diese Unsicherheit umgewandelt wird in ein Erlebnis des Wissens, was ich möchte und wie ich mich gut fühle damit, wie ich aussehe. Das ist für Leute, die sich nicht in ein binäres Gendersystem einordnen können oder wollen, oft wirklich eine lebensverändernde Erfahrung. (Seeck, *Care trans_formieren* 106)

Hank verortet *Butch Cut* in einem Raum zwischen Selbstheilung und kollektiver Fürsorge. Als sie das Projekt ins Leben rief, befand sie sich gerade in einer Krise. Sie erzählt:

> Es war für mich nie einfach, einen Job zu finden. – Dann in der Situation zu sein, dass Leute meine Dienste unbedingt haben wollen, ist natürlich interessant. Insofern ist es im Zusammenspiel entstanden: Ich habe gemerkt, das kann ich gerade machen, viele andere Sachen kann ich nicht machen, weil es mir mental nicht gut geht; weil es mir aber mental nicht gut geht, bin ich sensibel dafür, wie es anderen Leuten geht. Ich habe oft intime Gespräche geführt, wor-

> auf sich die meisten Leute gerne eingelassen haben. Viele waren aber erst mal verwundert, weil man normalerweise beim Friseur nicht über so intime Sachen redet: über Mental Health, Beziehungsprobleme und solche Geschichten. Das war interessant, weil das nämlich mir in meinem Healing-Prozess, also bei der Stabilisierung meiner Situation, geholfen hat, aber auch den Leuten, denen ich die Haare geschnitten habe. Die sind wiedergekommen oder haben mir ihre Freund_innen geschickt. Fanden es wohl gut und nicht grenzüberschreitend, sondern angemessen. Es gab einen Bedarf, und durch das Tun und durch diese Wechselwirkung habe ich im Laufe der Wochen und Monate immer mehr geschnallt, dass es viel sowohl mit Selbstheilung als auch mit einem Fürsorgemodell für andere Leute zu tun hat. (Seeck, *Care trans_formieren* 106)

In Hanks Barbershop findet eine kollektive Auseinandersetzung mit Zweigeschlechtlichkeit statt, zusammen mit ihren Kund_innen entwirft Hank alternative Möglichkeiten, in der Welt zu sein. Hank macht darauf aufmerksam, dass die Beschäftigung mit den eigenen Haaren und mit eingeübten Körperbewegungen sowie diesbezügliche Veränderungen eine Überlebenspraxis sein können, um zweigeschlechtlicher Gewalt zu entgehen und sich mit der eigenen geschlechtlichen Verortung zu befassen. Bei *Butch Cut* sind Auseinandersetzungen mit der eigenen Identität und Überlebensstrategien untrennbar verbunden (vgl. Seeck, *Care trans_formieren* 108).

Auch Verflechtungen von Selbst- und Fürsorge im Feld trans und nicht-binärer Sorge wurden in meiner Studie deutlich, dafür prägte ich das Konzept der selbstsorgenden Fürsorge. Viele trans und nichtbinäre Sorgearbeiter*innen betonen, dass zumindest zu Beginn ihrer Care-Tätigkeiten ein ausgeglichenes Verhältnis zwischen Fürsorge und Selbstsorge bestanden habe. Indem sie Fürsorge anboten, konnten sie eigene Krisen verarbeiten, sich aus ihrer Isolation befreien, Anerkennung erfahren und/oder sich Wissen aneignen. Oft veränderte sich dieses Verhältnis mit der Zeit, dann wurde die eigene ehrenamtliche oder zu gering entlohnte Sorgearbeit als einseitig empfunden oder sogar als Ausbeutung. In diesem Fall strebten meine Interviewpartner*innen eine Professionalisierung ihrer Sorgearbeit an, oft mit dem Ziel, als Care-Arbeiter*innen andere ehrenamtliche oder prekär bezahlte trans und nicht-binäre Aktivist*innen zu unterstützen.

Care trans_formieren!

Ich beendete die Studie im August 2020, also inmitten der Corona-Pandemie. Angesichts der Pandemie werden die Themen Care und soziale Ungleichheit aktuell breit in der Öffentlichkeit diskutiert. Dadurch eröffnen sich Möglichkeiten, Care anders zu denken und Sorgeverhältnisse zu transformieren. Trans und nicht-binäre Sorgearbeit ist nicht nur Ausdruck einer normativ zweigeschlechtlichen Gesellschaft, die es zu verändern gilt. Zugleich bietet sie einen Ausblick auf ein sorgendes Miteinander und auf innovative Formen der Organisierung von Care. In Zukunft sollten die Effekte der Corona-Pandemie auf trans und nicht-binäre Sorgeverhältnisse in den Blick genommen werden. Viele trans und nicht-binäre Personen bekommen die ökonomischen Folgen der Pandemie verstärkt zu spüren. Für jene, die bereits sozial isoliert waren, verschärft sich die Situation, da viele Community-Räume momentan nicht zugänglich sind.

Meine Studie zeigt Leerstellen in Prekaritäts- und Klassentheorien auf, denn trans und nicht-binäre Perspektiven werfen andere Fragen dazu auf. Die von mir entwickelten Konzepte und Methoden der geschlechtlichen Zusammenarbeit, der Sorgenden Ethnographie und der trans Prekarität können wichtige Impulse zu aktuellen Debatten zu Klasse und Care liefern. In der feministischen und queeren Care-Forschung gilt es, geschlechtliche Vielfalt und die Kategorie Klasse stärker mitzudenken. Ausgehend von den Ergebnissen meiner Studie plädiere ich dafür, Care nicht als binär vergeschlechtlicht zu verstehen, die These der Feminisierung von Care im Kontext von trans Care zu hinterfragen . Denn im Kontext von trans und nicht-binärer Fürsorge hängt die Frage, wer Sorgearbeit leistet, vor allem davon ab, wer sich ein entsprechendes Geschlechterwissen angeeignet hat und es weitergeben kann und wer aufgrund der eigenen Klassenposition auf eine informelle Arbeit im Care-Bereich angewiesen ist.

Bibliografie

Appenroth, Max Nicolai und María do Mar Castro Varela, Hrsg. *Trans & Care: Trans Personen zwischen Selbstsorge, Fürsorge und Versorgung*. Bielefeld: Transcript, 2019.

Breuer, Franz. *Reflexive Grounded Theory. Eine Einführung für die Forschungspraxis*. Wiesbaden: Springer VS, 2009.

Kemper, Andreas und Heike Weinbach. *Klassismus: Eine Einführung*. Münster: Unrast, 2009.

Marcus, George E. „Collaborative Options and Pedagogical Experiment in Anthropological Research on Experts and Policy Processes". *Anthropology in Action. Journal for Applied Anthropology in Policy and Practice*. 15(2): 2008. 47-57.

Meulenbelt, Anja. *Scheidelinien: Über Sexismus, Rassismus und Klassismus*. Reinbek bei Hamburg: Rowohlt, 1988.

Pfeffer, Carla A. „Women's work? Women Partners of Transgender Men Doing Housework and Emotion Work". *Journal of Marriage and Family* 72(1): 2010. 165-183.

Precarias a la Deriva. *Was ist dein Streik. Militante Streifzüge durch die Kreisläufe der Prekarität*. Wien und Berlin: Turia + Kant, 2011.

Roßhart, Julia. *Klassenunterschiede im feministischen Bewegungsalltag: Antiklassistische Interventionen in der Frauen- und Lesbenbewegung der 80er und 90er Jahre in der BRD*. Berlin: w_orten & meer, 2016.

Seeck, Francis und Sannik Ben Dehler. „Trans Communities of Care — Eine kollaborative Reflektion von kollektiven trans Care Praktiken". *Trans & Care. Trans Personen zwischen Selbstsorge, Fürsorge und Versorgung*. Hrsg. Max Nicolai Appenroth und María do Mar Castro Varela. Bielefeld: Transcript, 2019. 255–270.

Seeck, Francis und Brigitte Theißl, Hrsg. *Solidarisch gegen Klassismus: Organisieren, intervenieren, umverteilen*. Münster: Unrast, 2020.

Seeck, Francis. „Häh, was heißt denn Klassismus?" *Solidarisch gegen Klassismus. Organisieren, intervenieren, umverteilen*. Hrsg. Francis Seeck und Brigitte Theißl. Münster: Unrast, 2020.

Seeck, Francis. *Care trans_formieren. Eine ethnographische Studie zu trans und nicht-binärer Sorgearbeit*. Bielefeld: Transcript, 2021.

Spade, Dean. *Normal Life: Administrative Violence, Critical Trans Politics, and the Limits of Law*. Brooklyn: South End, 2011.

Thelen, Tatjana. *Care/Sorge: Konstruktion, Reproduktion und Auflösung bedeutsamer Bindungen*. Bielefeld: Transcript, 2014.

Tronto, Joan C. und Berenice Fisher. „Toward a Feminist Theory of Caring". *Circles of Care. Work and Identity in Women's Lives.* Hrsg. Emily K. Abel und Margaret K. Nelson. Albany: SUNY Press, 1990. 36-54.

Ward, Jane. „Gender Labor: Transmen, Femmes, and the Collective Work of Transgression". *Sexualities* 13(2): 2010. 236-254.

Weston, Kath. *Families We Choose. Lesbians, Gays, Kinship.* New York: Columbia University Press, 1997.

Wacquant, Loïc. *Leben für den Ring: Boxen im amerikanischen Ghetto.* Konstanz: UVK, 2003.

Winker, Gabriele. *Care Revolution: Schritte in eine solidarische Gesellschaft.* Bielefeld: Transcript, 2015.

Richard Dyer

Zur Verteidigung von Disco

mit einer persönlichen Einführung von Hans Nieswandt

Hans Nieswandt: Disco als Avantgarde gesellschaftlicher Utopien

Wie für jedes andere westdeutsche Kind meiner Generation war „Disco" auch für mich zunächst weder eine bestimmte Musik noch ein spezieller Ort, sondern ganz einfach der Name einer Fernsehsendung.

Und während sich Disco in den USA Anfang der 70er Jahre als neue Musikrichtung und soziokulturelles Phänomen im Zuge verschiedener, graduell erfolgreicher, gesellschaftlicher Befreiungsbemühungen organisch entwickelt hatte – namentlich der schwarzen Bürgerrechtsbewegung, der Schwulenbewegung, aber auch der Hippiebewegung – und damit vor allem in den ersten Jahren, also vor der großen Kommerzialisierung, als ausgedehnte Siegesparty der frisch Befreiten gedeutet werden konnte, erreichte Disco Deutschland nur als eine weitere Form kommerzieller, US-amerikanischer Pop-Musik, nicht zuletzt durch eben diese Fernsehsendung – Ilja Richters *Disco* gab es ja schon ab 1971, der Musikstil wurde in den USA dagegen erst ab etwa 1974 so genannt.

In der BRD gab es in den 70er Jahren so gut wie keine populäre „Black Culture", wie sie sich in den USA vor dem entsprechenden historischen Hintergrund entwickelt hatte. Ähnliches galt für „Gay Culture", die bis mindestens Mitte der 80er Jahre mehr oder weniger unter dem mehrheitsgesellschaftlichen Radar flog. Zwar erwähnt Klaus Nathaus in seiner lesenswerten Untersuchung „‚Moderne Tanzmusik' für die Mitte der Gesellschaft: Diskotheken und Diskjockeys in Westdeutschland, 1960 bis 1978" schockierte Berichte aus Bielefelder Behördenkreisen über sich küssende Männer in sogenannten Beat Schuppen (159), in meiner damaligen, kleinstädtischen Bodensee-Wahrnehmung schien mir Gay Liberation aber vor allem ein Teil der stark discokritischen und im Vergleich zu den USA weit weniger hedonistischen Hippie- und Alternativszene zu sein, mit Initiativen wie dem SSOS (Schwules Schwungrad Oberschwaben) oder der Theatergruppe Brühwarm. Sonst wäre es im deutschen Mainstream vermutlich früher irgendjemand aufgefallen, dass es sich bei den Village People um mehr als nur ein paar verkleidete Spaßvögel handelte.

In der so naiven wie steifen BRD kamen im Wesentlichen also nur die großen, eher poppigen Disco-Hits aus den USA an, es gab noch lange keine DJ-Kultur im heutigen Sinne, kaum geschmacksbildende DJs, die für eine spezifisch verschworene Community Disco als Hochamt zelebriert hätten. Zwar war die BRD durchaus führend in der Entstehung von Discotheken gewesen – schon 1960 eröffneten die ersten in Städten wie Aachen oder Bielefeld. Diese Entwicklung hatte jedoch nichts mit irgendwelchen Subkulturen oder Befreiungsbewegungen zu tun, sondern – Nathaus folgend – vor allem mit der schwachen Position deutscher Musikergewerkschaften, die es so genannten Tanzbars – gepflegte Unterhaltungsorte für die durchaus etwas ältere Mittelschicht – schon früh ermöglichte, Tanz-Kapellen auszumustern und stattdessen DiscJockeys zu beschäftigen. Diese DJs, eigentlich eher Alleinunterhalter und Ansager, organisierten sich schon Mitte der 60er Jahre, allerdings nicht als gewerkschaftliche oder gar subkulturelle Kraft, sondern eher als Lobby im Dunstkreis der aufstrebenden deutschsprachigen Musikindustrie, sprich: dem Schlagermarkt. Die erste Generation der bekannten deutschen Schlagerstars der frühen 70er Jahre – Adam & Eve, Maffay, Carpendale etc. – kommt aus diesem eher spießigen Tanzbar-Kontext; und auch der neue Disco-Stil und seine deutschen Protagonisten, zu nennen wäre hier wohl an erster Stelle der ehemalige DJ Frank Farian und sein Projekt Boney M, knüpften umstandslos daran an. Daher gab es für Disco auch praktisch keine Anschlussfähigkeit nach links, in spezielle Subkulturen hinein, keinen Disco-Underground. Unter Disco wurde in der BRD vor allem das verstanden, was in dem Film *Saturday Night Fever* zu sehen war, und was aus der Perspektive der frühen amerikanischen Disco-Pioniere ja bereits eine Art Ende von Disco durch Weißwaschung, Heterofizierung und besinnungslose kommerzielle Ausbeutung bedeutete – schon zwei Jahre bevor die berühmt-berüchtigte „Disco Sucks"-Kampagne und die sogenannte „Disco Demolition Night" eines rassistischen, homophoben Rock-Mobs in Chicago 1979 Disco den Rest gab.

In Deutschland begleitete Disco also höchstens in milder Form die (heterosexuelle) Liberalisierung der 70er Jahre, die sogenannte „Sexwelle", ansonsten wurden auch objektiv großartige und in der US-Gay-Disco-Szene extrem erfolgreiche Acts wie Silver Convention vor allem als Fortsetzung von Schlagern mit anderen Mitteln denunziert. Disco galt als Plastik-Musik, als billige Wegwerf-Ware. Disco war dumm. Disco wurde mit Maschinen gemacht oder zumindest von Menschen, die angeblich wie Maschinen spielten. Drummer trommelten zum Klicktrack und dann auch noch ohne Synkopen! Praktiken, die bis heute in akademischen Jazzkreisen aber auch unter Rockfans absoluten Horror und Abscheu erzeugen, ein gerader Beat wird dort nach wie vor unter keinen Umständen als hypnotisch und pulsierend, sondern stets als stumpf und primitiv empfunden. Disco-Interpret*innen (wenn man von den großen afrikanisch-amerikanischen Diven absieht) waren durch Soundeffekte aufgeblasene Marionetten ihrer ausschließlich männlichen Produzenten, Disco war künstlich und unecht, und das ist und bleibt wohl der schlimmste Vorwurf, den man in bestimmten Zirkeln einer Musik machen kann: künstlich zu sein und nicht authentisch. Aus heutiger Sicht ein recht bizarrer Vorwurf, betrachtet man die zeitgleich erschienenen ultrakünstlichen Studio-Bombastwerke der großen Progressive Rock Bands, die allerdings erhabenen symphonischen Wert für sich reklamierten, mit großer Virtuosität bei hohem Schwierigkeitsgrad und ungeraden Taktzahlen. Disco war in jeder Hinsicht nichts, was einer linken Musikkritik auch nur ansatzweise hätte imponieren können. Als ich mit etwa 15 Jahren begann, progressive Musikzeitschriften wie die Hamburger *Sounds* zu lesen, wurde Disco (und auch fast vollumfänglich Black Music per se) dort nicht weiter thematisiert oder diskutiert, nicht mal abgelehnt. Disco wurde schlicht ignoriert.

Disco tauchte in Deutschland in einem subkulturell akzeptablen Zusammenhang erst nach dem großen Backlash von 1979 auf, als Post-Disco, die jetzt wieder Dance Music hieß. De facto und im Prinzip war aber auch Post-Disco natürlich immer noch Disco, nun aber befreit von den kommerziellen Albernheiten und Erwartungen und aufgefächert in eine Vielzahl von Facetten, die die Verbindungen mit anderen modernen Musikformen erzeugt hatte: Elektronik, New Wave, Post-Punk, Hip Hop usw. Mitte bis Ende der 80er Jahre entstand aus der Asche der ursprünglichen Disco zunächst Hi-Energy, kurz darauf die immer noch dominierenden Stile House und Techno. Als mit dem Siegeszug des digitalen Samplings unzählige, in Deutschland oft unbekannte, Discostücke zu neuen Housetracks verarbeitet wurden, offenbarte sich schließlich die tatsächliche Tiefe von Disco, wurde deutlich, dass Disco der nicht nur musikalische, sondern auch soziale Quellcode war für die neuen, die Zukunft prägenden Stile und Orte.

Heute ist Disco wie kaum eine andere Musikrichtung in großem Stil rehabilitiert, bis in die kleinsten Verästelungen seiner Geschichte archäologisch erforscht, und es herrscht Konsens über Disco als eminent wichtige und hervorragende Musik – sicherlich nicht in der Breite der Bevölkerung, aber doch immerhin in bedeutenden Kreisen linker Pop-Kritik. Und dies hängt unmittelbar damit zusammen, dass – mit solider Verspätung – erkannt wurde, dass die frühe, die „eigentliche" Geschichte von Disco eine heroische Geschichte gesellschaftlicher Emanzipationen ist, dass Disco erst im weiteren Verlauf vom Mainstream zunächst geschluckt, ausgesaugt und schließlich zum Glück wieder ausgespuckt wurde, in einem besseren Zustand als zuvor. Die Bücher von Autor*innen wie Tim Lawrence, Alice Echols, Peter Shapiro, die ab etwa 2003 erschienen, haben für diese Rehabilitierung hervorragende Dienste geleistet. Am Anfang all dieser Texte und mit einem Vorsprung von über zwanzig Jahren stand aber Richard Dyers legendärer Essay „In Defense of Disco".

Als ich in der Morgendämmerung der 90er Jahre des letzten Jahrhunderts von Hamburg nach Köln umzog, um dort meine neue Stelle als Redakteur des Musikmagazins *Spex* anzutreten, hatten mich die popkulturellen Umwälzungen der späten 80er Jahre voll erfasst und mitgerissen. Mich interessierten praktisch nur noch House Music und ihre Disco-Historie, vor allem als DJ und angehender Produzent; aber auch als *Spex*-Autor wollte ich eigentlich nur noch über die neuesten Formen und Entwicklungen dieser Dance Music schreiben. Das war zwar ein wenig quer zu den traditionellen Themen des Hefts, vor allem auch zum Geschmack großer Teile der eher Indie-Musik-orientierten Leser*innenschaft und den Produkten der Anzeigenkunden aus dem alternativen Pop-Sektor. Aber in der Redaktion gab es trotzdem guten Rückhalt für meine Positionen und eine allgemein geteilte Auffassung, dass es sich bei House Music aber auch bei Techno und vor allem Hip Hop und letztlich bei allen DJ-affinen Musikrichtungen um ein die weitere Zukunft massiv prägendes Phänomen handelte, dem die *Spex* unbedingt Rechnung tragen musste. Dance Music war ein kulturelles Feld, das es zu besetzen und zu deuten galt.

Ähnlich wie Reggae war der relevante Hip Hop dieser Ära, Public Enemy, A Tribe Called Quest usw. ziemlich umstandslos an alternativ und subkulturell definierte Kontexte anschlussfähig. Das galt auch für harten Techno aus Berlin, Belgien und Detroit mit seiner Dark-Wave-Traditionslinie, die sich für viele Leser*innen leicht erschlossen. Für funky House Music hingegen, mit ihren Wurzeln in vornehmlich afroamerikanischer, vorwiegend schwuler Discokultur, gab es in Deutschland noch so gut wie keine Biotope, in denen man sie erleben und zelebrieren konnte. Ich hatte als junger Musikjournalist das große Glück, derartige Biotope in New York und anderen Zentren der Bewegung zu besuchen, die DJs zu hören, die Tänzer*innen zu sehen. Das war für mich eine unglaublich inspirierende Erfahrung, mit der ich als DJ und Autor nun intensiv arbeitete.

Dabei scherte ich mich immer weniger um die Geschmackskonventionen der von mir nun als konservativ empfundenen Indie-Welt und feierte bald auch solche Piano-prallen, extrem Disco-mäßigen und herrlich oberflächlichen Stile wie Italo House. Schließlich beschloss ich sogar, mich auf den Weg nach Rimini zu machen, um dort für eine *Spex*-Reportage über die dortigen Clubs und Szenen zu recherchieren. Dabei war mir gar nicht so richtig klar, was ich an Italo House – der Musik, der Szene, der Idee – eigentlich so toll fand. Ich liebte es, aber ich konnte diese Liebe nicht wirklich erklären.

Wenige Tage vor meiner Abreise empfahl mir Diedrich Diederichsen, mal einen Blick in das Buch *On Record: Rock, Pop and the Written Word* zu werfen, eine von dem britischen Musikwissenschaftler Simon Frith und Andrew Goodwin herausgegebene Anthologie; es gäbe da diesen Text „In Defense Of Disco" von einem gewissen Richard Dyer zu lesen, da würde mir einiges klar werden.

Seit damals habe ich diesen Text unzählige Male wiedergelesen, zunächst, um die darin vorgebrachten, bestechenden Pro-Disco-Argumente zu verinnerlichen, später immer mal wieder einfach aus Freude an der Schönheit dieses Essays, fast wie eine heilige Schrift. Es handelt sich dabei, kurz gesagt, um ein Plädoyer für Disco Music aus der Perspektive eines schwulen Marxisten. Erstmals erschien der Text im englischen Magazin *Gay Left* und zwar 1979, ausgerechnet im Jahr der großen Disco-Demolierung.

Tatsächlich ist der Text heute aktueller denn je, mal abgesehen von den darin erwähnten musikalischen Beispielen. Selten zuvor war die Clubkultur als Spannungsfeld sexueller Identitäten, als Verhandlungsort von diversen Ansprüchen – divers hier nicht im Sinne von „allen möglichen", sondern im Sinne aktueller Diversitätsfragen – so politisiert wie zu Beginn der 20. Jahre des 21. Jahrhunderts, ungefähr 40 Jahre, nachdem Richard Dyer seinen Text verfasst hat, der nun endlich erstmals in deutscher Übersetzung erscheint, um weiterhin ein wertvoller Beitrag in einer Debatte zu sein, die noch lange nicht am Ende ist.

Rimini sah ich nach der Lektüre natürlich mit ganz anderen Augen: Die zum Teil unwirklich schön anzusehenden Tänzer*innen im paradiesartigen Club Etos Mama wirkten plötzlich wie Freiheitskämpfer*innen, wie eine Avantgarde gesellschaftlicher Utopien; die Hingabe für ihr Disco-Biotop, die sie Wochenende für Wochenende hunderte von Kilometern anreisen ließ, war durch mehr motiviert als nur durch Feiersucht und Eskapismus. Was ich hier zu sehen bekam, war nichts anderes als gelebter Fortschritt.

Bibliografie

Nathaus, Klaus. „‚Moderne Tanzmusik' für die Mitte der Gesellschaft. Diskotheken und Diskjockeys in Westdeutschland, 1960 bis 1978". *Popgeschichte Band 2: Zeithistorische Fallstudien 1958-1988.* Hrsg. Mrozek, Bodo, Alexa Geisthövel und Jürgen Danyel. Bielefeld: Transcript, 2014. 155-178.

Richard Dyer: Zur Verteidigung von Disco[1]

Mein ganzes Leben lang habe ich die falsche Musik gemocht. Elvis und Rock 'n' Roll mochte ich nie; ich habe immer Rosemary Clooney bevorzugt. Und seit ich Sozialist geworden bin, habe ich mich oft geradezu vom Prestige des Rock und Folk in der Szene der Linken terrorisiert gefühlt. Wie konnte ich zwei Petula Clark L.P.s im Angesicht von Bergarbeiterliedern aus dem Nordosten und den Rolling Stones gutheißen? Ich fassste neuen Mut, als ich erkannte, dass die Musik des Showbusiness ein wichtiger Teil der schwulen Kultur war, die, ungeachtet ihrer Grenzen, eine Kultur war, die es zu verteidigen galt. Und ich dachte, ich hätte es wirklich geschafft, als ich mich für Tamla Motown, süße Soul-Sounds und Disco begeisterte – Chartstürmer eben, und ich mag sie! Doch das Prestige von Folk und Rock und jetzt Punk und (eher herablassend, wie ich finde) Reggae hält sich immer noch. Es ist nicht nur so, dass Leute, deren Politik ich im Großen und Ganzen teile, Disco nicht *mögen*, sie schaffen es zu implizieren, dass es politisch jenseits des Möglichen ist, diese Musik zu mögen. Gegen diese Haltung möchte ich Disco-Musik verteidigen (die ansonsten natürlich kaum einer Verteidigung bedarf).

Ich werde hauptsächlich über Disco-*Musik* sprechen, aber es gibt zwei einführende Punkte, die ich gern darlegen möchte. Der erste ist, dass Disco mehr als nur eine Form von Musik ist, obwohl sicherlich die Musik im Mittelpunkt steht. Disco ist auch eine Art von Tanz, Club, Mode, Film usw. – mit einem Wort, eine bestimmte *Sensibilität*, die sich in Musik, Clubs usw. manifestiert, historisch und kulturell spezifisch, ökonomisch, technologisch, ideologisch und ästhetisch bestimmt – und es lohnt sich, darüber nachzudenken. Zweitens scheint mir diese Sensibilität in der Musik mehr zu umfassen als das, was wir vielleicht strikt als Disco-Musik bezeichnen würden, nämlich auch eine Menge Soul, Tamla und sogar die späteren Arbeiten von Mainstream- und Jazz-Künstler*innen wie Peggy Lee und Johnny Mathis.

Meine Verteidigung besteht aus zwei Teilen. Erstens einer Diskus-

1 Dieser Text ist die deutsche Übersetzung von: Dyer, Richard. „In Defence of Disco." *Gay Left: A Gay Socialist Journal* 8 (Sommer 1979): 20-23. Übersetzung: Simon Dickel und Rebecca Racine Ramershoven.

sion der Argumente gegen Disco im Hinblick darauf, dass sie „kapitalistische“ Musik ist. Zweitens einem Versuch, die – ambivalenten, mehrdeutigen, widersprüchlichen – positiven Qualitäten von Disco zu durchdenken.

Disco und Kapital

Ein Großteil der Feindseligkeit gegenüber Disco kommt von der Gleichsetzung mit dem Kapitalismus. Sowohl in der Art, wie die Musik produziert wird, als auch in dem, was sie ausdrückt, wird Disco als unrettbar kapitalistisch angesehen.

Nun ist es eindeutig der Fall, dass Disco von der kapitalistischen Industrie produziert wird, und da der Kapitalismus eine irrationale und unmenschliche Produktionsweise ist, ist die Discoindustrie genauso schlecht wie der ganze Rest. Das ist klar. Allerdings stecken hinter diesem Argument Annahmen, die noch problematischer sind. Diese sind von zweierlei Art. Eine Annahme betrifft die *Musik als Produktionsweise* und hat mit dem Glauben zu tun, dass es in einer kapitalistischen Gesellschaft möglich ist, Dinge zu produzieren (z.B. Musik wie Rock und Folk), die außerhalb der kapitalistischen Produktionsweise liegen. Doch ganz abgesehen von dem allgemeinen Punkt, dass eine solche Position versucht, Aktivitäten außerhalb der bestehenden Strukturen zu überhöhen, anstatt gegen die Strukturen zu kämpfen, sind die beiden Arten von Musik, die am häufigsten gegen Disco als Produktionsweise gesetzt werden, nicht wirklich überzeugend.

Eine davon ist die Folk-Musik – hierzulande könnte man auf gälische Lieder und Industrieballaden verweisen – die Art von Musik, die oft im linken Off-Theater verwendet oder neu bearbeitet wird. Diese Lieder und Balladen, so wird argumentiert, werden nicht, wie Disco (und Popmusik im Allgemeinen), für das Volk produziert, sondern von ihm. Sie sind „authentische“ Musik des Volkes. So sind sie – oder besser gesagt, so waren sie. Das Problem ist, dass wir nicht in einer Gesellschaft von kleinen, technologisch einfachen Gemeinschaften leben, die solche Kunst produzieren. Die Bewahrung solcher Musik gibt uns bestenfalls eine historische Perspektive auf den Kampf der Bauern und der Arbeiterklasse, schlimmstenfalls führt sie zu einer Nostalgie für ein einfaches, harmonisches Gemeinschaftsleben, das es nie gab. Noch unverblümter ausgedrückt: Lieder in gälischer Sprache oder solche, die sich mit den Fabrikbedingungen des 19. Jahrhunderts beschäftigen, so schön sie auch sind, bedeuten den meisten englischsprachigen Menschen heute nicht viel.

Die andere Art von Musik, die am häufigsten gegen Disco und „Popbrei" auf der Ebene ihrer Produktion ins Feld geführt wird, ist Rock (einschließlich Folk vom Dylan-Typ und alles vom frühen Rock 'n' Roll bis zu Progressive-Rock-Konzeptalben). Das Argument ist hier, dass Rock leicht von Nicht-Profis produziert werden kann – alles, was man braucht, sind ein paar Instrumente und einen Platz zum Spielen – wohingegen Disco-Musik die ganze Palette der Aufnahmestudio-Technologie erfordert, was es für Nicht-Profis (die Jugendlichen auf der Straße) unmöglich macht, sie zu produzieren. Die sachliche Richtigkeit dieser Beobachtung muss durch einige andere Beobachtungen ergänzt werden. Ganz abgesehen von der sehr schnellen, aber dann von einigen Puristen beklagten Verlagerung des Rock in aufwendige Aufnahmestudios, auch wenn er einfach von Nicht-Profis produziert werden kann, ist es eine Tatsache, dass Rock immer noch recht teuer ist und in der Praxis weitgehend die Domäne der Mittelschicht geblieben ist, die sich E-Gitarren, Musikunterricht usw. leisten konnte. (Man muss sich nur die Biographien der jetzt professionellen Rockmusiker ansehen, die auf einfache, nicht-professionelle Weise angefangen haben – die Vorherrschaft von jungen Männern mit Privatschul- und Universitätsausbildung in diesem Bereich wird nur von ihrem großen Anteil im Kabinett der Labour Party übertroffen.) Noch wichtiger ist, dass die Herkunft dieser Art der Musikproduktion fälschlicherweise der Basis zugeschrieben wird (außer vielleicht in bestimmten historischen Schlüsselmomenten) – nichtprofessionelles Musikmachen, im Rock wie anderswo, basiert aber unweigerlich auf professioneller Musik. Jede Vorstellung, dass Rock vom „Volk" ausgeht, wird schnell durch die Erkenntnis konterkariert, dass das, was „das Volk" tut, versucht, den Profis so ähnlich wie möglich zu sein.

Die zweite Argumentationslinie, die auf der Tatsache beruht, dass Disco vom Kapitalismus produziert wird, betrifft *Musik als ideologischen Ausdruck*. Hier wird angenommen, dass der Kapitalismus als Produktionsweise schlichtweg eine „kapitalistische" Ideologie produziert. Die Theorie der Beziehung zwischen der Produktionsweise und den Ideologien einer bestimmten Gesellschaft ist zu kompliziert und ungelöst, um hier darauf einzugehen, aber wir können damit beginnen, uns daran zu erinnern, dass es im Kapitalismus um Profit geht. In der Sprache der klassischen Ökonomie produziert der Kapitalismus Waren, und sein Interesse an den Waren ist ihr Tauschwert (wie viel Profit sie realisieren können) und nicht ihr Gebrauchswert (ihr sozialer oder menschlicher Wert). Das wird für den Kapitalismus besonders problematisch, wenn es sich um eine ausdrucksstarke Ware – wie z.B. Disco – handelt, da ein Hauptproblem für den Kapitalismus darin besteht, dass es keine notwendige oder garantierte Verbindung zwischen Tauschwert und Gebrauchswert gibt – mit anderen Worten, der Kapitalismus als Produktionsverhältnis kann genauso gut Profit aus etwas machen, das der bürgerlichen Gesellschaft ideologisch entgegengesetzt ist, wie aus etwas, das sie unterstützt. Solange eine Ware einen Profit abwirft, ist dieser Unterschied egal (Ich möchte mich bei Terry Lovell bedanken, der mir diesen Aspekt der kapitalistischen Kulturproduktion erklärt hat). Es liegt in der Tat an dieser gefährlichen, anarchischen Tendenz des Kapitalismus, dass ideologische Institutionen – die Kirche, der Staat, die Bildung, die Familie usw. – notwendig sind. Es ist ihre Aufgabe, dafür zu sorgen, dass das, was der Kapitalismus produziert, den längerfristigen Interessen des Kapitalismus entspricht. Da sie aber oft nicht wissen, dass das ihre Aufgabe ist, führen sie sie nicht immer aus. Die kulturelle Produktion innerhalb der kapitalistischen Gesellschaft beruht also auf zwei tiefgreifenden Widersprüchen – dem ersten zwischen der Produktion für den Profit und der Produktion für den Gebrauch; dem zweiten innerhalb jener Institutionen, deren Aufgabe es ist, den ersten Widerspruch zu regulieren. Was all dies in Bezug auf Disco bedeutet, ist, dass die Tatsache, dass Disco vom Kapitalismus produziert wird, nicht bedeutet, dass Disco automatisch, notwendigerweise, einfach den Kapitalismus unterstützt. Der Kapitalismus konstruiert die Disco-Erfahrung, aber er weiß nicht unbedingt, was er da tut, außer Geld zu machen.

Ich werde jetzt nicht in eine Verteidigung der Disco-Musik als eine große subversive Kunstform einsteigen. Wo mich die obigen Argumente hinführen, ist erstens ein grundlegender Ausgangspunkt für die Erkenntnis, dass kulturelle Produktion im Kapitalismus notwendigerweise widersprüchlich ist, und zweitens, dass es sehr wohl der Fall sein kann, dass kapitalistische Kulturprodukte genau an den Punkten am widersprüchlichsten sind – wie Disco –, wo sie am kommerziellsten und professionellsten sind, wo der Drang nach Profit am stärksten ist. Drittens hat diese Art der kulturellen Produktion eine Ware hervorgebracht, Disco, die von Schwulen auf eine Art und Weise aufgegriffen wurde, die von ihren Produzenten vielleicht gar nicht beabsichtigt war. Die Anarchie des Kapitalismus bringt Waren hervor, die eine unterdrückte Gruppe aufgreifen und benutzen kann, um ihre eigene Kultur aufzubauen. In dieser Hinsicht ähnelt Disco einem anderen, zutiefst zweideutigen Aspekt der männlichen Schwulenkultur: Camp. Es ist eine „konträre" Nutzung dessen, was die dominante Kultur anbietet, es ist wichtig für die Bildung einer schwulen Identität, und es hat sowohl subversives Potenzial als auch reaktionäre Implikationen.

Die Merkmale von Disco

Lasst mich nun auf drei wichtige Merkmale von Disco eingehen – Erotik, Romantik und Materialismus. Ich werde über ihre spezifische Bedeutung im Kontext schwuler Kultur sprechen. Diese drei Charakteristika sind nicht an sich gut oder schlecht (genauso wenig wie die Discomusik als Ganzes), und sie müssen genauer spezifiziert werden. Interessant ist, wie sie uns zu Eigenschaften führen, die nicht nur zentrale Mehrdeutigkeiten innerhalb der schwulen männlichen Kultur sind, sondern sich auch traditionell als Stolpersteine für Sozialisten erwiesen haben.

Erotik

Man kann dafür argumentieren, dass populäre Musik per se erotisch ist. Was wir definieren müssen, ist die spezifische Art des erotischen Denkens und Fühlens in Disco. Ich möchte es „Ganzkörpererotik" nennen und sie definieren, indem ich sie mit der Erotik der beiden Musikarten vergleiche, denen Disco am nächsten steht – dem populären Lied (d.h. dem Gershwin-, Cole Porter-, Burt Bacharach-Typ) und dem Rock. Die Erotik des populären Liedes ist „körperlos": Es gelingt ihr, einen Sinn für das Erotische auszudrücken, der jedoch die Körperlichkeit der Erotik verleugnet. Das lässt sich an der Art der Melodien in populären Liedern und der Art, wie sie gehandhabt werden, zeigen. Die Melodien des populären Liedes sind abgerundet, geschlossen, eigenständig. Sie erreichen das durch eine strenge musikalische Struktur (AABA), in der die einleitenden melodischen Phrasen wiederkehren, und, was am wichtigsten ist, die Tonika des ganzen Liedes auch die letzte Note der Melodie ist. (Die Tonika ist die Note, die die Grundlage für die Tonart bildet, in der das Lied geschrieben ist; sie ist daher der harmonische „Anker" der Melodie und das Schließen auf ihr gibt genau das Gefühl des „Ankerns", des Anhaltens). Obwohl sich populäre Lieder also oft – besonders im Mittelteil (B) – von ihren melodischen und harmonischen Anfängen entfernen, kehren sie auch immer wieder zu ihnen zurück. Das gibt ihnen – selbst in ihren leidenschaftlichsten Momenten, wie z.B. in Porters „Night and Day" – ein Gefühl von Sicherheit und Eingrenzung. Der Melodie wird nicht erlaubt, in den ganzen Körper einzudringen. Im Vergleich dazu ist die typische Disco-Melodie, die oft kaum mehr als eine endlos wiederholte Phrase ist, die über sich selbst hinausgeht, nicht ‚abgeschlossen'. Selbst wenn die Discomusik einen populären Liedstandard verwendet, macht sie ihn oft zu einer einfachen Phrase. Gloria Gaynors Version von Porters „I've got you under my skin" zum Beispiel ist zu einem großen Teil eine gesungene Wiederholung von „I've got you".

Die Texte des populären Liedes ordnen seine Melodien in eine Konzeptualisierung von Liebe und Leidenschaft ein, die von „innen", dem Herzen oder der Seele ausgehen. So drücken die sehnsüchtigen Kadenzen des populären Liedes eine erotische Sehnsucht des inneren Menschen aus, nicht des Körpers. Auch dem verweigert sich Disco. Nicht nur sind die Texte oft direkter körperlich und die Darbietung anzüglicher (z.B. Grace Jones' „I need a man"), sondern, was am wichtigsten ist, Disco ist aufdringlich rhythmisch in einer Weise, wie es populäre Lieder nicht sind.

In der westlichen Musik wird der Rhythmus traditionell als körperlicher empfunden als andere musikalische Elemente wie Melodie, Harmonie und Instrumentierung. Deshalb ist die westliche Musik traditionell rhythmisch so langweilig – nichts drückt unser puritanisches Erbe so lebendig aus. Wir mussten uns an andere Kulturen wenden – und vor allem an die afroamerikanische Kultur –, um etwas über Rhythmus zu lernen. Die Geschichte des populären Liedes seit dem späten 19. Jahrhundert ist größtenteils die Geschichte der *weißen* Inkorporation (oder der Ausbeutung) Schwarzer Musik – Ragtime, Charleston, Tango, Swing, Rock 'n' Roll, Rock. Das Interessante an dieser Einverleibung/Abzocke ist nun, was sie bedeutete und bedeutet. Typischerweise wurde Schwarze Musik von der *weißen* Kultur sowohl als primitiver als auch als „authentischer" erotisch angesehen. Einflüsse Schwarzer Musik wurden immer als sexuell und körperlich angesehen (und oft verurteilt). Die Verwendung eindringlicher Schwarzer Rhythmen in der Disco-Musik, erkennbar an der Nähe des Stils zum Soul und verstärkt durch solche charakteristischen Merkmale Schwarzer Musik wie die wiederholte gesungene Phrase und die Verwendung verschiedener afrikanischer Perkussionsinstrumente, bedeutet, dass sie (in diesem *weißen* Kontext) unausweichlich Körperlichkeit bedeutet.

Allerding ist Rock genauso stark von Schwarzer Musik beeinflusst wie Disco. Das führt mich dann zum zweiten Bereich des Vergleichs zwischen der Erotik von Disco und Rock. Der Unterschied zwischen ihnen liegt darin, was jeder in der Schwarzen Musik „hört". Die Erotik des Rock ist stoßend, reibend – sie ist nicht ganzkörperlich, sondern phallisch; daher übernimmt sie von der Schwarzen Musik den eindringlichen Beat und macht ihn noch treibender; die sich wiederholenden Phrasen des Rock halten einen in ihrem unerbittlichen Drängen gefangen, anstatt einen in einer offenen Abfolge von Wiederholungen freizusetzen, wie es Disco tut. Am aufschlussreichsten ist vielleicht die Instrumentierung des Rock. Schwarze Musik hat mehr Perkussionsinstrumente als *weiße*, aber sie weiß sie zu nutzen, um alle Arten von Effekten zu erzeugen – leicht, weich, lebendig, aber auch schwer, hart und schleifend. Rock hingegen hört nur Letzteres und entwickelt die perkussiven Qualitäten von im Grunde nicht-perkussiven Instrumenten, um diese zu verstärken, daher der *Twang* der E-Gitarre und der nasale Gesang. Man kann sich vorstellen, dass das, als der Rock 'n' Roll aufkam, eine enorme Befreiung von der entkörperlichten Erotik des Populärliedes gewesen sein muss – hier gab es eine wirklich körperliche Musik und zwar nicht nur spießig körperlich, sondern ganz klar in dem, worum es ging – um den Schwanz. Aber Rock beschränkt die Sexualität auf den Schwanz (und das ist der Grund, warum Rock, egal wie progressiv die Texte sind, und selbst wenn sie von Frauen vorgetragen werden, auf ewig phallozentrische Musik bleibt). Die Disco-Musik hingegen hört auf die Körperlichkeit in der Schwarzen Musik und deren Bandbreite. Sie erreicht das durch eine Reihe von Eigenschaften, wie z.B. – die schiere Menge an rhythmischen Abläufen selbst in ganz einfacher Disco-Musik (für rhythmische Klarheit mit Komplexität, hört Euch die Langversion von „Papa was a Rolling Stone" von den Temptations an); die Bereitschaft, mit dem Rhythmus zu spielen, ihn zu verzögern, zu überspringen, zu kontern, anstatt einfach immer weiterzumachen (Beispiele: Patti Labelle, Isaac Hayes); die Bandbreite an Schlaginstrumenten, die verwendet werden, und mit unterschiedlichen Effekten (z.B. die spitzen Geigen in Quincy Jones/Herbie Hancocks „Tell Me a Bedtime Story"; das sanfte Pulsieren von George Benson). Das hört nie auf, erotisch zu sein, aber es stellt die Erotik für den ganzen Körper und für beide Geschlechter wieder her, statt sie nur auf den Penis zu beschränken, und führt zu den ausdrucksstarken, gewundenen Bewegungen des Disco-Tanzes, nicht nur zu jener Mischung aus Unbeholfenheit und Schubkraft, die so düster charakteristisch für das Tanzen zu Rockmusik ist.

Schwule Männer haben nicht per se ein Vorrecht auf Ganzkörpererotik. Wir sind oft sogar schwanzorientierter als Nicht-Schwule beiderlei Geschlechts, und es deprimiert mich, dass solche phallischen Formen von Disco wie Village People so schwul-identifiziert sein sollen. Nichtsdestotrotz, zum Teil, weil viele von uns sich traditionell nicht als „echte Männer" gesehen haben, und zum Teil, weil die schwule Ghetto-Kultur auch ein Raum ist, in dem alternative Definitionen, auch von Sexualität, entwickelt werden können, scheint es mir, dass die Bedeutung von Disco in der Szene-Kultur eine Offenheit für eine Sexualität anzeigt, die nicht über den Schwanz definiert ist. Obwohl man nicht ohne weiteres von musikalischen Werten zu persönlichen oder von persönlichen zu politisch wirksamen übergehen kann, lässt es auf jeden Fall tief blicken, dass die schwule Kultur eine Form von Musik fördert, die die Zentralität des Phallus verleugnet und gleichzeitig das Körperlose ablehnt, das eine solche Verleugnung bisher impliziert hat.

Romantik

Nicht die gesamte Disco-Musik ist romantisch. Die Texte vieler Disco-Hits sind entweder geradlinig sexuell – um nicht zu sagen sexistisch

– oder allgemein gesellschaftsbezogen (z.B. Detroit Spinners' „Ghetto Child", Stevie Wonders „Living in the City"), und der harte Drive von Village People oder Labelle ist positiv anti-romantisch. Dennoch gibt es bei Disco eine starke romantische Note, die sich in den Texten zeigt, die sich oft kaum von den Standards der Populärmusik unterscheiden, ja oft sogar Standards sind (z.B. „What a Difference a Day Made" –Esther Phillips, „La Vie en Rose" – Grace Jones). Vielmehr sind es die Instrumentierung und die Arrangements der Disco-Musik, die so romantisch sind.

Der Einsatz von Violinenchören führt uns über Hollywood direkt zurück zu Tschaikowsky, zu aufwallenden, ausufernden Emotionen. Ein brillantes Beispiel ist Gloria Gaynors „I've got you under my skin", wo die Violinen im Mittelteil eine Andeutung von einer von Porters melodischen Phrasen aufgreifen und sie in einer ekstatischen, aufsteigenden Bewegung von seiner Melodie weg entwickeln. Diese „Flucht" aus der Enge des populären Liedes in die Ekstase ist sehr charakteristisch für die Disco-Musik und nirgendwo konsequenter als in solchen Diana-Ross-Klassikern wie „Reach Out" und „Ain't No Mountain High Enough". Letzterer ist mit seinem Text über die totale Hingabe an die Liebe, seinem himmlischen Chor und den schwungvollen Violinen vielleicht einer der extravagantesten Ausläufer der Disco-Romantik. Aber Ross ist auch eine Schlüsselfigur in der schwulen Aneignung von Disco.

Was Ross' Platten tun – und ich denke dabei im Wesentlichen an ihre Arbeit bis zu *Greatest Hits* Volume 1 und dem Album *Touch Me in the Morning* – ist, die Intensität flüchtiger emotionaler Begegnungen auszudrücken. Es sind allesamt Ausdrücke der Verehrung, die dennoch die Anerkennung der (unvermeidlich) temporären Qualität der Erfahrung in sich tragen. Das kann ein einfaches Wehklagen darüber sein, von einem Mann im Stich gelassen worden zu sein, aber häufiger ist es sowohl die Feier einer Beziehung als auch die fast willige Anerkennung ihres Vergehens und des exquisiten Schmerzes ihres Vergehens – „Remember me/As a sunny day/That you once had/Along the way", „If I've got to be strong/Don't you know I need to have tonight when you're gone/When you go I"ll lie here/And think about/the last time that you/Touch me in the morning". Diese letzte Nummer, mit Ross' ‚unwirklich' süßer, porzellanzerbrechlicher Stimme und der Streicheruntermalung, konzentriert dieses Gefühl, die Intensität der vergehenden Beziehung zu zelebrieren, das so viel von ihrer Arbeit durchzieht. Kein Wunder, dass Ross in der schwulen männlichen Kultur so wichtig ist (war?), denn sie spiegelt das wider, was diese Kultur als unausweichliche Realität ansieht (dass Beziehungen nicht von Dauer sind) und gleichzeitig feiert sie es, bestätigt es.

Nicht die gesamte Disco-Musik funktioniert auf diese Weise, aber sowohl in einigen der süßlich-melancholischen Orchestrierungen (sogar von lebhaften Nummern wie „You Should Be Dancing" in *Saturday Night Fever*) als auch in einigen der Texte und dem allgemeinen Tonfall (z.B. Donna Summers Album *Four Seasons of Love*) gibt es eine Übertragung dieses emotionalen Timbres. Zumindest bietet die Romantik von Disco eine Verkörperung und Bestätigung eines Aspekts der schwulen Kultur.

Aber die Romantik ist eine besonders paradoxe Qualität der Kunst, mit der man sich auseinandersetzen muss. Ihre Leidenschaft und Intensität verkörpern oder schaffen eine Erfahrung, die die Tristesse des Profanen und Alltäglichen negiert. Sie gibt uns einen Einblick in das, was es bedeutet, auf der Höhe unserer emotionalen Fähigkeiten und unseres Erfahrungswissens zu leben – nicht heruntergezogen von der Banalität des organisierten Routinelebens. Angesichts der Tatsache, dass die Banalität des Alltags, die Arbeit, die Häuslichkeit, der alltägliche Sexismus und Rassismus, in den Klassen- und Geschlechterstrukturen dieser Gesellschaft verwurzelt sind, kann die Flucht vor dieser Banalität als eine Flucht vor Kapitalismus und Patriarchat selbst als gelebte Erfahrungen gesehen werden – und sie ist es auch.

Was dies noch komplizierter macht, ist die tatsächliche Situation, innerhalb derer Disco stattfindet. Disco ist Teil des größeren Hin und Her zwischen Arbeit und Freizeit, Entfremdung und Flucht, Langeweile und Vergnügen, an das wir so gewöhnt sind (und an das *Saturday Night Fever* so effektiv anknüpft). Nun ist dieses Hin und Her zum Teil der Mechanismus, durch den wir weitermachen, bei der Arbeit, zu Hause – die Atempause der Freizeit gibt uns die Energie für die Arbeit, und außerdem sind wir immer noch weitgehend so erzogen, dass wir Freizeit als „Belohnung" für die Arbeit betrachten. Der Kreislauf sperrt uns darin ein. Aber was in diesem Raum der Muße geschieht, kann zutiefst bedeutsam sein – dort können wir eine

Alternative zur Arbeit und zur Gesellschaft, wie sie ist, kennenlernen. Die Romantik ist eine der wichtigsten Formen der Erholung, in der dieser Sinn für eine Alternative am Leben erhalten wird. Die Romantik behauptet, dass die Grenzen von Arbeit und Häuslichkeit nicht die Grenzen der Erfahrung sind.

Ich sage nicht, dass die Leidenschaft und Intensität der Romantik politische Ideale sind, die wir anstreben könnten – ich bezweifle, dass es menschlich möglich ist, dauerhaft in dieser Tonhöhe zu leben. Ich glaube, dass die Bewegung zwischen Banalität und etwas „anderem" als Banalität eine wesentliche Dialektik der Gesellschaft darstellt, ein ständiges Offenhalten einer Kluft zwischen dem, was ist, und dem, was sein könnte oder sollte. Herbert Marcuse argumentiert in dem derzeit unzeitgemäßen Buch *Der eindimensionale Mensch*, dass unsere Gesellschaft versucht, diese Lücke zu schließen, indem sie behauptet, dass alles was ist, das ist was sein sollte. Ich denke, dass die Disco-Romantik trotz all ihrer Kommerzialität und ihrer Eingrenzung auf das Hin und Her von Arbeit und Freizeit eines der Dinge ist, die die Lücke offenhalten können, die die *Erfahrung des Widerspruchs* weiterhin ermöglichen können. Da ich auch glaube, dass der politische Kampf in der Erfahrung verwurzelt ist (obwohl er völlig zum Scheitern verurteilt ist, wenn man es dabei belässt), finde ich diese Dimension von Disco potentiell positiv. (Ein weiterer romantisch-utopischer Aspekt von Disco wird in den nicht-kommerziellen Discos verwirklicht, die von Schwulen- und Frauengruppen organisiert werden. Hier kann ein Moment der Gemeinschaft entstehen, oft in Kreistänzen oder einfach in dem Gefühl, Menschen als Menschen zu kennen, nicht als anonyme Körper. Die Mode ist weniger wichtig, die Geselligkeit dafür umso mehr. Das kann in kleineren Clubs erreicht werden, vielleicht besonders außerhalb des Zentrums von London, die, wenn sie nicht nur grottige Monumente der Selbstunterdrückung sind, als unterstützende Ausdrucksformen von so etwas wie einer schwulen Gemeinschaft dienen können).

Materialismus

Disco ist charakteristisch für fortgeschrittene kapitalistische Gesellschaften, allein schon wegen der Menge des dafür vergeudeten Geldes. Sie ist ein Aufruhr des Konsums, schillernd in ihrer Technologie (Echokammern, doppelte und mehr Tonspuren, elektronische Instrumente), überwältigend in ihrem Ausmaß (Geigenbänke, gemischte Chöre, die grenzenlose Auswahl an Schlaginstrumenten), verschwenderisch knallig in den Spiegeln und dem Ramsch der Diskotheken, dem Glitzer und dem Jeanslook der Kleidung. Die kitschige Üppigkeit wird in *Thank God It's Friday* gut dargestellt. Vorbei ist es mit der Zurückhaltung des populären Liedes, der Sparsamkeit von Rock und Reggae, der Schlichtheit des Folk. Wie kann ein Sozialist oder jemand, der versucht, ein Feminist zu sein, das verteidigen?

In gewisser Hinsicht ist es zweifellos nicht zu verteidigen. Doch Sozialismus und Feminismus sind beides Formen des Materialismus – warum ist Disco, eine unvergleichliche Feier der Materialität, also nicht die angemessene Kunstform materialistischer Politik? Zum Teil natürlich, weil Materialismus in der Politik nicht mit bloßer Materie zu verwechseln ist. Der Materialismus versucht zu verstehen, wie die Dinge im Hinblick darauf sind, wie sie in der Geschichte produziert und konstruiert wurden, und wie sie besser produziert und konstruiert werden können. Das bedeutet sicherlich nicht, dass man in die materielle Welt eintaucht – es beinhaltet vielmehr, dass man sich bewusst von der materiellen Welt zurückzieht, um zu sehen, was sie so macht, wie sie ist, und wie man sie verändern kann. Ja, aber der Materialismus basiert auch auf der tiefen Überzeugung, dass es in der Politik um die materielle Welt geht, und dass das menschliche Leben und die materielle Welt alles sind, was es gibt, kein Gott, keine magischen Kräfte. Eine der Gefahren der materialistischen Politik besteht darin, dass sie in ständiger Gefahr ist, sich selbst zu vergeistigen, teils wegen des historischen Erbes der religiösen Formen, die den Materialismus ins Leben gerufen haben, teils weil Materialisten so hart daran arbeiten müssen, die Materie nicht für bare Münze zu nehmen, dass sie sie am Ende oft gar nicht als Materie behandeln. Die Feier der Materialität in der Disco ist nur eine Feier der Welt, in die wir notwendigerweise und immer eingetaucht sind; – und die Materialität der Disco in der technologischen Moderne ist eindeutig historisch und kulturell – sie kann niemals, wie die meisten Kunstwerke für sich beanspruchen, eine „Emanation“ außerhalb der Geschichte und der menschlichen Produktion sein.

Die Kombination von Romantik und Materialismus bei Disco sagt uns tatsächlich – lässt uns erfahren –, dass wir in einer Welt der Materialität leben, dass wir die Materialität genießen können, aber dass die Erfahrung der Materialität nicht unbedingt das ist, was die Alltagswelt uns versichert. Die Erotik von Disco erlaubt uns, unsere Körper als Teil dieser Erfahrung von Materialität und der Möglichkeit von Veränderung neu zu entdecken.

Wenn das übertrieben klingt, sollte eines klar sein: Disco kann nicht die Welt verändern, die Revolution machen. Keine Kunst kann das tun, und es ist sinnlos, das von ihr zu erwarten. Aber teils durch die Offenlegung von Erfahrungen, teils durch die Veränderung von Definitionen, kann Kunst, kann Disco, genutzt werden. Wobei man riskieren könnte, den Refrain hinzuzufügen – Wenn es sich gut anfühlt, *nutze* es.

Simon Dickel im Gespräch mit Richard Dyer

Simon Dickel: „Zur Verteidigung von Disco" wurde erstmals 1979 in der Zeitschrift *Gay Left* veröffentlicht. Was war Dein Verhältnis zum Redaktionskollektiv von *Gay Left*, und welche Rolle hattest Du innerhalb der *Gay Liberation Front*?

Richard Dyer: „Zur Verteidigung von Disco" war der zweite oder vielleicht sogar der dritte Artikel, den ich für *Gay Left* schrieb. Für das Projekt hatte ich große Sympathie; es war schwul, und es war links. Deshalb fing ich an, Artikel für die Zeitschrift zu schreiben. Später, als ich ein Jahr lang in Reading in der Nähe von London arbeitete, schloss ich mich dem *Gay-Left*-Kollektiv an, aber ich war nie ein Gründungsmitglied, und ich hatte dort keine führende Rolle.

Alle meine Aktivitäten rund um *Gay Liberation* waren auf Birmingham konzentriert. Ich gehöre zu denen, die *Gay Liberation* in Birmingham ins Leben gerufen haben, und ich war an allen möglichen Aktivitäten beteiligt, unter anderen an der Organisation alternativer Diskoabende. Die Aktivist*innen von *Gay Liberation* standen der kommerziellen Seite der Schwulenszene kritisch gegenüber – eine etwas heuchlerische Kritik, denn sie gingen ja immer noch dorthin. Wir hatten die Idee, kostengünstige alternative Diskoabende zu organisieren, und es war unser Anspruch, integrativ und einladend zu sein. Es gab häufig Streit darüber, welche Musik gespielt werden sollte. Viele Leute fanden die Musik, die ich mochte, schrecklich, kommerziell, kitschig und unauthentisch. Sie bevorzugten stattdessen Rockmusik.

Simon Dickel: Wie wurde der Text aufgenommen?
Richard Dyer: Es war ein sehr erfolgreicher Text. Ich scherze manchmal, dass er einer meiner größten Hits ist. Es ist schon erstaunlich, wie gut er aufgenommen, wie oft er nachgedruckt und wie häufig er zitiert und auf ihn Bezug genommen wurde. Ich glaube, ich habe ihn an einem einzigen Wochenende geschrieben. Ich habe für den Text nicht endlos recherchiert, und das war auch nicht nötig. Es ist einfach außergewöhnlich, wenn man das mit der ganzen Arbeit vergleicht, die man in etwas Großes steckt, das dann spurlos untergeht.

Simon Dickel: Der Text verbindet eine marxistische Kritik mit einem Plädoyer für die Romantik. Du schreibst im Text: „Die Romantik behauptet, dass die Grenzen von Arbeit und Häuslichkeit nicht die Grenzen der Erfahrung sind". Und du sagst, dass Disco eine Möglichkeit sein könnte, eine Erfahrung zu machen, die über den alltäglichen Rassismus und Sexismus hinausgeht. Wo könnte man diese Art von Romantik heute erleben?
Richard Dyer: Im Jahr 1979 war Disco eine junge Kultur. Ich weiß nicht, wie junge Kultur heute aussieht, aber ich denke, dass junge Menschen immer noch intime und immersive kulturelle Erfahrungen machen. Ich empfinde romantische Freude an Filmen und Musik. Und es gibt eine Kontinuität in einer bestimmten schwulen Kultur (die ja nur ein Teilbereich der Erfahrungswelt von Männern, die Sex mit Männern haben, ist): Auf der diesjährigen Ankündigung für ein Konzert des Londoner *Gay Men's Chorus* ist beispielsweise eine außergewöhnliche Illustration zu sehen, die Männer mit Bärten zeigt, die auf erotische und ekstatische Weise schrill, camp und feminin sind.

Simon Dickel: Wenn Du mit Deinem heutigen Wissen eine Zeitreise ins Jahr 1979 machen könntest, welchen Rat würdest Du den Aktivist*innen der *Gay Liberation Front* geben?
Richard Dyer: Ich glaube nicht, dass ich ihnen irgendwelche Rat-

schläge geben würde. Ich denke, die Schwulenbefreiung ist eine große Erfolgsgeschichte. Manche Leute sagen, dass alles sehr konventionell geworden und dass die Homo-Ehe dafür ein Symbol ist. 1979 konnte ich mir so etwas wie die Homo-Ehe sicher nicht vorstellen. Aber diese Tendenz koexistiert mit anderen Aspekten, wie dem *Gay Men's Chorus*, den Clubs, dem campen Auftreten und der Lebendigkeit der promiskuitiven Lederszene. Das Reizvolle an der Schwulenszene war immer die Gleichzeitigkeit dieser Impulse, auch wenn sie sich manchmal kritisch gegenüberstanden. Im Großen und Ganzen nehme ich ein außergewöhnliches Zelebrieren der Sexualität wahr, das AIDS überlebt hat. Deshalb habe ich auch keine Ratschläge für die Aktivist*innen, außer ihnen zu sagen: Das habt Ihr gut gemacht.

Simon Dickel: War es schwierig, schwulen Aktivismus und Wissenschaft unter einen Hut zu bekommen?
Richard Dyer: Nein, für mich war es nicht schwierig, weil schwuler Aktivismus inhaltlich gut mit meiner akademischen Arbeit vereinbar war. Ich arbeitete am *Center for Contemporary Cultural Studies* in Birmingham, das die Populärkultur ernst nahm und sich mit ihren Phänomenen auseinandersetzte. Ich bewegte mich in einem Umfeld, das jeder Art progressiver Politik gegenüber absolut aufgeschlossen war, und ich hatte dort nie ein Problem in Bezug auf Schwulenpolitik. Ich hatte dort nie die Probleme, denen meine Freundinnen begegneten, denn der Feminismus galt als sehr bedrohlich für die männliche Tradition des Marxismus.

Simon Dickel: In den 1990er Jahren hast Du Dich in Deinem Buch *White* (1997) als einer der ersten *weißen* Akademiker*innen kritisch mit dem Thema Weißsein auseinandergesetzt. Was denkst Du über den aktuellen Stand der kritischen Weißseinsforschung?
Richard Dyer: Die Frage des Weißseins sollte in jeder Disziplin aufgegriffen werden. In allen Diskussionen sollte Race immer eine Rolle spielen, und Weißsein sollte immer in Betracht gezogen werden, weil es sonst unhinterfragt und unkritisch als Norm fortbestehen kann. Aber ich möchte nicht, dass die kritische Weißseinsforschung nur ein weiterer Grund für *Weiße* ist, über sich selbst zu lamentieren, was sie ja ohnehin tun.

Simon Dickel: Gestern wäre der 90. Geburtstag von Stuart Hall gewesen. Worin siehst Du sein Vermächtnis, und wie hat er die Kulturwissenschaften beeinflusst?
Richard Dyer: Die Antwort hängt von der Antwort auf die Frage ab: Wer ist Stuart Hall? In seinem späteren Werk befasste sich Stuart intensiv mit Fragen Schwarzer Kultur, und heute stellt die Stuart Hall Foundation viele theoretische Werkzeuge zur Verfügung, die wichtig waren, als die Black-Lives-Matter-Bewegung ihre Dynamik entfaltete. Mein Stuart Hall ist aber eher der Stuart Hall, der *The Popular Arts* (1964) schrieb, ein Buch, das 2018 neu aufgelegt wurde. Ich habe die Einleitung für die neue Ausgabe geschrieben. Die außerordentlich einflussreiche Idee, dass Kultur politisch ist, ist grundlegend für Stuarts Arbeit. Wenn man sich ansieht, wie über Medien und Kunst diskutiert wird, die Art von Filmen, die gedreht werden, betrachtet und die Art und Weise, wie die Beatles in jüngster Zeit aufgegriffen wurden – all das ist massiv von der Einsicht geprägt, dass diese Dinge sozial, ideologisch und ästhetisch bedeutsam sind.

Das Gespräch fand am 4. Februar 2022 online statt.

Natascha Frankenberg

Ehe, Tod und queeres Kino

Edie Windsor und Thea Spyer sind zu bekannten Personen lesbischer Filmgeschichte geworden. Sie sind Protagonistinnen des Films *Edie and Thea: A very long Engagement* (USA 2009) von Gréta Ólafsdóttir und Susan Muska. Vor dem Hintergrund des nahenden Todes aufgrund einer fortschreitenden MS-Erkrankung von Thea Spyer versuchen die beiden Frauen, eine Ehe in Kanada zu realisieren, die zur Zeit der Entstehung des Films in den USA, wo sie lebten, nicht möglich war. Im Film wird diese Planung der Ehe begleitet, und gleichzeitig schauen die beiden Frauen auf ihre gemeinsame Zeit als Paar zurück. Diese Zeit wird über ihr privates Archiv von Fotografien und vor allem Dias ins Bild geholt und aufgeführt. Der Film wirft viele Fragen zur Zeitlichkeit auf und strukturiert Gegenwart und Vergangenheit über Medien. Dabei sind es Ehe und Tod, die in ihm zu zentralen Motiven werden.

Nicht nur der Film *Edie and Thea*, auch der über Netflix veröffentlichte Dokumentarfilm *A Secret Love* (USA 2020, R. Chris Bolan) greift, mehr als zehn Jahre später, ähnliche Motive auf. Auch hier geht es um die Ehe am Ende des gemeinsamen Lebens, vor dem Hintergrund einer fortschreitenden Krankheit einer der beiden Frauen. Wieder sind es Fotografien, aber auch Home Videos, die die Vergangenheit in den Film holen und eine Lebensgeschichte zu einer lesbischen Lebensgeschichte werden lassen. Die Bilder der gemeinsamen Zeit sind innerhalb der Familie der beiden Frauen auch vorher schon da, über ihr Outing aber werden sie nun für alle lesbar zur Chronologie einer lesbischen Beziehung.[1]

Auch Edie Windsor und Thea Spyer erzählen, dass sie in öffentlichen Kontexten wie der Arbeitsstelle nicht als lesbisches Paar geoutet waren. In ihren Fotografien entwerfen sie sich als sichtbares Liebespaar. Medien nehmen also eine zentrale Rolle in der Herstellung der Beziehung ein. Die Anerkennung der Beziehung scheint nun im Film auch an die Institution der Ehe gebunden zu sein. Umso dringlicher wird das Eingehen dieser Ehe vor dem drohenden Tod. Das Versprechen nach der Bewahrung der Bedeutung steht vor dem nahenden Ende und dem

1 Stärker als im ersten Film stehen hier die Heimlichkeit und das Verstecken der historisch auch kriminalisierten Liebesbeziehung im Fokus, sowie auch die Institution der Familie.

Verlust von Bedeutung. Die beiden Motive von Ehe und Tod sind auf der einen Seite tradierte Filmmotive, auf der anderen Seite sind sie aber auch mit queeren Politiken und Theorien verbunden. Beides schreibt sich hier in den Film ein und eröffnet die Möglichkeit, Überlegungen zu diesem Verhältnis herauszuarbeiten. Die Ehe ist sowohl Zeichen einer Gleichstellung von nicht-heterosexuellen Paarbeziehungen als auch ein Zeichen für normative Strukturen und assimilative Politiken. Die Erfahrung des massenhaften Todes in Folge der AIDS-Pandemie und der sie begleitenden gewaltvollen staatlichen Politiken in den USA ist ein dringlicher Ausgangspunkt für die Organisation queerer Politiken und Theorien. Film als zeitbasiertes Medium organisiert Geschichten über Zeit und stellt damit medienspezifisch Bedeutung her oder verwirft sie auch wieder. Die weiteren Überlegungen zum Verhältnis von Ehe, Tod und queerem Kino beginnen daher zunächst bei Positionen zu queerer Zeitlichkeit, die seit Beginn der 2000er Jahre vor allem in den USA diskutiert werden.

Queere Zeitlichkeiten

Die Hinwendungen zu Fragen nach Zeit in den Queer Studies begreifen Zeitlichkeit als ein Ordnungsprinzip und analysieren Phänomene im Hinblick auf ihre zeitliche Strukturierung. Dabei geraten Biografien, Historiografie, Archive, Affekte oder auch einfach Narrative in den Blick. Die Frage danach, wie Zeit als Ordnungsprinzip normativ wirkmächtig ist, ist zentral. In welcher Form basieren normative Ordnungen auf zeitlichen Prinzipien, wie sind sie zeitlich strukturiert?

Für eine medienwissenschaftliche Perspektive ist die Fragen interessant: Wie lässt sich queere Geschichte erzählen, wie ist sie dokumentiert, welche zeitlichen Logiken sind den Medien selbst inhärent? Hier findet eine Auseinandersetzung mit den Dokumenten statt, die queere Geschichte bezeugen können. Dabei sind es gerade auch die flüchtigen Momente, das Nichtdokumentierte, das Heimliche, aber auch Affekte oder Emotionen, die wichtige Gegenstände queerer Geschichte sind und damit auch – darauf hat etwas José Esteban Muñoz (1996) hingewiesen – Theoriebildung und wissenschaftliche Arbeit als queere Arbeit herausfordern und in Frage stellen (vgl. auch Cvetkovich, Danbolt). Ein für queere Historiografie wichtiges Beispiel sind die

Stonewall Riots in der New Yorker Christopher Street im Jahr 1969, die als ein Ausgangpunkt für eine Bewegungsgeschichte gelten, die als Erzählung einer Logik kontinuierlichen Fortschritts folgt (vgl. zu Vorschlägen anderer Lesarten Love, Muñoz, *Cruising Utopia*). Stonewall wird in dieser Form der Geschichtsschreibung zu einem Initiationsmoment, von dem aus eine weitere Geschichtsschreibung ausgeht, die sich logisch an ihm ausrichtet. Es folgt eine lineare Geschichte, die etwa rassistische und homophobe Gewalt insbesondere der Vergangenheit zuordnet bzw. von ihrer Überwindung berichtet.

Jack Halberstams Modell queerer Zeitlichkeit bezieht sich auf die Zentrierung zeitlicher Vorstellungen um die bürgerliche Familie und um Fragen nach Reproduktion. Er zeigt, wie Langlebigkeit von Beziehungen, Sicherheit, Tagesabläufe, die von einem Leben mit Kindern geprägt sind, von frühem Aufstehen und frühem zu Bett gehen, gesellschaftliche Wertschätzung erfahren und zu normativen Setzungen führen (5). Queere Zeitlichkeit wäre bei ihm die Zeitlichkeit, die sich solchen Setzungen von Sicherheit, Reproduktion, Langlebigkeit oder Reife entzieht. Er findet sie unter anderem in den Praktiken queerer Subkultur.

Ein Ausgangspunkt für die Überlegungen zu Zeit als normativer Ordnungsstruktur ist die Erfahrung der AIDS-Pandemie, die abgebrochene Zukunft vieler schwuler Männer, Sexarbeiter*innen und Schwarzer Personen. Innerhalb einer heteronormativen, rassistischen Gesellschaft hat HIV/AIDS die Zeiterfahrung ganzer Bevölkerungsgruppen geprägt. Dies führt in der Zeit nach dem Höhepunkt der Pandemie zum Beispiel zu eben den Fragen der Geschichtsschreibung: Wie kann Bewegungsgeschichte als queere Geschichte geschrieben werden? Wie ist Erinnerung organisiert? Auf welchen zeitlichen Logiken basiert Historiografie? Und verbunden mit der Erfahrung des Sterbens ist bei gleichzeitiger gesellschaftlicher Gewalt von Rassismus und Homophobie auch die Frage: Wer ist gesellschaftlich betrauerbar?[2] Wie stellt sich Betrauerbarkeit auch medial her?

2 Die Frage danach, wer gesellschaftlich betrauerbar gemacht wird und wie diese Betrauerbarkeit, aber auch unterlassene Trauer hergestellt ist beschäftigt Judith Butler, unter anderem in ihrem Essay von 2004 (deutsch 2005) „Gewalt, Trauer, Politik", der im Band *Gefährdetes Leben. Politische Essays* erschienen ist.

Die Zukunft verweigern

Lee Edelman entwickelt in seinem Buch einen Ansatz, der eine radikale Position vor allem in Bezug auf die Möglichkeiten queerer Theoriebildung, aber auch in Bezug auf queere Politiken, bzw. die Unmöglichkeit queerer Politiken einnimmt. Edelman formuliert in *No Future! Queer Theory and the Death Drive* – basierend auf psychoanalytischer Theorie – eine Position, die besagt, dass für queere Perspektiven nur die Ablehnung und Verweigerung jeglicher Politik und Bedeutungsproduktion bleibt. Er verortet Queerness im Bereich der Negativität. Damit schließt er an eine zeitlich frühere Position Leo Bersanis an. Bersani nimmt die Erfahrung und die Diskurse der frühen Zeit der AIDS-Pandemie in den USA zum Ausgangspunkt, zeigt den stigmatisierenden gewaltvollen Ausschluss schwuler Männer aus sozialen Gefügen und nimmt mit psychoanalytischer Theorie eine Position für sich ein, die sich Ideen sozialer Verortung von Sex widersetzt. Gemeinsam gehören Bersani und Edelman zu den Vertreter*innen eines auch als *Anti-Social-Turn* beschriebenen Paradigmenwechsels innerhalb der Queer Studies.

Ein zentrales und auch titelgebendes Moment in Edelmans Buch ist der *Death Drive*, der Todestrieb, bei ihm vor allem bezogen auf die Terminologie Jacques Lacans. Edelman verbindet den Todestrieb mit der Verortung von Queers innerhalb einer sozialen Ordnung: Edelmans Rückgriff auf den Todestrieb in der Theorie von Jacques Lacan ist auf die Frage der Bedeutungsproduktion fokussiert. Mit ihm beschreibt er Queerness als Verweigerung der Möglichkeit von Bedeutung in (hetero)normativen Ordnungen und damit als negatives, störendes Moment dieser Ordnungen und Politiken. In Lacans, das Subjekt bestimmender, Trias von Realem, Symbolischen und Imaginärem, ist die symbolische Ordnung der Ort der Bedeutungsproduktion. Der Todestrieb verhält sich, so Edelman, paradox zu ihr:

> As the constancy of a pressure both alien and internal to the logic of the Symbolic, as the inarticulable surplus that dismantles the subject from within, the death drive names what the queer, in the order of the social, is called forth to figure: the negativity opposed to every form of social viablility. […] For the death drive marks the excess

> embedded within the Symbolic through the loss, the Real loss, that the advent of the signifier effects. (9)

Edelman argumentiert im Bezugsrahmen psychoanalytischer Konzepte. Er verknüpft seine Auseinandersetzung mit der Theorie des Todestriebs mit Fragen nach Identität. Die Queerness des Todestriebs liegt für ihn unter anderem darin, dass es in ihm laufende Verschiebungen gibt, Identität darin nicht fixiert wird.[3] Ein weiteres Moment von Queerness innerhalb der psychoanalytischen Terminologie Lacans findet Edelman in der *Jouissance* (vgl. 25 ff.), dem sinnfreien Genießen, einem letzten Überbleibsel des Zugangs zum Realen in der Symbolischen Ordnung. Wie schon die Aneignung der Selbstbezeichnung als queer die Annahme einer eigentlich verletzenden Zuschreibung ist, so plädiert Edelman strukturell für die Annahme der queeren Position, also der Negativität in der gewaltvollen heteronormativen Ordnung, innerhalb eines *Reprofuturism*[4]. Es geht Lee Edelman um Fragen nach Bedeutungsproduktion und ihre heteronormativen Strukturen. Dabei ist die Figur des Kindes in Bezug auf politische Rhetorik zentral, denn über sie diagnostiziert er eben diesen Reprofuturism. Damit meint er einen reproduktiven Futurism, der sich darin zeige, dass Politiken für „unsere" Kinder betrieben werden, immer im Blick auf eine Zukunft, niemals für ein Hier und Jetzt. Ein entscheidendes Moment in dieser

3 Eine starke Kritik an Edelman hat u.a. José Esteban Muñoz formuliert. Die Verweigerung der Zukunft ist nicht für alle gleichsam möglich, gerade im Hinblick auf Rassismuserfahrung und eine immer schon abgeschnittene Zukunft läuft die Position Edelmans Gefahr, eine Verweigerung stark zu machen, die als ihren Ausgangspunkt allein die Situierung *weißer* Männlichkeit betrifft. In Bezug auf die theoretischen Grundlagen psychoanalytischer Theorie diskutieren Muñoz und Lisa Duggan nicht Lacan, sondern Melanie Klein und machen damit eine andere Bewegung stark, die sich nicht für Hoffnung oder Hoffnungslosigkeit in Bezug auf eine aktuelle Gesellschaftsanalyse und queere Möglichkeiten darin entscheidet. Vielmehr ist es hier die oszillierende Bewegung, die zwischen beiden Polen immer wieder hin und her wandert, ohne dabei zu einer Festlegung zu kommen (vgl. Duggan/ Muñoz).

4 Edelman beschreibt den von ihm diagnostizierten *reproductive futurism*, auf dem Politiken basieren, wie folgt: „terms that impose an ideological limit on political discourse as such, preserving in the process the absolute privilege of heteronormativity by rendering unthinkable, by casting outside the political domain, the possibility of a queer resistance to this organizing principle of communal relations. For politics, however radical the means by which specific constituencies attempt to produce a more desirable social order, remains, at this core, conservative insofar as it works to affirm a structure, to authenticate social order, which it then intends to transmit to the future in the form of its inner Child. That Child remains the perpetual horizon of every acknowledged politics, the fantasmatic beneficiary of every political intervention" (2-3).

politischen Figur ist, dass sie niemals zu einer Einlösung kommt. Die Fixierung auf eine Zukunft geht nicht einher mit einer tatsächlich eintretenden Verbesserung, sie ist nicht mit dem Jetzt verbunden, sondern auf ein Später konzentriert.

Edelman positioniert sich innerhalb akademischer Diskurse und adressiert damit sowohl theoretische Grundlagen, die auch die Queer Studies geprägt haben, als auch gesellschaftspolitische Diskussionen zu Gleichstellungspolitiken. Beiden verweigert er assimilative Bestrebungen und bestimmt die Position von Queerness im Außerhalb. Er widerspricht damit auch der hoffnungsvollen Möglichkeit, queere Positionen in bestehende Konzepte einzuschreiben und Teil von (hetero)normativen Lebensentwürfen und akademischen Traditionen werden zu lassen. Damit verwehrt er auch eine einfache Versöhnung mit einer strukturell queerfeindlichen Gesellschaft und ein Vergessen vergangener Diskriminierungen. Und er verdeutlicht meiner Ansicht nach auch, dass Queerness einen Platz hat, der nicht in der straighten linearen Sinn- und Bedeutungsproduktion liegt.

Eine solche Positionsbestimmung innerhalb psychoanalytischer Konzepte hat Julia Kristeva bereits 1981 für eine feministische Bewegung getroffen. Bei ihr geht es um die zeitliche Bestimmtheit binärer Positionen von Männlichkeit und Weiblichkeit in psychoanalytischer Theorie. Sie setzt an einer ähnlichen Stelle wie Edelman an, und auch sie nennt die Annahme der *Jouissance* als eine Möglichkeit (vgl. 27 ff.). Sie argumentiert ebenfalls in der Logik der psychoanalytischen Theorie Freuds und Lacans. Linearität und Bedeutungsproduktion sind in ihrer Analyse mit der symbolischen Ordnung und Männlichkeit verbunden. In Strategien, etwa den Kämpfen der Frauenbewegung, die etablierte politische Strategien übernehmen und die Teilhabe an existierende Strukturen anstreben, ohne diese zu verändern, ist es bei ihr Weiblichkeit und nicht Queerness, die verloren geht.

Die zugrunde liegende Erfahrung für Edelmans Auseinandersetzung, um dies noch einmal in Erinnerung zu rufen, ist die Erfahrung der AIDS-Pandemie in den USA, der Tod, die gesamtgesellschaftlich verweigerte Betrauerbarkeit, die tödliche homophobe Gewalt, die sich unter anderem in Schuldzuweisungen in Bezug auf stigmatisierte Sexualität zeigt. Die Erfahrung des Sterbens, das Ausbleiben gesellschaftlicher Unterstützung, fehlende politische Anerkennung und auch die langsame Entwicklung und künstliche Rationierung von Medikamenten sind prägende Erfahrungen in der Zeit der AIDS-Pandemie in den USA. Edelman schreibt das Buch im Jahr 2004, also nach den ersten beiden Jahrzehnten der Pandemie in den 1980er und 90er Jahren in den USA. Zu einer Zeit, in der sich der Erfolg antiretroviraler Therapien zeigt, die homophobe Gewalt der Jahre der sogenannten AIDS Krise nicht mehr tagtäglich präsent ist und Queer Studies auch an den Universitäten etabliert werden. Er schreibt das Buch nun im Hinblick auf Gleichstellungspolitiken und im Hinblick auf die Frage der Möglichkeit queerer Politik, queerer Historiografie aber eben auch queerer Theorie.

Diese Gleichstellungsbestrebungen zeigen sich Anfang des neuen Jahrtausends, sicherlich auch als Reaktion auf die Erfahrung des gewaltvollen Ausschlusses, etwa in dem Wunsch an der Teilhabe an normativen Strukturen wie der heteronormativen Institution der Ehe, aber auch an nationalistischen kriegerischen Institutionen wie dem Militär. Nicht die Kritik an diesen Strukturen steht in solchen Gleichstellungspolitiken im Zentrum, sondern deren Öffnung für queere Personen.

Edelmans These ist, dass die Übernahme assimilativer Positionen mit dem Verlust von Queerness einhergeht. Dies zeigt sich zum Beispiel deutlich in der Frage danach, wer sichtbar werden kann in assimilativen Bewegungen und Gleichstellungspolitiken und welche normativen Ideen damit noch weiter bekräftigt werden. In Bezug auf die Ehe wäre dies zum Beispiel sehr deutlich die weitere Aufwertung und gesellschaftliche Relevanz monogamer Zweierbeziehungen und damit einhergehend die Ausblendung anderer Formen und Konzepte von Beziehungen, Sex und Partner*innenschaften.

Filmische Figuren der Negativität

Edelman entwickelt seine Argumentation mit zahlreichen Bezügen zu Filmen und setzt sich u.a. mit dem Aufbau der Narration und vor allem den Figurenkonstellationen auseinander. Ehe kommt in seinem Text als heterosexuelle Ehe vor, wie etwa am Beispiel der Endsequenz von Alfred Hitchcocks *North by Northwest* (USA 1959) als eine Form von Ödnis. Die Filmfiguren, die er analysiert, sind über

Negativität gekennzeichnet, z.B. Voldemort in *Harry Potter*, aber auch Scrooge in *A Christmas Carol*. Edelman interessiert sich für die Momente der Störung, für Figuren, die die normative narrative Ordnung irritieren, sich sozialen Versprechen widersetzen. Er interessiert sich für die Negativität der Figuren, für ihre Verweigerung und lässt sie damit zu Figuren werden, die sich einem Reprofuturism entziehen.

Die politische Forderung nach der gleichgeschlechtlichen Ehe ist ein Beispiel für eine assimilative Politik; über die Anpassung an ein heteronormatives Modell geht Queerness verloren. Die Ehe als Institution ist im Text von Edelman vor allem implizit verhandelt. Sie bietet als staatlich protegierte Institution die Grundlage für viele Argumente eines *Reprofuturism*, da sie Reproduktion und Fürsorge institutionell absichert und zuweist. An ihr zeigen sich viele zeitliche Vorstellungen von guten Beziehungen, die über Langlebigkeit gekennzeichnet sind, über gemeinsame Verantwortungsübernahme, aufgeladen mit dem Bild der romantischen Liebe und stark gebunden an die Idee der Beziehung als eine Zweierbeziehung.[5]

Über die Verortung der Ehe in gleichstellungspolitischen Fragen und den Todestrieb, den Edelman zum Moment von Queerness in psychoanalytischer Theorie macht, möchte ich nun die Frage nach Ehe und Tod zu einer filmwissenschaftlichen Frage machen, und diese Verbindung zur Filmwissenschaft verfolge ich über eine Publikation von Laura Muvley.

Zeitlichkeit und Film

Laura Mulvey beschäftigt sich 2006 in ihrem Buch *Death 24x a Second* mit den Diskursen, die den 100. Geburtstag des Kinos im Jahr

5 Die Kehrseite der normativen Vorstellungen von Beziehung und Liebe, die an die Institution der Ehe gebunden sind, zeigt sich, während ich diesen Artikel verfasse, auch in der aktuellen Situation der Corona-Pandemie. So wird etwa Gewalt in Familien erstaunlich selbstverständlich im Hinblick auf die häusliche Situation angenommen (vgl. Martinez Mateos). Gleichzeitig kamen andere als familiäre Beziehungen im Hinblick auf Begegnungen und Sorgearbeit auch in Bezug auf die Weihnachtstage nicht vor. Begegnung wird mit Verwandtschaft als verbindliche Beziehungsform zusammengedacht, stark gebunden an die Idee von Blutsverwandtschaft, wo von Verwandtschaft ersten Grades gesprochen wird – von der Fixierung auf Weihnachten als christliches Familienfest einmal ganz zu schweigen. Weniger positive mediale Aufmerksamkeit bekamen in deutschen Medien andere große religiöse Feste wie etwa der Fastenmonat Ramadan.

1995 begleiten und mit Möglichkeiten einer Filmanalyse in Zeiten der Ablösung analogen Films zugunsten digitalen Films. Sie geht dabei zu den Anfängen des Films bzw. des Kinos zurück und untersucht, wie Fragen nach dem Tod und dem Unheimlichen, das Medium von Anfang an begleitet haben. Eine Faszination des Films als neuem Medium lag zunächst einmal in der Möglichkeit, mit diesem Medium Zeit zu bewahren. Während die Fotografie über den Stillstand des einen Moments gekennzeichnet war, lag die Begeisterung für das Medium Film im zeitlichen Moment. So finden sich gerade auch Spiele und Manipulationen mit der zeitlichen Anordnung in Formen des frühen Kinos, z.B. Zaubertricks, Zeitsprünge, die Zeit rückwärts laufen lassen.

Mulvey interessiert sich insbesondere für das Verhältnis von Einzelbild zum gesamten Film. Der Titel ihres Buchs *Death 24x a Second* verweist dabei auf eine Projektionsgeschwindigkeit analogen Films (vgl. 27). Die Erfahrung der fortlaufenden Zeit entsteht erst über die Bewegung des Projektors, über die schnelle Projektion der Einzelbilder. Mulvey geht hier zu Überlegungen der Fotografie zurück und ruft in Erinnerung, dass letztendlich auch der Film auf vielen einzelnen Fotografien basiert (vgl. 54 ff.). Über diese einzelnen Fotografien, über ihren Stillstand, kommt die Nähe des Mediums zum Tod. Denn die Fotografie in der medienwissenschaftlichen Diskussion, prominent etwa in *Die helle Kammer* von Roland Barthes (2014 [1981]), zeigt im Moment der Betrachtung das, was nicht mehr ist, verweist also auf die Vergangenheit und damit schließlich auf den Tod, die Vergänglichkeit des Moments, der in ihr festgehalten ist.

Mulvey stellt fest, wie stark auch das Medium Film mit dem Tod verbunden ist und dass er ihm strukturell im einzelnen Frame, im einzelnen Filmbild immer schon eingeschrieben ist. Gleichzeitig macht das analoge Medium Film über die Bewegung diesen Stillstand, auf dem es basiert, immer wieder unsichtbar. Hier macht Mulvey – mit Peter Brooks und seinen Untersuchungen zum *Todestrieb* – eine weitere Beobachtung, nämlich die, dass Film strukturell auch in Bezug auf einen Todestrieb gelesen werden kann, als ein in Gang setzen eines Begehrens, das kontinuierlich auf seine ihm zugrunde liegende erneute Stillstellung zuläuft (vgl. 67-84). An dieser Stelle werden nun Ehe und Tod für sie zu zwei wichtigen Motiven, die die filmische Handlung zu einem Ende bringen. Ehe und Tod sind im narrativen Film eng mit dem Todestrieb verbunden, da sie Konventionen des Filmendes darstellen, also Schließungen sind, mit denen die Bewegung des Films zu einem ihm zugrunde liegenden Stillstand kommen. Für den Tod ist dies einleuchtender, weil der Tod für das Ende einsteht und sich damit in gewisser Weise doppelt, aber in Mulveys und Brooks Analyse kommt eben der Ehe strukturell eine gleiche Funktion zu. Sie werden zu Figuren des Endes eines Begehrens:

> There are two grand conventions of narrative closure, devices that allow the drive of a story to return to stasis: death or marriage. Marriage as closure also brings with it the topographical stasis conventionally implied by the new home, the ‚palace' in which he will settle, after his travels, balancing the family home from which he had originally departed. Within the conventions of popular cinema, the final emblematic kiss provides an image for the erotic stasis of marriage in ‚The End'. But in this narrative pattern, marriage is usually achieved only once the hero has defeated the villain, whose death is the inevitable companion to a ‚happy end'. (71)

Was Mulvey feststellt und analysiert, ist sehr stark an einer binären Geschlechterordnung im narrativen Film orientiert. Die Ehe ist hier eine heterosexuelle Ehe, der Held besiegt den Schurken, und so ist auch das *Happy End* der Ehe mit dem Tod verbunden. Mulvey führt vor, dass der narrative Film im Kino als eine strukturelle Ausformung des Todestriebs gelesen werden könnte. Dabei bietet die Narration eine Form für eine inhärente Eigenschaft des Mediums, nämlich den ihm zu Grunde liegenden Stillstand des einzelnen Filmbildes. Die Bewegung des Films, sein Begehren, führt immer wieder auch zur Rückkehr zu einem Ausgangspunkt, von dem aus er sie beginnt, nämlich zum Stillstand. Der Tod und auch die Ehe sind somit in ihrer Lesart Stillstellungen, die im narrativen Film das Ende der Bedeutungsproduktion anzeigen. Sie sind im Medium Film also miteinander verbunden, übernehmen eine ähnliche Funktion. Die Ehe verweist hier eben nicht (nur) auf eine Zukunft, sondern strukturell auf die Wiederherstellung der Ordnung und auf den Stillstand, das Ende.

Von Mulveys Analyse zur strukturellen Nähe des analogen Films zum Tod und des narrativen Films zum *Todestrieb*, möchte ich nun zum queeren Kino kommen, spezifischer noch zu einem lesbischen Kino.[6]

Meine eigene Analyse entfernt sich nun ein wenig von der konkreten Erfahrung der AIDS-Pandemie und nähert sich Ehe, Tod und Film über einen anderen Bereich des Queer Cinema, über ein lesbisches Kino. Die Fragen nach Gleichstellungspolitiken und Identitätspolitik bleiben. Wie tauchen Ehe und Tod[7] in Filmen mit lesbischen Figuren auf? Es findet sich in dem Film *Edie and Thea* zunächst einmal eine gegenläufige Bewegung zu den Figuren, für die Edelman sich interessiert. Der Film setzt nicht auf Verweigerung heteronormativer Strukturen, sondern auf die Annahme dieser, insbesondere plädiert er für das Recht der Ehe auch für gleichgeschlechtliche Paare.

Lesbisches Kino, Ehe und Tod

Edie and Thea: A very long Engagement (USA 2009) von Gréta Ólafsdóttir und Susan Muska ist sehr erfolgreich auf internationalen Queerfilmfestivals gelaufen und dort mehrfach ausgezeichnet worden, häufig mit Publikumspreisen. Edie Windsor, eine der beiden Protagonistinnen des Films, ist später eine wichtige Figur gegen den DOMA Defence of Marriage Act geworden und kämpfte für die Anerkennung und Möglichkeit der gleichgeschlechtlichen Ehe. Der Film portraitiert sie und ihre Partnerin Thea Spyer. Beide Frauen

6 Ein queeres Kino und die Erfahrung des Todes hat Chris Tedjasukmana (2014) in seinem Konzept einer affektiven Filmgeschichte, die das Moment der Rezeption zum zentralen Moment macht, thematisiert. Bei ihm ist die Gegenwart der Vergangenheit im Kino zentral. Auch er argumentiert u.a. mit psychoanalytischer Theorie. Bei ihm ist es allerdings nicht der Todestrieb, der wichtig wird, sondern zum Beispiel die Frage nach Trauer und Melancholie. Das Kino Todd Haynes (vgl. auch Tedjasukmana „Queer Life"), so zeigt er, macht die Unmöglichkeit der Trauer um die an AIDS Verstorbenen innerhalb einer US-amerikanischen Gesellschaft erfahrbar. Diese Wahrnehmung der gesellschaftlichen Unmöglichkeit entspringt aus der affektiven Erfahrung der Melancholie, die die Filme Todd Haynes ermöglichen.

7 In der nordamerikanischen/europäischen Filmgeschichte findet sich häufig der Tod der lesbischen Figuren als Bestrafung für ihr Begehren. Die Regisseurin Cheryl Dunye führt gemeinsam mit dem Parliament Collective eine Auseinandersetzung mit einer solchen Figurengeschichte in ihrem Film *The Owls* (USA 2010). Hier spukt die Filmgeschichte der 60er Jahre und der Tod der lesbischen Protagonist*innen immer noch in einer Gegenwart lesbischer Filme (vgl. dazu auch Frankenberg). Dunyes Frage ist: Wie verfolgen eine lesbische Filmgeschichte und die Toten darin immer noch aktuelle Erzählungen?

sind seit vielen Jahren miteinander verlobt, eine Hochzeit ist in den USA zur Zeit des Filmdrehs nicht möglich, daher planen sie eine Eheschließung in Kanada. Die Ehe soll vor dem Hintergrund der tödlichen Multiple Sklerose-Erkrankung von Thea geschlossen werden. Sie hat eine ärztliche Prognose für eine nur kurze verbleibende Lebenszeit bekommen. Der Film lässt sich assimilativ als Plädoyer für die gleichgeschlechtliche Ehe lesen. Stattdessen möchte ich aber nun die queeren Momente darin herausarbeiten und auf die Ambivalenz der filmischen Erzählung hinweisen.

Noch bevor wir ein Filmbild sehen, im Blick auf die leere schwarze Leinwand, hören wir als Zuschauer*innen ein hallendes Geräusch, wie ein Ton in einem leeren Raum, wie ein Klang aus dem Nichts. Der Ton verweist auf die Leere und wird dann aufgenommen in das Geräusch eines Diaprojektors, der einzelne Bilder nach vorne schiebt. Nun beginnt der Film visuell mit einem Blick in die Vergangenheit. Über die Schultern der beiden Protagonistinnen schauen wir in die Zeit, in ihre gemeinsame Vergangenheit. Das folgende (Film)Bild verweilt nicht nur in der Vergangenheit, sondern auch in einem anderen Medium, der Fotografie. Es verdoppelt insofern den eigenen Stillstand bereits zu Beginn. Mit Roland Barthes (2014 [1981]) sehen wir: So ist es gewesen.

Abb. 1: Das erste Filmbild und die Diashow. Screenshot *Edie and Thea: A very long Engagement.*

Damit ist über die Fotografie im Film die Gegenwart des Todes laufend präsent, die Gegenwart dessen, was nicht mehr ist. Der Film ist über die Fotografien, die er immer wieder einbindet, sehr viel stärker mit der Vergangenheit beschäftigt, als mit einer Zukunft. Das was nicht mehr ist, das, was war, wird zum zentralen filmischen Moment der Beziehung der beiden Frauen.

Es ist der Blick in das Familienalbum, bzw. die Diashow, mit dem der Film beginnt und damit auch ein stark normatives Moment, das medial Ideen der bürgerlichen Familie (vgl. Hirsch) entworfen und hergestellt hat. Es wird aber hier auch verändert, es wird zu einem Kinomoment. Wir, bzw. die Zuschauer*innen, sind in diesem Kinoraum Teil des privaten Raums der beiden Frauen, projiziert wird auf einen Schrank. Von Beginn an sind es nicht nur die Ehe und der Tod, die thematisiert werden, sondern mit ihnen die medialen Bedingungen, unter denen diese hier hergestellt werden. Über den Kommentar der beiden Protagonistinnen werden die Blicke auf die beiden Frauen in den Bildern zu lesbischen Blicken. Die Posen der Frauen auf den Fotos unterscheiden sich von denen auf traditionellen Familienfotografien. Es sind keine typischen Schnappschüsse, sondern arrangierte Bilder, in denen die beiden Protagonistinnen oft perfekt inszeniert und in die jeweiligen Umgebungen eingepasst sind.

Dies lässt sich wie eine Verdopplung der Stillstellung der Fotografie lesen, ein perfektes Eingepasstsein und eine visuelle Idealisierung. Die perfekte Anpassung der beiden Frauen in den Bildern könnte auch als ein Verschwinden gelesen werden, fast werden sie in der Umgebung unsichtbar. Sie lassen sich aber auch als Praktiken eines Versprechens auf mediale Anerkennung lesen. Die Inszenierung der Selbstverständlichkeit des gemeinsamen Lebens wird in der Erzählung der notwendigen Heimlichkeit der Verlobung etwa immer wieder auch brüchig. Fotografien und Erinnerung erzählen hier nie nur eine Geschichte. Die Fotografien sind im Kontext der filmischen Erzählung eigene Entwürfe, ein eigenes Archiv eines lesbischen Lebens. Sie erweitern für sich selbst als mediale Praktik ein Bildarchiv um lesbisch konnotiertes Begehren. Der Film öffnet dieses private Archiv, aber nicht als einen Blick von außen, sondern als eine gemeinsame Sichtung, die Kinoraum und das Wohnhaus der Protagonistinnen in der Diashow miteinander verbinden.

Das narrative Moment der Ehe ist zwar grundlegend ein Element des Films, aber es bestimmt nicht alleine die Struktur des Films. Vielmehr ist es das selbstgeschaffene fotografische Archiv der beiden Frauen, das ein lesbisches Begehren über die Zeit in den Film einschreibt. Dieses Archiv basiert auf der Vergangenheit, ist aber an eine Zukunft adressiert, auch als ein Festhalten und Erschaffen eines gemeinsamen Lebens, das eben nicht nur von gesellschaftlicher Anerkennung bestimmt war, sondern einen Entwurf trotz homophober Ablehnung und Verheimlichung der Beziehung in der Zeit entwickelt.

Geplant war der Film als ein Hochzeitsfilm, die Hochzeit selbst, die Eheschließung im Film, bekommt einen fast nachgeordneten Anteil in der Narration. Viel mehr im Zentrum steht der Prozess des Abschieds, das Sterben der Protagonistin. So ist das Thema Tod auch über sie durchgehend präsent. Im Film *Edie and Thea: A very long Engagement* geht es also nicht nur um das Ziel der vor dem Tod der Protagonistin zu realisierenden Hochzeit, es geht auch um ein Sterben und dies nicht in Form eines Ausnahmezustands, sondern als ein andauernder Prozess, der das tägliche Leben der beiden Frauen miteinander strukturiert.

Die Ehe selbst wird – vor dem Hintergrund der Diashow – retrospektiv geschlossen und unterläuft damit auch den linearen Vorstellungen des Akts des Versprechens auf eine gemeinsame Zukunft: Die Beziehung entspricht vom Ende her der Vorstellung einer Ehe – Sie wird geschlossen im Moment, in dem der Tod die beiden Protagonistinnen scheidet. Das Alter der Protagonistinnen und das Sterben von Thea sind in diesem Kontext auch wichtige Aspekte des Motivs der Ehe. Retrospektiv wird die romantische Form der Beziehung beglaubigt. Die versprochene Zukunft, die im Eheversprechen liegt, wird dagegen unwichtig. Die Institution der Ehe hat eben gerade nicht nur eine romantische Funktion, sondern die finanziellen und politischen Funktionen der Sorge, des Erbens und der Zuständigkeit. Als tragisches Moment ließe sich nicht nur die Verweigerung der Eheschließung in den USA zu Lebzeiten lesen, als ein tragisches Moment erscheint so auch die Wichtigkeit der Institution der Ehe für eine Anerkennungspolitik.

Ehe und Tod fallen nicht mit einem Filmende zusammen. Kurz bevor der Film endet, sagt Thea: „And I had my summer". Wir sehen die beiden Frauen in Handtüchern in ihrem Garten sitzen. Vielleicht ließe sich dieses kleine Moment schließlich auch als ein Moment der *Jouissance* lesen, ein Genießen, das nicht mehr auf eine Zukunft und im filmischen Narrativ auch nicht mehr auf eine Ehe zulaufen muss. Die kurze Sequenz der beiden Frauen verweist nur auf den gemeinsamen Moment, weder die Narration noch die Beziehung müssen an dieser Stelle einer weiteren linearen Bedeutungsproduktion zulaufen. Die Dringlichkeit der Eheschließung vor dem nahenden Tod ist an dieser Stelle aufgehoben. Der Film und seine Protagonistinnen sind nicht mehr aufgefordert, weitere Bedeutung zu produzieren, und diese kurze Szene wirkt wie ein Moment der Erleichterung, in dem beide Frauen über die nun noch verbleibende Zeit scherzen, während der Film bei ihnen verweilt.

Dann schließt der Film mit einer Rückbewegung an den Anfang der Geschichte und die dort gezeigte Diashow, die nun endet. Das Bild auf dem Schrank zeigt die beiden Frauen in einer Rückenansicht vor einem Kamin sitzend. Die Kamera öffnet in einem Zoom das Bild, so dass sich wieder auch die beiden Protagonistinnen in der Jetztzeit des Films in der Rückenansicht zeigen. Mit der Kamera sitzen wir als Zuschauer*innen hinter ihnen und schauen wiederum über ihre Schultern. Wir sehen, wie sie (sich) sehen.

Das Voice Over beginnt schon in der Einstellung davor, in der die beiden Frauen in einem Park zu sehen sind. Thea richtet einige Fragen an Edie und spricht über die Vorstellung des Gemeinsam-Alt-Werdens: „Did we have the slightest idea that this thing was gonna go on and on? No way?" „Would you have thought that we'd be sitting around and approaching eigthy?" „Never occured to you and never occured to me… What a bizarre idea. People say this thing about ... oh I love you so much I wanna grow old with you. We must grow old together. What an awful idea. It's not such a terrific thing to be old. It certainly never occured to us to think anything like that".

Das letzte Bild der Diashow verschwindet von der Schrank-Leinwand und die Stimme einer der beiden Filmemacherinnen aus dem Hintergrund sagt: „That's it girls". Thea fragt: „That's it?" Und Edie sagt: „Alright, I stay". Mit dem Fokus auf die Diashow führt der Film auf, wie Beziehungen medial hergestellt werden, wie diese Beziehung in Abhängigkeit von Selbstentwurf und Öffentlichkeit medial be-

Abb. 2: Das letzte Bild der Diashow. Screenshot *Edie and Thea: A very long Engagement.*

stimmt ist. Und an seinem Schluss zeigt sich nicht so sehr das Versprechen der Ehe, sondern das Versprechen des Mediums, zu bewahren.

Bibliografie

Barthes, Roland. *Die helle Kammer: Bemerkungen zur Photographie.* Frankfurt a.M.: Suhrkamp, 2014 [1981].

Bersani, Leo. *Is the Rectum a Grave? And other Essays.* Chicago: University of Chicago Press, 2010 [1987].

Butler, Judith. „Gewalt, Trauer, Politik". *Gefährdetes Leben: Politische Essays.* Frankfurt a.M.: Suhrkamp, 2005 [2004], 36-68.

Cvetkovich, Ann. *An Archive of Feelings: Trauma, Sexuality, and Lesbian Public Cultures.* 2003, Durham: Duke University Press.

Danbolt, Mathias. „We're Here! We're Queer? Activist Archives and Archival Activism." *Lambda Nordica.* 15(3-4): 2010. 90-118.

Duggan, Lisa and Muñoz, José Esteban. „Hope and Hopelessness: A Dialogue". *Women & Performance: a Journal of Feminist Theory.* 19: 2009. 275-283.

Edelman, Lee. *No Future. Queer Theory and the Death Drive*. Durham: Duke University Press, 2004.

Edie and Thea: A very long Engagement. R.: Susan Muska und Gréta Ólafsdóttir. USA 2009.

Frankenberg, Natascha. *Queere Zeitlichkeiten in dokumentarischen Filmen. Untersuchungen an der Schnittstelle von Filmwissenschaft und Queer Studies*. Bielefeld: Transcript, 2021.

Halberstam, Jack. *In a Queer Time and Place*. New York: NYU Press, 2005.

Hirsch, Marianne. *Family Frames. Photography, Narrative, and Postmemory*. Cambridge, Mass.: Harvard University Press 2012 [1997].

Kristeva, Julia. „Women's Time". *Signs*. 7(1): 1981. 13-35.

Love, Heather. *Feeling Backward: Loss and the Politics of Queer History*. Cambridge, Mass.: Harvard UP, 1996.

Martinez Mateo, Marina „Familie". *Kritische Theorien in der Pandemie. Ein Glossar zur Corona-Krise*, 2020. https://www.youtube.com/watch?v=uBEQ59I-TiY. Zugriff am 13.06.2021.

Mulvey, Laura. *Death 24x a Second: Stillness and the Moving Image*. London: Reaktion Books, 2006.

Muñoz, José Esteban. „Ephemera as Evidence: Introductory Notes to Queer Acts". *Women & Performance: a Journal of Feminist Theory*. 8(2): 1996. 5-16.

Muñoz, José Esteban. *Cruising Utopia: The Then and There of Queer Futurity*. New York: NYU Press, 2007.

Jasco Viefhues

Rettet das Feuer

Simon Dickel im Gespräch mit Jasco Viefhues

Rettet das Feuer

(D 2019, Buch und Regie: Jasco Viefhues)

Berlin, 1993. Der Fotograf und Künstler Jürgen Baldiga kämpft gegen das HI-Virus. In den neunziger Jahren erreicht die Aids-Epidemie ihren Höhepunkt, auf den niemand vorbereitet ist. Die infizierten Körper und ihre Geschichten verschwinden, als hätte es sie nie gegeben. Den Tod der Freunde und den eigenen vor Augen wird Baldiga zum Chronisten seiner Zeit. „Ich mache ein Foto. Ich fotografiere die Welt. Ich existiere". Ohne die Erinnerung verschwinden Identität und Geschichte. Bis zum letzten Tag arbeitet Jürgen Baldiga an der Dokumentation eines Exodus, der auch ihn erfasst. Der Dokumentarfilm *Rettet das Feuer* richtet den Blick auf ein Stück Westberliner Geschichte und die Stimmen des kollektiven Gedächtnisses.

Simon Dickel: Ich nehme in Deinem Film *Rettet das Feue*r über den Fotografen Jürgen Baldiga ein zärtliches Verhältnis zu queerer Geschichte wahr. Wie würdest Du selbst Deinen Zugang zur Vergangenheit in Deinen Arbeiten beschreiben?
Jasco Viefhues: Vielleicht habe ich ein zärtliches Verhältnis zum Geschichtenerzählen. Die Art, wie ich an die Geschichten und an Geschichte herantrete, mag auch eine zärtliche sein, denn ich nähere mich meinen Themen über die Menschen und bin der Meinung, dass die Geschichten mit den Menschen untrennbar verknüpft und mit dem physischen Körper verschmolzen sind.

Simon Dickel: Im Film gibt es zwei durchgängige Motive: Feuer und Wasser.
Jasco Viefhues: Der Titel ist ja „Rettet das Feuer". Das ist ein Satz, den Jürgen Baldiga mal aufgeschrieben hat, da ging es vermutlich um das Feuer seiner Lenden. Der Filmtitel entstand im Schnittprozess, beim Studieren seiner Tagebücher und beim Betrachten des Materials. In den Tagebüchern geht es die ganze Zeit um den Kampf um dieses Feuer und zugleich um den Kampf gegen das Ertrinken. Ich habe probiert, beides in den Bildern zu transportieren.

Der Film beginnt mit einem Schwarzbild, und man hört ein Feuer knistern. Das Lagerfeuer, um das Menschen im Kreis sitzen, ist für mich ein Sinnbild des Geschichtenerzählens, der Weitergabe von Wissen und Emotionen. Wenn dann jemand neben dir aufsteht, wird es merklich kalt. Das ist für mich ein sehr treffendes Bild. Als jüngerer Mensch, der die AIDS-Krise nur indirekt über die kollektive Erinnerung miterlebt hat, stelle ich mir die Erfahrung so vor, dass immer mehr Menschen um dieses Feuer herum verschwinden. Und dann stellt sich die Frage: Wer rettet das Feuer? Meine Vorstellung des Lagerfeuers hat sich sehr gut mit dem getroffen, was Jürgen geschrieben hat. Und gleichzeitig schreibt er, dass er sich wie in einer Taucherglocke am Grund eines klaren Sees, also in einer tragisch-schönen klaustrophobischen Situation weit weg von allem, befindet und sein Leben zu Ende geht. So kam das Motiv des Wassers dazu.

Simon Dickel: Im Film nehmen die Fotografien und der Nachlass Jürgen Baldigas im Archiv des Schwulen Museums in Berlin eine große Rolle ein. Das Archiv hat eine eigene Präsenz im Film, so, als ob es eine Protagonistin wäre.
Jasco Viefhues: Das Archiv im Schwulen Museum ist sehr speziell und deshalb auch eine Protagonistin. Es ist so etwas wie ein Körper oder Speicher. Wo gehen die Erinnerungen, die Nachlässe von Queers und Homos hin, wenn sie sterben? Es gibt nicht viele vergleichbare Orte. Deswegen war es sehr wichtig, dass das Archiv ein Mandat bekommt, auch selbst zu sprechen.

Simon Dickel: Wie hast Du das formal umgesetzt?
Jasco Viefhues: Das hat mit der Kamera, dem Ton und dem Voiceover zu tun. Beim Filmen war es mir wichtig, dass der Raum als Ganzes wahrnehmbar ist. Im Sounddesign bekam dieser Raum dann eine Stimmung, eine bestimmte Atmosphäre. Im Film gibt es dieses leise Flüstern, so als würden die Bücher, die Kisten versuchen, uns etwas mitzuteilen, das wir nicht verstehen können. Das ist kein brachiales Sounddesign, sondern es ist im Hintergrund wahrnehmbar. Zusätzlich gibt es eine poetische Ebene, die aus eingesprochenen Gedichten besteht, die der Dichter Can Pestanli für den Film verfasst hat.

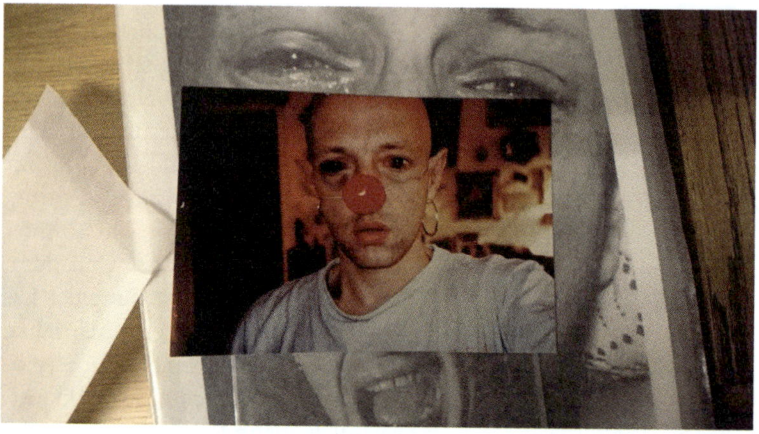

Abb. 1. Filmstill aus *Rettet das Feuer* ©Hendrick Reichel

Abb. 2. Filmstill aus *Rettet das Feuer* ©Hendrick Reichel

Simon Dickel: Gab es in Jürgen Baldigas Nachlass Entdeckungen, die Dich überrascht haben?
Jasco Viefhues: Ich hatte keine Vorstellung davon, was dieser Nachlass beinhaltet. Dort gibt es z.B. Akten von Jürgen, seine alten Reisepässe und die ganzen Tagebücher. In denen ist eigentlich jede Seite überraschend, weil man beim Umblättern nie weiß: Klebt da jetzt ein

benutztes Kondom, ein Kaugummi oder ist da Blut drin? Es ist ein physisch erfahrbarer Nachlass. Zu vielen Fotos, die ein bisschen bekannter sind oder veröffentlicht wurden, gibt es konkrete Pläne in seinen Tagebüchern, und die Fotos sehen genau so aus wie zuvor geplant. Diese Präzision im Arbeiten hat mich überrascht. Erstaunlich finde ich, dass für den Moment des Fotos ein Plan existierte, der die Freiheit der Person, die er fotografierte, nie beschnitten hat. Das macht für mich die Kraft in seiner Fotografie aus.

Simon Dickel: Gibt es Pläne, über den Film hinaus mit dem Nachlass von Jürgen Baldiga zu arbeiten?
Jasco Viefhues: Es gibt Pläne, die Tagebücher zu veröffentlichen. Ich selbst arbeite mit Michael Bucher an einem Konzept für eine Ausstellung mit den Arbeiten von Jürgen Baldiga und der lesbischen Fotografin Petra Gall. Auch ihr Nachlass ist im Archiv des Schwulen Museums. Beide haben zur selben Zeit und zum Teil bei denselben Veranstaltungen fotografiert, nach meinem Wissensstand kannten sie sich aber nicht. Beide haben sehr gegensätzlich gearbeitet, daher würde es sich anbieten, eine gemeinsame Ausstellung zu kuratieren.

Simon Dickel: Hast Du durch die Arbeit an dem Film einen anderen Blick auf unsere Gegenwart bekommen?
Jasco Viefhues: Auf jeden Fall. Der Film ist aus meinem persönlichen Bedürfnis heraus entstanden, mich mit dem Thema HIV/Aids auseinanderzusetzen. Ich hatte viele Fragen: Was hat das mit mir zu tun? Warum macht mich das traurig? Warum weiß ich darüber nichts? Warum spricht darüber niemand? Durch die Gespräche und Auseinandersetzungen während der Arbeit am Film wurde mein Blick geschärft, und die Zusammenhänge sind viel klarer geworden. Je mehr Details dazugekommen sind, desto intensiver konnte ich mich auch selbst damit auseinandersetzen und Dinge verstehen, die nicht im öffentlichen Bewusstsein sind. Der Film ist auch mein Versuch, das zu vermitteln. Heute kann ich mich selbst als Teil eines kollektiven Erinnerungsraums wahrnehmen und deshalb ganz andere Fragen stellen als früher: Was ist mit nicht-normativen Menschen in dieser Zeit passiert, was mit Menschen, über die ich nichts gelesen habe, deren Erinnerungen nicht im Mainstream-Film verhandelt werden?

Abb. 3. Selbstportrait ©Jürgen Baldiga, Schwules Museum Berlin – Leihgabe Aron Neubert

Denn es geht ja nicht nur um Jürgen Baldiga, sondern um eine ganze Szene, die mit einer globalen Szene verbunden ist.

Simon Dickel: Wie hat das Publikum auf den Film reagiert?
Jasco Viefhues: In der Generation derer, die heute zwischen 20 und 30 sind, waren die Zuschauer*innen meistens schockiert darüber, dass sie vieles nicht wussten. Bei den älteren, die noch näher an dieser Katastrophe dran sind, ruft der Film in der Regel ganz viele Erinnerungen und Geschichten hervor, die dann nach der Vorführung geteilt werden.

Simon Dickel: Waren die Themen, mit denen Du Dich in Deinen anderen Arbeiten beschäftigst, also z.B. Schwarze Identität, Queerness, Intersektionalität, auch Gegenstand Deines Filmstudiums?
Jasco Viefhues: Diese Themen kamen in meinem Studium nicht vor. Sie kommen auch in der anerkannten Filmgeschichte nicht vor. Zu meiner Studienzeit wurde eine ausschließlich *weiße* Filmgeschichte gelehrt. Vermutlich wird mittlerweile in Ansätzen darüber diskutiert, dass es auch eine andere Filmgeschichte gibt oder viele Filmgeschichten. Ich habe ausschließlich mit *weißen* bürgerlichen fast ausschließlich heterosexuellen cis-geschlechtlichen Menschen studiert, die auch ausschließlich solche Filme machen, und ich habe auch ausschließlich *weiße* Filme im Filmgeschichtsunterricht gesehen, ausschließlich *weiße* Schauspieltheorie gelernt. Es ging so weit, dass über Rassismus in bekannten Filmen der Filmgeschichte, wie z.B. *Birth of a Nation*, nicht diskutiert werden konnte. Ich erinnere mich, dass ich mich gemeldet habe und fragte: „Können wir kurz darüber sprechen, was wir hier gerade gesehen haben?“, und es hieß, „nein das spielt überhaupt keine Rolle, es geht hier nur um die Ästhetik dieses Films“. Danach habe ich den Filmgeschichtsunterricht für immer verlassen. Ich habe dann selbst nach einer anderen Filmgeschichte recherchiert, und mir wurde klar, dass ich selbst *weiße* Filme für *weiße* Menschen machte, denn ich hatte ja nie was anderes gesehen, und es wurde nie über was anders gesprochen. Es hat wirklich einige Jahre gedauert zu verstehen, dass ich auch selbst einem *weißen* heteronormativen Blick folgte. Obwohl ich mit queeren Menschen und POCs im Team arbeitete, habe ich anfangs ein *blütenweißes* Sozialdrama gedreht, einen Film, der dann für den Deutschen Kurzfilmpreis nominiert wurde. Mit den

Referenzgeldern, die ich dafür bekam, habe ich einen nicht-*weißen* Film mit einem Schwarzen Protagonisten und einem schwulen Thema gemacht, und der ist einfach nirgendwo gelaufen, dafür hat sich keiner interessiert. Den Spielraum eines Misserfolgs hat man als *Person of Color* in dieser Branche einfach nicht. Es gibt keinen doppelten Boden. *Rettet das Feuer* ist ja auch ein *weißer* Film, und als Künstler möchte ich mich in der Themenwahl auch nicht einschränken lassen. Aber diese Freiheit wird mir nicht gewährt. Oft sind Leute erstaunt darüber, dass ich *Rettet das Feuer* gemacht habe. Bei den Münchener Filmfestspielen gab es zum Beispiel die Situation, dass sich der Fahrer einen Regisseur irgendwie anders vorstellte, und ich deshalb weder abgeholt noch irgendwo hingebracht wurde, da er mich ja nicht erkannte. Es ist einfach auf allen Ebenen problematisch.

Das Gespräch fand am 16. August 2021 in Berlin statt.

Hannes
Hacke

Sexualität ausstellen

Die Erotik der Dinge

Wie kommt es, dass bestimmte Dinge als erotisch oder pornografisch wahrgenommen werden? Liegt es am Material, an ihrer Form, der Oberfläche, dem Nutzungskontext oder den Fantasien, die an die Dinge geknüpft werden? Welche Dinge mit Bezug zu Sexualität finden sich in den Depots der Museen, und wie lassen sie sich heute ausstellen? Diesen Fragen widmete sich die Ausstellung „Die Erotik der Dinge – Sammlungen zur Geschichte der Sexualität", die im Sommer 2018 im Werkbundarchiv – Museum der Dinge in Berlin gezeigt wurde.[1] In der Ausstellung waren die Sammlungen der Sexualwissenschaftler Magnus Hirschfeld (1868-1935) und Alfred C. Kinsey (1894-1954) und der Kunstsammlerin Naomi Wilzig (1934-2015) Ausgangspunkte für eine Beschäftigung mit Sammlungspraktiken, Klassifizierung und Wahrnehmung von erotischen Dingen. Die Ausstellung bot einen neuartigen Zugang zur Verhandlung von Sexualität im Ausstellungsraum. Sie stellte nicht Identitäten, sexuelle Praktiken oder Diskurse über Sexualität in den Mittelpunkt, wobei die Ausstellungsobjekte der Illustration oder als Beleg einer These dienten, sondern es wurde eine ding-zentrierte thematische Ausstellung entwickelt. Die Dinge aus den Sammlungen wurden nach formalen und inhaltlichen Gesichtspunkten neu präsentiert und um künstlerische Positionen und Inszenierungen ergänzt.

Bisher gibt es im deutschsprachigen Raum wenige kulturhistorische Ausstellungen, die sich explizit und kritisch mit der Kulturgeschichte der Sexualität beschäftigen. Viele Museen schrecken nach wie vor davor zurück, Sexualität explizit zum Thema zu machen, und oft sind Ausstellungen geprägt von patriarchalen Blickweisen und heteronormativen Beständen (Tyburczy, *Sex Museums* 1 ff.). Zwar finden sich in vielen Sammlungen Hinweise auf vielfältige sexuelle Lebensweisen, diese werden jedoch oft nicht öffentlich gezeigt, und die explizite Thematisierung von Sexualität wird aufgrund einer Angst vor Skandalisierung oder aus Mangel an Expertise vermieden (Sandell 97 f.). „Die Erotik der Dinge – Sammlungen zu Geschichte der Sexualität" war die erste Ausstellung im Werkbundarchiv – Museum der Dinge, die sich dem Thema Sexualität widmete; sie stellte einen Ver-

1 https://www.museumderdinge.de/ausstellungen/erotik-der-dinge-sammlungen-zur-geschichte-der-sexualitaet

such dar, den Ausstellungsraum als Verhandlungsort über sexuelles Wissen zu aktivieren und normative Sichtweisen zu hinterfragen. In diesem Artikel möchte ich einige der konzeptionellen Überlegungen und kuratorischen Strategien darlegen.

Sammlungen zur Geschichte der Sexualität

Die Ausstellung wurde gemeinsam von der Forschungsstelle Kulturgeschichte der Sexualität an der Humboldt-Universität zu Berlin und dem Werkbundarchiv – Museum der Dinge realisiert.[2] Sie fand im Rahmen eines fünfjährigen Forschungs- und Ausstellungsprojekts (2017-2022) statt, das sich mit der Sammlung erotischer Kunst der US-Sammlerin Naomi Wilzig und der Geschichte und Epistemologie von sexualitätsbezogenen Sammlungen beschäftigt.[3] In Kooperation mit dem Kinsey Institute in Bloomington und dem Wilzig Erotic Art Museum in Miami ging es darum, Sammlungsobjekte, Sammlungsziele und -strategien sowie Überlieferungen, Überschneidungen und Unterschiede zwischen verschiedenen sexualitätsbezogenen Sammlungen sowohl in historischer als auch transnationaler Perspektive aufzuzeigen und Sammlungen als Orte der Wissensproduktion über Sexualität in den Blick zu nehmen. Dieser Forschungszusammenhang bedingte die Auswahl der Sammlungen, auf die wir für die Recherche der Ausstellung zurückgriffen. Anlass für die Ausstellung war der 150. Geburtstag des Sexualwissenschaftlers Magnus Hirschfeld, dessen Schaffen einen Schwerpunkt der Arbeit der Forschungsstelle darstellt. Somit lagen der Ausstellung unterschiedliche Sammlungen aus unterschiedlichen Epochen zu Grunde: eine private Kunstsammlung, eine sexualwissenschaftliche Universitätssammlung, Hirschfelds nicht mehr existente Sammlung, die er am Berliner Institut für Sexualwissenschaft zusammengetragen hatte. Alle drei SammlerInnen sammelten, verwahrten und inventarisierten Objekte, Kunstwerke, Bücher und Skulpturen mit sexuellem, erotischem oder pornografischem In-

2 Mitglieder des KuratorInnenteams waren außer dem Autor: Michael Fehr, Renate Flagmeier, Andreas Kraß und Imke Volkers.
3 https://hu.berlin/naomi-wilzig-sammlung

halt und trugen so zur Klassifizierung von Sexualität und Dingen bei.

Magnus Hirschfeld und seine Mitarbeiter*innen trugen eine umfangreiche Sammlung am 1919 gegründeten Institut für Sexualwissenschaft in Berlin zusammen. Die Sammlung umfasste medizinisches Lehrmaterial, empfängnisverhütende Mittel, Gemälde, Zeichnungen, Fotografien, Bücher, Alltagsdinge und sexuelle Hilfsmittel, Fragebögen und vieles mehr. Hirschfeld war getrieben vom Wunsch, eine größtmögliche Anzahl geschlechtlicher und sexueller Varianten zu dokumentieren, um seine Theorie der sexuellen Zwischenstufen zu untermauern. Anthropologische und archäologische Objekte, Kunstwerke und Fotografien dienten ihm, teilweise ungeachtet ihrer Herkunft, ihrer Funktion oder ihres Genres, als Beweis für diese universelle biologische Vielfalt (Herrn 180 ff.). Für Hirschfeld war die wissenschaftliche Beschäftigung mit Sexualität und Geschlecht eng mit der Forderung nach Sexualreform, einer neuen Sexualethik und einer Entkriminalisierung verschiedener sexueller Praxen verbunden (Dose 40 ff.). Wie viele seiner Zeitgenoss*innen hatte auch er ein Vertrauen in die ungetrübte Objektivität der Wissenschaft, die auch in seinem Wahlspruch „Durch Wissenschaft zur Gerechtigkeit" deutlich wurde.[4] Hirschfelds Sammlung wurde 1933 von Nationalsozialisten im Rahmen der Bücherverbrennung geplündert und zerstört.

Auch der Sexualwissenschaftler Alfred C. Kinsey sammelte zusätzlich zu den 18.000 Interviews, die er und seine Mitarbeiter*innen in den gesamten USA durchführten und die Grundlage für seine weltweit bekannten *Kinsey-Reports* über das Sexualverhalten der US-Amerikaner*innen waren, ab den 1940er Jahren eine Vielzahl von Kunstwerken, Fotografien, Filmen, Büchern, Alltagsgegenständen und Dokumenten (Bohan 8 f.). Kinsey war der Auffassung, dass diese Dinge Rückschlüsse auf das sexuelle Verhalten und die sexuelle Vielfalt der Menschen zuließen. Ziel war die Schaffung einer umfassenden Weltgeschichte der Sexualität auf Grundlage einer Sammlung, die nach einem komplexen System klassifiziert und geordnet wurde (Drucker 215 f.). Anders als die beiden Sexualwissenschaftler sammelte hingegen Naomi Wilzig nicht aus wissenschaftlichem Interesse, verfolgte je-

4 Für eine kritische Auseinandersetzung siehe Bauer.

doch ein ähnliches Ziel, eine alle Epochen und Kontinente umfassende Sammlung erotischer Kunst und Artefakte aufzubauen. Sie verband mit ihrer Sammlungspraxis und der späteren Gründung ihres *World Erotic Art Museum* im Jahr 2005 in Miami Beach das Ziel, Darstellungen von Nacktheit und sexuellen Praktiken zu enttabuisieren und einer größeren Öffentlichkeit zugänglich zu machen (Nicholson 25 ff.). Die Sammlung und Dauerausstellung orientierten sich dabei nicht nur an einem etablierten kunsthistorischen Kanon sowie der Vorstellung eines sexuellen Universalismus, sondern auch an ihren eigenen Interessen und Vorlieben (Sender 47 f.).

In der Ausstellung wurden die Klassifikationssysteme der SammlerInnen jedoch nicht nachgestellt, sondern die Sammlungen dienten als Fundus und Ausgangspunkt für eine Beschäftigung mit Dingen in Bezug auf Sexualität. Hierfür sichteten wir die Sammlungsbestände des WEAM in Miami und des Kinsey Institutes in Bloomington, versuchten, die zerstörte Sammlung Magnus Hirschfelds aus Quellen zu rekonstruieren und recherchierten in der Sammlung des Werkbundarchiv – Museum der Dinge nach verwandten Objekten. Obwohl die Sammmlungen zu unterschiedlichen Zeiten und mit unterschiedlichen Schwerpunkten und Zielen entstanden sind, befanden sich interessanterweise sehr ähnliche Dinge in alle Sammlungen. In der Ausstellung präsentierten wir in knapper Form den Umfang, die Zielsetzungen und die Klassifikationspraxis der SammlerInnen. Der Hauptfokus lag jedoch auf der Präsentation einer Auswahl von Dingen aus den drei Sammlungen, die nach formalen und inhaltlichen Gesichtspunkten neu angeordnet und mit Dingen aus der Sammlung des Museums der Dinge und einigen weiteren Sammlungen ergänzt wurden.

Dingtypen: Ausstellen als Erkenntnisform

Während der Fokus des Forschungsprojekts auf der Bedeutung von Sammlungen als „epistemischen Objekten“ (Abel) lag, kamen durch die Kooperation mit dem Werkbundarchiv – Museum der Dinge die Dinge in den Sammlungen stärker in den Fokus. In den letzten zwei Jahrzehnten vollzog sich eine Neubewertung von Dingen in Museen. Das Museum der Dinge hat zu dieser Entwicklung maßgeblich beigetragen. Als Museum der Produkt- und Warenkultur des 20. und 21.

Jahrhunderts hat es sich in vielen Ausstellungen mit der Wahrnehmung, Nutzung, Bedeutung und Präsentation von Dingen beschäftigt und die museale Debatte über den Status der Dinge im Museum und deren Inszenierung maßgeblich geprägt (Schulze 263 f.). Die Ko-Kuratorin Renate Flagmeier drückt dies so aus:

> Für mich bedeutet die Arbeit mit Dingen eine besondere Art der Erkenntnis und der Weltwahrnehmung. Mich interessieren das in Dingen inkorporierte und an ihnen ablesbare Leben und die Kontexte, in denen diese Dinge wichtig waren oder eine Rolle gespielt haben. Und ich schätze auch die Fähigkeit von Dingen, Assoziationen auszulösen und Erinnerungen zu wecken. (51)

Dinge sind nicht nur Informationsvehikel oder illustrieren Ideen und Geschichten in den Ausstellungen, sondern werden „als Erkenntnisobjekte ernst genommen, die man durch genaue Beobachtung erschließen und assoziativ ordnen kann, um zu ganz neuen Formen der Erkenntnis zu gelangen" (Thiemeyer 232).

In der Ausstellung standen deshalb die Materialität, Medialität und der Eigensinn der Dinge im Mittelpunkt sowie die Mehrdeutigkeit und Wandelbarkeit der Bedeutungen und Gebrauchsweisen (Hahn 11). Die Ausstellung stellte damit einen neuartigen Ansatz dar, Sexualität im Museum auszustellen, da das Thema bisher hauptsächlich aus kunsthistorischer, (kultur)historischer, sexualwissenschaftlicher oder biologischer Perspektive angegangen worden ist. Die Rolle von Dingen im Feld der Sexualität stand bisher selten im Zentrum der Aufmerksamkeit von Ausstellungen über Sexualität wie auch der kulturhistorischen Forschung über Sexualität.[5] Allenfalls werden die Zeugnisse menschlicher sexueller Aktivität in Form von Verhütungsmitteln, Aphrodisiaka oder Sextoys einbezogen (Allen 941 f.). Unser Ziel war es, die Ausstellung als Erkenntnisort zu aktivieren, der nicht nur eine Geschichte der Sexualität anhand von Dingen darstellt, sondern durch die Anordnung der Dinge im Raum, neues Wissen erzeugt und den Besucher*innen neue Sichtweisen auf die Dinge ermöglicht. Die Ausstellung sollte

5 Für Ausnahmen siehe Brickell und Collard, Bühner et. al., Rößiger et al.

als Erkenntnisformat dazu genutzt werden, das erotische Verhältnis zu den Dingen zu eruieren und deren Bedeutung und Einfluss auf den Menschen wie auch die den Dingen eingeprägten Intentionen reflektier- und erlebbar zu machen (Flagmeier 54).

Ausgehend von den unterschiedlichen Dimensionen der Dinge[6] – den materiellen Eigenschaften, dem Nutzungskontext, der Form, der Funktion und den Darstellungen – identifizierten wir verschiedene Dingtypen: „Körperformen", d.h. biomorphe Objekte, deren Formen und Materialität erotische Assoziationen hervorrufen können; „Körper-Teile", d.h. Alltagsdinge in Form von Körperteilen, die Anlass waren, um über Geschlechterverhältnisse und patriarchale Produktionsverhältnisse nachzudenken. „Erotika", d.h. Dinge mit Darstellungen von nackten Körpern und sexuellen Handlungen, die oft nur versteckt sichtbar waren, „Werkzeuge der Lust" und „Fetischobjekte", d.h. Alltagsgegenstände und Kleidung, die für sexuelle und erotische Zwecke umgedeutet bzw. -genutzt werden können.[7] Diese Dinggruppen wurden in separaten Vitrinen in Serie angeordnet und mit einem kurzen Erläuterungstext zum jeweiligen „Dingtyp" versehen. Die Präsentationsform orientierte sich dabei an einer wissenschaftlich motivierten Ausstellungsweise, bei der die Dinge in geometrischer Grundform mit der Schauseite zu den Betrachter*innen präsentiert werden, was sowohl den Fokus auf das einzelne Objekt wie auch ein vergleichendes Sehen ermöglichte (Fehr 126). Die wissenschaftlichen Konventionen folgende Präsentation der Dinge wurde durch das warme Rosa gebrochen, in das die Gestalterin Rose Epple den kleinen Sonderausstellungsraum tauchte, was dem Raum Intimität, Wärme und auch Intensität verlieh. Im Raum verteilt hingen zudem schwarze glänzende Ballons von der Decke – bewegliche erotische Körper, die im Raum leicht hin und her wogten und zum Anfassen anreizten.

6 Für unterschiedliche Dimensionen von Museumsdingen siehe Muttenthaler.
7 Die vollständige Liste der Dingtypen war: Körperformen, Körper-Teile, Erotika, Liebesmittel, Werkzeuge der Lust, Aus dem Herrenzimmer, Lehrmittel, Fetischobjekte, Museumsstücke für Zuhause, Naturdinge.

Abb. 1. Ausstellungsansicht, © Werkbundarchiv — Museum der Dinge, Foto: Armin Herrmann

Erotisch oder pornografisch?

In den Diskussionen während der Ausstellungsvorbereitung wurde schnell klar, dass keine einheitliche Definition von Erotik präsentiert werden würde, sondern stattdessen eine Befragung und Auffächerung des Phänomens Erotik in Bezug zu Dingen im Mittelpunkt stehen sollte. Denn die Definition von Erotik und deren Abgrenzung von Pornografie und deren Rolle in Kunst, Literatur und Alltag sind seit 200 Jahren ein umstrittenes Feld. Wie Walter Kendrick in seiner wegweisenden Studie *The Secret Museum. Pornography in Modern Culture* gezeigt hat, sind unsere gegenwärtigen Unterscheidungen zwischen Pornografie, Erotik und Kunst das Ergebnis eines Zusammenspiels von musealen, kunsthistorischen und juristischen Klassifikationspraktiken (Kendrick).[8] Der Begriff ‚Erotik'/‚erotisch' wurde seit Mitte des 19. Jahrhunderts verwendet und zwar zunächst vor allem von bibliophilen Sammler*innen, die damit eine bestimmte Gattung

8 Auch museale, private und universitäre Sammlungen waren Verhandlungsorte für die Frage der Kategorisierung von Objekten, Skulpturen und Literatur als ‚pornografisch', ‚erotisch', ‚obszön' und ‚sexuell explizit'. Siehe Fisher und Langlands.

der (sexuell expliziten) Literatur bezeichneten (Kendrick 70). Diese konnten sie nur im Geheimen sammeln, da die staatliche und religiöse Zensur diese Werke verbannt sehen wollten. Zensur und Gerichte unterschieden dabei nicht zwischen Pornografie, Erotik, medizinischen Sexualitätsdarstellungen, realistischer Literatur oder Anleitungen für Verhütungen. Erst in einer Reihe von Gerichtsprozessen Ende des 19. Jahrhunderts und Anfang des 20. Jahrhunderts in Frankreich, Großbritannien und den USA wurden die Grenzen des Darstellbaren und die Definitionen dessen, was als pornografisch galt, immer wieder verändert (Kendrick 94 ff.). Ab den 1960er Jahren fand der Begriff Erotik immer breitere Verwendung in Abgrenzung zum Begriff Pornografie; denn es bedurfte eines Begriffs, der die Sorte an Darstellungen und Literatur benannte, die, obwohl sie von Sex handelten, dies in einer gesellschaftlich akzeptablen Form taten (Kendrick 243).[9] Heutzutage wird Erotik oft mit Begriffen wie ‚subtil', ‚implizit', ‚andeutend', ‚die Phantasie anregend' beschrieben und meist als Antithese zur Pornografie verstanden.[10]

In der Ausstellung war es uns ein Anliegen, diese sich wandelnden und umkämpften Definitionen der Begriffe ‚erotisch', ‚pornografisch' und ‚sexuell explizit' offenzulegen und aufzuzeigen, dass die Wahrnehmung von Dingen immer durch gesellschaftliche Diskurse und Repräsentationsregime bedingt ist. Die Präsentation der Objekte und die Ausstellungstexte sollten dazu anregen, über Definitionen und Grenzziehungen nachzudenken. Dieses machten wir z.B. an einer Zuckerdose der Firma Kahla deutlich, auf die wir bei unserer Recherche in der Sammlung des Museums der Dinge gestoßen waren. Die Zuckerdose „Zuckerhut", von der Designerin Barbara Schmidt entworfen, war 2013 auf den deutschen Markt gekommen. Als es darum ging, das Produkt für den US-Markt in den Vertrieb aufzunehmen, weigerte sich der US-amerikanische Vertriebsleiter, denn die Form der Zuckerdose wurde als zu phallisch bzw. zu obszön eingestuft. Daraufhin produzierte

9 Ab den 1970er Jahren intervenierten auch feministische Autor*innen und Aktivist*innen in diese politischen, kunsthistorischen und philosophischen Auseinandersetzungen. Für einen Überblick über die feministische Debatte siehe Schmidt

10 Erotik wird darüber hinaus jedoch auch als akzeptableres Synonym für Pornografie verwendet wie z.B. bei „Erotik-Markt" oder „Erotik-Filme". Für eine Übersicht gegenwärtiger Debatten über erotische Kunst und Pornografie siehe Maes und Levinson.

Kahla einen neuen flachen Deckel für den US-Markt (Kippenberger und Thomma). In der Ausstellung präsentierten wir die Zuckerdose mit dem ursprünglichen („phallischen“) Deckel in einer Art Peepshow. Die Besucher*innen waren eingeladen, durch ein Guckloch in der Wand zu schauen, hinter der die Zuckerdose aufgestellt war. Durch diese Art der Inszenierung spielten wir mit der vermeintlichen Obszönität der Zuckerdose wie auch mit den Erwartungen der Besucher*innen, was sie dort zu sehen bekommen würden. Das Guckloch evozierte zudem die oft mit Erotik verknüpften Topoi des Geheimnisses, des Verbots, der Intimität und des voyeuristischen Blicks. Es thematisierte zudem das Anschauen als machtvolle und auch potenziell sexualisierende oder erotisierende Geste. Während die Besucher*innen durch das Guckloch blickten, wurden sie zudem von anderen Besucher*innen dabei beobachtet: „So wird es zu einem Setting, in dem man sich seiner selbst als Beobachter bewusst wird, also zu beobachten beginnt, wie man sich verhält, wie man beobachtet und sich orientiert“ (Fehr 128).

Heteronormative Bestände queer/feministische Ausstellungsstrategien

Bei der Recherche in den Sammlungen von Naomi Wilzig, Alfred Kinsey und auch des Museums der Dinge fanden wir fast ausschließlich Dinge und Darstellungen aus dem 19. und frühen 20. Jahrhundert, die für den Blick und die Bedürfnisse des bürgerlichen heterosexuellen Mannes geschaffen wurden. Der erotische Aspekt dieser Objekte besteht oft darin, dass Abbildungen oder Formen von expliziten heterosexuellen Handlungen oder Frauenkörpern auf Alltagsobjekten angebracht sind. Sie geben Aufschluss darüber, wie männliche Orte und Handlungen erotisch besetzt wurden: Rauchen und Trinken, Baden und Rasieren, Schreiben und Lesen. Es sind Objekte, die hauptsächlich Männern vorbehalten waren und die diese im Herrensalon und in Gemeinschaften miteinander teilten. Zudem haben diese Dinge oft eine praktische Funktion, mit ihnen kann man würzen, knacken, anzünden – also Handlungen vollziehen, die erotische Assoziationen ermöglichen. Die Objekte sind im weitesten Sinne nützlich und versinnbildlichen damit jene Benutzbarkeit und Objekthaftigkeit, die in patriarchal geprägten Gesellschaften mit Weiblichkeit verbunden werden. Die Verfügbarkeit des nackten Frauenkörpers auf Objekten des täglichen Gebrauchs verweist auf die patriarchale Ordnung der Gesellschaft, in der nur Männern Subjektstatus zugestanden wird und Frauen zum Objekt gemacht werden. Auffallend war zudem der Phallozentrismus: Wenn primäre Geschlechtsorgane abgebildet werden, sind es fast ausschließlich Phalli. Eine Vulva wird sehr selten sichtbar gezeigt. Die Sammlungsbestände spiegeln somit die heteronormativ und patriarchal geprägten gesellschaftlichen Verhältnisse wider, in der Darstellungen von Frauenkörpern für den Gebrauch, die Lust und Unterhaltung von heterosexuellen bürgerlichen Männern zur Verfügung gestellt werden, um angefasst und zwischen ihnen geteilt zu werden.

In der Ausstellung war die Beschäftigung mit der Objektivierung von weiblichen Körpern, der zweigeschlechtlichen Konstruktion von Körpern und der Nutzung und Anschauung von Dingen mit der Frage nach der Erotik der Dinge verknüpft: Erotik für wen, durch was? Die Dinge, die wir in den Sammlungen vorfanden, machten den Mangel an erotischen Dingen, die von und für Frauen und LSBTIQ* produziert wurden, deutlich. Anders als in Hirschfelds oder Kinseys Zeit gibt es heute eine weltweite Verfügbarkeit der Vielfalt von sexuellen Darstellungen im Internet, und das Internet hat den Zugang demokratisiert. Zudem verändern sich die Grenzen zwischen dem Öffentlichen und dem Privaten. Sexuelle Praxis wird vermehrt als Spiel und Vergnügen und eine Form der Erholung aufgefasst und ist nicht mehr nur an Liebe und Fortpflanzung gekoppelt. Allerdings spiegelt sich diese Vervielfältigung und Enthierarchisierung von Sexualitäten noch selten auf der Ebene der Dinge wider, die uns umgeben.

Die Dominanz von patriarchalen und heteronormativen Dingen und Darstellungen in den Sammlungen war für uns eine kuratorische Herausforderung, denn es war uns ein zentrales Anliegen, in der Ausstellung keinen „patriarchalen Perspektivismus" (Tyburczy 14) zu reproduzieren oder diesen allein durch Text zu kontextualisieren. Deswegen entliehen wir Objekte aus anderen Sammlungen, z.B. des Schwulen Museums in Berlin oder aus Privatsammlungen, die feministische und/oder queere Nutzungskontexte und Produktionszusammenhänge sichtbar machten. Am eindrucksvollsten gelang es, die gegenwärtige Veränderung sexueller Kultur im Zusammenhang mit materieller Kultur und Warenproduktion in der Abteilung zu den Sextoys darzustellen. Hirschfeld hatte bereits 1929 ein Buch unterschiedlichsten „Liebesmitteln“ gewidmet (Hirschfeld und Linsert), und auch in den anderen beiden Sammlungen fanden sich unterschiedlichste sexuelle Hilfsmittel oder Darstellungen davon. Mittlerweile gibt es eine enorme Vielfalt an Formen und Funktionen von modernen Sextoys, die einen enttabuisierten und selbstbewussten Umgang mit dem eigenen Körper, mit der eigenen Lust, mit unterschiedlichen sexuellen Begehren und der Selbstbefriedigung widerspiegelt. Dieses neuartige Sexspielzeug zeichnet sich durch innovative Materialien, technische Neuerungen und eine große zielgruppenspezifische Ausdifferenzierung aus. Auch feministische und queere Designer*innen und Produzent*innen entwerfen und produzieren für diesen lukrativen Markt (Orrell und Scuderi). In der Ausstellung präsentierten wir eine große Auswahl an historischen und aktuellen Sex-Toys, die nach der

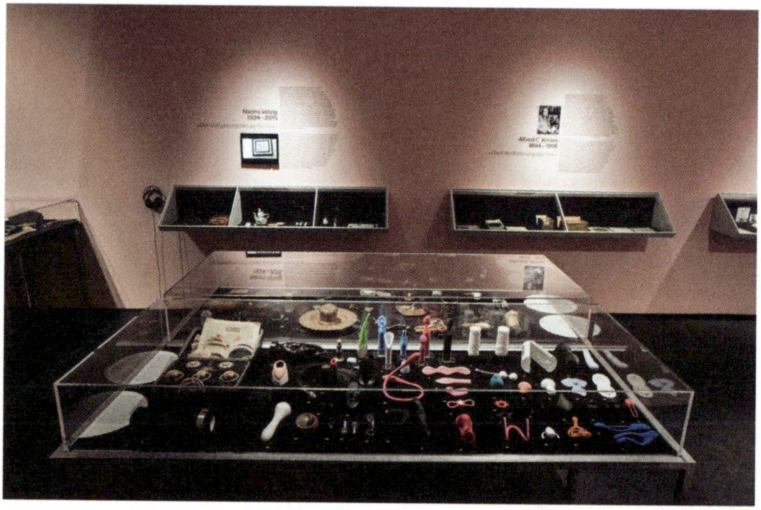

Abb. 2. Vitrine „Liebesmittel“, © Werkbundarchiv – Museum der Dinge, Foto: Armin Herrmann

Ausstellung in die Sammlung des Museums der Dinge aufgenommen wurden, und organisierten zudem einen Sex-Toy Workshop.[11]

Zudem ergänzten wir die Präsentation der verschiedenen Dingtypen um eine Videoarbeit der feministischen Künstlerin Stephanie Sarley und eine Installation des Künstlers Marc Martin. Das Video *shopping* der Künstlerin Stephanie Sarley in der Ausstellung thematisiert auf humorvolle Weise die Erotisierung von Produkten beim Akt des Einkaufens. In ihren auf den *Social Media* geteilten Videos sieht man meist nur die Hände der Künstlerin, wie sie unterschiedliches Gemüse und Obst in die Hand nimmt und streichelt, hätschelt, liebkost, mit Flüssigkeit übergießt, fingert, penetriert oder aufbricht. Obwohl in ihren Videos keine menschlichen Körper interagieren, wurden ihre Accounts wiederholt gesperrt, weil ihre Videos als pornografisch eingestuft wurden (Sisley).

Dingbeziehungen

In der Videoarbeit von Stephanie Sarley wird auf subtile Weise offenbar, wie eine alltägliche Handlung wie z.B. das Einkaufen von Dingen von einer Erotisierung durchzogen ist. Die Künstlerin nutzt dies als künstlerische Strategie, um die Dinge durch den erotisierenden Umgang mit ihnen umzudeuten. Die unterschiedlichen erotischen Beziehungen zwischen Menschen und Dingen war ein weiteres zentrales Thema unserer Ausstellung. Denn wir verstanden Erotik weniger als eine Eigenschaft von Dingen, sondern als eine spezifische Beziehung zu ihnen, die an die Fantasien und Handlungen geknüpft ist, die mit oder an Dingen vollzogen wird. Manche Dinge werden produziert, um eine solche Beziehung entstehen zu lassen; andere bieten die Möglichkeit dazu nur latent; wieder andere werden nur für einen bestimmten Moment oder in einer bestimmten Situation erotisch oder sexuell aufgeladen. Auch wenn sich geschlechtsspezifische, kulturelle und historische Konventionen ausmachen lassen, bleibt, was jemand als erotisch empfindet, ein sehr persönliches Verhältnis zu einem Ding.

11 Der Workshop fand in Kooperation mit dem queer-feministischen Sexshop *Other Nature* im Rahmen der Langen Nacht der Museen in Berlin statt.

Die erotische oder auch sexuelle Beziehung zu einem Ding wurde lange Zeit als Fetischismus pathologisiert und abgewertet. Seit Ende des 19. Jahrhunderts wurde die Erotisierung von Objekten in der Sexualwissenschaft und der Psychoanalyse als von der Norm abweichend markiert (Böhme 375 f.). Die erotische Beziehung zu Objekten und Dingen des Alltags wurde laut Michel Foucault sogar zur „Modell-Perversion", die das Paradigma aller Perversionen in der Sexualwissenschaft darstellte. „Am Fetischismus treten exemplarisch die Verweigerung des Fortpflanzungsgebots und die ‚Pervertierung' des ehelichen Normalismus zu Tage" (Böhme 162). Während die Sammlungen von Hirschfeld und Kinsey aus einer Zeit stammen, in der die erotische oder auch sexuelle Beziehung zu Dingen als Fetischismus pathologisiert wurde, ist heutzutage diese Pathologisierung des Fetischismus in den Hintergrund getreten. Es gibt heute eine viel stärkere Sichtbarkeit, Pluralisierung und Akzeptanz von sexuellen Fetischen. Sexuelle Fetischpraktiken und Kleidung werden nicht mehr durchgängig als pathologisch, sondern immer mehr als Teil des selbstbestimmten sexuellen Lebensstils, als Teil der Selbststilisierung gesehen.[12] In der Populärkultur werden Zeichen und Insignien von Fetisch-Subkulturen aufgegriffen, und es gibt einen großen Markt, der auf Fetischkleidung spezialisiert ist. In der Ausstellung präsentierten wir historische und zeitgenössische Fetischobjekte und thematisierten, wie sich die Bewertung von erotischen Beziehungen zu Dingen gewandelt hat.

Uns beschäftigte zudem die Frage, wie die Besucher*innen in der Ausstellung mit den Dingen interagieren und in Beziehung treten können. Denn durch die Präsentation der Dinge in Vitrinen konnten Besucher*innen die Objekte lediglich durch eine Glasscheibe getrennt anschauen. Museumsvitrinen verhindern meist die Möglichkeit, ein Objekt mit mehreren Sinnen zu erfahren und ermöglichen nur eine distanzierte Art der Begegnung. Aus diesem Grund luden wir den französischen Künstler Marc Martin ein, eine Installation mit Dingen aus seiner Privatsammlung im Ausstellungsraum zu realisieren. Die Installation *En Passent* inszenierte eine Umkleidekabine für Männer als Raum erotischen Begehrens und der Dingbeziehungen. Marc

12 Für einen Überblick siehe Blättler und Schmieder.

Martin umkreist in seinen Fotos, Filmen und Ausstellungen schwules Begehren und die Erotik der männlichen Arbeitswelt, der öffentlichen Toiletten und „stinkenden" Dinge (Martin). Die Umkleidekabine in der Ausstellung changierte zwischen Sportkabine und Arbeiterumkleide. Näherte man sich ihr von der einen Seite, stach die aus dem metallenen Umkleideschrank quellende Sammlung gebrauchter Turnschuhe hervor, die Martin von unterschiedlichen Männern für einen Sneaker-Fetisch Porno geschickt bekommen hatte. Daneben lud ein Sprungbock ein, mit der Hand über das abgewetzte Leder zu fahren oder darauf zu steigen. Ging man um den Schrank herum, offenbarten sich abgewetzte Gummistiefel, ölige Arbeitshandschuhe, ein dreckiger Jockstrap, ein benutztes Handtuch und verschwitzte Socken, die die Sinne der Besucher*innen ansprachen.

Abb. 3. Installation „En Passent", © Werkbundarchiv – Museum der Dinge, Foto: Armin Herrmann

Des Weiteren kooperierten wir mit dem Forschungsprojekt *smart materials satellites* der Stiftung Bauhaus Dessau und der Weißensee Kunsthochschule Berlin, die in einem Nebenraum eine interaktive Vermittlungsstation aufbauten. Das *sensing materials lab* bestand aus zwei Labortischen, an denen sich die Besucher*innen mit den sinnlichen Eigenschaften von Materialien auseinandersetzen konnten und die (erotischen) Materialqualitäten riechen, fühlen, hören, anschauen und ertasten konnten.[13] Während bei der Installation von Marc Martin die subtile Einladung zur Interaktion (z.B. einen Schuh herauszunehmen) nur selten aufgenommen wurde, fand diese Möglichkeit in der Vermittlungsstation großen Anklang. An der Mitmachstation konnte man z.B. durch Temperaturerhöhung mit Hilfe eines Heißluftföhns Drähte bewegen, die Hände in Hydrogel versenken, kinetischen Sand, Schafswolle oder eine Styropor-Polymer-Mischung anfassen, die auditiven Eigenschaften von Gelee erfahren oder künstlichen Dunst riechen (Viehweg und Wolf 13 ff.). Die Station bot zum einen Anlass zur sinnlichen Erfahrung von Materialien und lud zum anderen ein, den Zusammenhang der sinnlichen Erfahrung von Oberflächen, Materialien und Dingen mit den Symbolen, Metaphern und Codes von Erotik zu reflektieren und eigene Erfahrungen und Wahrnehmungen festzuhalten. Auf Karteikarten konnte „die eigene Wahrnehmung sensorischer Materialeigenschaften – heute, übermorgen und in den

Abb. 4. Teilansicht „sensing materials lab", © Werkbundarchiv – Museum der Dinge, Foto: Armin Herrmann

13 Für eine detaillierte Dokumentation siehe Viehweg und Wolf.

Träumen – beantwortet werden" (Viehweg und Wolf 24). Die ausgefüllten Karteikarten verblieben während der Laufzeit der Ausstellung an der Station und konnten so auch von anderen Besucher*innen gelesen werden. Die multimediale, interaktive, spielerische und humorvolle Interaktion mit Materialien eröffnete einen Raum, um die oft als intim konnotierte Erfahrung von Erotik mit öffentlicher Reflexion zu verbinden (ebd.).

Sexualität vermitteln

Zusätzlich zu dieser Mitmachstation entwickelten wir in Zusammenarbeit mit Sexualpädagog*innen ein Vermittlungsprogramm für Schulklassen. Diese Zusammenarbeit von Sexualpädagog*innen und Museumspädagogik schien uns dringend geboten, da es bisher kaum dokumentierte Methoden für die Thematisierung von Sexualität in der Vermittlungsarbeit besonders für Schulklassen gibt.[14] Aus der Zusammenarbeit entstand ein dreistündiges Workshopangebot für Schüler*innen ab 14 Jahren. Ziel des Workshops war es, ein Bewusstsein für die Vielfalt von Begehren, Körperwahrnehmung und Sexualität zu schaffen und die historische Wandelbarkeit von sexuellen Normen und Werten sichtbar zu machen. Neben Teamarbeit, Recherche- und Präsentationsfähigkeit war auch Raum für Fragen zu Liebe, Sexualität und Gesundheit gegeben. Wir wollten im Museum mit einer queeren und feministischen Perspektive über Sexualität sprechen, die nicht nur sexualpädagogische Themen fokussiert, sondern auch zum Nachdenken über materielle Kultur, Sehgewohnheiten und Diskriminierung in Bezug auf Sexualität anregt. Obwohl wir mit einem Träger kooperierten, der Teil eines großen Netzwerks von Schulen und Lehrkräften war, und obwohl die Teilnahme kostenlos war, wurde das Angebot nicht gebucht. Auch wenn die Gründe hierfür vielfältig sind, zeigte dies einmal mehr, wie wenig etabliert die Beschäftigung mit Sexualität im Rahmen der musealen Vermittlungsarbeit ist.

14 Für neuere Ansätze siehe Günther; Fisher et al.

Ausblick: Sexualität im Ausstellungsraum

Es war vor allem die gelungene Zusammenarbeit zwischen universitärer Forschungsstelle und dem Museum der Dinge, die es möglich machte, dass sich die unterschiedlichen Expertisen gegenseitig ergänzten und ein gemeinsames Lernen stattfand. Zentral waren die Offenheit und Bereitschaft, sich mit der Komplexität des Themas Sexualität im Museum auseinanderzusetzen, Unsicherheiten in Bezug auf das Thema zu benennen, die Angst vor den Reaktionen des Stammpublikums zu überwinden und eingeübte universitäre Zugänge zu hinterfragen. Das kleine Budget der Ausstellung ermöglichte es zwar nicht, größere Bauten zu realisieren oder weitere Künstler*innen einzuladen, aber es bleibt die Hoffnung, dass die Ansätze dieser Ausstellung Inspiration für weitere Ausstellungen sind. Denn es bedarf mehr musealer Räume, in denen neue Formen des Ausstellens von Sexualität erprobt und reflektiert werden können. Räume, in denen ein kritischer Umgang mit einem patriarchal und heteronormativ geprägten materiellen Kulturerbe und eine Thematisierung und Brechung des *straight male gaze* erprobt werden kann, jenseits der Kommentierung durch Ausstellungstexte. Hier kann an feministische, queere und sex-positive kuratorische und künstlerische Strategien angeknüpft werden (Dimitrakaki und Perry; Heller; Rivera und Garcia-Vasquez). Die kritische Arbeit an und mit sexualitätsbezogenen Sammlungen darf jedoch nicht allein an (externe) Künstler*innen delegiert werden. Es bedarf der Entwicklung neuer kuratorischer Strategien, um die (hetero)normative Strukturierung der Sammlungen, der Ausstellungsarchitektur und -formate zu brechen. Dies beinhaltet auszuloten, wie auch explizite Sexualität zum Thema gemacht werden kann. Es gilt, Ausstellungsräume anders zu gestalten und auch mit Emotionen wie Erregung, Lust, Begehren, Humor und Scham umzugehen. Denn der Erfolg der Mitmachstation *sensing materials lab* hat gezeigt, wie wichtig die Einbeziehung unterschiedlichster Sinne, der Körperlichkeit von Besucher*innen sowie von partizipativen Elementen ist. Angesichts des Mangels an sexualitätsbezogenen Dingen in vielen Museumssammlungen können partizipative Formate in Ausstellungen zu Sexualität Anlass geben, dass neue sexualitätsbezogene Dinge, Kunstwerke und *Oral Histories* in Museumssammlungen Eingang finden.

Bibliografie

Abel, Günter. „Sammlungen als epistemische Objekte und Manifestationen von Ordnungen des Wissens“. *Kategorien des Wissens: Die Sammlung als epistemisches Objekt.* Hrsg. Hassler, Uta und Torsten Meyer. Zürich: vdf, 2014. 109–132.

Allen, Louisa. „The power of things! A ‘new’ ontology of sexuality at school.“ *Sexualities.* 18(8): 2015. 941–958.

Bauer, Heike. *The Hirschfeld Archives: Violence, Death, and Modern Queer Culture.* Philadelphia: Temple University Press, 2017.

Blättler, Christine und Falko Schmieder, Hrsg. *In Gegenwart des Fetischs: Dingkonjunktur und Fetischbegriff in der Diskussion.* Wien und Berlin: Turia + Kant, 2014.

Bohan, Pierre. „Die Sammlung des Kinsey Instituts und die Wahrheit über Sex.“*Sex-Report: Das Archiv des Kinsey-Instituts für Sexualforschung, Bloomington, Indiana, USA.* Hrsg. Borhan, Pierre und Jennifer Pearson Yamashiro. Heidelberg: Edition Braus im Wachter-Verlag, 2003. 6–13.

Böhme, Hartmut. *Fetischismus und Kultur: Eine andere Theorie der Moderne.* Reinbek: Rowohlt, 2012.

Brickell, Chris und Judith Collard, Hrsg. *Queer Objects.* New Brunswick: Rutgers University Press, 2019.

Bühner, Maria, et al. Hrsg. *Sexualitäten sammeln. Ansprüche und Widersprüche im Museum.* Köln: Böhlau Verlag, 2021.

Dimitrakaki, Angela und Lara Perry, Hrsg. *Politics in a Glass Case: Feminism, Exhibition Cultures and Curatorial Transgressions.* Liverpool: Liverpool University Press, 2013.

Dose, Ralf. *Magnus Hirschfeld: The Origins of the Gay Liberation Movement.* New York: Monthly Review Press, 2014.

Drucker, Donna. „How Subjects Matter: The Kinsey Institute's Sexual Nomenclature: A Thesaurus (1976)“. *Information & Culture: A Journal of History.* 52(2): 2017. 207–228.

Fehr, Michael. „Erzählstrukturen in der bildenden Kunst: Modelle für museale Erzählformen“. *Die Praxis der Ausstellung: Über museale Konzepte auf Zeit und auf Dauer.* Hrsg. Natter, Tobias et al. Bielefeld: Transcript, 2014. 121–147.

Fisher, Kate, et al. „Sex and History. Talking Sex with Objects from the Past“. *The Palgrave Handbook of Sexuality Education.* Hrsg. Allen, Louisa und Mary Lou Rasmussen. London und New York: Palgrave Macmillan, 2017. 29–51.

Fisher, Kate und Rebecca Langlands. „General Introduction“. *Sex, Knowledge, and Receptions of the Past.* Hrsg. Fisher, Kate und Rebecca Langlands. Oxford: Oxford University Press, 2015. 2–24.

Flagmeier, Renate. „Vermeiden, Dinge zu Bildern zu machen". *Gegen den Stand der Dinge: Objekte in Museen und Ausstellungen*. Hrsg. Griesser, Martina, Christine Haupt-Stummer, Renate Höllwart et al. Berlin: DeGruyter, 2016. 49–58.

Günther, Andrea. „Let's talk about Sex and Art! Wie und warum wir im Museum über Gender und vielfältige sexuelle Lebensweisen sprechen sollten". *Bilder befragen — Begehren erkunden: Repräsentationskritische Einsätze in der Bildungsarbeit*. Hrsg. Pritz, Anna, Rafaela Siegenthaler und Marion Thuswald. Köln: ZKMB, 2020. 22–38.

Hahn, Hans Peter. „Dinge als Herausforderung — Einführung". *Dinge als Herausforderung: Kontexte, Umgangsweisen und Umwertungen von Objekten*. Hrsg. Hahn, Hans Peter und Friedemann Neumann. Bielefeld: Transcript, 2018. 9–32.

Heller, Alexis. *On Our Backs: The Revolutionary Art Of Queer Sex Work*. Exhibition at the Leslie-Lohman Museum of Art, 28.09. - 19.01., 2020. www.leslielohman.org/exhibitions/on-our-backs-the-revolutionary-art-of-queer-sex-work. Zugriff am 13.08.2021.

Herrn, Rainer. „Magnus Hirschfelds Geschlechterkosmos: Die Zwischen stufentheorie im Kontext hegemonialer Männlichkeit". *Männlich keiten und Moderne: Geschlecht in den Wissenskulturen um 1900*. Hrsg. Brunotte, Ulrike und Rainer Herrn. Bielefeld: Transcript, 2007.

Hirschfeld, Magnus und Richard Linsert. *Liebesmittel: eine Darstellung der geschlechtlichen Reizmittel (Aphrodisiaca)*. Berlin: Man, 1929.

Kendrick, Walter M. *The Secret Museum: Pornography in Modern Culture*. Berkeley: University of California Press, 1996.

Kippenberger, Susanne und Norbert Thomma. „Chefdesignerin von Kahla: ‚Es musste erst Klick machen'". *Der Tagesspiegel*, 23.09.2013. https://www.tagesspiegel.de/gesellschaft/chefdesignerin-von-kahla-es-musste-erst-klick-machen/8823002-all.html. Zugriff am 19.12.2021.

Maes, Hans und Jerrold Levinson, Hrsg. *Art and Pornography: Philosophical Essays*. Oxford: Oxford University Press, 2012.

Martin, Marc. *Photographe*. 2021. https://www.marcmartin.paris/. Zugriff am 19.12.2021.

Muttenthaler, Roswitha. „Beredsam und wirkungsvoll. Dimensionen der Dinge aus museologischer Perspektive". *Gegen den Stand der Dinge: Objekte in Museen und Ausstellungen*. Hrsg. Griesser, Martina, Christine Haupt-Stummer, Renate Höllwart et al. Berlin: DeGruyter, 2016. 35–47.

Nicholson, Geoff. *Sex Collectors: The Secret World of Consumers, Connoisseurs, Curators, Creators, Dealers, Bibliographers, and Accumulators of "Erotica"*. New York: Simon & Schuster, 2006.

Orrell, Rita Catinella und Jason Scuderi. *Objects of Desire: A Showcase of Modern Erotic Products and the Creative Minds Behind Them.* Atglen, PA: Schiffer, 2016.

Rivera, Lissa und Marina Garcia-Vasquez. *NSFW: Female Gaze*. Museum of Sex, 2017. www.museumofsex.com/portfolio_page/nsfw-female-gaze/. Zugriff am 16.18.2021.

Rößiger, Susanne, Teresa Tammer und Katja Töpfer, Hrsg. *Dinge und Sexualitäten. Körperpraktiken im 20. und 21. Jahrhundert*. Dresden: Sandstein, 2021.

Schmidt, Anja, Hrsg. *Pornographie*. Baden Baden: Nomos, 2016.

Schulze, Mario. *Wie die Dinge sprechen lernten: Eine Geschichte des Museumsobjektes 1968-2000*. Bielefeld: Transcipt, 2017.

Sender, Katherine. „Selling Cosmopolitanism." *GLQ: A Journal of Lesbian and Gay Studies*. 26(1): 2020, 35–61.

Sisley, Dominique. „How Finger-fucking Fruit Became an Act of Protest." *Dazed Digital*, 13.06.2016. www.dazeddigital.com/artsandculture/article/31497/1/how-finger-fucking-fruit-became-an-act-of-protest. Zugriff am 13.08.2021.

Thiemeyer, Thomas. „Museumsdinge". *Handbuch Materielle Kultur: Bedeutungen — Konzepte — Disziplinen*. Hrsg. Samida, Stefanie Samida, Manfred K.H. Eggert und Hans Peter Hahn. Metzler, 2014. 230–233.

Tyburczy, Jennifer. *Sex Museums: The Politics and Performance of Display*. Chicago: University of Chicago Press, 2016.

Viehweg, Lilo und Julia Wolf. *Sensing Materials Lab: Dokumentation des intraktiven Materiallabors im Werkbundarchiv — Museum der Dinge Berlin*. 2019. www.dxm-berlin.de/wp-content/uploads/2019/11/sms_sensingmaterialslab_museum_der_dinge.pdf. Zugriff am 19.12.2021.

Martin
Dannecker

Die Zeit von Aids

Begehren und Lieben unter dem Zeichen von HIV[1]

Der Anfang

Am 5. Juni 1981 wurde in den USA ein kurzer Bericht publiziert, in dem über eine ungewöhnliche Konstellation von Pilzinfektionen und einer seltenen Lungenentzündung bei fünf jungen homosexuellen Männern informiert wurde (vgl. „Penumocystis Pneumonia“). In einem Kommentar zu diesem Bericht vermuteten die Herausgeber einen Zusammenhang zwischen dem für junge Patienten überraschenden Krankheitsbild und einigen Aspekten des homosexuellen Lebensstils. Schon vier Wochen später erschien in der *New York Times* ein Artikel von Lawrence Altman mit der Überschrift „Rare Cancer seen in 41 Homosexuals“, in dem betont wurde, dass die Mehrheit der Patienten häufig sexuelle Kontakte mit verschiedenen Partnern gehabt hätte (vgl. Altman).

Wie bei allen neuen Krankheiten tauchte auch in diesem Fall die Frage nach deren Übertragbarkeit und die Angst vor einer möglichen Ansteckung auf. Wohl in der Absicht, die Bevölkerung zu beruhigen, wurde verlautbart, dass nicht von einer Ansteckung auszugehen sei, da dieses Krankheitsbild und sein besorgniserregender Verlauf (mehrere der Patienten waren kurze Zeit nach der Diagnosestellung verstorben) nur unter homosexuellen Männern beobachtet worden sei. Ende 1981 wurde daraufhin das neue Krankheitsbild mit dem Namen GRID (Gay-Related Immune Deficiency) bezeichnet. Diese Benennung wurde, nachdem das Syndrom auch bei einigen Drogenkonsumenten und Frauen auftrat, Mitte 1982 durch das Akronym AIDS (Acquired Immune Deficiency Syndrome) ersetzt.

Obgleich für jeden vernünftig Denkenden von Anfang an klar war, dass die Vorstellung einer nur homosexuelle Männer erfassenden Krankheit ein Trugbild sein musste, das auf mehr oder weniger bewussten antihomosexuellen Straf-Fantasien beruhte, hat sich die Gleichsetzung von Aids mit Homosexualität in vielen Köpfen der westlichen Länder für lange Zeit eingenistet. Verstärkt wurde diese

1 Dieser Text erschien zuerst im Katalog zur Ausstellung *Love, Aids, Riot, Sex*. Berlin: Neue Gesellschaft für bildende Kunst, 2014. 13-24.

Verlötung noch durch die bald eingeführten epidemiologischen Register, die zeigten, dass sich Aids sowohl in den USA als auch in Europa vor allem unter homosexuellen Männern rasch ausbreitete.

Aids war, so stellte sich bald heraus, eine schwere, mit einem baldigen Tod einhergehende Krankheit. Aber Aids war nicht nur diese Krankheit allein. Aids war von Anfang an von wuchernden Bildern umstellt, die ängstigend und stigmatisierend wirkten: Aids wurde zu einer Metapher für die Folgen des laxen Umgangs mit Sexualität und einem „sexuell falsch" gelebten Leben. Aids wurde eng mit einem unkonventionellen Lebensstil verknüpft. An Aids erkrankten, so glaubte man, abgesehen von den als Opfer angesehenen Hämophilen, vor allem gesellschaftliche Außenseiter und solche, die mit diesen zu intim waren. Nachgewiesen wurde das 1983 entdeckte HI-Virus im Blut, im Schweiß, in Sperma und in Tränen. Alles Stoffe, aus denen Mythen und Leidenschaften gewebt sind.

Die Aids-Krise

Mitte der 1980er Jahre des vorigen Jahrhunderts führte die grassierende Angst vor Aids zu einer kollektiven Hypochondrie. Mit ausgelöst wurde diese durch die sich damals durchsetzende Konstruktion von Aids als einer „Volksseuche". Diese hat in dem Slogan „Aids geht alle an" Gestalt angenommen, und mit ihr geriet die Sexualität als solche sozusagen unter Generalverdacht. Sie wurde zum fünften apokalyptischen Reiter stilisiert, weil niemand sich den sexuellen Verlockungen und den damit einhergehenden Gefahren entziehen konnte. Bei dem *Spiegel*-Autor Hans Halter hörte sich das 1985 so an:

> Vor allem aber hat die Liebe den heimtückischen Keim weiterbefördert — vom bisexuellen US-Soldier auf das pummelige Mädchen in Hessen und Rheinland-Pfalz; vom arbeitslosen Traveller auf die kosmopolitisch fühlende Studentin; von der Sachbearbeiterin auf den Herrn Abteilungsleiter. Nach der Disco, vor der Party, während des Klubabends. Der bösartige Erreger, den man nicht sehen und nicht spüren kann, sucht seine Opfer blind und rücksichtslos. Die meisten werden später nicht einmal sagen können, wann und wo sie sich angesteckt haben. („Sterben" 196.)

Durch diese offen antisexuelle Demagogie wurde jede außerhalb von monogamen Beziehungen aufscheinende sexuelle Regung zu einem tödlichen Risiko stilisiert. Weil aber nicht wenige solche Regungen kannten und ihnen auch nachgegeben hatten, lebten nach der Transformation von Aids von einer „Schwulenseuche" in eine „Volksseuche" weite Teile der Bevölkerung nicht nur mit der Angst, sich infiziert zu haben, sondern auch mit der Angst der Offenbarung ihrer vorgeblichen sexuellen Fehltritte durch den Nachweis einer „Aids-Infektion". Sowohl von den Homosexuellen als auch von den Aids-Hilfen wurde der Slogan „Aids geht alle an" erleichtert aufgenommen, weil sie glaubten, dass dadurch die homosexuellen Männer von dem Wahn, sie hätten durch ihre unkonventionellen Lebensstile das Virus gleichsam hervorgebracht, entbunden würden. Übersehen wurde dabei freilich, dass durch die kollektive Aids-Panik der Druck auf die Gruppen, die unter Aids am meisten zu leiden hatten, enorm zunahm und zugleich die Prävention unter einen immensen Erfolgsdruck gesetzt wurde. Von einigen wurden die Wirkungen der Verhaltensprävention sogar völlig infrage gestellt und nach seuchenpolitischen Zwangsmaßnahmen verlangt.

Es waren jetzt zwar auch in der öffentlichen Meinung nicht, wie vorher supponiert, die Homosexuellen allein, die das Virus verbreiteten. Vielmehr wurde allen außerhalb einer fiktiven sexuellen Ordnung platzierten sexuellen Kontakten ein solches Potential unterstellt. Homosexuelle Männer blieben aber gleichwohl im Zentrum des Misstrauens, und ihre angeblich exorbitant hohen Partnerzahlen sorgten für öffentliche Empörung. „Sex ohne Namen", so Hans Halter in dem von ihm 1985 herausgegebenen Buch *Todesseuche AIDS*,

> mit Männern, die man nicht kennt und niemals wieder sehen will. Drei, fünf, zehn Intimkontakte pro Abend. Eine Dauererektion über Stunden, unterstützt vom blutabschnürenden Penisring. […] Ein New Yorker Wahnsinn, der seinesgleichen auf der Welt nicht hat? Oder handelt es sich um einen integralen Bestandteil des homosexuellen Lebensstils, um die übliche oder doch weit verbreitete Promiskuität, die der Motor der Seuche wurde? („Wenn der Schwanz auf den Kopf fällt" 174)

Zu diesem Zeitpunkt war die Primärprävention, die das Kondom ins Zentrum des „Safer Sex" rückte, aber bereits eine wichtige Aufgabe der sich rasch gründenden Aids-Hilfen und der mit ihr betrauten staatlichen Stellen. Durch die Benutzung von Kondomen sollte sowohl die Sexualität gerettet als auch die Angst vor Aids gebunden und die Übertragung des HI-Virus verhindert werden. Studien zur Sexualität von homosexuellen Männern haben aber sehr bald gezeigt, dass die Angst vor Aids sich durch die Verwendung von Kondomen nicht wirklich bannen ließ und diese Angst viel weitergehende Veränderungen der Lust zur Folge hatte, als die von der Primärprävention verlangten. Die Angst vor Aids führte in der bis in die 1990er Jahre des vorigen Jahrhunderts anhaltenden Aids-Krise fast zu einer Leibphobie unter homosexuellen Männern. Das mag heutzutage befremdlich klingen. Vergegenwärtigt man sich jedoch jene kaum vergangene Zeit, in der die Angst vor Aids im Kern daraus bestand, vor der Zeit zu sterben, und in der das tatsächliche Sterben für homosexuelle Männer allgegenwärtig war und alle HIV-infizierten oder an Aids erkrankte Menschen völlig realitätsgerecht Stigmatisierung und Diskriminierung befürchten mussten, werden die Einschränkungen der Sexualität, die weit über die vom „Safer Sex" verlangten hinausgehen, nachvollziehbar.

„Safer Sex ist aus dem Bewusstsein des Risikos entstanden und bringt daher das Konzept der Vorsicht mit sich", so schrieb der französische Soziologe Michael Pollak (76). Konkretisiert man dieses Konzept der Vorsicht und überträgt es auf das sexuelle Handeln und die dieses Handeln begleitenden Fantasien, personalisiert sich das Risiko, und es wird eine veränderte Ökonomie der Lust erkennbar. Das Konzept der Vorsicht beschränkt sich nicht allein auf das Virus, das man sich ohnehin nicht vorzustellen vermag, sondern greift über auf die möglichen Virusträger, also auf die aktuellen und potentiellen Sexualpartner. Um dem Virus nicht zu nahe zu kommen, muss man zu den Sexualpartnern und deren Körpern in Distanz gehen, was heißt, dass die Intimität als solche zu einem Risiko wurde. Unter solchen Voraussetzungen war Nähe zum anderen nur als abgestufte Ferne möglich, die sich von der dünnen Gummimembran über den Verzicht auf psychisch hoch besetzte sexuelle Praxen bis zu einem völligen sexuellen „Disengagement" erstreckte. Aids hat folglich nicht nur zu einer oberflächlichen Veränderung des sexuellen Verhaltens geführt, sondern zu einem tiefgreifenderen Wandel der Beziehung der Subjekte zu ihrer Sexualität.

Was das bedeutete, lässt sich an der Antwort eines Teilnehmers einer 1987 von mir durchgeführten Studie ablesen. Auf die Frage, welche Auswirkungen Aids auf ihn gehabt habe, antwortete dieser:

> Starke Verunsicherung. Dann habe ich mühevoll erlernt, Safer Sex zu haben. Da ich schon relativ schnell von Aids erfuhr und in einem Zusammenhang lebe, in dem die Risiken der Krankheit offen und komplex diskutierbar sind, war mir schnell klar, dass ich mein Sexualverhalten ändern musste. Diese Erkenntnis allein hat aber erstmal nichts oder nur sehr wenig bewirkt. Erst als ich zum ersten Mal mitbekam, dass ein sehr agiler und lebensfroher Mensch langsam an der Krankheit krepierte, hat sich was verändert. Die erste lang anhaltende, bis heute anhaltende Veränderung war Angst. Ich war nicht mehr in der Lage, angstfrei Dinge zu tun, die ich vorher endlich gelernt hatte (z.B. den Penis meines Partners bis nach dem Samenerguss in den Mund zu nehmen oder Analverkehr aktiv-passiv), habe diese Techniken aber erstmal wieder beibehalten, nur weniger oft ausgeübt, aber immer angstbesetzt. Anfang dieses Jahres wurde ich hysterisch und entwickelte alle Symptome, Anfälligkeit für Infektionskrankheiten, wie sie mir beschrieben worden waren: Nachtschweiß, Durchfälle, Schlappheit, Schnupfen, Grippe, Halsentzündung etc. Ich brauchte lange, mich zum Aids-Test zu entschließen. Der doppelt abgesicherte Befund war negativ, und alle Symptome verschwanden schlagartig. Mein Freund und ich machten den Test fast gleichzeitig; er unmittelbar nachdem ich meinen Befund erhielt. Erst als wir beide einen negativen Befund hatten, änderte sich unser Verhalten zu anderen radikal. Die größte Veränderung ist die Angst, die selbst beim Safer Sex nicht ausbleibt und die Kontakte zu Fremden immer belastet, sodass ich mich mehr und mehr sexuell auf meinen Freund zurückziehe, obwohl das meinem Bedürfnis nicht entspricht. Ich habe große Schwierigkeiten, diesen Verlust zu verarbeiten. (Dannecker 238)

Die Situation von HIV-Infizierten und Aids-Kranken

In welcher existentiellen Situation aber befanden sich HIV-infizierte und an Aids erkrankte Menschen in der Periode vor der Einführung der antiretroviralen Therapien? Und wie haben die Aids-Hilfen auf die existentielle Situation solcher Menschen reagiert? Von Anbeginn an ging es den Aids-Hilfen darum, Menschen, die unmittelbar unter die Zeichen von Aids gerieten, also HIV-Infizierte und Aids-Kranke, zu einem „menschenwürdigen Dasein" zu verhelfen. Bewerkstelligt haben sie das durch vielfältige Interventionen im Feld von Politik, Gesellschaft und Medizin sowie durch die Pflege von Aids-Kranken. Verstanden haben die Aids-Hilfen unter Menschenwürde immer mehr als einen nicht diskriminierenden Umgang mit HIV-Infizierten und Aids-Kranken. HIV-Infizierten und Aids-Kranken sollte auch zu einer Perspektive, mit anderen Worten: zu einem sinnvollen Leben verholfen werden. Diese Aufgabe erwuchs den Aids-Hilfen aus dem Bewusstsein, dass der Nachweis einer HIV-Infektion beziehungsweise einer Aids-Erkrankung damals mit dem Verlust der Sinnhaftigkeit des Lebens einherging.

Auf das durch den unmittelbaren Einbruch von Aids entstehende Sinnvakuum haben die Aids-Hilfen mit einem ausgefeilten Programm reagiert, das auf die Bejahung beziehungsweise Affirmation von Aids abzielte. Ihre in immer neuen Varianten vermittelte paradoxe Botschaft lautete: Dem sinnlosen und sinnzerstörenden Aids kann nur dann Sinn abgewonnen werden, wenn man sich Aids aneignet, wenn man sich Aids einverleibt. Nur wer, wie das der französische Schriftsteller Jean-Paul Aron tat, von Aids als „mein Aids" sprechen konnte (52), also eine fast zärtlich zu nennende Beziehung zu Aids herzustellen imstande war, würde, so nahm man an, dem Sinnzerstörenden neuen Sinn abgewinnen können. Die monströse Macht von Aids sollte also dadurch entkräftet werden, dass man als HIV-Infizierter und Aids-Kranker Infektion beziehungsweise Krankheit zu einem konstitutiven Moment seiner Subjektivität erhebt.

Diese sich stabilisierend auf die psychische Verfassung auswirkende Bejahung, diese Affirmation von Aids, war jedoch ohne eine zweite Affirmation, nämlich die des frühen und baldigen Todes, nicht zu haben. Das ist darin begründet, dass Aids und früher Tod zusammengedacht wurden und real über eine lange Periode auch zusammengehörten. Wer in dieser Zeit von sich sagte: „Ich bin ein Mensch mit Aids" oder „Ich bin ein Mensch mit einer HIV-Infektion", sagte immer auch von sich: „Ich bin jemand, der bald sterben wird". Dass nicht nur Menschen, die am sogenannten Vollbild von Aids erkrankt waren, also an Aids definierenden Symptomen litten, sondern auch Menschen, bei denen durch entsprechende Labortests eine HIV-Infektion nachgewiesen wurde und die noch nicht an Aids erkrankt waren, in die Nähe des Todes gerückt wurden, ist darauf zurückzuführen, dass die HIV-Infektion ihre schreckliche Bedeutung von Aids, also vom Ende des Verlaufs der Infektion her erhalten hat. Deshalb verschränkte sich auch für jene Menschen, die „nur" HIV-infiziert waren, Leben und Tod auf eine Weise, dass ihnen die offen gedachte Zukunft abhandenkam.

Die Bedeutung des Todes im Leben von HIV-Infizierten und Aids-Kranken baute eine Schranke zwischen Infizierten und Nichtinfizierten auf, die unüberwindlich war. Von dieser Differenz wollten viele Nichtinfizierte aus Mitleid jedoch nichts wissen. Sie verleugneten die Trennungslinie durch allerlei Manöver, maskierten damit aber nur ihre eigenen Ängste vor dem Tod. Eines dieser Manöver bestand daraus, Nichtinfizierte auf die für alle gültige Gewissheit des Todes zu verweisen und von der eigenen Sterblichkeit zu bramarbasieren. Das hat Infizierten freilich nicht über ihr völlig anderes Dasein hinweggeholfen. Denn das Dasein von Infizierten und Aids-Kranken war zu Zeiten des „alten" Aids dadurch gekennzeichnet, dass für sie Gewissheit und Bestimmtheit des Todes tendenziell zusammenfielen. Zwar war auch für die anderen der Tod gewiss. Für sie blieb er jedoch in der Sphäre des Unbestimmten. Wer die aus dem Zusammenfall von Bestimmtheit und Gewissheit des Todes auf der einen und Gewissheit und Unbestimmtheit des Todes auf der anderen Seite sich ableitende Differenz nicht begriffen hatte, hat vom Dasein von HIV-Infizierten und Aids-Kranken in der damaligen Zeit nicht wirklich etwas verstanden (vgl. Düttmann 9 f.).

Das „Ja" sagen zu Aids hatte aber offenbar seine eigene Zeit. Ist diese abgelaufen, setzt ein „Nein" sagen ein, das von Depressivität und Melancholie begleitet wird. Der früh an Aids verstorbene französische Schriftsteller Hervé Guibert hat die Zeit von Aids und die Zeit mit Aids immer und immer wieder dargestellt. In seinem Roman *Dem Freund, der mir das Leben nicht gerettet hat* wird der Einbruch von Aids in das Leben noch als Ereignis begriffen, das zwar zu einem Schrumpfen der Lebenszeit führt, aber zugleich zu einer Entdeckung und Aneignung von Zeit und Leben. Unter das Zeichen von Aids gestellt zu sein, wird von Guibert als Zugewinn von Leben, Erfahrung und Reflexion verstanden. „[…] gewiss", so schreibt er,

> ist es eine Krankheit zum Tode, doch rafft sie einen nicht dahin, es ist eine Krankheit in Stufen, eine sehr lange Treppe, die mit Sicherheit zum Tod führt, aber deren jede Stufe ein Lernen ohnegleichen bedeutet, es ist eine Krankheit, die Zeit zum Sterben gibt und die dem Tod Zeit zum Leben gibt, Zeit, die Zeit zu entdecken und endlich das Leben zu entdecken. (173)

Im Unterschied zu anderen, die keinen Begriff von der Zeit haben, wurden die unter das Zeichen von Aids Gestellten also zu Zeit-Wissenden. Indem sie im Angesicht des Todes die Zeit begreifen, begreifen sie auch das Leben. Diese Umkehrung, die den Schrecken über das vorzeitige Sterben in ein Hochgefühl des Lebens transformiert, eine Umkehrung, die aus der engen Verschränkung von Lebenszeit und Sterbenszeit erwächst, ist aber, und das machte das Hochgefühl so prekär, abhängig von der bestimmten Nähe des Todes. Schwindet diese Nähe, erlischt auch das Hochgefühl. Unmittelbar im Anschluss an die zitierte Passage spricht Guibert dann auch von der gesicherten Frist des Lebens, von der das ihm Zugewachsene völlig abhängt:

> War das Leben nichts als das Vorgefühl des Todes und folterte es uns pausenlos durch die Ungewissheit über den Zeitpunkt seines Verfalls, so machte Aids, indem es unserem Leben eine gesicherte Frist setzt, sechs Jahre positiv, dann zwei Jahre bestenfalls AZT oder ein paar Monate ohne, uns zu Männern im Vollbewusstsein ihres Lebens, erlöste uns aus unserer Ungewissheit. […] Aids hatte mir einen ungeheuren Sprung vorwärts in meinem Leben erlaubt. (173 f.)[2]

2 Bei AZT handelte es sich um die erste pharmazeutische Substanz, die im Rahmen antiretroviraler Therapien zur Behandlung HIV-infizierter Patienten eingesetzt wurde.

Was aber, wenn die angenommene Frist abgelaufen und man an der Stelle angekommen zu sein glaubt, auf die man zusprang? Dann verliert Aids seine dramatische Bedeutung, es banalisiert, es entleert sich und verliert weitgehend seine Macht über die Zeit.

Abschied von Aids

Aber nicht nur individuell, sondern auch kollektiv hat Aids seine Macht, die auf dem Höhepunkt der Aids-Krise die Welt vorübergehend beinah paralysierte, fast vollständig eingebüßt. Denn inzwischen lässt sich für die westlichen Industrieländer sagen, dass es Aids in seiner alten Bedeutung nicht mehr gibt. Die Ausnahme, die für Guibert noch unvorstellbar war, auf die er dennoch beständig hoffte, nämlich eine HIV-Infektion zu haben, ohne an Aids zu sterben, ist durch die Einführung der antiretroviralen Medikamente zur Regel geworden. Mehr noch: die antiretroviralen Medikamente können auch dazu verhelfen, ein medizinisch definiertes Aids in eine HIV-Infektion zurück zu verwandeln, und zwar deswegen, weil durch die Behandlung mit diesen Medikamenten die Aids definierenden Symptome zum Verschwinden gebracht werden können. Aids ist zwar auch in den westlichen Industrieländern für mit HIV infizierte Menschen weiterhin eine latente Bedrohung, weil die Möglichkeit, schließlich doch noch an Aids zu erkranken, nicht völlig ausgeschlossen werden kann. Gleichwohl ist für HIV-Infizierte inzwischen der Gedanke nicht mehr abwegig, auf unabsehbare Zeit infiziert zu bleiben, ohne Aids zu bekommen. Wie sehr die antiretroviralen Therapien das Bild von Aids verändert haben, schlägt sich auch darin nieder, dass Menschen mit einer HIV-Infektion immer älter werden und dass zunehmend weniger Menschen, die mit einer HIV-Infektion sterben, an Aids sterben (vgl. Weber).

In den westlichen Industrieländern haben die gesellschaftlichen und politischen Verhältnisse im Verein mit der Medizin und der Pharmakologie zu einer Situation geführt, die es ermöglicht, sich individuell und kollektiv von dem, was Aids bis in die 1990er Jahre hinein bedeutet hat, zu verabschieden. Überraschenderweise wird das aber von vielen nur halbherzig nachvollzogen. So wird Aids in seiner alten, tödlichen Bedeutung immer dann in Stellung gebracht, wenn durch höhere Neuinfektionen der Eindruck einer weniger strikten Befolgung des von der HIV-Prävention verlangten Verhaltens entsteht. Doch längst ist nicht mehr die Angst vor dem Tod, sondern die Gesunderhaltung zum Gravitationszentrum der präventiven Anstrengungen der Menschen geworden. Die immer wieder aufflammende Rhetorik des Todes fungiert ganz offenbar als Abwehr der Angst vor der sich aus dem Schatten von Aids entfernenden Sexualität. Denn die Entkoppelung der HIV-Infektion von Aids hat auch bewirkt, dass die vorher unter der Diktatur von Aids stehende Sexualität wieder freier geworden ist und stärker als zuvor ihre Eigendynamik entfalten kann. Ob das zu häufigeren „Risikokontakten“ führt, ist fraglich, kann aber nicht ausgeschlossen werden.

Es geht beim sexuellen Handeln jetzt vermehrt darum, das HIV-Infektionsrisiko auf ein individuell akzeptables Maß zu reduzieren, und zugleich darum, die real und in der Fantasie mit der Risikominimierung einhergehende Einschränkung der Lust mit den Erfordernissen der Prävention, wenn schon nicht in Einklang, so doch in eine individuell verträgliche Balance zu bringen. Dass der an Leibfeindlichkeit grenzende Umgang mit der Sexualität während der Aids-Krise, der immer auch eine Distanzierung vom sexuellen Körper des anderen einschloss, worunter besonders die Menschen mit einer nachgewiesenen HIV-Infektion zu leiden hatten, einer größeren sexuellen Nähe gewichen ist, sollte als positive Entwicklung angesehen werden. Stattdessen wird immer wieder ein um sich greifender, die Infektionsrisiken negierender Leichtsinn behauptet, den es aber, wie alle entsprechenden Studien zeigen, nicht gibt (vgl. Bochow et al.). Auch wird es zu einer solchen kollektiven Leichtfertigkeit nicht kommen, solange die HIV-Infektion in der Welt ist und mit Einschränkungen der Gesundheit und Lebensqualität einhergeht. Gleichwohl sind HIV-Neuinfektionen weiter Thema und Realität, und sie werden, da der sexuelle Sinn durch die veränderte Bedeutung der HIV-Infektion wieder offener gestimmt ist, dies auch bleiben.

Infiziert, ohne infektiös zu sein

Zu berichten ist von einer weiteren Bedeutungsverschiebung der HIV-Infektion, die für HIV-infizierte Menschen eine zuvor nicht als denkbar angesehene Relativierung des ihnen zugeschriebenen prekären

Status ermöglicht. Die Rede ist von der sich allmählich durchsetzenden Erkenntnis, der zufolge HIV-Infizierte unter einer antiretroviralen Therapie sexuell nicht infektiös sind, wenn folgende Bedingungen erfüllt sind: die antiretrovirale Therapie wird strikt eingehalten und durch die behandelnden Ärzte kontrolliert; die Viruslast liegt seit mindestens sechs Monaten unter der Nachweisgrenze; es bestehen keine anderen sexuell übertragbaren Krankheiten. Diese lange Zeit kontrovers diskutierte und mit dem Namen EKAF (Eidgenössische Kommission für Aids-Fragen) verbundene Feststellung, die 2008 von Pietro Vernazza und anderen in der Schweizerischen Ärztezeitung veröffentlicht wurde, ist inzwischen kaum mehr umstritten (vgl. Vernazza et al.). Dass eine in diesem Sinne erfolgreiche antiretrovirale Therapie auch nicht zu unterschätzende präventive Effekte hat, ist ebenfalls unbestritten. Aber auf diese Dimension kommt es hier nicht an. Hervorzuheben ist vielmehr die grundsätzliche Bedeutung dieses Umstands für den Umgang von HIV-infizierten Menschen mit ihrer Infektion. Dadurch, dass sie unter einer erfolgreichen antiretroviralen Therapie sexuell nicht mehr infektiös sind, entfällt viel von ihrer Angst, ihre Sexualpartner*innen zu infizieren, die meist auch dann wirksam war, wenn sie beim Sex mit ihnen ein Kondom verwendet haben. Von dieser Angst war das Sexualleben der infizierten Frauen und Männer bis vor Kurzem nie völlig frei, was zu einer Schwächung ihrer sexuellen Potenz und zu einer zeitweisen sexuellen Lustlosigkeit sowie zu einem mehr oder weniger lang anhaltenden sexuellen Rückzug führte. Selbstverständlich hatten aber nicht nur infizierte Menschen Angst davor, ihre Partner mit dem HI-Virus anzustecken. Angst vor einer Infektion hatten mehr oder weniger bewusst auch deren Sexualpartner*innen. Nun aber könnten HIV-infizierte Menschen wieder zu Menschen werden, von denen sich ihre HIV-negativen oder angeblich negativen Sexualpartner*innen nicht mehr distanzieren müssen. Im Gegenteil, sie könnten sogar zu Partnern werden, mit denen man unter Umständen auch ohne schwere Bedenken, möglicherweise sogar ohne Ambivalenz, „unsafen Sex“ haben kann.

Dieser Gedanke, dass HIV-infizierte Menschen unter einer erfolgreichen Therapie auch für nicht infizierte Menschen wieder uneingeschränkt zu begehrten Partnern werden können, ist ein nicht von der Hand zu weisender Wendepunkt. Bis zu der Publikation der EKAF blieb trotz der Behandlung mit antiretroviralen Medikamenten die Sexualität von Menschen mit einer HIV-Infektion unauflösbar verschränkt mit der monströsen Potentialität, andere zu infizieren, was die HIV-Infektion zu einem gefährlichen und bösen Introjekt machte. Nun aber, wo eine HIV-Infektion nicht durchgängig mehr gleichbedeutend mit Infektiosität ist, lockert sich die bisher für alle HIV-Infizierten geltende Verknüpfung der Infektion mit Krankheit und Tod. Und das bedeutet, dass die Angst vor dem baldigen Sterben, die von Anbeginn an in das Akronym Aids eingepflanzt war, und die die Körper der Infizierten zu fragwürdigen Körpern machte, ihre das Leben einschränkende Macht weitgehend verliert.

Es wird aber vermutlich noch eine geraume Zeit dauern, bis in den Köpfen der Akteure im HIV-Bereich und in den Seelen der Infizierten und Nichtinfizierten sowie in der Öffentlichkeit das Paradoxon angekommen ist, dass man HIV-infiziert sein kann, ohne infektiös zu sein.

Epilog

Wahrheitsgehalt hat das, was ich in den letzten Passagen ausgeführt habe, freilich nur für die westlichen Industrieländer, in denen die auf die antiretroviralen Medikamente gesetzten Hoffnungen weitgehend real geworden sind. Global betrachtet gilt das nicht. Die ganz auf die Medikamente bauende Hoffnung stellte sich insofern als Täuschung heraus, als sie von den gesellschaftlichen und ökonomischen Verhältnissen abstrahiert, die es verhindern, dass ausnahmslos alle Menschen, die, wo auch immer auf der Welt, mit dem HI-Virus infiziert sind, Zugang zu antiretroviralen Medikamenten haben. „One World. One Hope", das Motto, das sich die Welt-Aids-Konferenz 1996 in Vancouver gegeben hat, auf der zum ersten Mal über die Wirksamkeit der antiretroviralen Medikamente berichtet wurde, hat sich bis heute für einen großen Teil der Menschen, die an einer HIV-Infektion und an Aids leiden, als Schimäre erwiesen. Global gesehen haben HIV und Aids deshalb immer noch die Bedeutung, die sie hierzulande und in den übrigen westlichen Industrieländern bis etwa Anfang dieses Jahrhunderts hatten.

Bibliografie

Aron, Jean-Paul. „Mein AIDS". *Die Zeit*, 08.01.1988.

Altman, Lawrence K. „Rare Cancer Seen in 41 Homosexuals". *New York Times*, 03.07.1981. 20.

Bochow, Michael, Stefanie Lenuweit, Todd Sekuler und Axel J. Schmid, Hrsg. *Schwule Männer und HIV/AIDS. Lebensstile, Sex, Schutz- und Risikoverhalten*. Berlin: Deutsche AIDS-Hilfe, 2012.

Dannecker, Martin. *Homosexuelle Männer und AIDS. Eine sexualwissenschaftliche Studie zu Sexualverhalten und Lebensstil.* Stuttgart: Kohlhammer, 1990.

Düttmann, Alexander Garcia. *Uneins mit Aids: Wie über ein Virus geredet und nachgedacht wird*. Frankfurt am Main: Fischer, 1993.

Guibert, Hervé. *Der Freund, der mir das Leben nicht gerettet hat.* Reinbek: Rowohlt, 1991.

Halter, Hans. „Sterben, bevor der Morgen graut. Die großen Seuchen (V): Aids". *Der Spiegel* 43. 21.10.1985. https://www.spiegel.de/politik/sterben-bevor-der-morgen-graut-a-34368dc2-0002-0001-0000-000013515720?context=issue. Zugriff am 03.02.2022.

Halter, Hans. „‚Wenn der Schwanz auf den Kopf fällt, sind sie wieder da' – Die Promiskuität der Homosexuellen". *Todesseuche AIDS.* Hrsg. Hans Halter. Reinbek: Rowohlt, 1985. 174-186.

„Pneumocystis Pneumonia – Los Angeles". *MMWR Weekly* 30(21): 1981. 1–3.

Pollak, Michael. *Homosexuelle Lebenswelten im Zeichen von Aids: Soziologie der Epidemie in Frankreich*. Berlin: Edition Sigma, 1990.

Vernazza, Pietro, Bernard Hirschel, Enos Bernasconi, Markus Flepp, EKAF. „HIV-infizierte Menschen ohne andere STD sind unter wirksamer antiretroviraler Therapie sexuell nicht infektiös". *Schweizerische Ärztezeitung*, 89(5): 2008. 165–169.

Weber, Rainer, et al. „Decreasing Mortality and Changing Patterns of Causes of Death in the Swiss HIV Cohort Study". *HIV Medicine.* 14(4): 2013. 195–207.

Simon Dickel im Gespräch mit Martin Dannecker

Simon Dickel: Ausgangspunkt für unser Gespräch ist Dein diesem Gespräch vorangestellter Text „Die Zeit von AIDS", der zuerst in dem Katalog zur Ausstellung *Love Aids Riot Sex* im Jahr 2014 erschienen ist. Denkst Du, dass der Text heute aktualisiert werden sollte – und wenn ja, auf welche Weise?
Martin Dannecker: Heute würde ich überprüfen, ob sich das, was stichwortartig „Schutz durch Therapie" heißt, kollektiv so durchgesetzt hat, dass es den Umgang mit Sexualität weiter entspannt hat. Erreicht dieses Wissen nur eine bestimmte Gruppe, und bleibt ein neurotischer Rest, der nicht erreichbar ist und der auf eine HIV-Infektion mit den alten Verhaltensmustern reagiert? Und mit Sicherheit würde ich ironisch damit schließen, dass eine HIV-Infektion durch ihre Behandelbarkeit so banalisiert worden ist, dass sie keine Ausnahmebedingung mehr in der gegenwärtigen Corona-Situation darstellt. Denn sie zählt ja nicht zu den Bedingungen für eine Impfpriorisierung. Ich würde den Text also ironisch damit beenden, dass HIV endgültig banalisiert wurde.

Simon Dickel: Damit sind wir direkt bei dem Thema, das unseren Alltag seit über einem Jahr prägt: Corona
Martin Dannecker: Die Gesellschaft ist durch Corona recht durcheinandergekommen, aber sie geht in einer sehr instrumentellen Weise damit um und macht Dinge, die man ja gar nicht geglaubt hätte, zum Beispiel, dass wegen Gesundheit der Kapitalismus runtergefahren wird. Allerdings ist die Reaktion nicht zu begreifen, ohne den ungeheuer starken Gesundheitsdiskurs zu sehen, der in unserer Gesellschaft seit einigen Jahrzehnten geführt wird, und der Gesundheit an sich zu einem hohen Gut erklärt.

Simon Dickel: Was denkst Du über den Vergleich von HIV und SARS-COV2, von dem häufiger im Feuilleton zu lesen war?
Martin Dannecker: Ich halte diese Phänomene für nahezu unvergleichbar, und zwar aus einem einfachen Grund: Corona betraf von vornherein die Allgemeinheit. Es gab nicht eine bestimmte Gruppe von

Betroffenen, und somit war es nicht stigmatisierungsfähig. Am Anfang sah es so aus, als würden alte Menschen darüber stigmatisiert, und das geschah ja auch – im positiven Sinne. Um sich mit SARS-COV2 zu infizieren, muss man nichts Besonderes tun. Vor allem muss man nicht sexuell handeln. Die HIV-Infektion hingegen war von Anfang an durch ihre Übertragbarkeit durch Sexualität brisant aufgeladen. Sie koppelte an die an der Sexualität oftmals hängende Schuld an; an Schuldgefühle, die etwas mit ödipalen Fantasien zu tun haben. Sexualität, Schuld und die Todesdrohung verknüpften sich miteinander, und aus diesem Grund ist HIV bis heute unendlich viel stärker aufgeladen als Corona es je sein kann. An Covid-19 sind in Deutschland bereits mehr Menschen gestorben als an den Folgen von Aids. Das bedeutet, die Brisanz liegt eben nicht allein im Tod, sondern in der Verknüpfung mit der Sexualität. Das hat die äonenalte Schuldzuschreibung reaktualisiert.

Simon Dickel: Könnte der sich verändernde gesellschaftliche Diskurs über Sorgearbeit ein Punkt sein, an dem sich zwischen Aids und Covid-19 Parallelen ziehen ließen?
Martin Dannecker: Es gibt zwar jetzt eine Diskussion über die schlechte Bezahlung und die schlechten Arbeitsbedingungen der Menschen, die sich professionell um die Gesundheit und Pflege anderer Menschen kümmern, der entscheidende Unterschied ist aber, dass in den 1980er Jahren die marginalisierte Gruppe die Versorgung und Prävention selbst in die Hand genommen und der Staat sich dem angeschlossen hat. Den staatlichen Akteuren war völlig klar, dass sie mit ihren Botschaften im Kollektiv der Schwulen keinen Widerhall finden würden, weil juristische Verfolgung der schwulen Männer viel zu kurz zurücklag. Deshalb musste man sich mit den Schwulen verbinden. Die Aids-Hilfen brauchten die Finanzierung vom Staat, und der Staat brauchte die Schwulen, damit die Prävention einigermaßen klappt. Das ist aus meiner Sicht ein interessantes politisches Phänomen. Damals wurde die homosexuelle Orientierung zum ersten Mal zu einem positiv qualifizierenden Merkmal.

Simon Dickel: Von HIV waren verschiedene Gruppen sehr stark betroffen – nicht nur schwule Männer, sondern u.a. auch Menschen, die

intravenös Drogen konsumierten, und Hämophile. Würdest Du trotzdem sagen, dass HIV wegen der sexuellen Übertragbarkeit für schwule Männer eine besondere Signifikanz hat?
Martin Dannecker: Das ist ganz offenkundig so. Von Beginn an hatte HIV für schwule Männer quantitativ und qualitativ eine andere Bedeutung, weil der eigenen Sexualität durch Diskriminierung und Heteronormativität etwas Negatives eingepflanzt wurde. Dieses Negative wurde durch die HIV-Infektion aktualisiert oder war in Gefahr, aktualisiert zu werden. Bei Hämophilen beispielsweise gab es keine vergleichbaren Vorstellungen von Schuldgefühlen, und es gab keine Schuld, die ihnen von der Gesellschaft zugeschrieben wurde. Sie wurden tatsächlich als Opfer gesehen. In Bezug auf Corona sind in der kollektiven Vorstellung alle gleichermaßen Opfer. Diese Sicht hat sich hinsichtlich der HIV-Infektion nicht durchgesetzt. Die Brisanz und die Konflikte entstanden, nachdem die Übertragungswege bekannt wurden: Irgendwo musste man es ja herkriegen, man war an seiner Infektion aktiv beteiligt.

Simon Dickel: Ich lese immer wieder, dass sich im Kampf gegen Aids Personen verschiedener Identitäten zu einer Koalition zusammengeschlossen und eine neue Form von Politik gemacht haben, die als queere Politik über die traditionelle Identitätspolitiken von Schwulen oder Feministinnen hinausging. Beispielhaft dafür wird die Gruppe ACT UP (Aids Coalition to Unleash Power) genannt.
Martin Dannecker: Ja, man liest es immer wieder. Das ist eine schöne Erzählung, sie stimmt nur leider nicht. Ich würde die Tatsache, dass bei ACT UP auch Menschen aktiv waren, die nicht unmittelbar betroffen waren, mit dem Begriff der Solidarität beschreiben: Solidarität geht ja immer über die eigene Identität und das unmittelbare eigene politische Interesse hinaus.

Simon Dickel: In Uni-Seminaren ist mir aufgefallen, wie wenig Studierende über HIV/Aids wissen und wie schwierig es ist, alle Dimensionen der Aids-Krise begreifbar zu machen. Im WS 2020/21 haben wir „Die Zeit von Aids“ gelesen, und die Reaktion war anders als zuvor: Einige Studierende, die auch an Deiner Lesung zum Welt-Aids-Tag am 3. Dezember 2019 an der Folkwang Universität der Künste teilgenommen hatten, sagten, sie könnten Deinen Ansatz erst durch ihre Corona-Erfahrung richtig verstehen. Deutet das darauf hin, dass HIV/ Aids anders erinnert werden sollte?

Martin Dannecker: Das Phänomen und die daraus abgeleitete Frage sind hochinteressant, weil ich vermute, dass die Schwierigkeiten, sich etwas kaum Vergangenes zu vergegenwärtigen, damit zu tun haben, dass spezifische Gruppen betroffen waren, von denen man sich distanziert. Das meine ich nicht im Sinne einer ablehnenden Distanzierung, sondern im Sinne von „Ich bin etwas anderes – ich bin nicht bedroht". Aus diesem Grund kann man sich dann gar nicht in diese Bedrohung einfühlen. Ich denke, dass sich in diesen Schwierigkeiten etwas zeigt, das Judith Butler mit dem Ausdruck beschrieben hat, Aids-Tote seien keine betrauerbaren Toten. Im Fall von Corona haben nun alle gemerkt: „Jetzt könnte es auch für mich kritisch werden". Deshalb wird nun mindestens die Bedrohung nachvollziehbar. In dem Text analysiere ich die kollektive Bedrohung schwuler Männer durch Aids. Ich glaube, dass durch Corona nachvollziehbar wird, welche Art von Bedrohung ich in dem Text beschreibe. Ich beobachte auch, dass auf Seiten der Schwulen eine Verleugnung einsetzt. Die Erinnerung und die Bearbeitung durch das Kollektiv werden noch etwas länger dauern, denn man möchte die Bedrohung durch HIV/Aids auch vergessen, weil sie für schwule Männer noch nicht lange vergangen ist und so schrecklich war. Gleichzeitig halte ich es für sehr wichtig, den Schrecken in eine Gruppe hinein zu erinnern, um sich dann auch Gedanken machen zu können, ob von diesem Schrecken nicht etwas nachhallt und in einem nicht erwünschten Sinne wirkt.

Simon Dickel: Warum verwendest Du in Deinem Text nicht das Wort „Trauma"?

Martin Dannecker: Früher habe ich beim Thema HIV/Aids von Trauma gesprochen, auch von einem kollektiven Trauma. Dann hat mich aber die zunehmende Verwendung des Begriffs Trauma für alle möglichen Sachen ein bisschen vorsichtig werden lassen. Diese Inflation des Trauma-Begriffs wollte ich nicht noch befördern. Ich denke aber, Aids war für die Schwulen in einer bestimmten Zeit wirklich ein kollektives Trauma. Ob sie unmittelbar davon betroffen waren und selbst HIV oder AIDS hatten oder nicht, ist sekundär, denn jeder schwule Mann war potentiell gefährdet, sowohl politisch als auch in Bezug auf die eigenen sexuellen Wünsche und Phantasien.

Simon Dickel: Warum gibt es im Gegensatz zu künstlerischen Positionen, die sich mit der Aids-Krise auseinandersetzen, so wenig Kunst zum Thema Corona?
Martin Dannecker: Es ist uninteressant. Es ist doch wirklich uninteressant. Alle Leute machen es. Alle Leute tragen die Masken. Es ist uninteressant und kein exzeptionelles Schicksal.

Das Gespräch fand am 26. April 2021 in Berlin statt.

BIOGRAFIEN

Sina Arnold ist wissenschaftliche Mitarbeiterin am Zentrum für Antisemitismusforschung und Projektleiterin am Forschungsinstitut Gesellschaftlicher Zusammenhalt an der Technischen Universität Berlin. Sie studierte Ethnologie, Politikwissenschaft und Erziehungswissenschaft in Berlin und Manchester. Zu ihren aktuellen Forschungsschwerpunkten gehören Antisemitismus in der deutschen Migrationsgesellschaft und in der US-amerikanischen Linken, institutioneller Rassismus sowie Erinnerungskultur.

Rebecca Brückmann ist Juniorprofessorin für die Geschichte Nordamerikas in ihren transkulturellen Bezügen an der Ruhr-Universität Bochum. Ihre Forschung fokussiert sich auf US-amerikanische Kultur- und Sozialgeschichte, insbesondere afroamerikanische und Geschlechtergeschichte. 2021 veröffentlichte sie die Monographie *Massive Resistance and Southern Womanhood: White Women, Class, and Segregation.*

Martin Dannecker wurde 1992 für das Fach Sexualwissenschaft an der Universität Frankfurt habilitiert. Danach arbeitete er als Professor am Institut für Sexualwissenschaft am Klinikum der J.W. Goethe-Universität. Seit seiner Pensionierung (2006) lebt er in Berlin. Geforscht hat er vor allem zu den Themen männliche Homosexualität, sexuelle Minderheiten, HIV/AIDS, Sexualwissenschaft und Psychoanalyse sowie über die Nutzung von Dating Portalen. Von ihm liegen zahlreiche Veröffentlichungen vor.

Paola De Martin ist Primarlehrerin, Textildesignerin und Historikerin und lehrt Designgeschichte und Interkulturalität an der Zürcher Hochschule der Künste ZHdK. Sie promovierte am Institut gta für Geschichte und Theorie der Architektur der ETH Zürich. Sie ist Autorin des Buchs *Give us a break! Arbeitermilieu und Designszene im Aufbruch* (Diaphanes 2022). In ihrer Arbeit verbindet Paola De Martin wissenschaftliche Designforschung und politischen Aktivismus mit (auto-)biografischer Reflexion.

Simon Dickel ist Professor für Gender und Diversity in Forschung und Lehre an der Folkwang Universität der Künste. Er ist Autor der Bücher *Embodying Difference: Critical Phenomenology and Narratives of Disability, Race and Sexuality* (2022) und *Black/Gay: The Harlem Renaissance, the Protest Era, and Negotiations of Black Gay Identity in the 1980s and 90s* (2011) sowie Mitherausgeber der Bücher *Queer Cinema* (2018) und *After the Storm: The Cultural Politics of Hurricane Katrina* (2015).

Richard Dyer war Professor für Filmwissenschaften am King's College London und an der Universität von Warwick. Er war Professorial Fellow an der der Universität von St. Andrews und ist Fellow der Britischen Akademie. Seine einflussreiche und bahnbrechende Arbeit konzentriert sich auf die Themen Unterhaltung und Repräsentation, Musicals, Stars, lesbisches und schwules Kino, queere Kultur, Critical Race Theory, kritische Weißseinsforschung und das populäre europäische Kino. Zu seinen Veröffentlichungen gehören *In the Space of a Song* (2011), Pastiche (2006), *The Culture of Queers* (2002), *White* (1997), *Only Entertainment* (1992) und *Stars* (1979).

Natascha Frankenberg ist wissenschaftliche Mitarbeiterin am Institut für Medienwissenschaft der Ruhr-Universität Bochum. Für das IFFF Internationale Frauen Film Fest Dortmund + Köln kuratiert sie die Sektion für queeren Film: begehrt! 2021 erschien (open access) ihr Buch: *Queere Zeitlichkeiten in dokumentarischen Filmen: Untersuchungen an der Schnittstelle von Filmwissenschaft und Queer Studies* (Transcript).

Kenny Fries ist der Autor der Bücher *In the Province of the Gods* (2017), *The History of My Shoes and the Evolution of Darwin's Theory* (2007) und *Body, Remember* (1997). Er ist Herausgeber von *Staring Back: The Disability Experience from the Inside Out* (1997). Zu seinen Gedichtbänden zählen *In the Gardens of Japan* (2017) und *Anesthesia* (2000). Demnächst erscheint sein Buch *Stumbling over History: Disability and the Holocaust.*

Henriette Gunkel ist Professorin am Institut für Medienwissenschaft an der Ruhr-Universität Bochum. Zurzeit arbeitet sie an einer

Monographie zu *Alien Time*, die vor allem afrikanistische spekulative Interventionen zusammenbringt. Zuletzt erschienen sind die Anthologien *Futures & Fictions* (Repeater) und *We Travel the Space Ways: Black Imagination, Fragments, and Diffractions* (Transcript) sowie das gemeinsam mit Ayesha Hameed geschriebene Buch *Visual Cultures as Time Travel* (2021).

Hannes Hacke ist wissenschaftlicher Mitarbeiter an der Forschungsstelle *Kulturgeschichte der Sexualität* an der Humboldt-Universität zu Berlin und arbeitet dort zu der Kunstsammlung der US-amerikanischen Sammlerin Naomi Wilzig. In seiner Promotion am *Center for Anthropological Research on Museums and Heritage* beschäftigt er sich mit Ausstellungen zu LSBTIQ-Geschichte in Berliner Museen. Er ist zudem Mitbegründer des Netzwerks *Museen Queeren* Berlin und im Vorstand von *Queersearch*, dem Dachverband der deutschsprachigen queeren Archive, Bibliotheken und Sammlungen.

Alexandra Hartmann ist wissenschaftliche Mitarbeiterin in der Amerikanistik an der Universität Paderborn. Ihr Forschungsschwerpunkt liegt in den *Black Studies*, und ihre Dissertation untersuchte *Black Humanism* als eine intellektuelle Tradition in der Literatur des 20. und 21. Jahrhunderts. Darüber hinaus hat sie zu *Black Lives Matter* und Musik, antirassistischer Theorie und *Complicity* publiziert. Forschungsaufenthalte führten sie an die Harvard University und die Washington University in St. Louis.

Marius Henderson studierte Anglistik/Amerikanistik und Gender Studies an der Universität Hamburg und der Johns Hopkins University und promovierte in Amerikanistik an der Universität Hamburg zu experimenteller Lyrik. Aktuell ist er Mitglied des Global Sentimentality Projects der Friedrich-Alexander-Universität Erlangen-Nürnberg und beforscht das Verhältnis von Abstraktion und Abjektion, primär im Kontext nordamerikanischer Modernismen. Marius schreibt auch Lyrik und ist daran interessiert, Klüfte zwischen künstlerischen, wissenschaftlichen und aktivistischen Praxen kooperativ zu überbrücken.

Ina Holev ist freie Autorin, Performerin und Bildungsvermittlerin. Sie studiert in Düsseldorf Medienkulturanalyse (M.A.) mit Fokus auf audiovisuellen Medien und (jüdischen) Repräsentationsfragen. Ina Holev ist Co-Herausgeberin von *defrag zine* für feministisch_utopische Gedankenexperimente. Zusammen mit Miriam Yosef hat Ina Holev *Jüdisch & Intersektional – Initiative für kritische Bildungsarbeit* gegründet. In diesem Rahmen ist sie auch als Kuratorin und Speakerin tätig.

Evangelia Kindinger ist Juniorprofessorin für die Literatur und Kultur Nordamerikas an der Humboldt-Universität zu Berlin. Sie ist die Autorin von *Homebound: Diaspora Spaces and Selves in Greek American Return Narratives* (Universitätsverlag Winter, 2015) und Mitherausgeberin von *Fat Studies: Ein Glossar* (Transcript 2022), *The Intersections of Whiteness* (Routledge, 2019) und *After the Storm: The Cultural Politics of Hurricane Katrina* (Transcript, 2016). Sie forscht und publiziert zu *Fat Studies, Critical Whiteness Studies, Southern Studies* und US-amerikanischer Populärkultur.

Hans Nieswandt ist DJ, Musikproduzent, Journalist und Buchautor. Seine Musik umfasst die Genres Techno, House und Disco. Er war Redakteur der Zeitschrift *Spex* und ist Autor der Bücher *Plus Minus Acht* (2002), *Disco Ramallah* (2006) und *DJ Dionysos* (2010). Von Januar 2014 bis Dezember 2019 war er künstlerischer Leiter des Master-Studiengangs Popmusik am Institut für Pop-Musik der Folkwang Universität der Künste. Seit 2020 lebt und arbeitet er in Seoul, Südkorea.

Anne Potjans promovierte über die Darstellung von Wut und dem Abjekten in Schwarzer feministischer Literatur. Sie hat eingehend zu diasporischen Verbindungen zwischen afroamerikanischer und afrodeutscher feministischer Literatur in der Zeit nach dem Zweiten Weltkrieg geforscht. Sie lehrt amerikanische Literatur und Kultur am Institut für Anglistik und Amerikanistik an der Humboldt-Universität zu Berlin. Ein Forschungsaufenthalt führte sie im WS 2019/20 an die University of Washington in Seattle.

Rebecca Racine Ramershoven ist Fotografin und absolviert aktuell den Masterstudiengang Photography Studies & Practice an der Folkwang Universität der Künste Essen. Seit 2014 wurden ihre fotografischen Arbeiten in nationalen und internationalen Einzel- und Gruppenausstellungen gezeigt. Zuletzt stellte sie die Arbeiten *How much time do you want?* und *Resilience* im Folkwang Museum Essen aus. Ihre fotografischen Arbeiten wurden unter anderem in *Camera Austria International* und dem *defrag zine* veröffentlicht.

Jakob Schnetz absolviert derzeit den Masterstudiengang Photography Studies and Research an der Folkwang Universität der Künste Essen. Zuvor studierte er Fotojournalismus in Hannover und Tomsk, Russische Föderation. Er setzt sich in seinen fotografischen und wissenschaftlichen Arbeiten mit historischen und soziopolitischen Aspekten des Fotografischen auseinander. Jakob Schnetz fotografiert regelmäßig für u.a. das *Süddeutsche Zeitung Magazin*, *Der Spiege*l und *Die Zeit* und veröffentlichte die Bücher *Ort der Verheissung* (2019) *und PPT Magazin* (2018).

Francis Seeck ist Kulturanthropolog:in und Antidiskriminierungstrainer:in. Seeck forscht und lehrt zu Klassismus, geschlechtlicher Vielfalt und sozialer Gerechtigkeit, nach einer Vertretungsprofessur für Soziologie und Sozialarbeitswissenschaft an der Hochschule Neubrandenburg, nun als Post-Doc an der HU Berlin. 2022 erscheint die Streitschrift *Zugang verwehrt – Keine Chance in der Klassengesellschaft: wie Klassismus soziale Ungleichheit fördert* bei Atrium.

Jasco Viefhues ist Absolvent der Deutschen Film- und Fernsehakademie Berlin (dffb) im Fach Regie und war Studienstipendiat der Rosa-Luxemburg-Stiftung. Mit dem Kurzfilm *Kafarnaum* war er 2010 für den Deutschen Kurzfilmpreis nominiert, und er zeigte seinen Kurzdokumentarfilm *Internal Body Shots* im Rahmen der 64. Berlinale 2014. Die Premiere seines Films *Rettet das Feuer* fand beim Filmfest München 2019 statt. Seit 2017 ist er am Theater Ballhaus Naunynstraße in Berlin als Regisseur und Dramaturg tätig. Dort realisierte er zuletzt die Theaterstücke *Complex of Tensions, new rituals of black masculinity* (2020) und *Space Creators* (2021).

Miriam Yosef ist Doktorandin im Bereich Critical Race Theory und Promotionsstipendiatin bei ELES. Als freie Bildungsvermittlerin, Künstlerin und Autorin ist sie mit einem Fokus auf Machtkritik und Empowerment tätig. Miriam Yosef ist Mitbegründerin des *Salon der Perspektiven* und des *Instituts für Affirmative Sabotage* sowie Mitherausgeberin des Magazins *Yallah Salon*. Zusammen mit Ina Holev hat sie Anfang 2020 *Jüdisch & Intersektional – Initiative für kritische Bildungsarbeit* gegründet.